눈으로 듣는 로마서

눈으로 듣는 로마서

발행일	초판 1쇄 발행 2021년 2월 25일
지은이	남윤재
감수	이향숙
편집 및 기획	김찬주, 이승창
교정 및 교열	김경선, 남현정, 남유정
일러스트	김은규
디자인	전은정 디자인브런치 designbrunch9@naver.com
	남윤자
펴낸이	(주) 바인일구
펴낸곳	등록 2020년 9월 23일 제 2020-000210호
	주소 서울 서초구 법원로3길 19 양지원 A202호(서초동)
	전화 02-575-6844
	팩스 02-6455-6844
	이메일 vine19nam@naver.com

ISBN 979 11 973810 1 2 03230
© 남윤재, 2021

눈으로 듣는
로마서

남윤재 지음

바인일구

추천의 글

　　남윤재 목사님께서 코로나 바이러스로 힘든 시기에 특별새벽기도를 인도하시면서 로마서를 택해 40일 동안 강해를 하신 것을 축하드립니다. 사실상 저자가 이미 지적한 대로 로마서는 기독교 교리를 종합해 놓은 서신입니다. "영적으로 약해지면 로마서를 많이 먹여라"는 말을 종교개혁자 마틴 루터가 한 적이 있습니다. 그렇습니다. 어려운 시기에 로마서를 차곡차곡 성도들에게 먹이면서 그 날의 양식을 요약해서 마지막에 말씀으로 기도제목까지 마련해 주셔서 말씀을 묵상하신 분들에게 유익을 주십니다. 예수님께서 3년 동안 하셨던 주요사역 세 가지, 구원의 복음 전파, 영적인 성장과 변화를 위한 성화, 모든 병든 사람들을 치유하신 섬김 사역(마태 4:23-24)이었는데 성령의 감동으로 쓰여진 성경도 역시 세 가지 동일한 목적(딤후 3:15-17)으로 쓰여졌고 사도 바울의 로마서도 크게 구분하면 역시 같은 세 가지 목적, 구원(1-6장)과 성화(7-11장)와 섬김(12-16장)입니다. 저자가 처음으로 출판하는 성경 강해로 로마서를 선택하신 것을 진심으로 축하드립니다. 이 중요한 로마서 출간 때문에 앞으로의 사역에 중심을 확실하게 잡고 사역을 하리라 예상합니다. 목회사역의 분명한 토대가 절대로 필요한 데 모든 것이 흔들리고 있는 시대에 불변의 영원한 진리인 로마서 강해를 출간하는 것은 저자뿐 아니라 독자들에게 큰 유익이 될 것입니다.

김상복_ 할렐루야교회 원로목사, 횃불트리니티신대원대학교 명예총장

그리스도인들의 신앙의 기둥이 되는 로마서는 읽을수록 새롭습니다. 설교자들에게 로마서 설교는 큰 숙제와도 같습니다. 설교할 수록 전해야 할 진리가 쏟아져 나오기 때문입니다. 산지교회 남윤재 목사님께서 로마서 설교를 통해 깊은 생수의 통로가 되는 것을 경험하셨습니다. 목회자이자 변호사이신 남 목사님의 논리적 분석과 성령께서 주시는 지혜를 통하여 복음의 진리가 풍성하게 전달되었습니다. 저 자신이 아직 로마서 전체를 빠짐없이 설교한 경험이 없기에 처음부터 끝까지 강해를 완성한 분을 보면 깊은 존경심이 생깁니다. 남윤재 목사님의 이 로마서 강해를 시작으로 더 귀한 말씀강해 사역이 이어지기를 기도하며 이 설교집을 통하여 많은 영혼에게 로마서의 축복이 나누어지기를 소망합니다

이재훈_ 온누리 교회 담임목사

신앙의 여정에 들어선 그리스도인이라면 누구나 한번쯤은 로마서를 통해 진지하게 기독교 교리를 되새기고 사도 바울을 통해 선포되는 하나님의 구원의 경륜에 대한 깊은 이해를 하고 싶다는 열망을 갖게 됩니다. 하지만, 제가 목회와 선교현장에서 만나온 많은 일반 성도들에게 아직도 로마서는 익숙한 듯

하면서도 동시에 어려운 서신서로 여겨지고 있는 것이 현실입니다.

특히 이스라엘을 통한 온 인류의 구원에 관한 하나님의 계획이 바울 사도의 목소리를 통해 장엄하게 펼쳐지는 9장부터 11장의 내용은 로마서에서 차지하는 비중이 작지 않음에도 불구하고, 아직 많은 성도들에게 깊이있게 이해되지 못한 채 생소한 부분으로 남아있는 것에 대해 이스라엘을 섬기는 사역자로서 늘 아쉬운 마음이 있었습니다. 그러나 이번에 산지교회 남윤재 목사님께서 출간하신 〈눈으로 듣는 로마서〉 덕분에 제가 오랜시간 이스라엘 사역자로서 가져왔던 안타까움과 부담이 크게 덜어지게 되어 개인적으로도 매우 기쁘게 생각합니다.

남윤재 목사님의 〈눈으로 듣는 로마서〉는 로마서 전체를 빠짐없이 균형있게 아우르며, 특히 이스라엘의 회복과 구원을 향한 하나님 아버지의 마음이 담겨 있는 9장부터 11장의 내용을 중요하게 다루고 있습니다. 저자인 남윤재 목사님은 이 부분을 복잡하고 어려운 신학 용어가 아닌 일반 성도들의 마음에 와닿을 수 있는 섬세하고 다정한 언어로 자세히 풀어내며, 이스라엘을 통해 열방의 구원의 역사를 이루어 가실 하나님 아버지의 마음을 뜨겁게 전달합니다.

이 책을 통해 하나님께서 세계의 역사를 경영하시며 구속사를 완성해 나가실 때, 우리가 이방인 교회로서 이스라엘을 위해 어떤 마음으로 어떻게 동역해 나가야야 할 지 알게 되는 소중한 경험을 하게 될 것입니다. 최고의 신학은 하나님 아버지의 마음을 아는 것이고, 우리의 성경 공부의 목적 역시 그러하다고 생각합니다. 이 〈눈으로 듣는 로마서〉를 만나는 모든 분들은 하나님께서 남윤재 목사님에게 새벽마다 쏟아 부어주신 지혜와 성령에 깊은 감동과 깨달음을 얻을 뿐 아니라, 지금 이 시대에 아버지 하나님의 마음에 합한 기도와 사역이 무엇인지에 대한 새로운 통찰을 얻게 될 것이라고 확신합니다.

이향숙_ KIM(Korean Israel Mission) 대표목사

로마서는 저에게 예수님과 복음을 소개해준 책이라 그런지 저는 평소 로마서에 각별한 애정을 가지고 있습니다. 그동안 여러 번 로마서를 읽고 세미나도 인도하였는데 지난 해 여름 남윤재 목사님의 41일 새벽예배에서 로마서 강해설교를 들으며 큰 은혜를 받았습니다. 새롭게 로마서에 대해 눈을 뜨는 느낌이랄까, 로마서를 통해 인간을 향하신 하나님의 마음이 선명하게 다가왔습니다.

〈눈으로 듣는 로마서〉 이 책의 특징을 논리, 정확, 전달, 재미의 4가지로 요약하고 싶습니다. 목사님은 법학을 전공한 법조인답게 로마서 내용 중 그동안 모호하고 궁금하던 부분들을 그냥 넘어가지 않고 논리적으로 명쾌하게 풀어주십니다. 로마서의 핵심개념과 단어들에 대한 원어의 의미를 알려주시니 바울사도가 전달하려고 했던 원래 의미가 정확하게 이해되었고, 한줄 한줄 풀어서 설명하셔서 어렵다고 여겨지던 로마서를 쉽게 이해하고 삶가운데 적용할 수 있습니다. 그리고 딱딱한 교리들을 가능한 요즘 시대에 맞도록 가볍고 재미있게 표현하셔서 읽는 동안 지루하지 않아서 무엇보다 좋습니다. 많은 성도님들이 이 책을 통해 하나님의 말씀을 정확하게 이해하여 복음에 합당한 삶을 살아가는 기쁨을 누리시기를 소망합니다

김찬주_ 인천대학교 교수, 온누리교회 권사

교회가 세워지고 3년 만에 첫 번째 40일 특별새벽예배를 하였는데, 그 기간 동안 로마서를 설교할 수 있었다는 것은 개인적으로 큰 은혜였습니다.

로마서 설교를 준비하며 왜 로마서가 사도행전에 이어서 첫 서신서로 위치하는가가 궁금했습니다. 사도행전이 신약에서의 역사서라면 이후의 서신서들은 교리서라고 할 수 있는데, 그 서신서들 중 로마서가 왜 첫 번째로 등장하는 것인지 궁금하였습니다. 그런데 로마서를 공부하면서 그 이유를 조금이나마 알 것 같았습니다. 신약 성경은 대부분 서신서, 즉 편지로 구성되어 있습니다. 신약 성경 27권 중 바울의 서신서는 13권 또는 14권입니다. 여기서 '또는'이라고 하는 이유는 히브리서의 저자가 바울인지에 관해 논란이 있기 때문입니다. 여하튼 신약 성경의 대부분은 서신서이고, 서신서 가운데서도 바울이 쓴 서신서가 압도적으로 많습니다. 그래서 기독교 신학의 중심에 바울 신학이 자리 잡고 있는지 모르겠습니다. 그런데 로마서를 반복하여 볼수록 모든 서신서, 특히 바울 서신의 총론과 같다는 생각이 들었습니다. 전체가 16장으로 결코 길다고 할 수 없는 로마서 안에서 바울 사도는 압축적인 문장과 치밀한 구조로 가히 기독교 교리의 총론적 뼈대를 세웠다 할 수 있습니다.

우리가 어떤 과목을 공부할 때 보통 총론을 배우고 각론을 배웁니다. 그래서 사도행전이 끝나고 교회에 대한 하나님 말씀 가운데 총론격인 로마서가 나오는 것 같습니다. 흔히들 로마서가 어려운 성경이라고 이야기합니다. 맞습니다. 그런데 그 이유는 로마서가 기독교 신학, 교리 전체를 망라하는 총론과 같은 성경이기 때문입니다. 주일이 아닌 새벽 짧은 시간에 로마서를 설교하다 보니 시간적 제약에 어려움이 있었지만, 강의가 아니라 설교이기에 성령님이 주시는 마음으로 가능한 성도들이 이해하기 쉽게 말씀을 전하려고 하였습니다. 언제나 느끼는 거지만 설교는 듣는 성도님들의 마음 밭이 중요합니다. 감사하게도 어려운 로마서가 눌변인 목사를 통해 전하여졌지만 좋은 밭에 말씀이 뿌려진 것 같습니다. 말씀의 은혜를 받은 분들이 함께 모여 이렇게 책으로 만들자고 강권하신 걸 보면 말입니다. 모든 것이 하나님의 은혜입니다.

로마서가 사도행전이 끝나고 곧이어 나오는 것은 사도행전과의 연관성 측면에서도 매우 적절합니다. 사도행전은 초반에는 베드로를 비롯한 예수님 공생애 기간 중 제자였던 사도들의 행전을 기록하지만, 중반을 지나서는 다메섹 도상에서 예수님을 만나 사도직을 수행하는 바울의 행전에 관하여 집중적으로 기록합니다. 그리고 마침내 바울이 로마에 도착하여 사도행전 28장 31절, '하나님의 나라를 전파하며 주 예수 그리스도에 관한 모든 것을 담대하게 거침없이 가르치더라' 라는 말씀으로 사도행전은 끝납니다. 잘 아시는 바와 같이 바울은 늘 로마에 가기를 소원하였고, 실제로 로마에서 바울이 순교하며 그의 사도로서의 행전은 끝이 납니다. 로마서는 바울이 로마를 한 번도 방문해 보지 못한 상황에서 로마 교회를 향해 보낸 서신서입니다. 바울의 로마를 향한 항해는 이미 로마서를 기록할 때부터 시작된 것이고, 그 로마를 향한 바울의 항해가 항구에 도착하였음을 알리면서 사도행전은 끝납니다. 로마서는 다름 아닌 바울의 로마를 향한 항해, 바울 인생의 끝을 향한 항해일지와도 같습니다. 바울의 사도행전이 끝나는 곳, 그곳을 향한 바울의 마음을 담은 로마서. 그렇기에 로마서에는 바울에게 부어 주신 하나님의 마음이 가장 풍성하게 담겨 있습니다. 그 로마서를 설교하면서 바울에게 주신 하나님의 마음을 조금이나마 나눠 가질 수 있었던 것은 축복이었습니다.

그 중 특별히 하나를 들자면 이스라엘을 향한 마음을 갖도록 하셨습니다.

보통 로마서 가운데에서도 가장 핵심적인 부분이라면 로마서 8장을 꼽습니다. 그런데 로마서를 공부하다 보니 로마서 8장까지가 인간의 죄, 하나님의 의, 하나님의 은혜, 하나님의 사랑에 관한 내용이라면 9장, 10장, 11장을 빼고 12장부터 나머지 부분에서는 하나님의 의인 예수 그리스도를 믿어 하나님의 은혜와 사랑을 경험한 성도들의 실천에 관한 내용이 나오는 것을 알았습니다. 9장, 10장, 11장은 로마서 전체 가운데 위치하며 독특한 내용을 담고 있습니다.

로마서를 산으로 비유하자면, 마치 9장, 10장, 11장에 기록한 이스라엘과 이방인에 대한 하나님의 계획을 산 정상으로 하여 8장까지가 산을 오르는 것이고, 12장부터가 산을 내려오는 것 같았습니다. 산 정상에서 하나님의 마음을 들으니 이스라엘과 이방인 모두를 사랑하시는 하나님의 크신 계획이 펼쳐져 있었습니다. 이방인의 사도라고 칭하여지는 바울의 마음에 언제나 큰 사랑으로 남겨졌던 이스라엘을 향한 하나님의 계획을 바울이 깨닫고 얼마나 가슴이 뛰었을까요. 9장, 10장, 11장이 오히려 로마서의 핵심 주제라는 생각이 들었습니다. 그리고 이방인 교회인 우리는 성경 말씀에 터 잡아 하나님의 마음을 품고 이스라엘을 향한 하나님의 계획을 위해 기도하며, 헌신하여야 함을 깨달았습니다.

예수 그리스도의 십자가 아래 그리스도의 몸으로서 하나 되는 교회의 종착점은 하나님의 사랑 안에서 이스라엘과 이방인이 하나 되는 교회이며, 바울의 로마를 향한 항해는 그런 교회를 향한 하나님의 뜻을 담고 떠나는 항해였습니다. 그리고 그 배 위에 우리도 올라타라고 초청하십니다. 믿음의 돛을 달아 성령의 부는 바람으로 우리 모두 함께 떠났으면 좋겠습니다.

참고로 이 설교는 개역개정 성경을 사용하였으며, WBC 주석, 옥스퍼드 원어 성경대전, BST 주석, 바클레이 주석, NIV 적용주석, IVP 성경주석 등을 참고하였음을 밝혀둡니다.

흔쾌히 '눈으로 듣는 로마서'를 추천해 주신 김상복 목사님, 이재훈 목사님, 이향숙 목사님과 출판을 허락해 주신 (주)바인일구 출판사 남윤자 대표님, 41일 동안 새벽을 함께 깨우시고 책을 만드는 일까지 헌신하여 주신 김찬주 교수님, 이승창 목사님, 김경선 교수님, 김은규 자매님, 그리고 책을 예쁘게 만들어 주신 전은정 자매님에게 감사드립니다. 마지막으로 첫 특별새벽예배를 독려하고 로마서를 강해하기로 결정하였을 때 어린아이처럼 기뻐하던 부인과 늘 부족한 아버지를 응원하는 다섯 딸들에게 사랑을 전합니다.

2021년 2월
산지교회에서
남윤재 목사

로마서 항해 일지

1

바울의 인사

론 1:1-17

예수 그리스도의 종

로마서 1:1-7

1 예수 그리스도의 종 바울은 사도로 부르심을 받아 하나님의 복음을 위하여 택정함을 입었으니 2 이 복음은 하나님이 선지자들을 통하여 그의 아들에 관하여 성경에 미리 약속하신 것이라 3 그의 아들에 관하여 말하면 육신으로는 다윗의 혈통에서 나셨고 4 성결의 영으로는 죽은 자들 가운데서 부활하사 능력으로 하나님의 아들로 선포되셨으니 곧 우리 주 예수 그리스도시니라

5 그로 말미암아 우리가 은혜와 사도의 직분을 받아 그의 이름을 위하여 모든 이방인 중에서 믿어 순종하게 하나니 6 너희도 그들 중에서 예수 그리스도의 것으로 부르심을 받은 자니라 7 로마에서 하나님의 사랑하심을 받고 성도로 부르심을 받은 모든 자에게 하나님 우리 아버지와 주 예수 그리스도로부터 은혜와 평강이 있기를 원하노라

샬롬, 41일 동안 로마서 말씀의 항해를 시작하는 모든 성도님들께 하나님의 축복이 넘치도록 임하길 주님의 이름으로 축원합니다.

로마서는 예수님의 공생애를 담은 4복음서와 교회의 시작과 진행과정을 담은 사도행전이 끝나고, 본격적으로 교회를 향한 하나님 말씀을 여는데 있어서, 가장 먼저 나오는 바울 서신입니다. 사실 바울 서신 중 로마서가 가장 먼저 쓰인 것도 아닙니다. 즉 시간 순으로 로마서가 나온 것이 아닙니다. 그런데 로마서는 성경 중의 성경, 보석이라고 일컬어질 정도로 복음의 핵심 교리를 거의 총망라한 책이라 할 수 있습니다.

로마서는 교회 역사에 엄청난 영향력을 미치기도 하였습니다. 어거스틴이 로마서를 통해 회심하였고, 루터의 종교개혁 시발점이 로마서이기도 하였습니다.

신약성경은 대부분 서신서로 기록되었습니다. 바울을 필두로 하여 베드로, 야고보, 요한과 같은 사도들을 통하여 하나님께서 교회와 성도들에게 주시는 편지입니다. 그런데 그 편지를 보내시는 이유는 단순히 안부를 묻고 인사를 나누기 위한 것이 아닙니다. 수신자인 교회가 가지고 있는 여러 문제에 관한 해답을 적어서 보내시는 편지인 거지요. 그리고 그 문제들은 단순히 기록 당시의 교회들과 성도들에게만 해당되는 것이 아니었습니다. 가히 시대와 장소를 초월하여 지상의 모든 교회와 모든 성도에게 보내어진 것입니다.

그런 점에서 특히 로마서는 얼마나 많은 현대의 문제들에 대해 다루고 있는지 놀라지 않을 수 없습니다. 예를 들면, 현대의 유대인 복음 전도에 대한 타당성, 동성애가 자연적인 것인가 아니면 부자연스러운 것인가의 여부, 하나님의 주권과 인간 책임의 관계, 교회와 국가의 관계 등 현대의 문제들에 대하여 로마서에서 직간접적으로 다루고 있습니다. 로마서는 거의 백과사전 수준이라 할 수 있습니다.

오늘은 첫 날이니까 좀 가벼운 마음으로 당시 로마교회가 처한 상황에 대해서 먼저 간략히 말씀드리겠습니다. 왜 바울이 로마서 1장 18절부터 2장 전체에 걸쳐 이방인의 죄와 유대인의 죄를 언급함으로 본론 부분을 시작하는지 그 배경을 알면 이해가 됩니다.

로마교회는 아직 바울이 한 번도 방문하지 않은 교회입니다. 바울 자신이 전도여행을 통해 개척한 교회가 아니라는 거죠. 누가, 언제 교회를 개척하였는지 정확히 알 수 없지만 스데반이 순교한 후 예루살렘 박해로 흩어진 유대인 기독교인들이 로마까지 들어가 그곳 로마인들에게 전도하여 세워진 교회입니다. 그럼 누가 교회의 지도자, 요즘 말로 하면 설교하는 목사의 역할을 하고, 누가 장로와 집사 등 직분을 맡고 있었을까요? 당연히 유대인 기독교인들이었을 것입니다. 로마 현지인, 소위 이방인 기독교인들은 대부분 평신도이었겠지요. 그런데 글라우디오 황제가 AD 49년 로마에서 유대인들을 모두 추방합니다. 교회에는 누구만 남게 되었을까요? 이방인 기독교인들만 남게 된 겁니다. 어느 날 갑자기 목사, 장로, 집사들이 없어진 거예요. 그래서 결국 이방인 기독교인들이 목회를 합니다. 그 중에 설교를 담당하는 사람이 생기고, 이전에 유대인들이 담당하던 교회 행정 등 모든 일들을 이제는 이방인들이 담당합니다. 그런데 처음에는 삐걱대다가도 나중엔 할 만한 거예요. 아니 오히려 교회가 부흥되었습니다. 이방인이 리더가 된 교회는 날로 커져갔지요. 그런데 AD 54년 글라우디오가 죽고 그 유명한 네로가 황제가 됩니다. 네로가 처음부터 폭군이었던 게 아닙니다. 처음에는 눈치도 봐야 하니 선정을 베풀었지요. 네로는 유대인들을 다시 로마로 돌아오게 하였습니다.

추방당했던 유대인 기독교인들이 자신들이 섬기던 로마 교회로 돌아왔습니다. 떠났던 목사, 장로들이 돌아온 거지요. 한 번 상상해 보세요. 무슨 일이 벌어졌을까요? 처음엔 오랜만에 보는 얼굴들이라 환영하고, 껴안고 했겠지요. 그런데 주일에 유대인 기독교인 목사가 설교를 하려는데, 이방인으로 지금껏 설교했던 사람도 설교하려 합니다. 그 뿐이 아닙니다. 교회 각 부서마다 유대인 기독교인들이 하던 예전 방식과 이방인 기독교인들이 하던 방식에 차이가 생겼습니다.

교회내 심각한 갈등 상황이 벌어진 겁니다. 이방인들도 할 말이 있죠. 지금껏 힘들게 교회를 일구어 왔는데 그냥 물러설 수 없었을거예요. 이것이 그냥 밥그릇 싸움처럼 보이나요? 아닙니다. 이건 곧 교리문제이고 말씀의 해석문제가 되는 거였습니다. 진리 싸움이 된 겁니다. 이 안타까운 소식을 3차 전도여행 중 고린도교회에 머물고 있던 바울이 듣습니다. 그래서 펜을 들고 편지를 쓰게 되죠. 성령님의 감동으로 말입니다.

서론 부분인 1장 17절까지를 마치자마자 18절부터 바울이 먼저는 이방인들에게, 다음엔 유대인들에게 심하다 싶을 정도로 질책을 하는 것이 바로 이런 이유입니다. 그리고 이방인과 유대인의 구별없이 오직 한 진리이신 그리스도의 의를 설파하며 정말 보석같은 로마서가 기록되어 갔습니다. 이처럼 로마서는 진정 하나님이 기뻐하시는 예수 그리스도가 머리 되신 한 몸된 교회와 하나님 나라의 백성되는 성도를 세워가는 소중한 편지이고 하나님께서 저와 여러분에게 주신 편지입니다.

부디 41일동안 하나님의 편지인 로마서를 통해 교회와 우리 자신이 다시금 말씀 앞에서 온전히 거룩함을 입는 은혜가 있기를 주님의 이름으로 축원합니다.

배경을 들으니까 재미있지요? 마음이 좀 가벼워지는 것 같지 않나요? 이번 '눈으로 듣는 로마서'와 함께 하는 항해는 어떨 때는 도란도란, 어떨 때는 뜨거운 심장으로, 그 때 그 때 성령님이 인도하시는 대로 우리 마음을 말씀 앞에 턱~하니 내어 놓는 시간이었으면 합니다.

성도 여러분들이 이를 악물고 '내가 이루고야 말리라', '내가 알고 말리라' 그런 마음이 아니라 성령님이 오셔서 나를 빚으시고 깨닫게 하시기를 그저 사모하는 마음으로, 평안한 마음으로 말씀을 읽으시면 좋겠습니다.

그래서 이른 아침, 말씀과 기도가 서서히 삶의 습관으로 녹여지는 하나님과 친밀한 시간이 되었으면 합니다.

1절에서 바울은 '예수 그리스도의 종 바울은' 이라고 자신을 소개합니다.

> 예수 그리스도의 종 바울은 사도로 부르심을 받아 하나님의 복음을 위하여 택정함을 입었으니 롬 1:1

여기서 '종' 이라고 번역된 헬라어 원어는 '둘로스' 입니다. 많이 들어본 단어죠? 그런데 이 둘로스는 '종' 이라고 번역하기 보다는 '노예' 라고 번역하는 것이 정확합니다. 영어로도 'servant' 라고 번역된 것이 있는데, 'slave' 가 더 정확합니다. 노예. 어감이 확 틀리죠. 바울은 지금 자신을 그리스도의 노예라고 부르고 있습니다. 그런데 바울이 다메섹 도상에서 부활하신 예수님을 만나자마자 자신이 그리스도의 종이라고 하였을까요? 아닙니다. 여기에는 바울의 깊은 성찰과 자기결단이 있습니다.

먼저 깊은 성찰입니다. 바울은 다메섹 도상에서 예수님을 만나고 다메섹 성에서 광주리에 내려져 도망친 후 은둔의 시간을 보냅니다. 그리고 말씀드린 것처럼 자신이 그 동안 열심히 공부했던 성경 즉 구약성경과 또 각종 자료를 가지고 예수님이 누구신지를 더욱 탐구하였을 것입니다. 그 결과, 깨닫게 되었습니다.

> 이 복음은 하나님이 선지자들을 통하여 그의 아들에 관하여 성경에 미리 약속하신 것이라 롬 1:2

모든 성경이 아들에 관하여 약속하고 있다는 것을 깨닫게 되었습니다.

> 그의 아들에 관하여 말하면 육신으로는 다윗의 혈통에서 나셨고 성결의 영으로는 죽은 자들 가운데서 부활하사 능력으로 하나님의 아들로 선포되셨으니 곧 우리 주 예수 그리스도시니라 롬 1:3-4

그리고 그 예수 그리스도가 완전한 인간이면서 동시에 완전한 신이신 하나님의 아들이심을 깨달았습니다. 다메섹 도상에서 자신을 만나주신 예수님이 바로 그리스도 메시아이심을 확실히 알게 되었습니다.

하나님 말씀은 계시입니다. 계시란 하나님이 누구신지를 드러내시는 것입니다. 그런데 그 하나님의 계시가 바로 아들이신 예수 그리스도, 그 분이신 겁니다. 아들을 본 자는 아버지도 보는 거죠. 우리가 말씀을 단 하루라도 놓지 않는 것은 바울처럼 그 분을 알기 위함입니다. 말씀을 통해 하나님을 만나고, 또 예수님을 만납니다. '눈으로 듣는 로마서'를 통해 그리스도 예수를 만나고 알게 되며, 그리스도를 향한 그 사모하는 마음을 품게 되는 불씨가 되었으면 좋겠습니다.

예수님을 만나고 알게 된 바울은 이제 결단을 합니다. 예수 그리스도의 종이기를 결단하는 겁니다. 종 또는 노예라고 하니까 로마 시대의 그 노예나 근대사의 흑인노예를 연상하게 되는데요, 과연 바울도 로마시대 사람이니까 그런 노예를 생각하고 한 말일까요? 그런데 로마시대나 흑인노예 시대의 노예 주인과 지금 노예가 된 바울의 주인이 전혀 다르잖아요. 세상 나라의 노예 주인과 하나님 나라의 노예 주인이 같을 수 없지요. 전자는 공중권세 잡은 자가 주인이고, 후자는 하나님이 주인이시지요. 주인 개념이 다르면 노예 개념도 다릅니다. 바울이 생각하는 노예 혹은 종은 구약의 전문가답게 구약에 근거한 종, 그것도 일곱 해 된 종을 의미하는 겁니다. 신명기를 보시면 이 종의 개념이 잘 나타납니다.

> 네 동족 히브리 남자나 히브리 여자가 네게 팔렸다 하자 만일 여섯 해 동안 너를 섬겼거든 일곱째 해에 너는 그를 놓아 자유롭게 할 것이요 그를 놓아 자유하게 할 때에는 빈 손으로 가게 하지 말고 네 양 무리 중에서와 타작 마당에서와 포도주 틀에서 그에게 후히 줄지니 곧 네 하나님 여호와께서 네게 복을 주신 대로 그에게 줄지니라 너는 애굽 땅에서 종 되었던 것과 네 하나님 여호와께서 너를 속량하셨음을 기억하라 그것으로 말미암아 내가 오늘 이같이 네게 명령하노라 종이 만일 너와 네 집을 사랑하므로 너와 동거하기를 좋게 여겨 네게 향하여 내가 주인을 떠나지 아니하겠노라 하거든 송곳을 가져다가 그의 귀를 문에 대고 뚫으라 그리하면 그가 영구히 네 종이 되리라 네 여종에게도 그같이 할지니라 신 15:12-17

지금 바울이 스스로 종이라 하는 것은 바로 일곱째 해에 해방된 종입니다.

그런데 주인과 주인의 집을 사랑하므로 주인과 동거하기를 좋게 여겨 스스로 떠나지 않고 귀에 구멍을 뚫고 영원히 주인의 종이 되겠다고 결단한 종이라는 겁니다.

예수 그리스도를 사랑하시나요? 예수 그리스도와 언제나 함께 하기를 원하나요? 바울은 그래서 영원히 예수 그리스도의 종으로 살겠다고 하는 겁니다. 생각해보세요. 얼마나 좋으면 해방되었는데 그대로 종이 되겠다고, 그것도 영원히 종이 되겠다고 하나요. 친구 같은 주인, 주인의 모든 것을 알게 하는 주인이면 그러지 않겠어요? 예수님이 말씀하셨습니다.

> 너희는 내가 명하는 대로 행하면 곧 나의 친구라 이제부터는 너희를 종이라
> 하지 아니하리니 종은 주인이 하는 것을 알지 못함이라 너희를 친구라 하였노
> 니 내가 내 아버지께 들은 것을 다 너희에게 알게 하였음이라 요 15:14-15

예수님은 우리를 종이라 하지 않고 친구라 하십니다. 아버지께 들은 모든 것을 우리로 하여금 알게 하시겠다고 하십니다. 바울은 나름 엄청 똑똑한 사람입니다. 세상적으로도 모든 것을 갖췄습니다. 바리새인 중 바리새인, 소위 우리식으로 하면 귀족 가문 출신이고 당대 유명한 율법학자 가말리엘의 제자, 요샛말로 서울대 출신이며 다소의 재벌 아들로서 선대에서 로마 시민권을 돈으로 살 정도의 재력과 신분을 가졌습니다. 그런데 그것을 다 배설물로 여기고 예수 그리스도의 종으로 살기로 결단하였던 것입니다.

예수 그리스도의 종이 그 어떤 것보다 귀한 것임을 그는 성경 말씀을 통해 알았고, 그 분이 우리를 자신의 친구로 여길 만큼 사랑하시는 분인 것을 알았습니다. 그런데 바울이 우리에게 자신이 그리스도의 종이라고 하는 것에

는 매우 중요한 메시지가 있습니다. '나는 그리스도의 종인데, 너희는 누구의 종이냐? 즉, 너희 주인이 누구냐?' 고 묻고 있습니다.

'나의 주인은 난데요' 라고 답하시렵니까? 그런데 인간에게 자유의지를 주신 분은 다름아닌 하나님이십니다. 아담이 그 자유의지로 자신의 주인 자리를 하나님이 아닌 죄 즉 사탄에게 내어준 이래로 '내가 주인이요' 라는 말은 자기 소견에 옳은대로라는 사사기의 죄 상태를 표현하는 말이며, 실제로는 자신이 주인이 아니라 '나' 를 지배하는 사탄의 종임을 표시하는 말입니다. 지금 바울은 묻고 있습니다. 직설적으로 말해서 '당신의 주인은 예수 그리스도인가? 아니면 사탄인가?' 라고 묻고 있어요. 우리는 두 주인을 섬길 수 없습니다. 나를 섬긴다는 것은 육신의 정욕, 안목의 정욕, 이생의 자랑, 곧 죄의 노예가 되는 것을 의미합니다.

바울은 그것을 알았습니다. 우리에게 진정한 자유와 구원을 주신 분을 주인으로 섬기는 것은 우리를 죄의 노예와 사망으로 끌고 가는 어둠 권세의 노예가 되는 것과는 반대되는 것임을 깨달은 겁니다. 그러니 지금껏 자신이 섬기던 그 모든 것을 배설물이라 할 수 있었습니다.

성도 여러분, 이번 항해를 시작하며 결단하시기 바랍니다. 종은 주인이 아닙니다. 종은 자신의 것이 없습니다. 종은 주인이 원하는 대로 사는 사람입니다. 우린 누구의 종이길 원하나요? 우릴 친구라 하시는 예수님이신가요? 우릴 위해 십자가에서 죽으신 예수님이신가요? 아니면, 우리를 이 땅에서 육신의 정욕, 안목의 정욕, 이생의 자랑이라는 죄의 사슬에 묶어두려는 어둠의 세력인가요.

결단이 필요합니다. 우리가 속한 교회, 가정, 직장, 공동체, 내가 서 있는 곳에서 나는 누구를 주인으로 섬기며 사는 종인가요? 언제나 '오직 예수'라고 결단하는 저와 여러분이시기를 주님의 이름으로 간절히 기도합니다.

말씀으로 기도

1. 41일 동안 로마서 말씀을 받으면서 각자 섬기는 교회와 한국교회, 열방의 교회가 하나님께서 기뻐하시는 예수 그리스도의 몸된 교회로 세워지길 기도합시다.

2. 말씀을 통해 우리 주 예수 그리스도를 알고, 그 분만이 유일한 우리 삶의 주인임을 고백하는 예수님의 충성된 종으로 결단하게 해달라고 성령님의 도우심을 구하며 기도합시다.

부끄럽지 않은 복음

로마서 1:8-17

8 먼저 내가 예수 그리스도로 말미암아 너희 모든 사람에 관하여 내 하나님께 감사함은 너희 믿음이 온 세상에 전파됨이로다 9 내가 그의 아들의 복음 안에서 내 심령으로 섬기는 하나님이 나의 증인이 되시거니와 항상 내 기도에 쉬지 않고 너희를 말하며 10 어떻게 하든지 이제 하나님의 뜻 안에서 너희에게로 나아갈 좋은 길 얻기를 구하노라 11 내가 너희 보기를 간절히 원하는 것은 어떤 신령한 은사를 너희에게 나누어 주어 너희를 견고하게 하려 함이니 12 이는 곧 내가 너희 가운데서 너희와 나의 믿음으로 말미암아 피차 안위함을 얻으려 함이라 13 형제들아 내가 여러 번 너희에게 가고자 한 것을 너희가 너희가 모르기를 원하지 아니하노니 이는 너희 중에서도 다른 이방인 중에서와 같이 열매를 맺게 하려 함이로되 지금까지 길이 막혔도다 14 헬라인이나 야만인이나 지혜 있는 자나 어리석은 자에게 다 내가 빚진 자라 15 그러므로 나는 할 수 있는 대로 로마에 있는 너희에게도 복음 전하기를 원하노라 16 내가 복음을 부끄러워하지 아니하노니 이 복음은 모든 믿는 자에게 구원을 주시는 하나님의 능력이 됨이라 먼저는 유대인에게요 그리고 헬라인에게로다 17 복음에는 하나님의 의가 나타나서 믿음으로 믿음에 이르게 하나니 기록된 바 오직 의인은 믿음으로 말미암아 살리라 함과 같으니라

샬롬! 오늘 로마서 항해에서 복음을 부끄러워하지 않는 모든 성도님들께 말씀을 통하여 임하시는 성령 충만함이 가득하기를 주님의 이름으로 축원합니다.

오늘 본문은 로마서 1장 8절부터 17절까지입니다. 로마서의 서론 마지막 부분이고, 로마서 전체의 요절에 해당하는 16절, 17절이 포함됩니다. 우리 다 함께 16, 17절만 먼저 읽어 볼까요?

> 내가 복음을 부끄러워하지 아니하노니 이 복음은 모든 믿는 자에게 구원을 주시는 하나님의 능력이 됨이라 먼저는 유대인에게요 그리고 헬라인에게로 다 복음에는 하나님의 의가 나타나서 믿음으로 믿음에 이르게 하나니 기록된 바 오직 의인은 믿음으로 말미암아 살리라 함과 같으니라 롬 1:16-17

이것이 로마서 전체의 주제가 되는 핵심 요절입니다. 이 핵심 요절을 다루기 전에 먼저 바울이 지금 로마 교회 성도들에게 갖고 있는 마음을 알아보겠습니다.

> 내가 그의 아들의 복음 안에서 내 심령으로 섬기는 하나님이 나의 증인이 되시거니와 항상 내 기도에 쉬지 않고 너희를 말하며 롬 1:19

그냥 읽어도 어렵죠. 쉽게 말하자면 바울이 기도할 때 항상 로마교회를 빼놓지 않고 있다는 겁니다. 하나님이 증인이시라는 거죠. 바울이 로마교회를 깊이 사모한다는 것을 보여줍니다.

어떻게 하든지 이제 하나님의 뜻 안에서 너희에게로 나아갈 좋은 길 얻기를

구하노라 롬 1:10

10절에서 보면 바울은 어떻게든지 하나님께 로마 교회에 갈 길을 달라고 기도하고 있습니다. 그런데 그렇게 로마교회에 가서 성도들 만나기를 원하는 이유 세 가지를 11, 12, 13절에서 찾아볼 수 있습니다.

내가 너희 보기를 간절히 원하는 것은 어떤 신령한 은사를 너희에게 나누어
주어 너희를 견고하게 하려 함이니 롬 1:11

첫째, 신령한 은사라고 합니다. 바울에게는 가르치는 은사, 병 고치는 은사 등 많은 은사가 있었습니다. 그리고 이 은사가 신령한 것이라고 합니다. 이건 신비스러운 것을 말하는 것이 아니라 바울의 겸손함을 말합니다. 그 모든 것이 하나님이 주신 것, 성령님이 하시는 것이라고 말합니다. 그 은사들을 나누어 로마교회 성도들의 신앙을 더욱 견고케 하고 싶다는 거죠.

이는 곧 내가 너희 가운데서 너희와 나의 믿음으로 말미암아 피차 안위함을
얻으려 함이라 롬 1:12

둘째, 쉽게 말해 로마에 가서 바울과 로마교회 성도 간에 믿음의 교제를 하고 싶다고 합니다.

형제들아 내가 여러 번 너희에게 가고자 한 것을 너희가 모르기를 원하지 아
니하노니 이는 너희 중에서도 다른 이방인 중에서와 같이 열매를 맺게 하려
함이로되 지금까지 길이 막혔도다 롬 1:13

셋째, 바울은 로마교회 성도들로 하여금 믿음의 성숙과 전도의 결실을 맺게 하려고 여러 번 로마행을 시도했으나 아직 못 가고 있다고 합니다. 여기까진 쉽죠? 로마교회 성도들과 은사를 나누고 교제하며 신앙의 결실을 맺기 위해서 로마에 가고 싶어 바울은 날마다 기도하고 있다는 겁니다. 그런데 다음 구절부터 조금씩 어려워집니다.

헬라인이나 야만인이나 지혜있는 자나 어리석은 자에게 다 내가 빚진 자라
롬 1:14

바울은 자신을 빚진 자라고 합니다. 복음을 전하는 자신의 정체성을 빚진 자에 비유합니다. 이건 그리스도인들이 가져야 하는 매우 중요한 자세입니다. 다른 종교들은 자신이 섬기는 신에게 이렇게 많은 공덕을 쌓았으니 무언가를 해 주길 기대합니다. 채권자의 자세를 갖는 겁니다. 그러나 반대로 하나님께서는 먼저 자신의 사랑하는 아들을 십자가에 내어 주셨습니다. 하나님의 전부를 내어 주신 것이지요. 성도 여러분, 우리는 하나님 앞에서 채권자가 될 수 없습니다. 그 분이 먼저 당신의 모든 것을 내어 주셨습니다. 우린 늘 하나님 앞에서 '빚진 자'입니다. 그래서 복음을 전하는 겁니다.

그러므로 나는 할 수 있는 대로 로마에 있는 너희에게도 복음 전하기를 원하
노라 롬 1:15

이 대목이 어렵습니다. 지금 바울은 누구에게 복음전하기를 원한다고 하나요? 로마에 있는 '너희'입니다. 즉, 로마교회 성도들이죠. 그런데 로마교회 성도들이라면, 이미 복음을 듣고 예수를 믿는 사람들이잖아요. 우린 보통

복음을 전한다고 하면, 교회 밖의 안 믿는 사람에게 전한다고 생각하는데, 지금 바울은 교회 안의 믿는 사람에게 전한다고 합니다. 그럼 로마 교회 성도들이 믿음이 적어서 인가요? 오늘 본문이 시작되는 8절을 볼까요?

> 먼저 내가 예수 그리스도로 말미암아 너희 모든 사람에 관하여 내 하나님께 감사함은 너희 믿음이 온 세상에 전파됨이로다 롬 1:8

아니잖아요. 바울은 로마 교회 성도들인 너희 믿음이 널리 알려져 있다고 얘기합니다. 그런데 그런 로마 교회 성도들에게 복음을 전하려 한다는 겁니다. 이에 대해서는 여러 해석이 있는데요, 우린 그저 본문에만 집중하고자 합니다. 그 이유를 바로 다음에 적고 있습니다.

> 내가 복음을 부끄러워하지 아니하노니 이 복음은 모든 믿는 자에게 구원을 주시는 하나님의 능력이 됨이라 먼저는 유대인에게요 그리고 헬라인에게로다 롬 1:16

그냥 번역된 것을 읽어서는 잘 모릅니다. 16절은 원어성경에서는 '왜냐하면' 이란 단어로 시작합니다. 원문에는 16절에 헬라어로 '가르', 우리말로는 '왜냐하면' 이란 단어가 두 번 나옵니다. 첫 번째 '가르', '왜냐하면', 내가 복음을 부끄러워하지 아니하기 때문이라는 겁니다. 지금 바울이 로마교회에 복음을 전하는 이유는 바울이 복음을 부끄러워하지 않기 때문이라는 거죠. 한국교회의 놀라운 성장은 세계 기독교 역사상 유래를 찾아보기 힘들 정도로 널리 알려져 있습니다. 그런데 어느 순간 교회 안에서 복음을 부끄러워하고 있는 것은 아닌지요? 믿는다는 성도들이 복음을 그저 머리로 개념적으로만 지식적으로만 이해하는데 머물러 있는 것은 아니지요? 가만히 생각해 보세요. 강단에서 예수의 십자가 구속과 부활을 설파하면 '늘 똑같은 이야기를 한다'고, '이미 다 아는 이야기'라 여기고 눈 감고 편안하게 있지는 않는가 말입니다. 또 설교자도 십자가 복음을 반복해서 설교하기에 부끄러워하지 않나요? 예수님의 동정녀 탄생을 말하면 한편으론 의심도 하고, 십자가 죽음을 말하면 다 안다고 자고, 부활을 말하면 그건 예수님이니까, 라며 그저 복음 즉 기쁜 소식 중의 기쁜 소식을 예전에 한 번 들은 것만으로 가볍게 여기지 않는가 말입니다.

진정 저와 여러분이 '십자가' 하면, 그 십자가 밑에 빚진 자의 애타는 심정으로 엎드려 자신의 죄인됨을 통회하며 가슴을 치는지요? '부활' 하면, 그 부활의 감격, 부활하신 예수님, 바로 그 모습으로 우리도 영원히 하나님 나라에서 살게 되었다고 감격에 겨워하는지요? 처음 예수 믿었을 때 뿐 아니라 지금도 매일 그 복음에 가슴을 치고 회개하며 매일 그 복음으로 기쁨이 가득한 삶을 누리느냐 말입니다. '하나님 잘 믿으니까 돈을 벌었더라, 성공했더라, 내 자식이 잘되었더라, 건강하더라' 라며 마치 채권을 회수하듯 기쁜 것이 아니라 설사 괴로운 일이 있어도, 가난해도, 실패해도, 자식이 어려워도, 병이 들어도, 오직 복음만으로 감격하는가 말이죠.

주일만이 아니라 매일 복음의 감격이 있는가요? 반복하고 반복해서 십자가만 외치는 인생이 부끄러운가요? 강대상에서 복음이 사라지는 것이 부끄러운가요? 아니면 매일 강대상에서 복음만 선포되는 것이 부끄러운가요? 삶에서 복음이 사라지고 강대상에서 복음이 사라지는 것, 그것이야 말로 진정 부끄러운 일이 아닐까요? 바울 사도는 고린도전서에서 이렇게 말합니다.

형제들아 내가 너희에게 나아가 하나님의 증거를 전할 때에 말과 지혜의 아름
다운 것으로 아니하였나니 내가 너희 중에서 예수 그리스도와 그가 십자가에
못 박히신 것 외에는 아무 것도 알지 아니하기로 작정하였음이라 고전 2:1-2

바울은 복음을 전하는데 아름다운 말솜씨도 필요 없고 놀라운 지혜도 아
니라고 합니다. 오직 예수 그리스도와 십자가만 전한다고 했습니다. 복음이
부끄럽지 않다는 거지요. '로마교회여, 그대는 소문난 믿음이 있다는데, 왜
이제는 복음이 부끄럽냐?'고 묻고 있습니다. 바울은 언제나 복음이 부끄럽
지 않기에 지금 잘 믿는다고 하지만 어느덧 복음에 가슴이 뛰지 않고 있는
로마 교인들에게 그들이 다 알고 있다고 여기는 복음을 계속 전하는 것이 부
끄럽지 않다고 했습니다.

16절에 '가르'가 하나 더 있다고 했지요. 사실 17절에도 있습니다. 16, 17
절에 연속하여 '가르', '왜냐하면'이 바로 앞의 이유를 톱니바퀴처럼 연결
하며 설명하고 있습니다. 남은 두 개의 '왜냐하면'은 다음 항해에서 말씀드
리겠습니다.

성도 여러분, 진짜로 '복음' 하면 지금도 심장 터질 것 같은 감격이 있나
요? 복음이 필요한 것은 안 믿는 사람들만이 아닙니다. 어쩌면 지금 복음이
절실히 필요한 것은 교회 안의 믿는다고 하는 저와 여러분입니다. 그걸 어
떻게 확인할 수 있나요? 지금 십자가 앞에서 가슴이 미어지나요? 지금 부활
그 앞에서 구원의 감격에 심장이 쿵쾅거리나요? 오늘 복음이 우리의 삶에
드리우길 원합니다. 십자가를 우리 삶 위에 올려놓기 원합니다. 우리의 기도
제목과 간구 위에 십자가를 두기 원합니다.

먼저 각자의 마음과 생각 위에 십자가를 올려놓으시길 바랍니다. 여러분의 교회, 일터, 가정 위에 십자가를 올려두시기 바랍니다. 그 십자가를 보며 오늘과 내일, 그리고 매일 같이 회개의 눈물, 구원의 감격의 눈물이 떨어질 때 그 복음이 진짜 살아있는 하나님의 능력이 되는 겁니다.

성도 여러분, 우리는 예수 그리스도의 종입니다. 우리의 모든 것 위에 그분의 십자가가 놓여 있음을 깨닫고, 통회하는 마음과 구원의 감격으로 오늘 하루와 남은 인생을 사는 저와 여러분 되시기를 주님의 이름으로 간절히 간구합니다.

말씀으로 기도

1. 복음은 오늘도 살아 역사합니다. 복음 안에서 성도들과 은사를 나누고 교제하며 신앙의 결실을 맺으며, 더욱 교회를 사랑하는 마음을 부어주시길 기도합시다.

2. 복음 앞에 우린 언제나 빚진 자입니다. 우리의 일터, 학교, 각자가 소명 받고 일하는 그 곳과 더 나아가 우리의 가정, 가족, 친척, 친구들에 이르기까지 빚진 자의 마음으로 십자가를 품고 기도합니다. 모든 영역에서 하나님의 뜻이 이루어지기를 기도합시다.

자랑할 것 없다

로마서 1:16-17

16 내가 복음을 부끄러워하지 아니하노니 이 복음은 모든 믿는 자에게 구원을
주시는 하나님의 능력이 됨이라 먼저는 유대인에게요 그리고 헬라인에게로다
17 복음에는 하나님의 의가 나타나서 믿음으로 믿음에 이르게 하나니 기록된
바 오직 의인은 믿음으로 말미암아 살리라 함과 같으니라

샬롬! 오늘 로마서 말씀의 항해에 참여하시는 성도님들 모두에게 하나님의 능력이 임하는 은혜가 있기를 주님의 이름으로 축원합니다.

오늘 본문은 특히 마틴 루터로부터 시작된 종교개혁의 도화선이 된 말씀입니다. '오직 의인은 믿음으로 말미암아 살리라' 너무도 유명한 말씀입니다. 16절, 17절은 로마서의 핵심 요절입니다. 사도 바울이 로마 교인들에게 복음을 전하기 원한다고 하였습니다. 첫 번째 '가르' 헬라어로 '왜냐하면'이라는 의미의 단어로 16절은 시작합니다. 왜냐하면, 복음을 부끄러워하지 아니하기 때문이죠. 그리고 원어 성경에는 두 번째 '가르'가 나옵니다. '왜냐하면', 16절 나머지입니다.

> 이 복음은 모든 믿는 자에게 구원을 주시는 하나님의 능력이 됨이라 먼저는
> 유대인에게요 그리고 헬라인에게로다 롬 1:16

번역된 성경에는 '왜냐하면'이 없지만, 원어성경은 '왜냐하면'으로 시작됩니다. 그리고 이 '왜냐하면'은 바울이 15절에서 '로마에 있는 너희'에게도 복음을 전하기 원하는 이유이기도 하고 복음을 부끄러워하지 않는 이유이기도 합니다. '가르'를 연결고리로 하여서 앞의 내용을 이중적으로 계속 포함하면서 진행되는 말씀입니다. '내가 복음을 전하려는 이유는 내가 복음을 부끄러워하지 않기 때문인데, 내가 복음을 부끄러워하지 않는 이유는 말이지 복음이란 이런 것이기 때문이란다. 그래서 전하려는 거야'라는 말을 하려는 겁니다.

16절, 복음의 키워드는 '하나님의 능력'입니다. '하나님의 능력'이라고 하면 성경에 참으로 많은 능력이 있습니다. 예를 들면 구약에서 홍해를 가르시

는 능력, 이스라엘이 전쟁에서 승리케 하시는 능력, 예수님의 병 고치는 능력, 물 위를 걸으시고, 오병이어의 기적을 일으키시는 능력 등등. 그런데 성경을 통해 우리가 깨닫기를 원하시는 하나님의 능력은 크게 두 가지입니다. 바로 창조의 능력과 구원의 능력입니다. 창조주 하나님, 구원자 하나님이십니다.

16절에서는 모든 믿는 자에게 구원을 주시는 하나님의 능력 즉 구원의 능력을 말하고 있으며, 복음이 바로 그 하나님의 구원의 능력이라는 겁니다. 복음을 믿기만 하면 예수 그리스도의 십자가 대속사건이 나의 죄 사함이 되고, 예수 그리스도의 부활사건이 나의 영원한 생명인 부활이 되는 것이고, 그것이 하나님의 능력이 된다는 것입니다. 그렇다면 복음은 하나님의 창조의 능력과는 무관할까요? 아닙니다.

> 또 내가 새 하늘과 새 땅을 보니 처음 하늘과 처음 땅이 없어졌고 바다도 다시
> 있지 않더라 계 21:1

새 하늘과 새 땅, 새 창조입니다. 구원의 능력은 창조의 능력과 맞닿아 있는 거죠. 성도 여러분, 그 하나님의 창조의 능력과 구원의 능력이 임하는 곳이 바로 하나님 나라입니다. 바로 저와 여러분을 비롯한 모든 복음을 믿는 자들 가운데 임하는 겁니다. 예수님 십자가와 부활의 복음은 단순히 죽어서 가는 천국에만 해당되는 것이 아닙니다. 이 땅에서 바로 그 하나님의 능력 즉 창조와 구원의 역사를 이루시는 하나님 나라를 경험하고 누리라는 겁니다. 하나님의 영 즉 성령이 혼과 육 가운데 거하실 때, 복음을 믿을 때, 그 때부터 저희는 사망권세자의 지배에서 벗어나 하나님의 능력인 창조와 구원의

능력으로 사는 겁니다.

적용을 해 볼까요? 간단히 한 가지만 적용하기 원합니다. 오늘 하루를 시작할 때 결단해봅시다. 오늘 하루의 모든 생각, 의사결정, 공부 등 내 앞에 놓인 갖가지 일과 앞에서 짧게라도 기도합시다. 내부에서 올라오는 내 경험, 가치관, 생각, 지식, 충동 등을 잠시 멈추고 그리스도의 십자가 보혈과 부활의 능력을 묵상하며 구하여 보시기 바랍니다. '구원의 하나님, 창조의 하나님, 지금 이 시간 성령님을 통하여 하나님의 창조의 능력과 구원의 능력이 저의 일과 가운데 임하도록 간절히 기도합니다.' 라고 말이죠.

복음은 하나님의 능력입니다. 예수 그리스도가 지금도 성령님으로 저희와 함께 하심을 우린 알고 있습니다. 그런데 그것을 머리로만 아는 것에 그친다면 지금도 살아서 역사하는 복음의 능력을 너무 제한하는 것입니다.

또 자신의 일과에만 하나님의 능력을 구하지 마시고 정말 단 한 사람이라도 다른 사람을 위한 간구 위에 하나님의 능력을 구하시기 바랍니다. 몸과 마음이 아픈 분들을 위해, 아직 예수를 믿지 않는 분들을 위해, 선교사 가족을 위해, 교회와 나라를 위해 하나님의 능력을 구하시기 바랍니다. 반드시 그 기도 위에 하나님의 창조의 능력, 구원의 능력이 임할 것입니다.

그런데 '먼저는 유대인에게요 그리고 헬라인에게로다' 라고 합니다. 헬라인은 유대인을 제외한 모든 이방인 즉, 저와 여러분을 포함한 이방인을 의미합니다. 여러분 중에 혈통적으로 유대인이신 분이 계신가요? 이 말은 복음이 유대인에게 먼저 전해졌고, 그 다음엔 이방인에게 전해졌다는 겁니다. 역사적으로 사실이죠. 성경 66권 가운데 유대인이 기록하지 않은 것이 있나요?

이 말은 단순히 역사적 사실을 말하려는 것이 아닙니다. 복음이 전해지는 모든 민족이 복음으로 하나가 된다는 것을 말합니다. 유대인과 헬라인이 복음으로 '하나' 라는 거죠. 바울은 유대인이었습니다. 그런데 어제 본 것처럼 로마교회에는 소위 헬라인, 이방인이 많았죠. 그런데 그들을 위해 매일 기도한다고 하였습니다. 유대인을 대표하여 바울이 헬라인을 위해 기도하는 겁니다. 그럼 복음을 믿는 헬라인은 마땅히 유대인을 위해 기도하여야 합니다. 더군다나 우리는 복음에 빚진 자, 기도에 빚진 자입니다. 당연히 유대인과 그 땅을 위해 우리도 기도하여야 합니다.

저와 여러분 모두 매일같이 복음을 믿는 이스라엘인들과, 아직 복음을 믿지 않는 이스라엘인을 위하여 성령이 인도하시는 대로 기도하면 좋겠습니다. 이제 세 번째 '가르' 입니다.

> 복음에는 하나님의 의가 나타나서 믿음으로 믿음에 이르게 하나니 기록된 바
> 오직 의인은 믿음으로 말미암아 살리라 함과 같으니라 롬 1:17

역시 번역 성경에는 '왜냐하면' 이 없지만, 원어 성경은 '가르', '왜냐하면' 으로 시작합니다. 복음이 하나님의 구원의 능력인 이유는 복음 안에 하나님의 의가 나타나 있기 때문입니다.

우선 여기서 쓰이는 '나타나다' 란 말부터 살펴보면, 원어의 뜻은 '감추었던 것이 드러나다' 란 의미이며 중요한 것은 시제가 현재형이라는 겁니다. 우린 보통 복음하면 과거 2000년 전의 일이라고만 생각하기 쉽습니다. 그러나 복음 안에 있는 하나님의 의는 인간 세상에서 계속하여 현재형으로 드러나서 인간들을 구원의 길로 계속 인도합니다. 복음은 언제나 현재형입니다.

그럼 복음에서 나타나는 의가 무엇일까요? '의' 는 원어로 '디카이오쉬네'

이며, 헬라 사회에서 이는 법적 용어로서 '처벌할 수 있는 죄가 없는 상태'를 의미합니다. 그렇다면, '하나님의 의'란 하나님이 재판장으로 앉으셔서, '처벌할 수 있는 죄가 없는 상태'라고 판결해 주시는 것을 말합니다. 헬라어 자체에서 즉, 세속적으로 쓰이는 문자를 그대로 해석할 때도 복음은 우리에 대하여 '죄 없는 상태'라고 결정한 판결문입니다.

그럼 성경에서 말하는 '하나님의 의'는 무엇일까요? 구약에서 '하나님의 의'란 단순히 죄가 없는 상태일 뿐만 아니라 이스라엘의 원수들에게서 이스라엘을 구원하시는, 택하신 백성에 대한 하나님의 적극적이며 능동적인 능력과 성품을 의미합니다. 또한 신약에서도 이 단어는 죄의 세력을 멸하시고 인간을 구원하시는 하나님의 행위 그 자체를 의미합니다. 쉽게 말해, '하나님의 의'는 하나님께서 하나님 나라의 백성과 '관계'를 맺으시고 그들을 구원하시기 위해 일하시는 하나님의 속성, 하나님의 행위 그 자체를 말합니다. 그래도 좀 어렵지요.

그 다음 말씀인 '믿음으로 믿음에 이르게 하나니'라는 구절을 깨달으면, '하나님의 의'가 무엇인지 알게 됩니다. 하나님의 의가 나타나서 믿음으로 믿음에 이르게 한다는 것이니, 반대로 믿음으로 믿음에 이르게 한다는 것이 무슨 뜻인지 알면 '하나님의 의'를 알게 되는 거죠.

예를 들면 쉬울 겁니다. 두 가지 예를 들겠습니다. 모두 성경 속 이야기입니다. 먼저 아브라함을 믿음의 조상이라고 합니다. 그런데 아브라함은 처음부터 믿음이 좋은 사람이 아니었습니다. 가나안에 들어가는 것도 엄청 미루고 미루지요. 하나님이 거의 끌고 가다시피 하여 마침내 가나안에 들어갑니다. 그런데 가나안 땅에 들어가서도 가뭄이 들자 하나님께 묻지도 않고 뒤도 돌아보지 않고 떠나는 데다가 아내를 누이라 속이지요. 또 하나님이 아들을 주시겠다고 그렇게 약속하셨건만 자기 마음대로 이스마엘을 낳습니다. 현실적인 문제에 봉착할 때마다 아브라함은 인간적인 방법을 택하였고, 그럴 때마다 하나님은 그런 아브라함을 토닥토닥하며 하나님을 향한 믿음으로 인도하십니다.

믿음의 조상이란 표현은 결국 아브라함이 믿음이 좋다는 것이 아니라 아브라함을 대표로 하여 하나님이 어떻게 믿음을 만들어 가는지 보여주는 첫 장면이기에 믿음의 조상이라고 하는 것이지요. 하나님의 '신실하심'이 본질입니다. 하나님의 신실하심이 아브라함을 믿음으로 인도하셨습니다. 믿음의 원천은 하나님의 신실하심에서 시작됩니다. 믿음의 시작도 하나님으로부터 오며 믿음의 끝도 하나님이 이루십니다. 믿음으로 믿음에 이르게 하는 것이 하나님의 의이고 그것은 하나님의 신실하신 품성, 그 분의 일하심이지요.

두번째 하나님의 의에 대한 예는 욥기입니다. 욥기는 하나님께서 사탄이 욥에 대하여 시험하는 것을 허락하시면서 시작됩니다. 이 장면을 한 마디로 표현하면, '나 하나님은 너 욥을 믿는다' 입니다. 이걸 다른 말로 하면, '나는 너를 택하였다' 입니다. 그리고 개인사에서 겪을 수 있는 모든 고난과 세 친구의 대화에서 나타나는 인과응보라는 인본주의의 잘못된 신앙관을 뚫고, 결국 욥의 온전한 하나님을 향한 믿음의 고백까지 인도하십니다.

'하나님의 의'는 하나님으로부터 시작된 믿음을 그 백성의 하나님을 향한 믿음으로 결론내리시는 것입니다. 아버지 하나님이 다 하셨음에도, 오히려 마치 자녀된 우리의 믿음이 좋은 것인 양 박수 치며 칭찬하십니다. 믿음장이라 불리우는 히브리서 11장에 나오는 모든 믿음의 선진들이 다 그러합니다.

아무것도 아닌 자를 택하심으로 하나님이 시작하시고 인도하셨음에도 불구하고, 그들에게 '어구어구 믿음 좋은 놈들'이라며 성경 말씀으로도 칭찬하시는 분, 그 분이 우리의 하나님 아버지이십니다. 왜요? 사랑하시니까요. 아버지 하나님이 자녀로 삼으신 저와 여러분을 끝까지 사랑하시니까 그렇습니다. 아브라함을 사랑하신 하나님, 욥을 사랑하신 하나님, 믿음의 선진들을 사랑하신 하나님, 지금 저와 여러분을 사랑하시는 바로 그 분이십니다.

그래서 우린 '하나님의 의'로 나타나는 믿음으로 믿음에 이르는 인생길에서 그 분의 고귀한 품성, '사랑'을 깨닫고 경험하게 되는 겁니다. 모든 것이 그 분의 사랑이었던 겁니다. 우리는 복음을 믿습니다. 그 믿음에는 하나님의 사랑이 녹아져 있습니다. '우리가 믿습니다.'라고 고백할 때까지 그리고 그 믿음의 경주를 완주할 때까지 언제나 우리 곁에서 그 믿음을 빚어가고 계신 분, 우리에게 박수치시는 하나님이 계십니다. 하나님은 사랑이십니다. 그 분이 우리를 자녀라 하십니다.

이제 말씀의 결론 부분입니다.

기록된 바 오직 의인은 믿음으로 말미암아 살리라 함과 같으니라 롬 1:17

복음이란 의, 믿음, 생명입니다. 하나님의 의, 하나님의 믿음, 하나님의 생명, 그것이 하나님이 저희에게 베푸시는 사랑이고, 그것을 담은 것이 복음입니다. 그렇기에 전하지 않을 수 없는 가장 귀한 보배입니다. 하나님의 능력으로 오늘도 이루어지는 예수 그리스도의 십자가와 부활의 소식과 구원의 소식, 복음, 오직 예수입니다.

오늘도 저와 여러분 모두 그 복음 붙잡고 이 땅에서 하나님의 능력을 덧입으며 하나님의 의, 믿음과 생명주심에 감사 찬송하는 기쁨에 넘치는 하루가 되고, 또 저희의 남은 날 되길 주님의 이름으로 축원합니다.

말씀으로 기도

1. 하나님의 능력이 각자 모든 삶의 영역에 임하기를 기도합시다. 하나님의 창조의 능력과 구원의 능력이 우리 삶을 장악하고, 교회와 일터, 가정, 대한민국과 북한, 이스라엘과 열방에 임하기를 기도합시다.

2. 믿음을 시작하시고, 인도하시고, 완성하시는 분은 하나님이십니다. 믿음은 그렇게 하나님의 사랑으로 빚어진 것임을 감사하고 하나님의 그 사랑을 전하는 성도와 교회로 쓰임 받도록 기도합시다.

하나님의 진노와 심판

롬 1:18-3:18

그러나! 이제는

로마서1:18, 3:21

1:18 하나님의 진노가 불의로 진리를 막는 사람들의 모든 경건하지 않음과 불의에 대하여 하늘로부터 나타나나니

3:21 이제는 율법 외에 하나님의 한 의가 나타났으니 율법과 선지자들에게 증거를 받은 것이라

샬롬! 오늘 항해에 참여하시는 모든 성도님들에게 하나님의 사랑과 은혜가 충만하기를 주님의 이름으로 축원합니다.

어제까지 로마서의 서론 부분을 보았습니다. 오늘 1장 18절부터 본격적으로 사도 바울의 보석같은 신학이 펼쳐집니다. 신약이 총 몇 권이지요? 27권입니다. 그 중 사도 바울이 기록한 것은 13권 또는 14권이라 합니다. '또는' 이라 하는 이유는, 어떤 서신서 때문일까요? 바로 히브리서입니다. 히브리서에 대해서는 저자가 바울이란 의견도 있고, 아니라는 의견도 있기 때문입니다.

신약의 절반 가까이 바울의 서신서로 채워져 있고 바울의 신학이 기독교 신학의 뼈대를 세웠다고도 합니다. 그 바울 신학의 정수가 담긴 것이 로마서입니다. 성경 중의 성경, 성경의 보석이라고 합니다. 그 로마서의 본론으로 들어가려고 합니다. 그런데 본론의 첫 부분을,

> 하나님의 진노가 불의로 진리를 막는 사람들의 모든 경건하지 않음과 불의에
> 대하여 하늘로부터 나타나나니 롬 1:18

이렇게 말하며 바울은 '하나님의 진노'라는 단어를 시작으로 인간의 불경건과 불의에 관하여 로마서 3장 20절까지 기술하고 있습니다. 그리고 그 다음 구절, 로마서 3장 21절에서는 '이제는'이라고 하면서 하나님의 한 의가 나타났다고 선포합니다.

> 이제는 율법 외에 하나님의 한 의가 나타났으니 율법과 선지자들에게 증거를
> 받은 것이라 롬 3:21

'이제는'으로 시작하는 로마서 3장 21절부터가 로마서 본론의 두 번째 부분이 되는 거지요.

본론이 시작되는 오늘은 좀 가벼운 마음으로 로마서의 구조에 대해서 살펴보겠습니다. 바울은 로마서 1장 18절부터 시작되는 첫 번째 본론의 내용을 사람의 죄로 가득 채우고 있습니다. 아주 리얼하게 표현하자면, 우리가 걸친 모든 죄의 옷을 하나하나 지목하면서, 한 꺼풀 한 꺼풀 벗기는 겁니다. 아주 완전히 발가벗기는 작업을 먼저 하는 겁니다.

그것은 어째서일까요? 바로 3장 21절부터 시작되는 본론 두 번째, '이제야' 하나님의 의의 옷을 입히는 작업을 하기 위해서입니다. 로마서는 복음의 핵심을 정확히 꿰뚫고 있는 책입니다. 바울은 모든 인간이 죄인이라는 것부터 본론을 시작하며, 인간의 적나라한 모습을 깨닫도록 합니다. 그리고 나서 하나님의 은혜, 하나님의 의를 입게 하는 거지요.

사람들을 그리스도께 가지 못하게 만드는 가장 큰 방해물은, 그리스도가 필요하다는 것을 깨닫지 못하는 스스로의 마음입니다. 본인들이 그리스도의 필요성을 인정하지 않기 때문입니다. 예수님이 말씀하셨지요. '건강한 자에게는 의원이 쓸데없고 병든 자에게라야 쓸데 있느니라, 내가 의인을 부르러 온 것이 아니요 죄인을 부르러 왔노라'라고 하십니다. 그런데 이 말씀은 어떤 사람들은 의로우므로 구원이 필요 없다는 의미가 아니라, 자신이 스스로 의롭다고 생각하는 것이 문제라는 의미입니다. 우리가 스스로 나을 수 없다는 사실을 인정할 때에만 의사에게 가는 것과 마찬가지로 자신이 죄인이며 자신이 스스로를 구원할 수 없다는 사실을 인정할 때에만 그리스도에게로 갈 것이기 때문입니다.

첫 번째 본론의 구조를 간단히 보면, 바울은 인류를 몇 집단으로 나누어서 각 집단을 하나씩 고소합니다. 첫 날 말씀드린 것처럼 로마서 기록 배경은 로마 교회의 문제, 즉 유대인과 헬라인 성도 간의 분쟁이란 상황에 대해서 편지를 쓰지만, 바울은 거기에 한정하지 않고 모든 인류에 대하여 쓰고 있습니다.

먼저 첫째로 타락한 이방인 사회를 고소합니다. 우상숭배, 부도덕과 반사회적 행동에 빠진 타락한 이방인, 특히 당시 로마 제국의 타락, 죄악의 극치를 말하고 있습니다. 1장 18절부터 1장 32절까지입니다.

둘째는 자신을 제외한 모든 사람들에게 고도의 윤리적 기준을 적용시키며 남을 비판하기 좋아하는 도덕론자에 대해 고소합니다. 2장 1절부터 16절까지입니다.

셋째 집단은 유대인들입니다. 하나님의 율법에 대한 자신들의 지식을 자랑하지만 실제로는 그것에 순종하지 않는, 예수님 말씀처럼 '회칠한 무덤 같은 사람들'이지요. 2장 17절부터 3장 8절까지입니다.

잘 따라오고 계신가요? 지금까지 바울이 고소한 대상들 중에서 '그래도 나는 해당되는 것이 없네'라고 생각하는 분이 계신가요? 그렇다면 이방인에 대한 고소에 해당하는 죄를 한 번 살펴볼까요? 1장 23절, 26, 27, 29, 30, 31절에 쭉 열거하고 있지요.

우상숭배, 동성애, 불의, 추악, 탐욕, 악의가 가득한 자, 시기, 살인, 분쟁, 사기, 악독이 가득한 자, 수군수군하는 자, 비방하는 자, 하나님께서 미워하시는 자, 능욕하는 자, 교만한 자, 자랑하는 자, 악을 도모하는 자, 부모를

거역하는 자, 우매한 자, 배약하는 자, 무정한 자, 무자비한 자,

숨차게 보았는데, 휴! 그래도 아직은 해당 사항이 없는 것 같나요? 그럼 두 번째 그룹은 어떨까요? 2장 1절이지요.

그러므로 남을 판단하는 사람아, 누구를 막론하고 네가 핑계하지 못할 것은 남을 판단하는 것으로 네가 너를 정죄함이니 판단하는 네가 같은 일을 행함이니라 롬 2:1

너무 깊이 생각하다 보면 모든 죄에 해당이 될 것 같으니, 일단 지금은 눈 질끈 감고 난 아니야, 휙 하고 넘어갑시다. 세 번째 그룹은 그래도 다행인 게 우린 유대인이 아니네요. 그냥 넘어갑시다. 와! 여기서 끝났으면 좋으련만... 슬프게도 마지막 네 번째 그룹이 있는 겁니다. 3장 9절부터 20절입니다. 바울은 전 인류를 향한 하나님의 말씀을 기록하고 있습니다.

기록된 바 의인은 없나니 하나도 없으며 깨닫는 자도 없고 하나님을 찾는 자도 없고 다 치우쳐 함께 무익하게 되고 선을 행하는 자는 없나니 하나도 없도다 그들의 목구멍은 열린 무덤이요 그 혀로는 속임을 일삼으며 그 입술에는 독사의 독이 있고 그 입에는 저주와 악독이 가득하고 그 발은 피 흘리는 데 빠른지라 파멸과 고생이 그 길에 있어 평강의 길을 알지 못하였고 그들의 눈 앞에 하나님을 두려워함이 없느니라 함과 같으니라 롬 3:10-18

의인은 없나니 하나도 없다는 겁니다. 전체 인류를 포괄해서 우리는 모두 죄인이며 하나님 앞에 핑계 댈 수 없다고 결론을 내리지요. 포기하라는 겁니

다. 바울은 첫 번째 본문 전체를 통해 점차로, 그리고 가차 없이 인간인 저와 여러분, 우리 모두의 진상을 밝혀 나가는 겁니다.

기독교의 가장 큰 적이 무엇인지 아시나요? 한 번 생각해 봅시다. 이단? 삼단? 신천지? 아니면 타 종교? 이슬람? 아니면, 교회를 말살하려는 사회주의나 북한의 주체사상? 그것들이 가장 큰 적일까요? 아닙니다. 기독교의 진짜 가장 큰 적은 속기도 쉽고, 방어하기도 어려운 휴머니즘, 박애주의, 인본주의입니다. 이것이 많은 사람들이 넘어지고 빠지기 쉬운 함정입니다. 사람에게 기대할 것이 있다는 겁니다.

명심, 또 명심해야 할 것은 기독교는 인간의 망가진 부분을 고쳐서 개선하는 작업을 하는 종교가 아닙니다. 종교적으로 득도를 해서 경지에 이르는 식이 아닙니다. 윤리적으로 착하게 살아 개선되는 것이 아닙니다. 휴머니즘, 박애주의, '사람이 우선이다', 이런 주장들은 복음을 송두리째 흔들리게 합니다. 속이는 겁니다.

복음은 인간이 절망적인 존재라는 것을 전제로 합니다. 소망을 둘 여지가 없는 존재라는 겁니다. 이것이 로마서 본문의 시작인 겁니다. 복음의 전제, 기초사실인 거지요. 그렇기에 휴머니즘, 사람이 우선, 이런 그럴듯한 구호에 넘어갈 때 교회가 무너지는 겁니다. 유럽교회가 그렇게 무너진 겁니다.

우린 모두 하나님의 진노 아래에 있는 존재입니다. 본문 1장 18절로 돌아갑니다.

> 하나님의 진노가 불의로 진리를 막는 사람들의 모든 경건하지 않음과 불의에
> 대하여 하늘로부터 나타나나니 롬 1:18

주어와 술어만 보지요. 하나님의 진노가 나타나나니. 여기서 '나타나나니'에 해당하는 동사는 현재 진행형입니다. 언제나, 지금도 하나님의 진노가 나타나고 있다는 겁니다. '하나님의 진노가 나타나고 있다' 라고 선언하며, 저와 여러분을 포함한 모든 인류가 그 진노의 대상임을 성경은 말씀하고 있는 겁니다. '그러나, 이제는'

> 이제는 율법 외에 하나님의 한 의가 나타났으니 율법과 선지자들에게 증거를 받은 것이라 롬 3:21

한글 성경에서는 '이제는' 으로 시작하고 있지만 원어 성경이나 영어 성경에서는 '그러나, But' 으로 시작합니다. '그러나 이제는 하나님의 한 의가 나타났으니', 여기서의 시제도 현재형입니다. 매일, 오늘도 하나님의 의가 나타납니다. 하나님은 역전의 하나님이십니다. '그러나' 가 하나님의 능력이며, 하나님의 은혜이며, 하나님의 사랑입니다.

오늘은 이 단어 하나 붙잡기를 바랍니다. 로마서의 첫 번째 본론에서 두 번째 본론을 잇는 단어, '그러나' 입니다. 여전히 죄를 지으면서 이것은 '육신이 연약하여 어쩔 수 없다며 나라는 인간은 원래 이런 한심한 자' 라고 낙심하는 것, 그것도 교만입니다. 낙심도 무언가 기대할 것이 있을 때 낙심하는 겁니다. 우리에게 필요한 것은 낙심이라는 교만이 아니라, '그러나' 를 붙잡는 겸손함입니다.

'그러나' 이것이 하나님의 은혜입니다. '그러나' 이것이 역전의 명수 하나님의 능력이십니다. '그러나' 이것이 하나님의 끊을 수 없는 사랑입니다. 아무리 큰 잘못을 저질렀다 하여도, 설사 살인을 저지른 사형수라 하여도, '그러나'를 잡으면 삽니다. 아무리 경제적으로 힘들고 마음이 지치고 병으로 힘들어도, 삶이 너무 고단하다 할지라도, 이 하나님의 '그러나'를 붙잡으면, 기쁨이 넘칩니다. 감사가 넘칩니다. 이 땅에서 살맛나는 겁니다. 그것이 하나님 나라 백성이 이 땅에서 사는 방법입니다.

죄를 짓고, 나쁜 생각을 하였나요? 타락한 이방인 이어도, '그러나 예수 그리스도'. 다른 사람에게 잣대를 들이대며 그 기준에 미달된 잘못된 모습, 문제들이 보이나요? 타인을 비판하며 정죄하던 자라 하여도, '그러나 예수 그리스도'. 나 자신의 의로움을 자랑하였나요? 유대인과 같아도, '그러나 예수 그리스도'. 나를 포함하여 인류 전체가 죄인이어도, '그러나 예수 그리스도'. 지금 무엇이 힘이 드시나요. 무엇이 간절한가요? 무엇이 마음을 무겁게 짓누르시나요? '그러나'를 외치며 하나님의 의, 바로 예수 그리스도를 바라보세요. 입으로 힘껏 외치며, 크게 심호흡을 하세요.

'그러나 이제는 예수 그리스도'입니다. 예수 그리스도 그 이름에 능력이 있습니다. '육신의 병, 경제적 곤궁함, 관계의 상처, 교회의 문제, 나라의 어지러움, 코로나19, 이스라엘', 우리의 모든 기도 제목 위에 '그러나 예수 그리스도' 이것을 믿음으로 선포할 때, 나사렛 예수 그리스도의 이름으로 일어나 걷게 됩니다.

부디 저와 여러분 모두, '그러나 예수 그리스도'라는 믿음 안에서 기쁨과 감사가 넘치며, 회복과 치유가 나타나는 오늘 하루와 남은 날들 되기를 주님의 이름으로 축원합니다.

말씀으로 기도

1. 우리는 모두 하나님의 진노 아래 있는 존재입니다. 하나님의 의, 예수 그리스도로만이 그 진노 밖에 놓이게 됨을 삶의 매 순간 깨닫도록 성령님 도와 달라고 기도합시다.

2. 예수 그리스도의 이름에 능력이 있습니다. 가정과 일터, 국가, 민족, 교회, 회복되지 않을 것 같은 관계, 질병, 상처, 억울함, 우리의 모든 기도 제목 위에, '그러나 예수 그리스도'를 믿음으로 선포하는 사람이 되기를 기도합시다.

하나님의 진노

로마서1:18-32

18 하나님의 진노가 불의로 진리를 막는 사람들의 모든 경건하지 않음과 불의에 대하여 하늘로부터 나타나나니 19 이는 하나님을 알 만한 것이 그들 속에 보임이라 하나님께서 이를 그들에게 보이셨느니라 20 창세로부터 그의 보이지 아니하는 것들 곧 그의 영원하신 능력과 신성이 그가 만드신 만물에 분명히 보여 알려졌나니 그러므로 그들이 핑계하지 못할지니라 21 하나님을 알되 하나님을 영화롭게도 아니하며 감사하지도 아니하고 오히려 그 생각이 허망하여지며 미련한 마음이 어두워졌나니 22 스스로 지혜있다 하나 어리석게 되어 23 썩어지지 아니한 하나님의 영광을 썩어질 사람과 새와 짐승과 기어다니는 동물 모양의 우상으로 바꾸었느니라 24 그러므로 하나님께서 그들을 마음의 정욕대로 더러움에 내버려 두사 그들의 몸을 서로 욕되게 하게 하셨으니 25 이는 그들이 하나님의 진리를 거짓 것으로 바꾸어 피조물을 조물주보다 더 경배하고 섬김이라 주는 곧 영원히 찬송할 이시로다 아멘 26 이 때문에 하나님께서 그들을 부끄러운 욕심에 내버려 두셨으니 곧 그들의 여자들도 순리대로 쓸 것을 바꾸어 역리로 쓰며 27 그와 같이 남자들도 순리대로 여자 쓰기를 버리고 서로 향하여 음욕이 불 일듯 하매 남자가 남자와 더불어 부끄러운 일을 행하여 그들의 그릇됨에 상당한 보응을 그들 자신이 받았느니라 28 또한 그들이 마음에 하나님 두기를 싫어하매 하나님께서 그들을 그 상실한 마음대로 내버려 두사 합당하지 못한 일을 하게 하셨으니 29 곧 모든 불의, 추악, 탐욕, 악의가 가득한 자요 시기, 살인, 분쟁, 사기, 악독이 가득한 자요 수군수군하는 자요 30 비방하는 자요 하나님께서 미워하시는 자요 능욕하는 자요 교만한 자요 자랑하는 자요 악을 도모하는 자요 부모를 거역하는 자요 31 우매한 자요 배약하는 자요 무정한 자요 무자비한 자라 32 그들이 이같은 일을 행하는 자는 사형에 해당한다고 하나님께서 정하심을 알고도 자기들만 행할 뿐 아니라 또한 그런 일을 행하는 자들을 옳다 하느니라

샬롬! 말씀과 기도로 오늘이라는 항해를 시작하시는 모든 성도님들에게 의의 길로 인도하시는 하나님의 은혜가 있기를 주님의 이름으로 축원합니다.

로마서 1장 18절부터 32절까지에 나타난 '하나님의 진노'에 대하여 크게 세 부분으로 나누어 오늘과 내일, 이틀에 걸쳐 살펴보려고 합니다.

첫째는 '하나님의 진노란 무엇인가? 둘째는 '하나님의 진노는 무엇에 대해 나타나는가?' 셋째, '하나님의 진노는 어떻게 나타나는가?' 입니다. 즉 하나님 진노의 본질, 대상, 결과에 대하여 살펴보겠습니다.

그런데 '하나님의 진노'에 대하여 살펴보기 전에, 번역 성경에는 없는 단어 하나를 찾아보도록 하겠습니다.

> 하나님의 진노가 불의로 진리를 막는 사람들의 모든 경건하지 않음과 불의에 대하여 하늘로부터 나타나나니 롬 1:18

원어성경에서 이 구절은 접속사로 시작됩니다. 바로, '가르', '왜냐하면' 입니다. 왜냐하면, 하나님의 진노가 나타나기 때문이라는 겁니다. 이전 항해 내용의 기억을 되살리면서, '가르'로 연결된 문장들을 다시 보지요, 15절, '너희에게 복음 전하기를 원합니다', 16절, '왜냐하면', '내가 복음을 부끄러워하지 않기 때문입니다' 왜 부끄럽지 않은 가요? 16절 중간 '왜냐하면', '이 복음이 모든 믿는 사람을 구원하시는 하나님의 능력이기 때문입니다' 어떻게 그렇습니까? 17절, '왜냐하면' '복음에는 하나님의 의가 나타나 있기 때문입니다. 믿음으로 살리는 것입니다' 그것이 왜 필요합니까? 18절, '왜냐하면', '하나님의 진노가 나타나기 때문입니다'

이렇게 바울은 '가르'를 연결고리로 하여 본론의 첫 주제, '하나님의 진노'로까지 이어가고 있는 겁니다. 대단하지요?

첫째, '하나님의 진노'란 무엇일까요? '진노', 헬라어로는 '오르게'라고 합니다. 점점 열이 오르게? 화가 오르게? … 죄송합니다. 그런데 그냥 아재 개그가 아니라, 하나님의 진노에 대해 우리는 오해를 하고 있습니다. 그건 하나님의 진노를 인간의 분노와 다름없는 것으로 보는 사람들이 있다는 겁니다. 그리고 또 하나의 큰 오해는 하나님은 사랑의 하나님이시기 때문에 진노는 하나님의 성품으로 어울리지 않는다는 오해입니다.

먼저 하나님의 진노에서 '진노'라는 것이 인간의 진노, 분노와 과연 같은 것인가의 문제입니다. 인간의 분노는 '의분'이라는 것이 있기는 하지만, 대부분 매우 불의합니다. 인간의 분노는 원한과 악의, 복수하려는 열망, 자기 방어 등을 포함하는, 분별없고 억제하기 어려운 감정입니다. 인간의 분노에 대해 성경은 많은 경고를 하고 있지요. 예를 들면, 잠언 27장에서 '돌은 무겁고 모래는 짐이 되지만, 분노는 그 둘을 합친 것보다 더 무겁'고 하지요. 또, '분은 잔인하고, 노는 창수, 폭풍과 같다'고 합니다. 그래서 분을 품지 말고, 마귀에게 틈을 주지 말라고 말씀하십니다.

> 분을 내어도 죄를 짓지 말며 해가 지도록 분을 품지 말고 마귀에게 틈을 주지
> 말라 엡 4:26-27

인간의 분노는 부정적인 요소들로 가득하지만, 그러나 하나님의 분노, 진노에는 그런 요소들이 하나도 없다는 것은 너무도 당연합니다. 하나님의 진노는 울화통을 터뜨리거나, 화를 버럭 내거나, 심술궂거나, 악의가 있거나, 원한을 품는 그런 것이 아닙니다. 하나님의 진노는 인간의 진노와 본질적으

로 다르며, 차원이 전혀 다른 겁니다. 이건 더 설명할 필요가 없을 겁니다. 그런데 우릴 혼란스럽게 하는 것은 오히려 두 번째 오해입니다. '하나님의 사랑'과 '하나님의 진노'가 서로 어울리지 않는다고 느껴 지기 때문이지요.

그런데 '하나님의 진노'를 말할 때, '진노'의 반대말은 '사랑'이 아닙니다. 반대말은 '중립'입니다. 하나님은 중립적인 분이 아닙니다. 도덕적 대립 상황에서 하나님은 중립을 지키시는 분이 아니라고요. 하나님의 진노는 악을 눈감아 주거나 타협하는 것에 대한 거부, 악에 대한 적의, 악에 대한 의로운 심판, 즉 하나님의 거룩하심, 공의로우심의 다른 일면이 진노인 겁니다. 오히려 하나님의 진노는 하나님 사랑의 일면입니다. 사랑하면 징계합니다.

> 내 아들아 여호와의 징계를 경히 여기지 말라 그 꾸지람을 싫어하지 말라 대
> 저 여호와께서 그 사랑하시는 자를 징계하시기를 마치 아비가 그 기뻐하는 아
> 들을 징계함 같이 하시느니라 잠 3:11-12

성경에서 하나님의 진노를 가장 많이 받은 백성이 누군가요? 다름 아닌 이스라엘 백성입니다. 왜요? 특별히 이방인들보다 더 죄를 많이 지어서일까요? 아니지요, 하나님이 더 많이 사랑하셔서 그런 것입니다. 하나님의 진노의 반대말은 중립이며, 하나님의 진노는 오히려 하나님의 사랑이며, 공의로우신 하나님의 품성입니다.

첫 번째 질문에 대한 결론, 하나님의 진노는 인간의 분노와 전혀 다른 개념으로서, 그 반대말은 사랑이 아니라 중립이며, 비슷한 말은 사랑, 공의, 거룩입니다.

이제 하나님의 진노에 관한 두 번째 주제, '하나님의 진노는 무엇에 대해

나타나는가?' 진노의 대상이 무엇인가에 대하여 알아보겠습니다.

> 하나님의 진노가 불의로 진리를 막는 사람들의 모든 경건하지 않음과 불의에
> 대하여 하늘로부터 나타나나니 롬 1:18

하나님의 진노는 '불의로 진리를 막는 사람들의 모든 경건하지 않음과 불의에 대하여' 나타난다고 사도 바울은 쓰고 있습니다. 좀 더 자세히 보겠습니다.

'불의로 진리를 막는 사람들의 모든 경건하지 않음과 불의에 대하여'에서 앞의 수식어를 빼고 '경건하지 않음'과 '불의' 뒤의 두 가지를 먼저 보겠습니다. 여기서 '경건하지 않음'은 하나님에 대한 것이고, '불의'는 인간에 대한 것입니다. 기독교의 두 축이 무엇인가요? 수직적으로 하나님 사랑, 수평적으로 이웃 사랑, 이렇게 두 축으로 이루어졌지요. 그러나 사탄은 늘 거짓의 아비답게 하나님 나라 원리를 거짓으로 바꿉니다. 수직적으로 하나님에 대한 불경건, 수평적으로 인간에 대한 불의입니다. 불경건이 영어로 무엇입니까? Godless, 하나님이 없다고 하며, 하나님 자리에 사람이 앉으려는 것이 불경건입니다.

오늘 말씀에서 불경건에 해당하는 것을 찾아봅시다. 우선 21절, 하나님을 알되 하나님을 영화롭게도 아니하며 감사하지도 아니하는, 22절, 스스로 지혜 있다 하나, 23절, 썩어지지 아니하는 하나님의 영광을 썩어질 사람과 새와 짐승과 기어다니는 동물 모양의 우상으로 바꾸는 것, 그것이 불경건입니다.

이제 불의를 찾아봅시다. 사람에 대한 것이지요. 24절, 몸을 서로 욕되게 하고, 26절, 27절, 몸을 역리로 쓰며, 29절 곧 모든 불의, 추악, 탐욕, 악의

가 가득한 자요 시기, 살인, 분쟁, 사기, 악독이 가득한 자요 수군수군하는 자요, 30절 비방하는 자요 하나님께서 미워하시는 자요 능욕하는 자요 교만한 자요 자랑하는 자요 악을 도모하는 자요 부모를 거역하는 자요, 31절 우매한 자요 배약하는 자요 무정한 자요 무자비한 자라. 이것이 불의입니다. 대표적인 것들을 열거한 것인데, 여기에 열거되지 않은 것들도 29절 '모든 불의'에 포함되는 겁니다.

그런데 단순히 불경건과 불의가 아니라, 앞에 수식어가 있었습니다. 18절을 다시 보시면 앞에 수식어가 있지요. '불의로 진리를 막는 사람들의'입니다. 불의는 방금 본 것처럼 인간에 대한 것인데, 이 불의로 진리를 막는 사람이라는 겁니다. 그럼 '진리'가 무엇인지를 먼저 알아야겠지요. 바울은 어떤 '진리'를 염두에 두고 있는 걸까요? 바로 그 다음 구절인 19절, 20절에서 그것을 말합니다.

> 이는 하나님을 알 만한 것이 그들 속에 보임이라 하나님께서 이를 그들에게 보이셨느니라 창세로부터 그의 보이지 아니하는 것들 곧 그의 영원하신 능력과 신성이 그가 만드신 만물에 분명히 보여 알려졌나니 그러므로 그들이 핑계하지 못할지니라 롬 1:19-20

19절, 20절에서 키워드는 19절의 보이셨느니라, 20절의 보여 알려졌나니입니다. 인간은 본능적으로 하나님을 알게 되어있으며, 삼라만상에 하나님의 능력과 품성, 신성이 나타나서 보이셨다는 겁니다. 이런 보이심을 다른 말로 멋있게 하면 '하나님의 계시'라고 합니다. 계시는 하나님이 스스로 하나님에 관하여 알려 주시는 것입니다.

그런데 하나님의 계시라고 하면, 성경 말씀이 제일 첫 번째로 순위에 드는데, 왜 바울은 그것을 말하지 않는 걸까요? 지금은 죄인의 네 가지 그룹 중 첫 번째 그룹인 이방인에게 말하고 있기 때문입니다. 당시에는 신약이 없었으며 구약은 유대인 손에 있으니까 여기서는 계시로서의 말씀, 구약의 율법을 이야기하지 않는 거지요. 치밀하지요?

'진리'는 하나님 입장에서는 하나님의 계시, 사람 입장에서는 하나님을 아는 지식인 겁니다. 그런데 이 하나님의 계시는 인간 모두에게 주어진 것이므로 20절 후단에서 '그들이 핑계하지 못할지니라'라고 하십니다. 그래서 21절부터 불경건과 불의를 나열하면서 그 시작을 '하나님을 알되'라는 말씀으로 하는 겁니다. 원어 성경도 그렇게 시작합니다.

성도 여러분, 하물며 그럼 성경을 통해 하나님을 알게 되는 저와 여러분은 더더욱 핑계하지 못하는 겁니다. 다시 18절을 봅시다.

> 하나님의 진노가 불의로 진리를 막는 사람들의 모든 경건하지 않음과 불의에
> 대하여 하늘로부터 나타나나니 롬 1:18

'불의로 진리를 막는 사람들'이란 것이 무엇을 뜻하는지 아시겠나요? 불의 즉 인간에 대한 것들, 아까 성경에서 찾아본, 동성애, 추악, 탐욕 등을 쭉 나열한 것, 그런 인간에 대한 불의는 그냥 거기서 끝나는 것이 아니라, 그 불의로 '진리', 즉 하나님을 아는 지식, 하나님의 계시를 막는다는 겁니다. 놀랍지요.

이것은 우리에게 일종의 영적 순환을 알려줍니다. 신앙도 순환이고, 불신앙도 순환입니다.

신앙의 선순환이 있습니다. 하나님을 알고, 하나님을 경외하면, 그 경외함이 바탕이 되어 순종으로 선한 인간관계를 맺고, 순종의 열매를 맛보면 더욱 하나님을 잘 알게 되고, 더 잘 알면 더 깊이 경외하고, 더욱 순종의 순도가 높아지고, 더더욱 잘 알게 되고 … 이것이 신앙의 선순환입니다.

그리고 불신앙, 즉 악순환도 있습니다. 하나님을 알되, 하나님에 대하여, godless, 하나님 자리에 사람이 앉으려고 하면, 그 불경건은 인간에 대한 불의로 이어지고, 이 불의는 하나님을 아는 지식을 막아 하나님을 모르게 하고, 모르니 더 불경건하고, 불경건하니 더 불의하고, 더 불의하니, 더더욱 하나님을 모르게 되고, 더더욱 불경, 더더욱 불의… 지옥으로 가는 악의 순환인 겁니다.

성경에서의 죄란 단순히 행위뿐 아니라, 본질적으로 상태를 의미하는 겁니다. 죄의 상태, 바로 이 악순환인 겁니다. 하나님의 진노는 바로 이 악순환 전체를 대상으로 하는 겁니다.

성도 여러분, 혹여 삶 속에서 자칫 악순환에 빠질지라도, 그것을 끊고 다시 신앙의 선순환의 궤도를 탈 수 있는데요, 그 방법은 영과 진리로 드리는 예배입니다. 성령 하나님의 충만하심과 도우심으로 하나님을 잘 깨닫고, 하나님을 경외함으로 한 주일 영적 선순환이 시작되는 겁니다. 즉 말씀으로 알려 주시는 하나님을 깨닫고, 기도를 통해 하나님을 기쁨과 감사로 경외하며 하루를 시작하는 것. 그것이 그 하루에 선순환의 시동을 걸고, 다시 신앙의 선순환의 궤도에 올라타는 것입니다. 그렇기에 일주일의 시작인 주일과 매일이 시작되는 아침이 중요합니다. 반드시 경건함을 지키고, 하나님을 깨닫고,

경외하는 시간을 보내야 하는 겁니다.

성도 여러분, 결단이 중요합니다. 우리의 신앙생활은 성령님을 통하여 하나님이 인도해 주시지만, 결코 우리를 로봇으로 만들지는 않으셨습니다. 감나무 밑에서 입 벌리는 것이 아니라는 겁니다. 결단이 중요합니다.

오늘 한 가지만 붙잡으시기 바랍니다. 주일과 매일의 아침 첫 시간을 경건으로 채우기를 주님의 이름으로 간절히 기도합니다.

말씀으로 기도

1. 하나님의 자녀 된 매일의 삶 속에서 경건하지 않음과 불의로 빠질 때마다 다시금 경건과 선함으로 인도해 달라고 기도합니다. 하나님의 계시, 하나님을 아는 지식, 진리로 우리의 삶을 변화시켜 주시길 기도합시다.

2. 주일의 경건함을 통해, 아침 첫 시간을 예배로 시작하면서 하나님의 자녀로서 신앙의 선순환 궤도를 벗어나지 않도록 인도하여 달라고 기도합시다.

내버려두심

로마서1:24-32

24 그러므로 하나님께서 그들을 마음의 정욕대로 더러움에 내버려 두사 그들의 몸을 서로 욕되게 하게 하셨으니 25 이는 그들이 하나님의 진리를 거짓 것으로 바꾸어 피조물을 조물주보다 더 경배하고 섬김이라 주는 곧 영원히 찬송할 이시로다 아멘 26 이 때문에 하나님께서 그들을 부끄러운 욕심에 내버려 두셨으니 곧 그들의 여자들도 순리대로 쓸 것을 바꾸어 역리로 쓰며 27 그와 같이 남자들도 순리대로 여자 쓰기를 버리고 서로 향하여 음욕이 불 일듯 하매 남자가 남자와 더불어 부끄러운 일을 행하여 그들의 그릇됨에 상당한 보응을 그들 자신이 받았느니라

28 또한 그들이 마음에 하나님 두기를 싫어하매 하나님께서 그들을 그 상실한 마음대로 내버려 두사 합당하지 못한 일을 하게 하셨으니 29 곧 모든 불의, 추악, 탐욕, 악의가 가득한 자요 시기, 살인, 분쟁, 사기, 악독이 가득한 자요 수군수군하는 자요 30 비방하는 자요 하나님께서 미워하시는 자요 능욕하는 자요 교만한 자요 자랑하는 자요 악을 도모하는 자요 부모를 거역하는 자요 31 우매한 자요 배약하는 자요 무정한 자요 무자비한 자라 32 그들이 이같은 일을 행하는 자는 사형에 해당한다고 하나님께서 정하심을 알고도 자기들만 행할 뿐 아니라 또한 그런 일을 행하는 자들을 옳다 하느니라

샬롬! 오늘 말씀의 항해에 참여하시는 모든 성도님들에게 하나님께서 주시는 말씀을 깨닫는 은혜가 있기를 주님의 이름으로 축원합니다.

오늘 다룰 주제는 하나님의 진노에 관한 세 번째 주제로 '하나님의 진노는 어떻게 나타나는가?' 입니다. 이 질문에 대한 첫 번째 대답은 하나님의 진노는 장차 마지막 심판날에 궁극적으로 나타난다는 것입니다.

> 또 죽은 자들 가운데서 다시 살리신 그의 아들이 하늘로부터 강림하실 것을 너희가 어떻게 기다리는지를 말하니 이는 장래의 노하심에서 우리를 건지시는 예수시니라 살전 1:10

라는 말씀에서 '장래의 노하심' 이 그것이며,

> 다만 네 고집과 회개하지 아니한 마음을 따라 진노의 날 곧 하나님의 의로우신 심판이 나타나는 그 날에 임할 진노를 네게 쌓는도다 롬 2:5

바울은 심판날을 '진노의 날' 이라고 부릅니다.

두번째는 공적인 정의의 실행을 통해 현재 하나님의 진노가 나타나는 경우도 있습니다. 바울은 이에 대해서는 로마서 뒷부분에서 다루고 오늘 본문에서는 이것을 말하고 있지는 않습니다.

세번째는 하나님의 진노가 현재 나타나는 다른 경우가 있는데, 이것이 바울이 로마서 1장에서 기록한 오늘 본문 말씀에서 다루는 것입니다. 오늘 본문 24절부터 32절까지 같은 말이 세 번 반복됩니다. 함께 찾아볼까요? 24절 '내버려 두사', 26절 '내버려 두셨으니', 28절 '내버려 두사' 입니다. 세 번의 반복으로 하나님의 진노가 어떻게 현재 나타나는지를 말해주고 있습니다. 우리는 하나님의 진노라는 말을 들을 때 보통 하늘로부터 오는 폭풍우, 번개, 땅에서 일어나는 대격변과 불바다, 홍수 등을 생각합니다.

그런데 하나님의 진노는 하나님이 간섭하심으로서 작용하는 것이 아니라 그 분이 간섭하지 않으심으로서, 곧 사람들이 제멋대로 하도록 놓아두심으로서 작용합니다. 유명한 일화가 있는데요, 어떤 무신론 철학자가 많은 사람들을 모아 놓고 하나님이 안 계신 것을 증명하겠다고 하면서, '하나님, 이제부터 내가 5분 동안 모든 욕이란 욕은 다 동원하여 당신을 욕할 것입니다. 만일 그럼에도 불구하고 하늘에서 벼락을 내리지 않으면 그건 하나님이 없기 때문입니다.' 이렇게 말한 후 정말 입에 담기에도 험한 욕을 5분 간 하늘을 보고 쏟아 놓았다고 합니다. 그런데 결과가 어떠했을까요? 당연히 아무 일도 일어나지 않았습니다. 그러자 그 무신론자는 기가 살아서 '그것 봐라, 하나님은 안 계신다'고 하였지요.

그 때, 한 노신사가 앞에 나와 그에게 말했다는 겁니다. '나는 평생 하나님이 내 인생에 간섭하셨네. 잘하면 잘 하는 대로, 잘못하면 잘못하는 대로, 언제나 곁에서 일일이 간섭하시며 동행하셨네. 지금 자네가 증명한 것은 하나님이 안 계시다는 것을 증명한 것이 아니라 자네가 하나님으로부터 버려졌다는 것을 증명한 것이네' 라고 말하였습니다. 그러자 좌중이 쥐 죽은 듯이 고요해졌다는 거지요.

이와같이 죄의 모습은 경건하지 않음에서 시작됩니다. 21절부터 23절에서 말씀하신 것처럼 하나님을 영화롭게도 아니하며 감사하지도 아니하여 마음이 어두워지고, 자기가 잘난 줄 알고 어리석게도 우상을 숭배하는 겁니다.

그 중 으뜸은 스스로를 우상으로 만드는 거고요. '내'가 신인 겁니다.

그러므로 24절에서 보듯 하나님의 진노가 임합니다. 어떻게요? 하나님은 그들이 마음의 정욕대로 하도록 더러움 속에 내버려 두십니다. 마음 내키는 대로 하게 내버려 두시는 겁니다. 그렇게 내버려 두셔서 그들의 몸을 서로 욕되게 합니다. 모든 불의가 욕된 것이지만 특히 여기서는 성적인 탈선을 의미합니다. 로마 시대, 특히 바울이 로마서를 쓸 이 당시의 로마 사회는 근친상간, 동성애, 난교, 그 보다도 더 심한 성적 행위 등 정말 입에 담기도 더러운 성행위를 공공연하게 궁궐의 황제부터 탐닉하던 시대입니다. 지금 우리도 보세요. 온 천지에 룸싸롱과 모텔, 밤이면 술집과 클럽 등이 불야성을 이루며 처음 보는 사람끼리 즉석에서 만나 하룻밤을 보내기도 합니다. 아마 하나님께서 타락했다고 멸망시켰던 소돔 사람들이 서울에 와 본다면 자기들은 아무것도 아니지 않냐며 억울하다고 할 겁니다.

26절을 보면 또 하나님께서는 그들을 부끄러운 욕심에 내버려 두십니다. 이것을 바울은 26, 27절에서 매우 직설적으로 기술합니다. 해석의 여지와 변론의 여지가 없도록 말이지요. 동성애를 말하는 겁니다.

> **또한 그들이 마음에 하나님 두기를 싫어하매 하나님께서 그들을 그 상실한 마음대로 내버려 두사 합당하지 못한 일을 하게 하셨으니 롬 1: 28**

번역은 '그들이 마음에 하나님 두기를 싫어하매'라고 되었는데 원어를 직역하면, 하나님을 아는 지식을 마음에 두기를 싫어하는 것입니다. 쉽게 말해 하나님이 싫은 겁니다. 하나님은 그 싫은 마음 그대로 내버려 두십니다. 29절부터 31절까지이지요. 세세하게 하나하나 해석이 필요하지는 않을 겁니다.

다만 30절에 '하나님께서 미워하시는 자'는 '또는 하나님을 미워하는 자요'라고 번역된 부분이 있는데요, 이건 헬라어로 '데오스튀게스'라는 합성어입니다. 하나님을 뜻하는 '데오스'와 미워하다의 뜻이 있는 '스튀네토스'라는 단어의 합성어입니다. 하나님과 미워하다를 합친 말이라서 '하나님을 미워하다' 또는 '하나님께서 미워하시다'로 번역이 가능한 거지요. 그런데 이렇게 합성어로 쓴 것은 두 가지 의미가 서로 따로 노는 것이 아니라 같이 움직이는 것을 말합니다. 하나님의 진노가 임하는 자는 하나님께서 미워하시고, 또한 그 사람도 하나님을 미워한다는 의미입니다.

그 미움의 고리를 끊으시는 것이 십자가입니다. 먼저 하나님이 저와 여러분을 사랑하셨습니다. 하나님의 진노에 놓일 수밖에 없는 저희임에도, 하나님을 미워하는 존재임에도 불구하고 먼저 하나님께서 그 미움의 사슬을 끊으셨습니다. 당신의 가장 귀한 독생자 예수 그리스도를 십자가에 넘기심으로 말입니다. 하나님의 내버려 두심의 극치는 바로 하나님의 아들을 내버려 두신 것입니다.

그래서 예수님이 십자가에서 절규하듯 외치신 것 아닙니까, '엘리 엘리 라마 사박다니 즉 나의 하나님, 나의 하나님 어찌하여 나를 버리셨나이까'라고요. 죄의 악순환에 대해 지난 시간에 말씀드렸지요. 그 순환을 끊으신 겁니다. 이 땅에서의 하나님의 진노 즉 내버려두심 속에 당신의 아들을 우리 대신 놓음으로 말입니다.

죽었다 깨어나도 우리가 먼저 하나님께 사랑의 손, 화목과 화해의 손을 못 내밉니다. 언제나 하나님이 먼저 손을 내미십니다. 큰 그릇에 작은 그릇이 담기는 겁니다. 하나님보다 큰 그릇, 큰 사랑은 세상 어디에도 없습니다. 누구도 그럴 수 없습니다. 큰 그릇, 작은 그릇, 진정한 사랑과 화목의 손, 먼저 내미는 쪽이 지는 것이 아니라 더 크고 이기는 것입니다.

> 그들이 이같은 일을 행하는 자는 사형에 해당한다고 하나님께서 정하심을 알
> 고도 자기들만 행할 뿐 아니라 또한 그런 일을 행하는 자들을 옳다 하느니라
> 롬 1: 32

하나님의 진노, 그 내버려 두심은 언제까지일까요? '자기들만 행할 뿐 아니라 또한 그런 일을 행하는 자들을 옳다 할 때까지' 입니다. 그럼 남는 것은 하나님의 진노, 마지막 날의 진노만 남는 겁니다.

성도 여러분, 간통과 간음이 아름다운 사랑이야기로, 진리를 거짓으로 바꾸어 공공연하게 드라마와 영화로 묘사되고 그런 드라마가 극찬을 받는 시대입니다. 동성애에 대하여 부도덕하다는 말은 엄두도 못 내고, 그런 행위를 옳다 하며 유치원과 초등학교에서 가르치는 시대입니다. 신학교도 그렇고 교단도 그렇습니다. 동성애를 죄라 하면 목사직도 날아가고 범죄자가 될 수도 있습니다. 그렇습니다. 이미 성경에서 경고하였던 일들이 일어나고 있습니다.

성도 여러분, 너무 놀라거나 두려워 마시기 바랍니다. 우린 하나님의 진노의 대상에 위치할 수 없습니다. 왜냐하면 예수님께서 이미 이 땅에서 우리가 받을 하나님의 진노를 다 받아 주셨기 때문입니다. 저와 여러분에게 하나님의 내버려두심은 더 이상 하나님의 진노가 아니라 하나님의 오래 참으심입니다.

그러나 성도 여러분, 하나님의 오래 참으심을 가볍게 여기지 마시기 바랍

니다. 그건 하나님의 진노로서 내버려 두심 만큼이나 우리에겐 무거운 것입니다. 아니 어쩌면 더욱 온 몸이 떨리도록 무거운 말입니다. 왜냐하면 그 안엔 예수님이 지신 십자가의 무게가 더해져 있기 때문입니다.

성도 여러분, 우리 삶 가운데 하나님께서 오래 참으시는 부분이 무엇인지 돌아보시기 바랍니다. 없다고요? 그렇게 말하시는 분이 있다면, 죄송하지만 그 분은 현재 내버려 두심 속에 있을 가능성이 매우 높습니다. 하나님께서 오래 참고 계시는 부분이 분명히 있습니다. 잘 모르시겠다면 성령님을 통해 깨닫게 해 달라고 구하시기 바랍니다.

오늘 하루 또 남은 날 동안 예수 그리스도의 십자가의 무게가 더해진 하나님의 '오래 참으심'의 그 무게를 저희의 삶에 올려 놓으시길 바랍니다. 하나씩, 한 걸음씩 죄의 습성과 여전히 남아 있는 불경건과 불의를 끊어내는 결단이 저와 여러분에게 있기를 주님의 이름으로 간절히 기도합니다.

말씀으로 기도

1. 성령께서 우리 마음과 행실을 샅샅이 비추시어 모든 불의한 것들을 끊어낼 수 있기를 기도합시다. 더 나아가 결단과 실천을 할 수 있도록 도와 달라고 간절히 기도합시다.
2. 마지막 심판 날로 달려가는 세상 속에서 어린 아이들과 청소년, 젊은이들을 지켜 주시고, 무엇보다 회개할 수 있는 은혜의 시대에 죄를 회개하고 주님 앞으로 돌아오기를 기도합시다.
3. 하나님께서 오래 참으시는 것을 여전히 모르는 이스라엘 백성들을 위해 기도합시다.

남을 판단하는 사람아!

로마서 2:1-4

1 그러므로 남을 판단하는 사람아, 누구를 막론하고 네가 핑계하지 못할 것은 남을 판단하는 것으로 네가 너를 정죄함이니 판단하는 네가 같은 일을 행함이니라 2 이런 일을 행하는 자에게 하나님의 심판이 진리대로 되는 줄 우리가 아노라 3 이런 일을 행하는 자를 판단하고도 같은 일을 행하는 사람아, 네가 하나님의 심판을 피할 줄로 생각하느냐 4 혹 네가 하나님의 인자하심이 너를 인도하여 회개하게 하심을 알지 못하여 그의 인자하심과 용납하심과 길이 참으심이 풍성함을 멸시하느냐

샬롬! 오늘 말씀의 항해에 참여하시는 모든 성도님들에게 하나님께서 주시는 말씀 안에서 진리를 깨닫는 은혜가 있기를 주님의 이름으로 축원합니다.

오늘은 하나님의 진노에 놓인 사람들의 두 번째 그룹, 비판적인 도덕론자들에 대한 하나님의 말씀입니다. 어제까지 첫 번째 그룹인 이방인들에 대한 말씀을 들었습니다. 바울은 타락한 이방 세계는 유죄이며 핑계 댈 수 없다고 선포하고 나서, 이제 두 번째 상대에게도 똑 같은 판결을 내립니다.

어떤 신학자들은 오늘 본문 말씀의 대상이 유대인이라고 해석합니다. 그러나 2장 17절에 가서야 '이제 유대인이라 불리는 네가' 라는 표현이 나오는 반면, 오늘 본문 2장 1절에서는 '남을 판단하는 사람아' 라고 부르고, 또 3절에서는 '같은 일을 행하는 사람아' 라고 대화 상대를 '사람아' 라고 부르고 있습니다. 이러한 표현들은 두 번째 그룹이 이방인, 유대인 모두를 포함하는 것임을 의도적으로 알려줍니다. 또한 본문 9절과 10절에서 '먼저는 유대인에게요 그리고 헬라인에게라' 라는 표현을 두 번이나 사용하는 것을 보아도 오늘 두 번째 그룹은 유대인, 이방인 모두에게 해당함을 알 수 있습니다.

로마서 2장 1절은 이렇게 시작합니다. '그러므로' 라고요. 앞의 주제들과 관련이 있다는 겁니다. 본격적으로 오늘 본문에 들어가기에 앞서 '그러므로' 로 연결된 두 그룹을 비교하였으면 합니다.

우린 1장에서 불경건하고 불의한 것들을 살펴보았습니다. 그런데 그런 파렴치한 부도덕의 세계를 보고 유대인은 물론 이방인 중에서도 '저 나쁜 놈들, 나는 그렇지 않아' 라는 사람들이 있다는 겁니다. 그러므로 하나님의 시선은 이제 그 판단하는 사람들을 향하십니다.

그런데 1장 마지막 32절에 그려져 있는 사람과 2장 1절부터 3절에 그려져 있는 사람을 비교해 볼 때 유사점과 차이점이 있는 것을 발견합니다. 유사점은 두 집단 모두 하나님에 대해 어느 정도 지식을 가지고 있으며, 둘 다 그 지식에 어긋나게 행한다는 겁니다. 이를 바울은 1장 32절에서는 '이 같은 일을 행하는 자'라고 하며, 2장 2절에서는 '이런 일을 행하는 자'라고 표현하는 거지요.

그러면 차이점은 무엇일까요? 첫째 집단은 '옳지 않다'고 아는 일을 자신이 행하고 그 일을 행하는 다른 사람들을 '옳다'고 합니다. 적어도 일관성은 있는 겁니다. 반면 두 번째 집단은 옳지 않다고 하는 일을 자신이 행합니다. 여기까지는 첫 번째 집단과 같은 점이라고 이미 말씀드렸지요. 그런데 그 일을 행하는 다른 사람들을 정죄하는 사람들입니다. 이것은 위선적인 거지요.

그 위선자들을 바울이 호칭합니다. 1절, '남을 판단하는 사람아!'라고 부릅니다. 사실 다른 사람을 판단하는 것에 대하여 이토록 혹독하게 하나님이 말씀하시면 사람 입장에서도 할 말이 많을 것입니다. '그럼 어떻게 판단을 하지 않고 살 수 있다는 것입니까?' 하고 말이지요. 사실 이런 우리의 변론은 사람의 판단을 하나님의 판단 자리에 올려놓고자 하는 시도일 수 있습니다.

'판단'이라는 주제를 가지고 오늘 본문을 통해서 우린 사람의 판단이 아닌 하나님의 판단에 대하여 더욱 알기 원합니다. 오히려 사람의 판단이 아닌, 하나님의 판단에 대하여 깨달을 때 사람의 판단에 대해 억울하다는 변론에 관한 확실한 답을 얻을 수 있을 것입니다.

하나님의 판단은 본문에서 '하나님의 심판'이라고 되어 있습니다. 그런데 헬라어 원어로는 사람의 판단과 하나님의 판단, 심판에 쓰이는 단어가 같은 단어입니다. 판단이라는 말보다 심판이라는 말이 하나님께는 더욱 적절할 것 같아서 그렇게 번역한 것 같은데, 결국 판단과 심판은 같은 단어입니다. 한글 이전 번역본은 하나님의 판단이라고 번역되어 있습니다.

하나님의 판단에 대하여 깨닫기를 원하는데요, 주제를 나누어서 살펴보면 이해하기가 쉬울 것 같습니다.
첫째, 하나님의 판단은 피할 수 없습니다. (로마서 2:1~4)
둘째, 하나님의 판단은 의롭습니다. (로마서 2:5~11)
셋째, 하나님의 판단은 공평합니다. (로마서 2:12~16)

오늘은 첫째, '하나님의 판단은 피할 수 없습니다' 에 대하여 알아보겠습니다.

바울은 2장 1절부터 4절까지에서 자신을 제외한 모든 사람에게 비판적인 인간의 성향을 폭로합니다. 우리는 종종 다른 사람의 수치스러운 행동에 대해서는 흥분해서 자기 의에 가득한 분노를 발하지만, 자기 자신이 그와 똑같은 행동을 할 때에는 별로 심각하게 여기지 않을 때가 많습니다. 심지어 우리 자신이 저질렀을 때에는 너그럽게 보아 넘기는 바로 그 잘못을 다른 사람이 저질렀을 때 그것을 정죄하는 것에서 대리만족을 얻기까지 합니다. 토마스 홉스는 '리바이어던' 에서 이를 두고, '다른 사람들의 불완전함을 알아냄으로써 자기 자신을 유리하게 만들고야 마는 사람들' 이라고 하였습니다. 우리는 우리의 죄와 우리의 자존심을 동시에 보유할 수 있는 매우 편리한 장치를 이런 방법으로 장착하는 겁니다.

그런데 우리의 비판기능이 발달되면 발달될수록, 그래서 다른 사람들을 도덕적으로 평가하는 일에 전문가가 되면 될수록 우리 자신이 그 도덕적 문제들을 몰랐다고 변명할 수 없기에 우리가 하나님의 판단과 심판 앞에서 핑계를 댈 수도, 피할 수도 없다고 본문에서 말씀하십니다. 오히려 우리는 다른 사람들을 판단함으로써 그것으로 우리 자신을 정죄하게 된다는 겁니다.

> 그러므로 남을 판단하는 사람아, 누구를 막론하고 네가 핑계하지 못할 것은 남을 판단하는 것으로 네가 너를 정죄함이니 판단하는 네가 같은 일을 행함이니라 롬 2:1

누구도 핑계하지 못한다는 겁니다. 피할 수 없다는 거지요. 남을 판단하는 것으로 네가 너를 정죄한다고 합니다. '판단하는 네가 같은 일을 행함이니라' 라고 합니다. 그럼 이런 반론을 합니다. '내가 판단하는 그 행위를 저는 행하지 않았습니다.' 소위 '전 그렇게 행하지 않았는데요?' 라고요.

> 이런 일을 행하는 자에게 하나님의 심판이 진리대로 되는 줄 우리가 아노라 롬 1: 2

'하나님의 심판이 진리대로 된다' 고 합니다. 이제부터 집중하셔야 합니다. 하나님의 심판이 '진리대로' 된다는 것, 이것을 해석할 수 있어야 합니다. 당시 헬라식 표현에 따라서 말입니다.

제가 질문 한 가지 하겠습니다. 성도 여러분, 진리의 반대말이 무어라고 생각하시나요? 거짓. 아마 거의 대부분 이렇게 답할 겁니다. 그럼 헬라 사람들은 진리의 반대말을 뭐라고 할까요? '현상'이라고 합니다. 눈에 보이는 것, 드러나서 보이는 것이 바로 현상입니다. 그럼 다시 우리말로 현상의 반대말은 무엇일까요? 실체 또는 뿌리입니다. 진리는 원어로 '알레데이아'인데요, 이 단어 의미 자체가 '겉모양으로 위장된 것에 반대되는 실체'라는 뜻입니다. 그런데 이건 예수님도 말씀하셨습니다. 대표적인 것이 산상수훈입니다.

또 간음하지 말라 하였다는 것을 너희가 들었으나 나는 너희에게 이르노니 음욕을 품고 여자를 보는 자마다 마음에 이미 간음하였느니라. 마 5:27-28

마음에 간음한 것도 간음이라는 겁니다. 지금 우리는 행위라는 말만 듣고 '그럼 난 실제로 하지 않았으니 상관없다'고 생각하는데, 하나님은 진리대로, 실체대로 우리 안의 깊은 뿌리대로 판단하십니다. 그것이 본문에서 말하는 '행위'입니다. 예수님이 눈에 보이는 것이 아니라 그 뿌리를 보시고 바리새인들에게 '외식하는 자들아!'라고 하시는 것이지요.

이는 하나님께서 외모로 사람을 취하지 아니하심이라 롬 2:11

이렇게 말씀하십니다. 피할 수 없습니다. 하나님의 판단과 심판 앞에서는 아무도 피할 수 없는 거지요.

이런 일을 행하는 자를 판단하고도 같은 일을 행하는 사람아, 네가 하나님의 심판을 피할 줄로 생각하느냐 롬 2:3

이런 일을 행하는 자를 판단하고도 같은 일을 행하는 사람아! 여기에 진리를 기준으로 하여 심판받지 않을 사람이 없다는 겁니다. '네가 하나님의 심판을 피할 줄로 생각하느냐', 꿈도 꾸지 말라는 겁니다.

그런데 그렇다고 인간의 비판과 판단기능을 중지하거나 포기하라는 명령이 아닙니다. 3절을 잘 보세요. 판단하는 것이 이런 일인가요? 아니면, 이런 일을 행하는 자인가요? 이런 일을 판단하는 것이 아니라 이런 일을 행하는 자를 판단하라는 겁니다. 1절도 보세요. 남을 판단하는 걸 말하는 겁니다. 남의 일이 아니라, '남' 자체를 판단하는 거지요. 이와 관련해서 우리 모두가 아는 말이 있지요. '죄는 미워하되, 죄인은 미워하지 말라!'

죄를 행하는 것을 보고, 그 행위가 죄인지 여부는 당연히 판단해야 합니다. 이건 불경건, 불의, 죄 자체에 대한 인간의 비판기능과 판단기능을 포기하라는 것이 아니라 다른 사람을 판단하고 정죄하는 입장에 서지 말라는 겁니다. 우리의 입장 즉, 서 있는 위치가 중요합니다. 이를 설명하는데 작가 스티븐 코비가 예로 든 유명한 일화가 있습니다. 아마 많은 분들이 아실 겁니다.

어린 아이들을 데리고 한 아빠가 전철을 탔습니다. 그런데 아빠는 의자에 넓 놓고 앉아있고, 어린 아이들은 깔깔거리며, 전철 안을 뛰어다니고, 장난치고 하는 겁니다. 다른 때 같으면 아빠가 뭐라고 하였을 것 같은데, 그날은 잔소리도 하지 않으니, 신이 나서 더 뛰어다닙니다. 그런데 아빠는 그저 멍하니 천정만 바라봅니다. 승객들이 참다못해, 어떤 할머니가 아빠에게 다가가 '아이들을 저렇게 버릇없게 두면 어찌 하냐'며 질책을 합니다. 그런데 아빠는 화들짝 놀라며, 죄송하다고, 자신이 정신이 나가 있어서 아이들이 뛰는 것을 몰랐다고 사과합니다. 그리고 자신의 상황을 이야기합니다. '그 아이들의 엄마가 오랜 투병 끝에 죽었고 방금 장례를 치르고 오는 길이라서, 자신이 깊은 슬픔과 아내 없이 앞으로 어린 아이들과 어떻게 살지 막막해서 넋이 빠져 있었다' 며 죄송하다고 말이지요.

그 말에 승객들은 모두 조용해지고 눈물을 글썽이며 그 아이들을 바라봅니다. 아이들이 버릇없이 공공장소에서 뛰어다닌 것은 여전히 잘못된 행동입니다. 그걸 모르는 사람은 없습니다. 하지만 지금은 아무도 그 아이들과 그 아빠를 비판하는 사람은 없는 겁니다. 어째서일까요? 승객들이 그 아빠와 아이들의 입장, 그들이 처한 상황에 같이 자리를 잡았기 때문입니다. 사람을 판단하는 입장에서 그 사람의 입장이 된 거지요.

그런데 사람은 다른 사람의 입장에 서기가 참으로 어렵습니다. 사실상 거의 불가능합니다. 그 일을 행하는 사람을 판단하는 입장에 서지 말라는 것은 그 자리는 오직 하나님의 자리이기 때문입니다. 그래서 '판단하지 말라, 정죄하지 말라' 는 겁니다. 사람 자체를 말이지요. 오직 하나님만 가능하십니다. 하나님만이 판단의 입장에 서실 수 있는 분이고 심판자이십니다. 그 분은 우리 사람의 입장이 되시기 위해 이 땅에 오셨기 때문입니다.

바로 예수님께서 사람들은 몰랐던 전철 속 아이들 아빠의 입장에 계셔 주십니다. 우리가 누군가로부터 억울하게 비판 또는 판단 받는 입장이면 예수님은 우리 입장에 서셔서 우리를 아십니다. 예수님이 아시니 너무 억울할 것도 없습니다. 우리가 누군가 상대방을 비판하고 판단하는 입장이면 예수님은 그 상대의 입장에도 서 계십니다. 두려워해야 합니다. 그 자리를 피해야 합니다. 아버지는 아들에게 모든 심판권을 주셨습니다. 오직 예수님만이 우리, 너희, 나, 너, 모든사람의 판단자이십니다. 그 분이 나를 포함한 모든 사람의 입장에서 십자가에 달리신 분이기에 그 어느 누구도 그 십자가 심판을 피할 수 없습니다.

> 혹 네가 하나님의 인자하심이 너를 인도하여 회개하게 하심을 알지 못하여 그의 인자하심과 용납하심과 길이 참으심이 풍성함을 멸시하느냐 롬1:4

우리는 하나님의 성품, 특히 '그의 인자하심과 용납하심과 길이 참으심의 풍성함'에 호소하여 하나님의 심판을 빗겨가고 싶어 합니다. 그러나 4절 하나님의 인자하심은 우리를 인도하여 회개하려고 인자하신 것입니다. 하나님의 인자하심과 용납하심과 길이 참으심은 우리로 하여금 회개하려함이 목표이지, 우리에게 죄 지을 핑계거리를 주려고 하는 것이 아님을 명심해야 합니다. 하나님의 인자하심과 용납하심과 길이 참으심 때문에 벌하지 않으실 거라고 말한다면, 그건 하나님을 멸시하는 것이 됩니다.

성도 여러분, 이것 하나 붙잡으시길 원합니다. 예수님께서는 내 안에 오셔서 나의 모든 심중의 것을 함께 공유하십니다. 사람을 향한 판단, 사람으로부터의 판단, 그 불완전함에 너무 마음 쓰지 마시고 오히려 심판자 예수님 앞에 놓인 나의 뿌리에 더 신경썼으면 합니다. 재림하실 예수님은 심판주로 오십니다. 하나님의 인자하심과 용납하심과 길이 참으심을 멸시하지 않는 저와 여러분이 되시길 주님의 이름으로 간절히 기도합니다.

말씀으로 기도

1. 하나님만이 '판단'의 입장에 서실 수 있는 분, 심판자이십니다. 우리가 남을 판단하는 사람이 되지 않게 해달라고 기도합시다.

2. 하나님의 내버려두심을 독생자 예수님이 모두 감당하신 것을 감사하며, 오래 참으시는 하나님 앞에서 불경건과 불의의 죄를 더 이상 범하지 않도록 도와 달라고 기도합시다.

행함과 보응

로마서 2:5-16

5 다만 네 고집과 회개하지 아니한 마음을 따라 진노의 날 곧 하나님의 의로우신 심판이 나타나는 그 날에 임할 진노를 네게 쌓는도다 6 하나님께서 각 사람에게 그 행한 대로 보응하시되 7 참고 선을 행하여 영광과 존귀와 썩지 아니함을 구하는 자에게는 영생으로 하시고 8 오직 당을 지어 진리를 따르지 아니하고 불의를 따르는 자에게는 진노와 분노로 하시리라 9 악을 행하는 각 사람의 영에는 환난과 곤고가 있으리니 먼저는 유대인에게요 그리고 헬라인에게며 10 선을 행하는 각 사람에게는 영광과 존귀와 평강이 있으리니 먼저는 유대인에게요 그리고 헬라인에게라 11 이는 하나님께서 외모로 사람을 취하지 아니하심이라 12 무릇 율법 없이 범죄한 자는 또한 율법 없이 망하고 무릇 율법이 있고 범죄한 자는 율법으로 말미암아 심판을 받으리라 13 하나님 앞에서는 율법을 듣는 자가 의인이 아니요 오직 율법을 행하는 자라야 의롭다 하심을 얻으리니 14 (율법 없는 이방인이 본성으로 율법의 일을 행할 때에는 이 사람은 율법이 없어도 자기가 자기에게 율법이 되나니 15 이런 이들은 그 양심이 증거가 되어 그 생각들이 서로 혹은 고발하며 혹은 변명하여 그 마음에 새긴 율법의 행위를 나타내느니라) 16 곧 나의 복음에 이른 바와 같이 하나님이 예수 그리스도로 말미암아 사람들의 은밀한 것을 심판하시는 그 날이라

샬롬! 오늘 말씀의 항해에 참여하시는 성도님들 모두 하나님께서 주시는 말씀을 행하는 결단의 은혜가 있기를 주님의 이름으로 축원합니다.

어제에 이어서 하나님의 판단과 심판에 대해서 계속 살펴보겠습니다. 어제는 첫째로 하나님의 판단은 피할 수 없다는 것에 대해 살펴보았고, 오늘은 하나님 판단의 의로움과 공평함에 대해 살펴보겠습니다. 먼저 '하나님의 판단은 의롭다' 입니다.

> 다만 네 고집과 회개하지 아니한 마음을 따라 진노의 날 곧 하나님의 의로우
> 신 심판이 나타나는 그 날에 임할 진노를 네게 쌓는도다 롬 2:5

어제 끝부분에 4절을 가지고 말씀드렸던 것처럼 하나님의 오래 참으시는 인자하심의 목적은 회개인데, 오히려 이를 방종의 근거로 삼으려 하는 사람이 있습니다. 그들의 상태를 5절에서는 '고집과 회개하지 아니한 마음' 이라고 합니다. 그들의 그러한 완악함은 한 가지 결과를 가져옵니다. 5절 끝에 '쌓는도다' 가 나옵니다. 본래 이 '쌓는다' 는 단어는 헬라어로 '테사우리조' 라고 하며 값진 보물을 저축하듯 쌓아가는 것을 의미하는데요, 바울은 역설적으로 진노의 날 곧 하나님의 의로우신 심판이 나타나는 그 날에 임할 진노를 보물처럼 차곡차곡 쌓고 있다고 말합니다. 우리가 너무 어이없는 행동을 보면 하는 말이 있지요? '자~알 하고 있다'.

바울은 이제 5절의 '하나님의 의로우신 심판, 판단' 이라는 표현을 확대하여 이 판단의 근거가 되는 원리를 기술하기 시작합니다.

> 하나님께서 각 사람에게 그 행한 대로 보응하시되 롬 2:6

이 말씀은 시편 62편 12절, 잠언 24장 12절에서 인용된 구절입니다. 나중에 성경책에서 확인해 보세요. 여기서는 예수님 말씀만 보겠습니다.

> 인자가 아버지의 영광으로 그 천사들과 함께 오리니 그 때에 각 사람이 행한 대로 갚으리라 마 16:27

바울도 이렇게 말합니다.

> 이는 우리가 다 반드시 그리스도의 심판대 앞에 나타나게 되어 각각 선악간에 그 몸으로 행한 것을 따라 받으려 함이라 고후 5:10

이 말씀들은 '각 사람에게 그 행한 대로 보응한다' 라고 하는 보응의 원리를 말하고 있습니다. 그럼 어떤 그리스도인들은 즉시 반기를 듭니다. 또 고개를 갸웃하는 사람이 있을 수 있습니다. '아니, 처음에는 오직 믿음으로만 구원을 받는다고 선포하지 않았습니까?' 라는 의문이 들 수 있어요. 맞습니다. 로마서 1장 16, 17절에서 그렇게 말합니다. '그런데 이제 결국 구원이 선한 행위로 된다고 말하다니, 자신이 말한 복음을 파기하는 것인가?' 이런 의구심을 갖게 됩니다. 이 문제는 늘 그리스도인에게 무언가 찜찜함으로 남습니다. 한번 해결하고 넘어가 봅시다.

지금 바울은 전혀 모순된 말을 하는 것이 아닙니다. 그가 단언하는 것은 구원에 이르는 칭의는 실제로 믿음으로 되는 것이지만 심판은 행위에 따라 이루어질 것이라는 겁니다. 5절에서 '하나님의 의로우신 심판이' 뭐라고 하였지요? '나타나는' 이라고 합니다. 밝히 드러나는 겁니다. 그 심판 날은 만천하, 전 우주적으로 모든 이들이 보고 알 수 있도록 공개되는 날입니다. 여기서 심판보다 판단이라는 말이 더 어울려 보입니다. 우린 '마지막 심판'이라고 하면 늘 판결을 선고하는 날을 생각하며 지옥과 천국으로 갈라서 보내는 날이라고 생각하는데, '전설의 고향'의 영향을 너무 크게 받은 것 같습니다.

하나님의 심판날의 목적은 하나님의 판단을 결정하는 것보다 하나님의 판단을 알리고 그 정당함을 입증하는 것입니다. '보응하다'의 원어 뜻이 '계산하다'입니다. 은행에서 원금에 이자를 갚는다고 해 보십시오. 1원이라도 틀리면 안 되는 것처럼 하나님의 판단이 정당하고 의로우며 조금도 틀림이 없다는 것을 계산하는 날 즉 하나님의 정당함을 입증하는 날이 바로 심판날입니다. 은밀하게 진행되던 것들이 마지막 날에는 완전히 공개된다는 의미이지요.

그래서 이 공개의 날에는 하나님의 판단을 뒷받침할 만한 공개적이고 입증할 수 있는 증거가 필요합니다. 그리고 그 유일하고도 공개적인 증거는 어제 말씀드린 우리의 행위가 됩니다. 그러나 우리의 외적 행위뿐 아니라 뿌리에 해당되는 내적 행위, 다시 말하자면 '각자가 행한 대로'가 그 증거가 됩니다. 각자의 행한 대로 그 증거가 너나 할 것 없이 만천하에 그대로 공개되는 날이 심판 날이며 그 보응하심에, 즉 '그 정확한 계산'에 아무도 이의를 달 수 없다는 것입니다.

본문 7절부터 10절까지는 6절의 원리, 즉 하나님의 의로우신 판단의 기초는 우리가 행한 일이 될 것이라는 원리를 상세히 설명하고 있습니다.

> 참고 선을 행하여 영광과 존귀와 썩지 아니함을 구하는 자에게는 영생으로 하시고 오직 당을 지어 진리를 따르지 아니하고 불의를 따르는 자에게는 진노와 분노로 하시리라 롬 2:7-8

사람의 두 가지 최종적 운명은 7절의 '영생'과 8절의 '진노와 분노'입니다. 쉽게 말해 영생은 천국이고 진노와 분노는 지옥불입니다. 먼저 이것의 구분이 전제되어야 합니다. 최근 자유주의 신학자 가운데 지옥은 하나님이 사람들에게 착하게 살도록 겁주려고 하는 말이지 진짜 지옥은 없다고 가르치는 사람들이 있다는데, 큰일 날 소리입니다. 성경을 인간의 입맛대로 각색을 합니다.

　이제 또 두 경우로 나눕니다. 사람이 무엇을 추구하면서 사는지에 대하여 둘로 나누는 겁니다. 먼저 7절에 해당하는 사람이 추구하는 것은 영광과 존귀와 썩지 아니함입니다. 영광은 하나님의 임재라고 하였지요. 존귀는 하나님의 칭찬, 하나님의 '착하다 충성된 종아' 같은 인정입니다. 썩지 아니함은 부활입니다. 예수님이 산상수훈에서 인간이 선택할 수 있는 두 가지 목표와 추구할 것을 말씀하시지요. '하나님 나라냐? 아니면 이 땅에 쌓을 물질적 복이냐?' 고요. 영광과 존귀와 썩지 아니함을 구하는 자들이라면 당연히 참고 선을 행하여야 할 것입니다.

　반면, '오직 당을 지어 진리를 따르지 아니하고 불의를 따르는 자'가 있습니다. 여기서 '오직'은 원어로는 '그러나'입니다. 그러나 이런 사람도 있다는 겁니다. '당을 지어'는 '에리테이아'라는 단어로서 '이기심', '이기적 야심'이란 의미를 갖는 말입니다. 눈 앞의 이익에만 매달리며 부당한 수단에 의해 이기적인 것을 추구하는 것이지요. 이렇게 자기중심적인 목표에 몰두하고 있는 사람들은 진리를 따르지 않고 불의를 따르게 되어있지요.

　　악을 행하는 각 사람의 영에는 환난과 곤고가 있으리니 먼저는 유대인에게요
　　그리고 헬라인에게며 선을 행하는 각 사람에게는 영광과 존귀와 평강이 있으

리니 먼저는 유대인에게요 그리고 헬라인에게라 롬 2:9-10

9절과 10절에서는 악을 행하는 자와 선을 행하는 자 두 범주로 단순화하여 이 땅에서도 맛볼 수 있는 하나님 심판의 의로움을 말씀하고 있습니다. 악을 행하는 사람은 육신이 아닌 영에, 즉 육으로는 잘 먹고 잘 사는 것 같아도 실제로 그 영에는 환란과 곤고함이 있습니다.

반면 선을 행하는 사람에게는 이 땅에서 하나님의 임재와 칭찬, 그리고 평강이 있지요. 하나님과 하나 되는 샬롬을 누릴 수 있습니다. 여기선 영이라고 하지 않지요. 영육간에 그렇다고 말합니다. 육신적으로만 잘 먹고 잘 사는 것이 아니라 그 육신이 하나님이 임하시는 성전이 되고 그 행실을 하나님이 칭찬하시며, 육신 가운데도 샬롬, 평안과 치유, 회복이 임한다는 거지요. 또한 '먼저는 유대인에게요 그리고 헬라인에게'를 덧붙임으로서 모든 이들에게 의로우신 하나님의 심판을 선언하고 있습니다.

세 번째, 하나님의 판단은 공평합니다.

> 무릇 율법 없이 범죄한 자는 또한 율법 없이 망하고 무릇 율법이 있고 범죄한
> 자는 율법으로 말미암아 심판을 받으리라 롬 2:12

율법 없는 자, 즉 이방인도, 율법이 있는 자, 즉 유대인도 모두 심판을 받습니다. 둘 모두 '범죄한 자'가 주어입니다. 범죄한 모든 사람은 유대인이건 이방인이건 그들이 모세 율법을 가지고 있던 가지고 있지 않던 간에 모두 망하거나 심판을 받는다는 겁니다.

> 하나님 앞에서는 율법을 듣는 자가 의인이 아니요 오직 율법을 행하는 자라야

의롭다 하심을 얻으리니 롬 2: 13

가장 먼저 다루는 것은 율법이 있는 자에 대한 것입니다. 유대인들이 율법을 가지고 있으니까 심판을 면하도록 보장해 주지 않는다는 겁니다. 율법을 가지고 있는 것이 중요한 것 아니라 그것에 대한 순종이 중요합니다.

율법 없는 이방인이 본성으로 율법의 일을 행할 때에는 이 사람은 율법이 없어도 자기가 자기에게 율법이 되나니 이런 이들은 그 양심이 증거가 되어 그 생각들이 서로 혹은 고발하며 혹은 변명하여 그 마음에 새긴 율법의 행위를 나타내느니라 롬 2:14

14, 15절은 율법 없는 이방인에 대한 것입니다. 14절, '자기가 자기에게 율법이 된다는 것'이 무엇인지 바울은 15절에 그것을 기록합니다. 단어 세 개가 핵심입니다. 양심, 생각, 마음입니다. 가능한 15절을 쉽게 풀어보겠습니다. 양심이 있습니다. 그런데 양심이라는 단어가 우리가 막연히 생각하는 것과는 좀 다릅니다. 양심이 무엇이라고생각하시나요? 착한 마음? 틀린 말은 아니겠지요. 그런데 헬라어로 양심 '쉬네이데시스'는 '함께'라는 '쉰'과 '보다', '인식하다'라는 뜻의 '에이도'의 합성어 '쉬네이돈'에서 유래한 단어입니다. 즉 '함께 보는 것', '공동으로 인식하는 것', '무엇이 옳고 그른지를 누구나 알 수 있는 것'이라는 의미입니다. 그 양심을 가운데 두고 생각들이 서로 고발하고 변명합니다. 생각들이 서로 법정에서 다툰다고 보시면 됩니다. 바람 피우는 행위를 예로 들어 봅니다. 성경, 율법에서는 간음이라 하여 금지하지요. 그런데 율법이 없는 사람들과 이방인들, 소위 교회 안 다니는 사

람들도 '바람피우는 것은 잘못된 것이다' 라는 인식을 함께 가지고 있습니다. 그것이 양심입니다. 그 양심을 가운데 두고 생각이 다툽니다. '사랑을 따라가야 해, 한번은 괜찮지 않을까?' '아냐, 그래도 결혼의 순수성이 중요해, 부부간 책임질 선이라는 것이 있어' 라고 말입니다. 우리 어릴 때 보던 만화 속 장면이 떠오릅니다. 뿔 달리고 검은 옷을 입은 생각과 흰옷 입고 머리에 둥근 쟁반 달린 생각이 서로 다툽니다. 결국 증거, 판단 근거인 양심에게 물어봅니다. 양심이 그건 죄라고 합니다. 그래서 이제 그 결정을 내 마음 판에 기록합니다. 간음은 죄라고요. 그럼에도 불구하고 간음을 행하면 마음에 새겨진 율법을 어긴 것이 된다는 거지요. 행하지 않으면 지킨 것이 되고요.

본문에서 바울은 이 말을 하고 싶었을 것입니다. 첫째, 피할 수 없는 하나님의 판단에 비해 사람의 판단은 반드시 반박과 핑계거리가 있으며 둘째, 사람의 판단은 의롭지도 않으며 셋째, 사람의 판단은 공평하지도 않다는 겁니다. 그러니 판단하지 말라는 겁니다.

그런데 바울은 그저 훈계하며 끝내지 않습니다. 이제 그는 심판의 날, 곧 진노의 날에 대한 중요한 세 가지 진리를 말하며 마무리합니다.

> 곧 나의 복음에 이른 바와 같이 하나님이 예수 그리스도로 말미암아 사람들의
> 은밀한 것을 심판하시는 그 날이라 롬 2:16

뒤부터 봅시다. 첫째, 하나님의 심판은 '은밀한 것', 우리 삶의 숨겨진 영역들까지 포함합니다. 현재에는 알려지지 않은 것들, 우리의 동기와 뿌리까지 포함해서 모든 사실이 증거로서 명백하게 드러날 것입니다.

둘째, 그런데 그 하나님의 심판은 '예수 그리스도로 말미암아' 일어날 것입

니다. 예수님은 하나님 아버지께서 모든 심판을 다 자신에게 맡기셨다고 말씀하셨습니다. 예수님이 심판날의 주인공이라 하셨습니다. 우리의 심판자가 다름 아닌 우리의 구세주가 되리라는 사실을 알면 큰 위안이 됩니다. 그나마 다행이지요?

셋째, 하나님의 심판은 복음의 일부입니다. '복음에 이른 바와 같이'라고 하지요. 복음을 한 단어로 하면 무엇인가요? 예수 그리스도의 십자가로 이루신 구원의 소식, 기쁜 소식입니다. 그럼 하나님의 심판도 기쁜 소식일까요? 아니요, 그건 단순히 기쁜 소식이 아니라 감격의 소식입니다. 감격과 감사함을 깊이 느끼게 하는 소식입니다.

성도 여러분, 아까 행한 대로 보응한다고 할 때, 보응이 뭐라고 하였나요? 계산하는 것이라고 하였습니다. 하나님의 심판에서 저와 여러분의 행위가 모두 증거로 펼쳐질 것입니다. 그리고 계산하실 것입니다. 그런데 그 계산은 무척 천천히 진행될 것입니다. 왜냐하면 우리의 악한 행실 위에 하나하나 예수 그리스도의 피를 바르며 계산할 테니까요. 예수 그리스도의 핏 값으로 다 계산되는 겁니다. 복음이 맞습니다. 그럼 그 복음 앞에서 그저 우린 춤을 추며 기뻐하며 즐겁기만 하면 되나요?

그 복음을 믿는 자라면 어떻게 할까요? 어차피 다 예수님의 피로 계산될 거니까 계속 반복해서 악한 행위를 할까요? 아니면, 그 하나님 심판대 앞에서 나의 행실에 뿌려지는 예수 그리스도의 핏물을 보았기에, 그 십자가 위에서 지금도 나의 죄를 예수의 피로 씻으시기에, 그 모습에 두 다리가 떨리고 가슴이 뛸까요? 성도 여러분, 예수님 십자가 앞에서 3년간 함께 한 제자들이 모두 벌벌 떨며 옷을 던지고 도망갔다는 건 그 장면이 너무도 무섭고 떨렸다는 겁니다.

복음 앞에 떨리지 않나요? 우리의 악한 행실에, 우리의 불경건과 우리의 불의에, 우리의 어리석고 불의하며 공평하지도 않은 그 판단함에, 그 하나 하나의 행위 위에 예수의 십자가 피가 떨어지고 있는 순간 그 복음 앞에 서 있던 적이 도대체 있기는 한 건가요? 아니면 너무 오래전이라 다 잊어버리고 그저 좋기만 한 건가요? 그 복음을 정말 믿는 자라면, 오늘도 그 복음을 믿는 자라면 이 하루를 떨리는 심정으로 조금이라도 그 핏 값을 갚아보려고 빚진 자로서 발버둥 치는 것 아닌가요? 그것이 믿음의 열매, 행함이 아닌가요? 이에 관한 예수님 말씀입니다.

> 나더러 주여 주여 하는 자마다 다 천국에 들어갈 것이 아니요 다만 하늘에 계
> 신 내 아버지의 뜻대로 행하는 자라야 들어가리라 마 7:21

구원받은 자인 우리는 다른 사람의 구원을 알 수도 없고 알 이유도 없습니다. 지금은 은밀하니까요. 나의 구원만 확실하면 되지요. 그런데 내 믿음이 나의 착각인지, 진짜 믿음인지는 무엇으로 알 수 있을까요?

> 이와 같이 행함이 없는 믿음은 그 자체가 죽은 것이라 어떤 사람은 말하기를
> 너는 믿음이 있고 나는 행함이 있으니 행함이 없는 네 믿음을 내게 보이라 나
> 는 행함으로 내 믿음을 네게 보이리라 하리라 네가 하나님은 한 분이신 줄을
> 믿느냐 잘하는도다 귀신들도 믿고 떠느니라 아아 허탄한 사람아 행함이 없는
> 믿음이 헛것인 줄을 알고자 하느냐 약 2:17-20

'나는 행함으로 내 믿음을 네게 보이리라'

부디 저와 여러분이 내보이는 것이 우리의 잘남과 우리의 의가 아니라 오직 믿음이 보이는 행함이 있는 오늘 하루 그리고 남은 날 보내시기를 주님의 이름으로 축원합니다.

말씀으로 기도

1. 십자가의 복음을 붙잡고 하나님의 임재와 칭찬, 하나님이 주시는 샬롬을 구하는, 더 나아가 말씀대로 행하는 자 되겠다고 결단하길 원합니다. 이에 믿음으로 행할 수 있도록 힘과 용기를 달라고 기도합시다.
2. 나를 판단하시기 전에 먼저 사랑하신 하나님께 감사하며, 우리도 남을 판단하기 전에 사랑하게 해 달라고 기도합시다.

율법과 할례

로마서 2:17-29

17 유대인이라 불리는 네가 율법을 의지하며 하나님을 자랑하며 18 율법의 교훈을 받아 하나님의 뜻을 알고 지극히 선한 것을 분간하며 19 맹인의 길을 인도하는 자요 어둠에 있는 자의 빛이요 20 율법에 있는 지식과 진리의 모본을 가진 자로서 어리석은 자의 교사요 어린 아이의 선생이라고 스스로 믿으니 21 그러면 다른 사람을 가르치는 네가 네 자신은 가르치지 아니하느냐 도둑질하지 말라 선포하는 네가 도둑질하느냐 22 간음하지 말라 말하는 네가 간음하느냐 우상을 가증히 여기는 네가 신전 물건을 도둑질하느냐 23 율법을 자랑하는 네가 율법을 범함으로 하나님을 욕되게 하느냐 24 기록된 바와 같이 하나님의 이름이 너희 때문에 이방인 중에서 모독을 받는도다 25 네가 율법을 행하면 할례가 유익하나 만일 율법을 범하면 네 할례는 무할례가 되느니라 26 그런즉 무할례자가 율법의 규례를 지키면 그 무할례를 할례와 같이 여길 것이 아니냐 27 또한 본래 무할례자가 율법을 온전히 지키면 율법 조문과 할례를 가지고 율법을 범하는 너를 정죄하지 아니하겠느냐 28 무릇 표면적 유대인이 유대인이 아니요 표면적 육신의 할례가 할례가 아니니라 29 오직 이면적 유대인이 유대인이며 할례는 마음에 할지니 영에 있고 율법 조문에 있지 아니한 것이라 그 칭찬이 사람에게서가 아니요 다만 하나님에게서니라

샬롬! 오늘 말씀의 항해에 참여하시는 모든 성도님들에게 그리스도의 부활 생명이 충만하기를 주님의 이름으로 축원합니다.

오늘은 하나님의 진노 아래 있는 세 번째 그룹, 유대인에 대한 말씀입니다.

바울은 지금까지 하나님의 진노를 피할 자가 없다는 것을 매우 논리적이면서도 치밀하게 증명하였습니다. 모두가 불경건하고 불의하며 타인을 판단하고 정죄하는 사람이라고 말합니다. 어지간한 사람이라면 '그래 나도 죄인이야' 라고 할 법도 한데 여전히 '난 아니야, 나는 그럴 리가 없어' 라는 사람들이 있으니, 바로 17절에 등장하는 유대인이라 불리우는 자들입니다. 오늘 본문은 분명히 그 수신자가 유대인입니다.

오늘은 좀 편안한 마음으로 간단하게 본문 말씀을 전할까 합니다. 여기 유대인이신 분은 없으실 테니까요. 단, 본문 중 우리와 연관되는 중요한 부분은 강조해서 전하도록 하겠습니다. 어째서 유대인들은 바울이 지금껏 말한 불경건, 불의, 남을 판단하는 자를 향한 하나님의 진노 앞에서 자신 있게 '우린 아니야!' 라고 말할 수 있을까요? 뭘 믿고 그렇게 자신하는 걸까요? 그건 자신들이 하나님께 선택된 백성이라는 겁니다. 하나님에게서 율법을 받고, 언약의 징표로서 할례를 받은 민족이라는 것이지요. 율법과 할례는 유대인들의 큰 자랑입니다. 그래서 바울은 율법과 할례에도 불구하고 유대인들이 하나님 진노 아래 있다는 것을 오늘 본문에서 말하고자 하는 거지요.

먼저 바울은 유대인들의 자부심을 쭉 열거합니다.

유대인이라 불리는 네가 율법을 의지하며 하나님을 자랑하며 율법의 교훈을 받아 하나님의 뜻을 알고 지극히 선한 것을 분간하며 맹인의 길을 인도하는 자요 어둠에 있는 자의 빛이요 율법에 있는 지식과 진리의 모본을 가진 자로

17절에서 유대인들은 율법을 의지하며 하나님을 자랑합니다. 그런데 여기서 '하나님을 자랑하다' 는 원어에 잘 안 맞습니다. 원어는 '엔 테오', '하나님 안에' 입니다. 즉 하나님 안에 있음을 자랑합니다.

18절에서 유대인은 율법의 교훈을 받아 하나님의 뜻을 알고 지극히 선한 것을 분간한다고 합니다. 유대인들은 어릴 때부터 토라, 즉 율법을 배우지요. 신명기 4장 6절에서 '여러 민족 앞에서 너희의 지혜요 너희의 지식이라 그들이 이 모든 규례를 듣고 이르기를 이 큰 나라 사람은 과연 지혜와 지식이 있는 백성이로다 하리라' 라고 한 것처럼, 지금도 유대인들은 지혜로운 민족으로 여겨지지요. 노벨상 수상자가 유대인 중에서 가장 많이 배출되기도 했고요.

19절과 20절을 보면 유대인들은 율법을 받아 익힌 자들이기에 자신들이 율법을 모르는 맹인이자 어둠에 속한 자, 어리석은 자, 어린 아이 같은 이방인들의 인도자이며 교사와 선생이라고 스스로 믿고 있습니다. 소위 자기 과신을 하고 있습니다.

> 그러면 다른 사람을 가르치는 네가 네 자신은 가르치지 아니하느냐 도둑질하지 말라 선포하는 네가 도둑질하느냐 간음하지 말라 말하는 네가 간음하느냐 우상을 가증히 여기는 네가 신전 물건을 도둑질하느냐 율법을 자랑하는 네가 율법을 범함으로 하나님을 욕되게 하느냐 기록된 바와 같이 하나님의 이름이 너희 때문에 이방인 중에서 모독을 받는도다 롬 2:21-24

그런데 그렇게 다른 사람을 가르친다는 자들이 그 가르침대로 전혀 행하지 않으니 하나님을 욕되게 하고 있다는 겁니다. 이방인 때문이 아니라 너희 때문에 이방인 사이에서도 하나님의 이름이 모독을 받는다는 것이지요. 그리고 행하지 않는 예로서 바울은 도둑질, 간음, 신전물건 도둑질을 열거합니다. 무엇을 훔치고 누가 간음하였는지 구체적인 내용은 기록이 안 되어 모르지만 당시 실제로 유대인들이 벌이고 있는 잘못을 바울은 너무도 잘 알고 있는 겁니다. 바울도 한때 유대인 가운데에서도 사회 최상층이었던 자였으니까요. 그리고 이제 바울은 율법을 통해 할례의 문제로 자연스럽게 주제를 옮깁니다.

> 네가 율법을 행하면 할례가 유익하나 만일 율법을 범하면 네 할례는 무할례가
> 되느니라 그런즉 무할례자가 율법의 규례를 지키면 그 무할례를 할례와 같이
> 여길 것이 아니냐 롬 2:25-26

25절은 할례 + 불순종 = 무할례, 26절은 무할례 + 순종 = 할례라는 겁니다. 성도 여러분, 사실 우리가 유대인이 아니니까 이렇게 본문 구절을 쭉 읽어 나가면서 당연한 듯 쉽게 넘어가지만, 유대인이 지금 이 말씀을 들으면 매 구절구절마다 엄청난 충격을 받을 것입니다. 지금까지 자신들이 갖고 있던 정체성이 뿌리째 흔들릴 테니까요.

> 또한 본래 무할례자가 율법을 온전히 지키면 율법 조문과 할례를 가지고 율법
> 을 범하는 너를 정죄하지 아니하겠느냐 롬 2:27

이제 유대인들은 완전히 멘붕에 빠질 정도로 혼란스럽습니다. 늘 유대인 자신들이 이방인을 정죄하는 쪽에 서 있었고 이방인들을 '개' 취급하였는데,

무할례자인 이방인이 자신들을 정죄하는 것을 듣고 있습니다. 이 편지를 읽고 있는 유대인들은 당시 로마 교회 성도라 하여도 아마 열이 머리끝까지 오르고 있을 겁니다.

> 무릇 표면적 유대인이 유대인이 아니요 표면적 육신의 할례가 할례가 아니니라 오직 이면적 유대인이 유대인이며 할례는 마음에 할지니 영에 있고 율법 조문에 있지 아니한 것이라 그 칭찬이 사람에게서가 아니요 다만 하나님에게서니라 롬 2:28-29

그리고 28절, 율법을 지키지 않는 너희 같은 유대인은 표면적 유대인 즉 가짜 유대인이며 그 할례는 가짜 할례라는 겁니다. 그러면서 29절에서 참된 유대인의 정의를 다시 내립니다. 첫째, 참된 유대인이란 이면적 유대인, 즉 외적이고 눈에 보이는 것이 아니라 내적이고 눈에 보이지 않는 것이며 둘째, 참된 할례는 육체에 행하는 할례가 아니라 마음에 행하는 할례입니다. 셋째, 참된 유대인은 율법이 아니라 성령에 의해 나타나며 넷째, 인간의 인정이 아니라 하나님의 인정을 받는 자입니다.

다시 말씀드리지만, 지금 바울은 유대인에 대하여 쓰고 있습니다. 여기서 유대인을 그대로 그리스도인으로 대체하면 들어 맞는 부분도 있지만 어떤 것은 이상해지는 것도 있습니다. 그저 본문에서 말하고자 하는 바울의 메시지, '율법대로 행함, 순종이 중요하다', '형식이 아니라 내용이 중요하다' '그리스도인들도 유대인처럼 형식에 빠질 수 있고, 종교인이 될 수 있으니 주의하라'와 같은 반면교사로서의 가르침으로 받으면 됩니다. 일일이 유대인을 그리스도인으로 대체하면 성경 본문의 본래 취지가 이상하게 흐를 수도 있거든요.

　그런데 할례에 대해서는 그 본래 의미를 살펴보았으면 합니다. 이건 우리에게도 나름 의미가 있기 때문이지요. 할례는 아시다시피 아브라함 때부터 시작됩니다. 언약의 징표로 할례를 하라고 하시지요. 그럼 먼저 언약을 살펴봅시다. 창세기 12장에서 아브라함이 갈대아 우르를 떠나 하란에서 머뭇거리며 망설일 때 나타나셔서 주신 말씀입니다.

> 여호와께서 아브람에게 이르시되 너는 너의 고향과 친척과 아버지의 집을 떠
> 나 내가 네게 보여 줄 땅으로 가라 내가 너로 큰 민족을 이루고 네게 복을 주어
> 네 이름을 창대하게 하리니 너는 복이 될지라 너를 축복하는 자에게는 내가
> 복을 내리고 너를 저주하는 자에게는 내가 저주하리니 땅의 모든 족속이 너로
> 말미암아 복을 얻을 것이라 하신지라 창 12:1-3

　이 말씀을 들은 아브라함이 그제야 무거운 몸을 일으켜 가나안으로 들어갑니다. 그런데 여기 12장 어디서도 '언약'이란 단어가 나오지 않습니다. 이건 아브라함이 하란을 떠나지 않으니까 하나님께서 등 떠밀며 하신 말씀입니다. 하나님의 약속이고 선언이기도 합니다. 그러나 아직 언약, 소위 계약이 맺어진 상태는 아닙니다. 하나님과의 언약식을 맺는 것 즉 계약을 하려면 아브라함에게도 요구되는 것이 하나가 있기 때문입니다. 계약을 하려면 자격이 있어야 한다는 겁니다.

　언약식은 15장에 나옵니다. 잘 아시는 장면입니다. 하나님이 아브라함 손을 잡고 밖으로 나가 하늘의 뭇별을 보고 네 자손이 이와 같으리라고 하십니다. 15장 5절입니다. 그런데 그 다음절에 놀라운 말씀이 나옵니다. 아브라

함이 이제 계약 당사자가 될 자격을 갖추었음을 하나님이 인정하십니다.

아브람이 여호와를 믿으니 여호와께서 이를 그의 의로 여기시고 창 15:6

여기서 믿음이 나옵니다. 성도 여러분, 이것이 성경에서 믿음이란 단어가 최초로 등장하는 장면입니다. 그리고 하나님께서 이를 '그의 의'로 여기십니다. '칭의', 즉 믿음으로 의롭게 여겨진다는 것은 바울이 처음 한 말이 아니라 하나님이 처음 하신 말씀인 겁니다. 이 믿음이 언약의 대상으로서 아브라함의 자격입니다.

사람사이의 계약도 갓난아기하고 계약하는 경우는 없지요. 그건 무효입니다. 하나님의 언약도 상대가 어느 정도 자격이 되어야 하는데, 그것이 '믿음'인 겁니다. 그래서 그 날 밤 언약식을 맺습니다. 잘 아시는 바와 같이 짐승들을 반으로 쪼개고, 그 사이를 타는 횃불이 지나갑니다. 이 의미는 아시지요? 언약을 어긴자는 마치 쪼개진 짐승처럼 이 둘로 쪼개져 죽음을 면하지 못할 것이라는 약속입니다. 죽음을 담보로 계약하는 겁니다.

그런데요, 할례가 언약의 징표라면 이때 할례를 시작하는 것이 더 잘 어울리지 않았을까요? 그런데 그런 말씀이 전혀 없으십니다. 할례는 16장을 건너뛰고 17장에서야 나옵니다. 그 사이에 무슨 일이 있었을까요?

언약식을 하고서도 10년 가까이 세월이 지났건만 사라에게 아이가 없습니다. 사라가 아브라함에게 하갈을 통하여 대를 잇자고 합니다. 아브라함은 짐짓 못이기는 척하면서 하갈과 동침하여 이스마엘을 낳습니다. 그런데 그때로부터 13년 동안 하나님이 아브라함에게 나타나지 않으십니다. 말씀도 없으십니다. 내버려 두고 계십니다. 화가 많이 나신 것입니다. 13년 만에 하나님은 아브라함에게 나타나시고, 그리고 이렇게 말씀하십니다.

> 아브람이 구십구 세 때에 여호와께서 아브람에게 나타나서 그에게 이르시되
> 나는 전능한 하나님이라 너는 내 앞에서 행하여 완전하라 창 17:1

'나는 전능한 하나님이라 너는 내 앞에서 행하여 완전하라'. 이건 엄청 꾸짖으시는 겁니다. '넌 전능한 나를 믿지 않았다. 나는 전능한 하나님이다', '이놈아, 제대로 해' 라는 거지요. 그리고 말로만 그치는 것이 아니라 할례를 명하십니다. 할례가 무언지는 다 아시지요? 남자의 생식기 맨 끝부분을 자르는 겁니다. 포피를 잘라내는 거지요. 그런데 왜 굳이 이런 방법을 선택하셨을까요? 새끼손가락 아니면 귓볼 끝 등, 몸에 남기고자 하면 다른 부위도 많을 텐데 말이지요. 이상하다고 생각해 보시지 않았나요? 오히려 눈에 잘 띄는 부위로 하면 징표가 더 잘 드러날 텐데 말입니다.

그 의미는 바로 '넌 이미 죽은 몸이다' 라는 겁니다. 아브라함이 이스마엘을 낳은 것은 15장의 그 언약을 어긴 것이고 그 언약대로 넌 죽어야 마땅하다는 겁니다. 남자의 생식기는 자손의 번성이 시작되고 생명이 시작되는 최초의 관문이라는 상징성을 갖는데 그 끝을 자름으로 너와 이후의 자손들은 죽었다는 것을 선언하시는 겁니다. 그리고 1년 만에 이삭을 주시지요. 이삭은 누구의 자손인가요? 아브라함이요? 이미 아브라함은 100세이고, 아내 사라는 경수가 끊겼어요. 아브라함의 자손이 아니라 하나님이 하신 일이라는 겁니다. 이삭은 아브라함의 자손이라고 하지 않고. 언약의 자손이라 합니다. 전적으로 언약의 자손이라는 겁니다. 언약의 자손은 모두 할례를 하도록 합니다. 원래는 죽어야 하는 운명의 상징으로 몸에 지니라는 겁니다.

그것이 언약식의 내용입니다. 언약의 징표는 '너희 잘났다'가 아니라 하나님 언약의 엄중함을 보여주는 것입니다.

할례는 언약식의 내용으로서 어기면 죽는다는 죽음의 상징이었는데, 상징이 아니라 실제로 죽는 사건이 벌어집니다. 바로 예수님이 십자가에서 죽으신 겁니다. 육신으로는 아브라함의 후손, 본질로는 하나님의 아들이신 그 분이 그 언약의 성취를 위해 할례, 즉 장사함을 손수 이루신 겁니다. 이것이 그리스도의 할례입니다.

> 또 그 안에서 너희가 손으로 하지 아니한 할례를 받았으니 곧 육의 몸을 벗는 것이요 그리스도의 할례니라 너희가 세례로 그리스도와 함께 장사되고 또 죽은 자들 가운데서 그를 일으키신 하나님의 역사를 믿음으로 말미암아 그 안에서 함께 일으키심을 받았느니라. 골 2:11-12

우리가 세례를 받는다는 것은 그리스도와 함께 죽었다는 것을 의미합니다. 먼저 죽어야 합니다. 이제 유대인의 할례는 예수님의 십자가, 그리스도의 할례로 말미암아 종지부를 찍은 것입니다. 그래서 예레미야 4장 4절에서도 마음의 가죽을 베라고 합니다. 육의 할례가 아니라는 거지요.

그러므로 할례가 세례로 대체된 것이 아니라 할례의 진정한 의미가 십자가에서 모두 드러난 것입니다. 그럼 세례 한 번 받으면, 모든 것이 만사 오케이인가요? 아닙니다. 바울 사도가 말했습니다. '나는 날마다 죽노라'라고요. 성경지식을 많이 알고 세례 받은 세례 교인인 것을 자랑으로 삼아 그것으로 하나님의 진노를 피할 수 있다고 생각한다면, 그렇게 스스로 믿는다면 자기 과신이요, 율법과 할례를 자랑하는 유대인과 다를 것이 없습니다. 먼저 자신이 죽어야 그리스도와 함께 일으키심을 받습니다. 세례식은 한 번이지만 세례 때의 고백은 우리의 매일의 고백이어야 합니다. 내가 죽고 그리스도와 함께 산다는 그 고백, 그 삶이 바로 우리의 지워지지 않는 마음의 할례입니다.

아브라함이 아직 펄펄 살았을 때, 그 때 이스마엘을 낳았습니다. 할례를 통해 하나님이 아브라함에게 '넌 죽은 거다' 라고 선언하셨습니다. 하나님이 '넌 죽었다' 하면 그건 진짜 죽은 겁니다. 그렇게 아브라함이 죽은 후에야 이삭이 주어집니다.

내가 살면 이스마엘입니다. 내가 죽어야 이삭입니다. 성도 여러분, '내가 날마다 죽노라' 라고 고백하는 바울은 정말 하나님 나라의 원리를 깨달은 자입니다. 그리고 제일 좋은 열매를 매일 풍성하게 누리고자 하는 욕심쟁이입니다. 가장 좋은 것이 무엇인지 진짜 생명이 무엇인지 알고, 자신이 죽는 것이 가장 좋은 것임을 안 것입니다. 죽어야 사는 것을 알게 된 것 입니다.

부디 날마다 죽어 날마다 하나님의 풍성한 은혜, 가장 좋은 것을 누리는 저와 여러분의 오늘과 내일 그리고 매일이기를 주님의 이름으로 축원합니다.

말씀으로 기도

1. 먼저 신앙생활부터 점검하길 원합니다. 신앙도 자칫하면 자기 과신으로 변할 수 있습니다. 나의 신앙생활 가운데 죽어야 할 부분, 힘을 빼야 할 부분이 무엇인지 깨닫게 해 달라고 성령님의 도우심을 구하며 기도합시다.
2. 특별히 이스라엘 유대인들이 이제는 육신의 가죽을 벗어 마음의 가죽을 베게 하여 달라고 기도합시다.

바로 나입니다!

로마서 3:1-18

1 그런즉 유대인의 나음이 무엇이며 할례의 유익이 무엇이냐 2 범사에 많으니 우선은 그들이 하나님의 말씀을 맡았음이니라 3 어떤 자들이 믿지 아니하였으면 어찌하리요 그 믿지 아니함이 하나님의 미쁘심을 폐하겠느냐 4 그럴 수 없느니라 사람은 다 거짓되되 오직 하나님은 참되시다 할지어다 기록된 바 주께서 주의 말씀에 의롭다 함을 얻으시고 판단 받으실 때에 이기려 하심이라 함과 같으니라 5 그러나 우리 불의가 하나님의 의를 드러나게 하면 무슨 말 하리요 [내가 사람의 말하는 대로 말하노니] 진노를 내리시는 하나님이 불의하시냐 6 결코 그렇지 아니하니라 만일 그러하면 하나님께서 어찌 세상을 심판하시리요 7 그러나 나의 거짓말로 하나님의 참되심이 더 풍성하여 그의 영광이 되었다면 어찌 내가 죄인처럼 심판을 받으리요 8 또는 그러면 선을 이루기 위하여 악을 행하자 하지 않겠느냐 어떤 이들이 이렇게 비방하여 우리가 이런 말을 한다고 하니 그들은 정죄 받는 것이 마땅하니라 9 그러면 어떠하냐 우리는 나으냐 결코 아니라 유대인이나 헬라인이나 다 죄 아래에 있다고 우리가 이미 선언하였느니라 10 기록된 바 의인은 없나니 하나도 없으며 11 깨닫는 자도 없고 하나님을 찾는 자도 없고 12 다 치우쳐 함께 무익하게 되고 선을 행하는 자는 없나니 하나도 없도다 13 그들의 목구멍은 열린 무덤이요 그 혀로는 속임을 일삼으며 그 입술에는 독사의 독이 있고 14 그 입에는 저주와 악독이 가득하고 15 그 발은 피 흘리는 데 빠른지라 16 파멸과 고생이 그 길에 있어 17 평강의 길을 알지 못하였고 18 그들의 눈 앞에 하나님을 두려워함이 없느니라 함과 같으니라

샬롬! 오늘 말씀의 항해에 참여하시는 모든 성도님들 모두 하나님께서 주시는 말씀을 깨닫는 은혜가 있기를 주님의 이름으로 축원합니다.

'하나님의 진노'로 시작되는 로마서 본론 첫 번째 부분이 오늘 마무리됩니다. 7일 동안 하나님의 진노 아래에 놓인 우리의 모습을 살펴보았습니다. 거의 기진맥진하여 숨만 겨우 붙어 있는 것 같은데, 오늘 하나님은 그 피날레로 아예 숨을 멎게 하십니다. 아직 내가 살아 있다면 오늘이 마지막 기회입니다. 오늘 확실히 내가 죽어야 하나님의 은혜로 넘어갈 수 있습니다. 부디 저와 여러분, 오늘 하나님이 주시는 말씀으로 확실히 죽은 내 모습을 확인하는 축복이 있기를 주님께 간절히 기도합니다.

지금까지 하나님의 진노 아래 있는 세 그룹을 보았습니다. 이방인, 판단하는 자, 유대인이었습니다. 오늘은 마지막 네 번째 그룹을 보겠습니다. 그런데 그 전에 3장 1절부터 8절까지의 말씀을 간략히 나누도록 하겠습니다. 여기 말씀을 그냥 읽으면 이해하기가 어렵습니다. 왜냐하면 질문과 답이라는 형식을 취하고 있을 뿐만 아니라 여기서의 질문은 지금껏 바울이 가르친 것에 대하여 반박하는 유대인의 질문과 궤변이기 때문입니다. 그 배경을 알아야 말씀의 의미를 깨달을 수 있습니다. 총 4가지 질문입니다.

> 그런즉 유대인의 나음이 무엇이며 할례의 유익이 무엇이냐 롬 3:1

"바울 선생님, 당신 말대로라면 유대인으로 태어난 것도, 언약의 징표인 할례도 아무런 의미도 없고 유익이 없는 건가요? 우린 아무것도 아니었나요?" 이렇게 물어보는 겁니다. 바울의 답입니다.

> 범사에 많으니 우선은 그들이 하나님의 말씀을 맡았음이니라 롬 3:2

"구체적으로 다 나열하지는 않겠는데, 아주 많다. 그런데 그 중 첫째는 그들이 하나님의 말씀을 맡았다는 것이다." 이렇게 바울이 답하는 거지요. 성경은 하나님의 특별계시입니다. 이 특별계시를 맡았다는 것은 엄청난 것입니다. 그 특권을 이제껏 다른 어떤 나라, 어떤 민족에게도 주신 적이 없습니다. 신구약 성경 66권은 하나님의 감동으로 쓰인 것인데, 단 한 권도 예외 없이 유대인이 기록했습니다.

이제 두 번째 질문입니다.

> 어떤 자들이 믿지 아니하였으면 어찌하리요 그 믿지 아니함이 하나님의 미쁘심을 폐하겠느냐 롬 3:3

여기서 하나님의 '미쁘심'을 '신실함'으로 바꾸면 이해가 빠릅니다. 유대인들이 이렇게 묻습니다. "하나님은 언제나 신실하신데 하나님의 말씀, 약속들을 맡은 어떤 사람이 믿음으로 그것에 반응하지 않았다면, 그들의 믿음 없음이 하나님의 신실하심을 무효로 만든다는 것이냐?' 라고 질문하는 겁니다. 바울이 곧바로 대답합니다.

> 그럴 수 없느니라 사람은 다 거짓되되 오직 하나님은 참되시다 할지어다 기록된 바 주께서 주의 말씀에 의롭다 함을 얻으시고 판단 받으실 때에 이기려 하심이라 함과 같으니라 롬 3:4

'그럴 수 없느니라!' '사람은 다 거짓되되', 이것은 시편 116편 11절을 인용한 것입니다. '시편 116:11 내가 놀라서 이르기를 모든 사람이 거짓말쟁이라 하였도다' 라는 말씀입니다. 하나님이 말씀하시길 모든 사람이 거짓말쟁이라는 겁니다. 모든 인간이 다 거짓말쟁이라 해도 오직 하나님은 여전히 참 되시지요.

그리고 바울은 이렇게 계속합니다. '주께서 주의 말씀에 의롭다 함을 얻으시고 판단 받으실 때에 이기려 하심이라' 지난 말씀처럼 하나님의 판단은 언제나 의로우십니다. 그리고 마지막 심판 때, 그 판단의 의로움이 모두 증명된다고 합니다. 하나님께서 승리하신 겁니다. 성도 여러분, 잊지 마시기 바랍니다. 하나님은 유능하신 분이 아니라 전능하신 분입니다. 그분은 반드시 승리하시는 분입니다. 눈앞에 있는 혼란, 불안, 두려움, 좌절, 실패, 낙담, 분노, 그 어떤 상황에서도 전능하신 하나님의 신실하심, 변함없이 끝까지 우릴 사랑하시는 그 신실하심을 붙잡을 때 그분의 승리가 저와 여러분의 승리가 된다는 사실을 잊지 마시기 바랍니다.

세 번째 질문입니다. 그런데 이건 질문이라기보다는 궤변에 가깝습니다.

> 그러나 우리 불의가 하나님의 의를 드러나게 하면 무슨 말 하리요 [내가 사람
> 의 말하는 대로 말하노니] 진노를 내리시는 하나님이 불의하시냐 롬 3:5

"우리가 불의하면 할수록, 하나님의 의를 더 드러내는 것이 아니냐"고 질문을 해옵니다. "우리의 불의가 하나님의 의를 드러나게 한다면 우리에게 진노를 내리시는 하나님이 옳지 않은 것이 아니냐"라는 궤변을 늘어놓는 겁니다. 정말 어이없는 궤변에 대해 바울은 단호히 답합니다.

> 결코 그렇지 아니하니라 만일 그러하면 하나님께서 어찌 세상을 심판하시리
> 요 롬 3:6

'결코 그렇지 않다' 라고 단언한 후 이어서 '그렇다면 어찌 하나님이 세상을 심판하실 수 있겠느냐' 고 반문하고 있는 겁니다. 유대인들은 방금의 궤변과 같은 맥락의 궤변을 합니다.

> 그러나 나의 거짓말로 하나님의 참되심이 더 풍성하여 그의 영광이 되었다면
> 어찌 내가 죄인처럼 심판을 받으리요 롬 3:7

'나의 거짓으로 하나님의 참되심이 더욱 드러나 하나님께 영광이 되었다면 어찌 내가 죄인으로 정죄를 받겠느냐?' 고 말합니다.

> 또는 그러면 선을 이루기 위하여 악을 행하자 하지 않겠느냐 어떤 이들이 이
> 렇게 비방하여 우리가 이런 말을 한다고 하니 그들은 정죄 받는 것이 마땅하
> 니라 롬 3:8

바울은 상대의 궤변에 대해 답하는 것으로 더 극단적인 궤변을 사용합니다. '너희 말대로라면, 선을 이루기 위해 악을 행하자는 것이냐?' 라고 하는 거지요. 그리고 결말을 맺습니다. '이렇게 비방하는 그들은 정죄 받는 것이 마땅하다' 라고 단언합니다.

성도 여러분, 사람은 자신의 잘못을 정당화하는데 있어서 매우 놀라운 재주가 있습니다. 그렇지 않습니까? 오늘 이 질문들 보세요. 참으로 뻔뻔함이 놀랍습니다. 성도 여러분, 죄에는 단계가 있습니다. 우선은 죄를 짓는 단계. 그리고 회개하지 않는 단계, 마지막으론 자신을 정당화하는 단계입니다. 아주 뼈 속 깊이 죄가 박히는 거지요.

우린 지금까지 이방인들의 불의함, 도덕론자들의 위선적인 의, 그리고 하나님의 율법을 가지고 있다고 자랑하면서 그것을 어기는 유대인들이 스스로를 과신하는 자기 의를 차례로 폭로하였습니다. 그리고 마지막 그룹을 소개합니다. 바로 '우리'입니다.

> 그러면 어떠하냐 우리는 나으냐 결코 아니라 유대인이나 헬라인이나 다 죄 아래에 있다고 우리가 이미 선언하였느니라 롬 3:9

바울은 우리도 다 죄 아래에 있다고 합니다. 그런데 여기서 죄는 단수를 쓰고 있습니다. 바울은 죄를 단수로 쓸 때와 복수로 쓸 때를 엄격히 구별하여 로마서를 쓰고 있습니다. 헬라어에서 그 의미가 다르기 때문입니다. 복수로 쓸 때는 보통 우리가 행하는 악행을 말합니다. 그런데 헬라어에서 죄를 단수로 쓸 때는 그 의미가 어떤 힘, 어떤 세력, 악행들 뒤에 있는 죄의 실체를 의미합니다. 그런데 우리가 그 죄의 실체 아래에 있다는 겁니다. 그리고 아래에 있다는 건 무거운 쇠사슬에 묶여 종살이하는 입장을 말합니다.

성도 여러분, 눈에 보이지 않는다고 없는 것이 아닙니다. 죄의 실체는 분명히 있습니다. 에베소서에서는 이 실체를 '공중의 권세 잡은 자'라고 하지요. 분명히 있습니다. 그 실체의 이름을 마귀라고 부르든, 사탄이라고 부르든, 어둠 권세라고 부르든 있습니다. 그것을 바울은 알는 겁니다. 그리고 우리 모두는 그 아래에 있는 존재라는 겁니다.

그 실체를 꺾지 않는 한 우리의 죄들은 그치지 않습니다. 우리 스스로는 그 죄의 쇠사슬을 벗지 못합니다. 얼마나 지독하게 우릴 옭아매는지 잠재의식 저 수면 밑바닥까지 그 세력이 지배합니다. 우리의 지, 정, 의, 육체의 모든

세포마다, 감각마다, 얼마나 우리 영혼을 강하게 짓밟고 있는지 이제 고통도
느끼지 못할 정도로 그 세력은 우릴 누르고 있습니다.

  바울은 이제 주장도, 설명도, 가르침도 하지 않습니다. 하나님의 말씀을
그대로 선포합니다.

> 기록된 바 의인은 없나니 하나도 없으며 깨닫는 자도 없고 하나님을 찾는 자
> 도 없고 다 치우쳐 함께 무익하게 되고 선을 행하는 자는 없나니 하나도 없도
> 다 롬 3:10-12

  시편 14편과 53편 말씀입니다. 하나도 없습니다. 바울 자신도 우리에 포함
되는 것입니다.

> 그들의 목구멍은 열린 무덤이요 그 혀로는 속임을 일삼으며 그 입술에는 독사
> 의 독이 있고 롬 3:13

  시편 5편과 140편입니다. 얼마나 지독한 존재인지 열린 무덤, 썩은 냄새가
진동을 합니다. 독사의 독을 내뿜습니다.

> 그 입에는 저주와 악독이 가득하고 롬 3:14

  시편 10편입니다.

> 그 발은 피 흘리는 데 빠른지라 파멸과 고생이 그 길에 있어 평강의 길을 알지
> 못하였고 시 3:15-17

이사야 59장 말씀입니다. 피 흘리는 데는 매우 발 빠르게 행동합니다. 파멸과 고생이 있을 뿐 평강을 알지도 못합니다.

> 그들의 눈 앞에 하나님을 두려워함이 없느니라 함과 같으니라 롬 3:18

시편 36편입니다. 말로만 하나님을 두려워한다고 하지, 실재론 눈앞에 계신 하나님을 전혀 두려워하지 않습니다.

얼마나 최악인지 더 말할 필요도 없습니다. 누가요? 바울은 '너희' 라고 하지 않았습니다. '우리' 라고 하는 겁니다. 그 우리엔 바울도 포함된 것이고, 그 우리엔 '바로 나' 도 포함된 겁니다. '바로 나' 입니다. 죄의 실체를 꺾을 힘은 오직 하나님의 은혜로만 가능합니다. 본문의 '우리' 가 바로 나임을 인정할 때, 내가 얼마나 형편없는 자인지를 깨닫고 인정할 때, 아무것도 아님을 인정할 때, 그 때 하나님의 은혜가 나를 향한 은혜가 되는 것입니다.

이유를 달 수 없습니다. 나를 정당화하면 할수록 유대인의 궤변처럼 들릴 뿐입니다. 쇠사슬의 무게는 더욱 무거워질 뿐입니다. 남을 볼 필요도 없습니다. 나에게 지금 하나님이 말씀하시는 겁니다. 나를 향한 매우 엄한 하나님의 선포입니다. 하나님이 그렇다고 하면 그런 겁니다. 바울이 그 어떤 사족도 붙이지 않고 말씀을 그대로 기록하였습니다. 하나님의 말씀입니다.

성도 여러분, 7일 동안 우린 계속해서 하나님의 진노의 말씀을 들었습니다. 이제 마지막 말씀입니다. 이 말씀에도 불구하고 여기서 '난 아니야, 오히려 저 사람이야' 라고 한다면 그 다음 본론인 하나님의 은혜로 넘어갈 수 없습니다. 진짜 하나님의 은혜를 모르는 겁니다. 감정적인 기쁨? 그건 하나님의 은혜가 아닙니다. 편안함? 재물? 명예? 그건 하나님의 은혜가 아니라 오히려 쇠사슬입니다.

　진짜 하나님의 은혜가 무엇인지 그 은혜를 받고 싶다면, 지금 하나님 말씀을 보십시오. 그리고 자기 선언을 하시기 바랍니다. 수십 년 신앙생활을 했더라도 예외 없습니다. 헌금을 얼마를 했어도 의미 없습니다. 남을 아무리 많이 도왔어도 상관없습니다. 나를 향한 하나님의 준엄한 이 말씀에 깨어진 경험이 없다면, 또 이 말씀 앞에 오늘도 깨지지 않으면, 여전히 죄의 종으로 만족하는 겁니다. 사탄을 대적해서 기도한다고요? 사탄이 웃습니다. 이 깨어짐 없는 기도는 그저 울부짖음일 뿐입니다. '내'가 깨어진 그곳에서 전능한 하나님의 능력으로 사탄을 하나님께서 몰아내시는 겁니다. 내가 완전히 깨어져야 합니다.

　성경책을 펴세요. 하나님의 말씀 앞에 '아멘, 네, 그렇습니다'라는 것으로 말씀을 읽겠습니다. 그런 의미에서 '그들, 그'를 바로 '나'로 바꿔서 읽겠습니다. 바로 저희에게 하시는 하나님 말씀입니다.

> 나의 목구멍은 열린 무덤이요 나의 혀로는 속임을 일삼으며 나의 입술에는 독
> 사의 독이 있고 나의 입에는 저주와 악독이 가득하고 나의 발은 피 흘리는 데
> 빠른지라 파멸과 고생이 내 길에 있어 평강의 길을 나는 알지 못하였고 나의
> 눈 앞에 하나님을 두려워함이 없느니라 롬 3:13-18

　이게 '바로 나'입니다. 이것이 하나님의 말씀이고, 이 말씀이 나를 향한 말씀일 때, 그것이 말씀 가운데 성령이 교통하는 것이고, 그것이 기도입니다. 다른 것 필요 없습니다. 오늘이 마지막입니다. 이 말씀을 계속하여 읽고, 또 읽고, 소리 내어 읽고, 이 말씀에 내가 부서질 때까지 읽으시기 바랍니다. 깨

질 때까지 읽고 새기시기 바랍니다. 하나님 말씀입니다. 설교도, 인간의 그 어떤 생각도 가미되지 않은 오로지 하나님 말씀입니다.

말씀으로 기도

1. 인간적인 생각, 궤변과 같은 논리로 죄인된 나를 감추려 한 것이 있다면, 하나님 말씀 앞에서 모든 거짓과 가면을 벗어버리고 우리의 부패한 모습을 보게 하여 달라고 기도합시다.

2. 입을 통해 지은 죄, 말로 사람들에게 상처 입힌 것들, 행동으로 지은 죄, 마음으로 지은 죄, 우리 각자에게 성령님이 알려 주시는 모든 죄를 토설하여 다시는 그 죄들을 반복하지 않도록 도와 달라고 기도합시다.

3. 죄 덩어리인 우리 자신이 깨어지고, 깨어진 나 대신에 오직 하나님께서 주인 되셔서 계속해서 우리를 삼키려 덤비는 악의 실체, 사탄을 하나님의 능력으로 날마다 물리쳐 달라고 기도합시다.

3

하나님의 은혜와 사랑

롬 3:19-8:39

하나님의 한 의

로마서 3:19-26

19 우리가 알거니와 무릇 율법이 말하는 바는 율법 아래에 있는 자들에게 말하는 것이니 이는 모든 입을 막고 온 세상으로 하나님의 심판 아래에 있게 하려함이라 20 그러므로 율법의 행위로 그의 앞에 의롭다 하심을 얻을 육체가 없나니 율법으로는 죄를 깨달음이니라 21 이제는 율법 외에 하나님의 한 의가 나타났으니 율법과 선지자들에게 증거를 받은 것이라 22 곧 예수 그리스도를 믿음으로 말미암아 모든 믿는 자에게 미치는 하나님의 의니 차별이 없느니라 23 모든 사람이 죄를 범하였으매 하나님의 영광에 이르지 못하더니 24 그리스도 예수 안에 있는 속량으로 말미암아 하나님의 은혜로 값 없이 의롭다 하심을 얻은 자 되었느니라 25 이 예수를 하나님이 그의 피로써 믿음으로 말미암는 화목제물로 세우셨으니 이는 하나님께서 길이 참으시는 중에 전에 지은 죄를 간과하심으로 자기의 의로우심을 나타내려 하심이니 26 곧 이 때에 자기의 의로우심을 나타내사 자기도 의로우시며 또한 예수 믿는 자를 의롭다 하려 하심이라

샬롬! 오늘 말씀의 항해에 참여하시는 성도님들 한 분도 빠짐없이, 성령 충만한 가운데 하나님의 말씀을 깨닫는 은혜가 있기를 주님의 이름으로 축원합니다.

우린 지금까지 7일에 걸쳐 '나'를 포함한 모든 인간이 죄인임을 알게 되었습니다. 하나님의 율법은 우리의 무능함과 우리의 죄악됨을 더욱 드러나게 하였습니다. 아무도 입을 열어 변명할 수 없게 하였습니다. 이제 모두가 하나님의 심판 아래에 있음을 인정할 수밖에 없습니다. 율법의 유익은 모든 사람이 하나님 앞에서 죽을 수밖에 없는 죄인이라는 사실과 그 죄를 깨닫게 하는 것입니다.

> 우리가 알거니와 무릇 율법이 말하는 바는 율법 아래에 있는 자들에게 말하는 것이니 이는 모든 입을 막고 온 세상으로 하나님의 심판 아래에 있게 하려 함이라 그러므로 율법의 행위로 그의 앞에 의롭다 하심을 얻을 육체가 없나니 율법으로는 죄를 깨달음이니라 롬 3:19-20

이것이 지금까지의 결론입니다. 우린 깊은 신음을 뱉습니다. 그리고 비명을 지르지요. '그럼 어떻게 하라는 말인가요? 해결방법을 알려 주세요!' 라고 말입니다. 그러자 '이제는' 이라고 답을 하십니다. 길고도 어두운 밤이 지난 후 해가 솟고 세상은 빛으로 넘쳐흐릅니다. '이제는 율법 외에 하나님의 한 의가 나타났으니' 라고 합니다.

로마서 두 번째 본론 주제의 제목은 첫 번째 주제였던 '하나님의 진노와 심판' 에 대비되는 '하나님의 은혜와 사랑' 입니다. 로마서 3장 21절부터 로마서 8장 39절까지입니다. 꽤 길지요. 그러니까 한 걸음만 더 숲 속으로 들어가겠습니다. '하나님의 은혜와 사랑' 중 첫 번째가 '하나님의 의' 입니다.

'하나님의 의'에 관해서는 로마서 3장 21절부터 4장 25절까지입니다. 사도 바울은 '하나님의 의'를 세 부분으로 나누어 설명합니다. 가장 먼저 '그리스도의 십자가에 나타난 하나님의 의'를 기술하면서, 여기서 칭의의 기초를 놓습니다. 3장 21절부터 26절, 오늘 본문 부분입니다. 둘째 부분은 3장 27절부터 31절까지인데, 비판자들에 대항하여 칭의의 복음을 변호합니다. 그리고 세 번째 부분은 4장 전체인데, 아브라함의 생애를 예로 들어 하나님의 의를 설명합니다.

오늘은 '하나님의 의'중 첫 번째 부분으로, '그리스도의 십자가에 나타난 하나님의 의'입니다. 로마서 3장 21절부터 26절은 마치 컴퓨터의 짚^{zip} 파일처럼 압축된 여섯 개의 구절로서 로마서 전체의 핵심이며 성경의 뼈대라 할 수 있습니다. 본격적인 칭의, 복음의 핵심은 24, 25, 26절입니다. 바울은 이 복음의 핵심인 칭의를 선포하기 전에 먼저 21절, 22절, 23절을 통해 기초를 다집니다. 우린 모두 죄인이며 우리 힘으로는 율법을 지킬 수 없음을 알았습니다.

　이제는 율법 외에 하나님의 한 의가 나타났으니 율법과 선지자들에게 증거를
　받은 것이라 롬 3:21

원어는 '그러나'로 시작됩니다. '그러나 이제는'은 시간의 전후를 의미하기보다는 대전환점을 선포하는 것입니다. '그러나 이제는 율법 외에 하나님의 한 의가 나타났으니', 여기서 '나타났으니'라는 것은 '명백하게 하다'라

는 의미로, 없던 것이 갑자기 생겨났다는 말이 아니라 이전에도 존재했으나 그 존재가 불분명하던 것이 확실한 상태로 드러났다는 겁니다. 그런데 '율법 외'에 나타난 이 하나님의 의가 아이러니 하게도 율법에 의해 증거되고 있다는 겁니다. 이 말은, 하나님의 의는 율법에 따라서도 완전하고도 적법하다는 사실을 의미합니다. 선지자들에게 증거되었다는 것은 선지자를 통한 하나님의 특별 계시인데, 보통 '율법과 선지자'라고 하여 구약성경 전체를 가리키는 표현이라고 보시면 됩니다. 즉 구약 중 율법에 비추어도 완전하고도 적법하며 선지자들을 통하여 계시한 것이 바로 '하나님의 의'입니다.

> 곧 예수 그리스도를 믿음으로 말미암아 모든 믿는 자에게 미치는 하나님의 의
> 니 차별이 없느니라 롬 3:22

'하나님의 의'라는 표현을 반복하면서, 하나님의 의에 대한 또 하나의 진리를 밝히고 있습니다. 그건 '예수 그리스도를 믿음으로 말미암아 모든 믿는 자에게 미치게 된다'는 겁니다. 유대인이나 이방인이나 차별 없이 말이지요. 여기서 '말미암아'는 헬라어 원어로 '디아'인데 매개, 수단을 뜻합니다. 더 정확히 말하자면, '통하여'입니다. 예수를 믿는 것, 즉 믿음이 통로입니다. '하나님의 의'가 그 믿음이란 통로를 지나서 믿는 자에게 도달합니다.

> 모든 사람이 죄를 범하였으매 하나님의 영광에 이르지 못하더니 롬 3:23

원어는 '가르', '왜냐하면'이라고 하면서, 다시 한번 모든 사람이 죄를 범한 죄인임을 강조하지요. 그런데 그 죄로 인하여, 하나님의 영광에 이르지 못하는 것이 문제라는 겁니다. 성도 여러분, '죄짓고 그냥 지옥가면 끝'이

럴 수도 있는데, 하나님의 주된 관심사는 '우리가 하나님의 영광에 이르지 못하는 것'입니다. '하나님의 영광이라고요? 나는 그 정도는 바라지도 않아요. 어디 감히 제가 하나님의 영광까지 바라나요?' 이렇게 생각 하실 수도 있겠지요. 그런데 이것은 우리가 막연한 어떤 찬란함, 빛남, 황홀경 같은 이미지를 '영광'이란 단어에서 떠올리기 때문입니다.

자주 말씀드리지만, 영광은 인간들 입장에서는 하나님의 임재입니다. 그러면 또 우리는 '임재'에 대해 상상을 하기 시작합니다. 무언가 구름이 덮이고, 불이 내리고, 그런 하나님의 시내산 임재와 같은 걸 말이지요. 그런데 하나님의 영광, 하나님의 임재가 사람에게 처음 있었던 장면을 보면 그런 것이 아님을 알 수 있습니다. 그건 창세기 첫 사람의 창조 이야기입니다.

> 하나님이 이르시되 우리의 형상을 따라 우리의 모양대로 우리가 사람을 만들고 그들로 바다의 물고기와 하늘의 새와 가축과 온 땅과 땅에 기는 모든 것을 다스리게 하자 하시고 하나님이 자기 형상 곧 하나님의 형상대로 사람을 창조하시되 남자와 여자를 창조하시고 창 1:26-27

> 여호와 하나님이 땅의 흙으로 사람을 지으시고 생기를 그 코에 불어넣으시니 사람이 생령이 되니라 창 2:7

더 깊이 들어가면 너무 어려우니까 그냥 성경 기록대로 말씀드리지요. 하나님의 형상대로 창조된 사람, 하나님의 불어넣으신 생기로 생령이 된 사람인 거지요. 이것이 하나님의 영광, 곧 하나님의 임재를 말하는 겁니다. 그럼 하나님의 형상은 무엇이고, 하나님의 생기란 무엇이고, 생령은 무언가요?

이렇게 물어보신다면 아주 복잡하게 말할 수 있지만 영어로 하나님의 형상은 하나님의 이미지image인 것이고 생기는 브레스breath 숨, 호흡이고요, 생령은 리빙 소울 living soul, 혼입니다.

즉 사람은 하나님의 이미지로서 하나님이 어떤 분이신지 세상에 드러내는 존재입니다. 하나님이 호흡을 주셨으므로 리빙 소울, 살아있는 혼으로 사는 존재인 겁니다. 하나님의 영광은 하나님의 임재이고, 하나님이 임재하신다는 것은 사람이 하나님의 이미지로서 세상에 하나님을 드러내고, 사람의 혼은 하나님을 바라보며 영원하신 하나님의 호흡을 받아 죽지 않는 존재가 되는 겁니다.

그런데 이런 것들은 단 한 가지 전제 조건이 있습니다. 그건 하나님의 명령, 법에 순종하는 겁니다. 여기서 명령, 법이라고 하니까 복잡한 구약의 율법을 포함한 성경 66권이 떠오르면서 가슴이 답답해지시겠지만, 아담에게 주신 명령은 심플합니다. '선악과를 먹지 말거라' 입니다. 아니 도대체 하나님의 명령을 어기면 왜 하나님의 이미지, 살아있는 혼, 영원한 호흡이 끊긴단 말인가요? 이런 의구심이 드시나요? 예나 지금이나 하나님의 명령, 말씀을 깨닫게 하는 역할을 성령님이 하십니다. 하나님의 영, 영은 영어로 스피릿spirit입니다. 하나님의 영을 통해, 즉 하나님의 스피릿을 통해, 하나님의 명령이 사람에게 창조주의 명령으로서 지켜지게 되는 겁니다. 하나님의 명령, 법의 기본은 하나님이 창조주이심을 나타내는 하나님의 정체성을 보여주는 겁니다.

지금 하나님의 영, 성령의 실체를 훼손하려는 것이 아닙니다. 성부, 성자,

성령, 삼위 하나님은 한 분 하나님이십니다. 다만 하나님의 임재를 사람 편에서 쉽게 설명하는 겁니다. 하나님의 임재란 하나님이 누구신지 알게 하는 하나님의 명령과 법을 그 영에 따라 살아있는 혼이 순종하면, 그 혼은 살아있는 혼으로서 영원한 하나님의 호흡으로 죽지 않고, 하나님의 형상, 이미지를 영원히 드러내며 사는 사람이 되는 겁니다. 그것이 사람에게 주신 하나님의 영광인 거지요.

어째서 말씀을 읽을 때 또는 선포된 말씀을 듣고 깨달을 때 성령이 충만하게 임한다고 하는지 좀 이해가 되시지요. 그 때 성령님이 제일 바쁘시기 때문입니다. 성도 여러분, 물론 기도가 중요합니다. 하지만 말씀 없이 기도만 하면 자칫 위험할 수가 있습니다. 왜냐하면, 우리의 기도가 육신의 정욕, 안목의 정욕, 이생의 자랑을 위한 기도일 소지가 농후하기 때문입니다. 그건 하나님의 영이 전달하는 하나님의 정체성이 아니라, 오히려 사탄의 영이 전하는 사탄의 정체성일 가능성도 있기 때문입니다.   말씀과 기도가 늘 함께 가야하는 이유이지요.

그런데 첫 사람이 하나님의 스피릿이 아닌, 사탄의 스피릿을 따른 겁니다. 하나님의 명령을 어긴다는 것은 그것을 깨닫고 전달하는 하나님의 영을 거부한 것이고, 그 자리를 거짓의 아비인 사탄의 영이 차지하게 된 겁니다. 그러니 사람의 혼은 사탄의 영 아래에서 신음하며 하나님의 임재와 영광이 사라지는 겁니다. 영원하신 하나님의 호흡은 멈추게 되고, 사람은 하나님의 이미지를 잃어버린 겁니다. 모든 사람이 말이지요.

한 번 생각해 볼까요? 어떤 사람이 자녀를 낳았는데 그 아이가 자신을 붕어빵처럼 닮아간다고 합시다. 물론 그것이 싫은 경우도 있겠지만, 하나님처럼 완전하신 분이라면 자녀가 당신을 닮아가면 기쁘겠지요. 본능적으로 사람도 자녀에게서 자신의 모습을 발견하면 기쁨을 느낍니다. 조금 하나님의 이미지가 남아 있는 겁니다. 겉만 닮은 것이 아니라 그 정신세계와 가치관도 같습니다. 부모의 스피릿을 따르는 겁니다. 얼마나 좋을까요? 정말 부모가 완전한 분이라면 자녀의 닮음이 큰 기쁨일 겁니다. 그 완전하신 분이 우리 아버지 하나님 이십니다. 그런데 자녀가 완전히 버려졌어요. 하나님은 당신의 명령, 법을 폐하지도 못합니다. 그것이 하나님이 어떤 분이신지를 보여주는 하나님의 정체성이니까요.

그렇다면 하나님은 어찌하실까요? 하나님은 고민에 빠집니다. 물론 고민은 사람식 표현이지만, 하나님은 마음이 미어지는 겁니다. 사랑하는 자녀를 포기할 수도 없고, 그렇다고 해서 하나님의 스피릿, 하나님의 영, 정체성, 법을 폐할 수도 없기 때문입니다.

이 문제를 해결하기 위한 하나님의 방법은 신비였습니다. 구약의 백성들은 희미하게 밖에 볼 수 없었습니다. 옛 사람 중엔 하나님의 약속인 메시아를 간절히 기대하며 오실 메시아를 믿고, 굳게 그 믿음을 붙잡은 믿음의 조상들도 있었습니다. 왜 지금이 은혜의 시대인가요? 이제 선명히 나타내셨기 때문입니다. '하나님의 의'를 말이지요. 예수 그리스도의 십자가에서 드러났습니다. 하나님의 저희를 향한 한없는 사랑과 하나님의 법을 드러내신 겁니다. 바로 십자가 거기에 하나님의 이미지, 하나님의 호흡, 생령과 하나님의 영, 하나님의 법이 모두 담겨 있습니다. 그 예수 십자가를 우리에게 내어 주심으로 우리가 하나님의 영광에 이르는 길을 열어 놓으셨습니다.

오늘도 그 예수 그리스도로 말미암아 '디아', 그 분을 통하여 하나님의 영광, 하나님의 임재를 경험하며 아버지 닮은 자녀로서 오늘 하루를 살아가며 남은 인생길을 걸어가는 저와 여러분 되길 주님의 이름으로 축원합니다.

말씀으로 기도

1. 먼저 성령님을 간구합니다. 성령님을 통하여 하나님이 어떤 분이신지 알고 그 분의 법, 말씀을 깨닫게 하여 달라고 기도합시다.

2. 예수 그리스도를 통하여 하나님의 영광, 임재를 누릴 수 있습니다. 예수를 닮는 것이 하나님의 임재, 하나님의 영광입니다. 성령님은 도우시는 분입니다. 성령님으로 계속 다듬고, 깎고, 빚어 주셔서 예수의 모습, 하나님의 형상, 그 이미지가 세상에 드러나게 해 달라고 기도합시다.

칭의

로마서 3:24-26

24 그리스도 예수 안에 있는 속량으로 말미암아 하나님의 은혜로 값없이 의롭다 하심을 얻은 자 되었느니라 25 이 예수를 하나님이 그의 피로써 믿음으로 말미암는 화목제물로 세우셨으니 이는 하나님께서 길이 참으시는 중에 전에 지은 죄를 간과하심으로 자기의 의로우심을 나타내려 하심이니 26 곧 이 때에 자기의 의로우심을 나타내사 자기도 의로우시며 또한 예수 믿는 자를 의롭다 하려 하심이라

샬롬! 오늘 말씀의 항해에 참여하시는 성도님들 한 분도 빠짐없이, 하나님 말씀에 순종함으로 칭의의 축복을 이 땅에서도 누리는 은혜가 있기를 주님의 이름으로 축원합니다.

오늘은 '그리스도의 십자가에 나타난 하나님의 의'로서, '칭의'에 대하여 알아보고자 합니다. 초등학교 때 반대말 또는 비슷한 말들에 대해 공부를 많이 하였지요. 그것들을 통해 단어의 개념을 더 잘 알기 위해 배운 것입니다. 그렇다면 '칭의'의 반대말이 무엇일까요? 그건 '정죄'입니다. 칭의와 정죄는 하나님이 심판날에 내리실 두 개의 종말론적 판결입니다. 그런데 단순히 시간이 한참 흐른 후 마지막 때의 판결만인 것이 아닙니다. 예수를 믿지 않으면 누구나 죄인입니다. 이미 모두가 죄인으로 정죄함을 받을 운명인 겁니다. 그러나 예수를 믿는 자는 그 순간부터 '칭의'의 판결문을 가슴에 품게 된 겁니다. 정죄함에서 벗어난 겁니다. 로마서 8장 1절, 그러므로 이제 그리스도 예수 안에 있는 자에게는 결코 정죄함이 없다는 그 말씀이 믿는 자에게 적용되는 겁니다. 즉 '칭의'와 '정죄'는 종말론적이면서도 현재에도 적용되는 판결문입니다.

일반적으로 '칭의' 하면 죄를 면하여 주는 것, '사면' 정도로 생각하는데, 칭의와 사면은 동의어가 아닙니다. 사면은 소극적으로 처벌이나 부채를 면제해 주는 것이지만, 칭의는 적극적입니다. 칭의는 의로운 지위를 부여하는 것이며 죄인이 하나님의 은총 및 그 분과의 교제로 회복되는 것을 말합니다. 또한 모두 법정 용어입니다.

사면은 죄 사함을 선포하는 것으로 '너는 가도 된다, 너의 죄로 인해서 마땅히 받아야 할 처벌은 면제되었다' 라는 의미입니다. 반면, 칭의의 판결은 이렇습니다. '너는 와도 된다, 너는 나의 사랑과 나의 임재 안에 기꺼이 받아들여진다.' 이처럼 칭의와 사면은 차원이 다른 겁니다.

하나님은 죄인인 우리를 사면하시며 '가라' 는 것이 아니라, 의롭다 칭하시며 '오라' 하십니다. 어제 하나님의 이미지에 대하여 말씀드렸습니다. 예수 십자가로 의롭다 함을 입은 그리스도인은 이제 하나님의 이미지를 나타낼 수 있고, 나타내도록 애쓰게 되어 있다고 말씀드렸습니다. 그리스도인에게 나타나는 칭의의 모습은 용서입니다. 그래서 그리스도인의 용서는 그저 사면하듯 '가라' 하는 것이 아니라, '와라' 하며 받아들이는 겁니다. 하나님을 드러내는 삶인 것입니다. 아멘이십니까?

오늘 주된 본문은 24절부터 26절까지입니다. 여기에는 칭의에 대한 세 가지 기본 진리가 담겨 있습니다. 첫째, 그것이 어디에서 시작되었나? 둘째, 칭의가 무엇에 근거하고 있는가? 셋째, 칭의를 어떻게 받는가? 입니다. 오늘 말씀은 좀 딱딱할 수 있습니다. 그러나 그 동안 사람들이 칭의에 대하여 가지고 있는 여러 가지 오해와 의구심이 해결될 수 있습니다.

첫째, 칭의는 어디에서 시작되었는가? 즉, 칭의의 근원은 무엇인가? 라는 질문입니다. 성경 본문 24절을 보면 우리는 '하나님의 은혜로 값없이 의롭다 하심을 얻은 자' 입니다. 구원의 복음과 기쁜 소식의 기본이 되는 것은, 처음부터 끝까지 성부 하나님이 구원의 주도권을 쥐고 계신다는 진리입니다. 심지어 성자 하나님 예수 그리스도에게 주도권을 돌리는 것도 성경적이지 못합니다. 그리스도께서는 분명 자발적으로 오셨으며 자신을 우리에게 내어 주셨지만, 이 또한 성부 하나님의 주도권에 순종하여 그렇게 하셨습니다.

> 이에 내가 말하기를 하나님이여 보시옵소서 두루마리 책에 나를 가리켜 기록
> 된 것과 같이 하나님의 뜻을 행하러 왔나이다 하셨느니라 히 10:7

그러므로 칭의의 첫 시작과 첫 행동은 성부 하나님이 취하신 것이며, 우리의 칭의는 값없이 하나님의 은혜로 절대적으로, 그리고 선물처럼 과분한 하나님의 은총으로 된 것입니다. 예수 그리스도 안에서 그 분을 통해 우리를 사랑하시는 하나님, 자신을 낮추시는 하나님, 구원하러 오시는 하나님, 당신을 자비롭게 내어 주시는 하나님. 그 분이 우리의 아버지이십니다. 그리스도인은 그래서 겸손해야 합니다. 모든 것은 하나님이 하셨습니다. 칭의를 받은 자로서 우리가 자랑할 것은 '나 자신'이 아니라 오직 하나님, 오직 그리스도뿐입니다. 모든 삶의 영역에서 오직 하나님만 자랑하는 저와 여러분이 되시길 주님의 이름으로 축원합니다.

둘째, 칭의는 무엇에 근거하고 있는가? 이것은 로마서 4장 5절, '경건치 아니한 자를 의롭다 하시는 하나님'이라는 놀라운 말씀에 대한 설명이기도 합니다. 구약에서 하나님은 되풀이해서 '의인은 의롭다 하고 악인은 정죄해야 한다'고 말씀하셨습니다. 너무도 당연한 말씀이죠. 그런데 어떻게, 무엇을 근거로 '경건치 아니한 자를 의롭다 하시는', 이 말씀을 하실 수 있는 가입니다. 이에 대해서는 본문에 핵심 단어 세 개가 있습니다. 24절, '속량', 우리에겐 '구속'이란 말이 더 익숙하죠. 25절, '화목', 그리고 마지막으로 25, 26절에 있는 '나타냄'입니다.

먼저 속량 또는 구속입니다. 칭의가 법정 용어인 반면, 속량과 구속은 헬라

어 '아폴리트로시스' 로서 상업 용어입니다. 노예시장에서 노예의 몸값을 지불하는 겁니다. 예수님도 마가복음 10장에서 스스로 자신이 오신 것은 '자기 목숨을 많은 사람의 대속물로 주려 함' 이라고 말씀하셨습니다. 예수님의 십자가는 죄의 노예 시장에 서 있는 '나' 의 몸값을 지불하는 행위입니다. 성도 여러분, '값없이', '은혜로' 라고 하니까, 그저 공짜라고 좋으신가요? 마냥 기쁘신가요? 하나님은 아들을 내어 주신 겁니다.

옛날엔 저울로 달아서 계산하였죠. 단언컨대, 예수 그리스도의 피 한 방울과 천하 만물 전 우주를 저울질한다면 '쿵' 하고 예수 피 한 방울 쪽으로 저울은 떨어집니다. 진화론에 근거한 인간관은 인간을 우주의 먼지와 같다고 합니다. 가끔 듣곤 하지요. 우리는 무한한 우주에 눈곱만큼 작은 지구에 있는지 없는지 알 수도 없는 먼지 한 톨 같은 존재라고요. 그러면서 인생이 허무하다는 둥, 무가치한 인생이라는 둥, 무슨 대단한 득도를 했거나 철학적인 척하는데 하나님은 사람을 그리 하찮게 여기지 않으십니다. 우리는 천하보다 귀한 존재입니다.

우리는 전 우주보다도 귀한 예수의 피 한 방울뿐 만이 아니라 이 귀한 예수님의 모든 피와 물을 쏟아 사들이신 존재입니다. 하나님은 우리를 먼지가 아니라 천하보다 귀하다고 하십니다. 머리를 들고 가슴을 펴고, 세상 속에 당당히 나아가며 '사탄아 길을 비켜라, 하나님의 자녀가 나가신다!' 라고 외치며 살아갑시다. 그리스도의 피로 우린 이제 그리스도에게 속한 그리스도인입니다. 할렐루야!

칭의의 근거가 되는 두 번째 단어는 '화목' 입니다. 이는 '화해' 라고도 번역되는데, 문제는 이 단어가 갖는 본래적 의미, '화를 달래는 것' 이란 의미에서 하나님이 화를 내시면 그것을 달래어 가라앉혀야 된다고 생각하게 될 수 있기 때문에, 하나님에게는 어울리지 않아 보일 수 있습니다. 그러나 우린 로마서 첫 본론의 주제가 무엇인지 이제 잘 압니다. 바로 하나님의 진노였지요. 하나님의 진노를 인정한다면 하나님과의 화목, 화해도 인정해야 하는 겁니다. 그런데 기독교의 화목은 기독교 외의 종교들, 이교도에서 말하는 신들과의 화목과 전혀 다릅니다.

먼저 화목이 필요한 이유부터 다릅니다. 이교도들은 신들이 일시적인 기분에 사로잡히기 쉽고 변덕이 심하기 때문이라고 말합니다. 신들의 기분을 맞춰 줘야 한다는 것이지요. 하지만 그리스도인의 대답은 전혀 다릅니다. 죄악에 대해 하나님의 거룩한 분노가 임하기 때문이며, 하나님의 분노는 무절제하거나 예측 불가능한 것이 아닙니다. 그 분의 진노는 오직 죄악 때문에 생겨납니다. 변덕스럽고 일시적인 기분을 풀어주기 위함이 아니라, 하나님과의 화목은 죄악에 대하여 일관되고 변함없이 진노하시는 하나님과의 관계를 회복하기 위함입니다.

그럼 누가 화목, 화해하는 일에 착수하는가? 기독교 외의 종교에서는 예외 없이 사람인 우리가 한다고 말합니다. 우리가 신들의 기분을 상하게 하였으므로, 우리가 신들을 달래야 한다는 겁니다. 하지만 그리스도인은 이렇게 말합니다. 우리는 하나님의 의로우신 진노를 진정시킬 수 없습니다. 우리에겐 그렇게 할 수 있는 수단도 능력도 전혀 없습니다. 하지만 하나님은 그 분의 넘치는 사랑으로 우리를 위해 우리 스스로는 결코 할 수 없던 일을 하셨습니다. 25절, '이 예수를 하나님이 화목제물로 세우셨다' 에 하나님의 넘치는 사랑이 잘 나타나 있습니다.

> 사랑은 여기 있으니 우리가 하나님을 사랑한 것이 아니요 하나님이 우리
> 를 사랑하사 우리 죄를 속하기 위하여 화목제물로 그 아들을 보내셨음이라
> 요일 4:10

그 사랑, 생각, 목적, 주도권, 행동, 선물, 그 모두가 하나님 것입니다. 그리고 이교도는 우리가 향기와 소제와 짐승들과 심지어 인간 제물로 신들을 매수해야 하는 것이 화목이라고 합니다. 그러나 그리스도인은 우리가 '드리는' 것이 아니라 하나님이 '주셨다'라고 대답합니다. 이것은 구약에서도 면면히 흐르는 내용입니다.

> 아브라함이 이르되 내 아들아 번제할 어린 양은 하나님이 자기를 위하여 친히
> 준비하시리라 하고 창 22:8

놀랍지요. 구약을 끼고 사는 유대인들이 예수님을 못 믿는다는 사실이 오히려 믿어지지 않을 정도입니다. 이 화목을 위한 하나님의 '주심'은 구약의 제사 제도에서도 근본 사상이었습니다.

> 육체의 생명은 피에 있음이라 내가 이 피를 너희에게 주어 제단에 뿌려 너희
> 의 생명을 위하여 속죄하게 하였나니 생명이 피에 있으므로 피가 죄를 속하느
> 니라 레 17:11

성도 여러분, 이상하게도 우린 예수를 믿는다면서도 여전히 반만년 동안 흘러내려온 그 이교도적인 사고를 떨치지 못할 경우가 많습니다. 무언가 드

려야 우리도 그 분으로부터 받는다고 생각하고 더욱이 재물로 드려야 한다고 생각합니다. 하나님은 독생자 아들을 저희를 위해 십자가에 내어 주신 분입니다. 그 분 앞에서 재물을 흔들며 그 분을 달래려 한다면, 매수하려 한다면 그것이야 말로 하나님을 모독하는 겁니다. 그저 예수를 내어 주신 하나님의 은혜에 감사드려야 할 뿐이고, 우리가 신앙생활이라는 이름으로 행하는 모든 것들은 오직 감사가 그 동기가 되어야 합니다.

그 다음에 나오는 칭의의 근거에 대한 키워드는 '나타냄' 입니다. 십자가는 하나님과의 화목과 죄인들의 속량과 구속을 이룬 것에 그치지 않습니다. 그것은 또한 하나님의 정의가 옳다는 사실을 공개적으로 입증한 것입니다.

> 하나님께서 길이 참으시는 중에 전에 지은 죄를 간과하심으로 자기의 의로우심을 나타내려 하심이니 곧 이 때에 자기의 의로우심을 나타내사 롬 3:25-26

지금까지 좀 설교가 딱딱하고 어려웠지요. 이 두 '나타냄' 은 좀 쉽게 말씀을 드리겠습니다. 그 전에 25절, '간과하심' 이라 번역된 것의 원래 뜻을 알고 넘어가야 합니다. 쉽게 말해서 '연기하다' 입니다. 심판을 연기시키는 겁니다. 만일 예수님 십자가 이전의 인간의 죄악에 대하여 그때그때 하나님의 심판을 보이셨다면 어땠을까요? 아마 아비규환도 그런 아비규환이 없을 겁니다. 온 지구에 밤낮을 가리지 않고 여기저기서 비명 소리가 들렸을 것이며 시체를 묻을 틈도 없었을 겁니다.

하나님께서는 인간의 죄악에 대해 심판을 연기하시고 참으셨습니다. 왜요? 단 한 번에 하나님의 의로우심을 나타내려고요. 21절 '이제는 한 의가 나타났으니' 에서 이것이 잘 나타납니다. 하나님이 세우신 십자가는 딱 하나입니다. 그 십자가를 세울 때 하나님의 의가 나타날 것이기에 그 때까지 연기하신 겁니다. 그리고 26절, 곧 '이 때에' 나타내신 겁니다.

'하나님의 간과'는 하나님이 조금이라도 불의하시거나 악을 너그럽게 보아주려는 생각이 있었기 때문이 아니라 오래 참으시면서 때가 차면 아들의 죽음을 통해 이러한 죄들을 벌하려는 변치 않는 의도를 지니셨기 때문입니다. 이것이야 말로 그 분 자신이 실로 '자기의 의로우심을 나타내시며 동시에 예수 믿는 자들을 의롭다 하시는 유일한 길'이었던 겁니다.

이제 마지막 세 번째, 그럼 칭의를 어떻게 받는가? 입니다. 우리는 바로 답할 수 있습니다. '믿음이요'라고 말입니다. 바울은 본문에서 세 번에 걸쳐 믿음을 강조합니다.

> 곧 예수 그리스도를 믿음으로 말미암아 모든 믿는 자에게 롬 3:22
> 그의 피로써 믿음으로 말미암는 롬 3:25
> 예수 믿는 자를 의롭다 하려 하심이라 롬 3:26

실로 칭의는 '오직 믿음으로' 되는 겁니다. 그런데, 구원이 '행위에 의해서가 아니라 믿음에 의해서 되는 것'이라고 말할 때, 우린 명심해야 합니다. 이 개념이 없어서 '오직 믿음'이란 말에 많은 사람들이 오히려 거부 반응을 가지게 됩니다. 뿌리 깊은 공로 사상과 인본주의에 갇혀서 말이지요. 지금부터 잘 들으시기 바랍니다. 이는 '행위라는 어떤 종류의 공로를 믿음이라는 다른 한 종류의 공로로 대신하는 것이 아니라는 점'을 명심해야 합니다. 구원은 하나님과 우리의 일종의 협력 사업, 하나님은 십자가를 제공하고 우리는 믿음을 제공하는 그런 협력 사업이 아닙니다.

‘오직 믿음으로’ 라고 할 때, 우리의 믿음 그 자체에 가치가 있다는 것이 아닙니다. 전적으로 그리고 오로지 그 믿음의 대상, 곧 예수 그리스도, 십자가에 달리신 그 분에게서만 가치를 찾을 수 있습니다.

그리고 ‘오직 믿음으로 의롭게 되었다’ 고 말하는 것은, ‘오직 그리스도로 의롭게 되었다’ 고 말하는 것과 같습니다. 믿음이란 그저 믿기로 결심하는 결단 정도의 수준이 아니라 그 분을 바라보는 눈, 그 분이 값없이 주시는 선물을 받는 손, 그 분의 생수를 마시는 입입니다. 그 분을 바라보기에 눈이 의롭게 된 것이고 그 분의 선물을 받은 손이기에 의롭다고 하시는 것이며 그 분의 생수를 마시는 입이기에 이제 더 이상 독사의 입이 아닌 의로운 입이라 하십니다. 그 눈과 손과 입에 예수가 담기는 것이 믿음입니다. 우리의 눈이 ‘무엇’ 을 향하여 있는지, 우리의 손이 ‘무엇’ 을 받고 있는지, 우리의 입에 ‘무엇’ 이 담겨 있는지, 그 ‘무엇’ 이 그리스도인지 아닌지에 따라 믿음이 있고 없음이 결정됩니다.

하나님이 성도들을 의롭다 하시는 건 그 눈, 손, 입이 중요한 것이 아니라 그 대상, 믿음의 대상인 그 분, 그리스도가 귀중한 분이기에 의롭다 하시는 겁니다. 성도 여러분, 하나님은 우리에게 말씀하십니다. ‘너희에게 믿음이 있느냐?’ 라고요. 우리의 눈이 무엇을 바라보고 있나요? 우리의 손에 무엇이 담겨 있나요? 우리 입은 무슨 말을 하고 있나요?

부디 가정에서, 일터에서, 교회에서 어디서든지 내 눈에 예수님이 나타나고 내 손에 예수님이 나타나며, 내 입에 예수님만 나타나는 저와 여러분 되시길 주님의 이름으로 축원합니다.

말씀으로 기도

1. 우리가 자랑할 것은 오직 하나님뿐 입니다. 하나님의 은혜에 감사하는 고백 안에 우리 삶 전체를 드리는 기도를 합시다.

2. 속량, 화해, 나타남이라는 단어를 기억하며 내가 먼저 손을 내밀어야 할 사람이 있다면, 하나님의 영을 받은 저희가 손을 내밀게 해 달라고 기도 합시다.

3. 믿음의 대상인 예수 그리스도가 진정 내 눈, 손, 입에 담겨 있는지 돌아 보며 가정에서, 일터에서, 교회에서 어디서든지 내 눈에 예수님이 나타 나고, 내 손에 예수님이 나타나며, 내 입에 예수님만 나타나게 해달라고 기도합시다.

자랑할 데가 어디냐

로마서 3:27-31

27 그런즉 자랑할 데가 어디냐 있을 수가 없느니라 무슨 법으로냐 행위로냐 아니라 오직 믿음의 법으로니라 28 그러므로 사람이 의롭다 하심을 얻는 것은 율법의 행위에 있지 않고 믿음으로 되는 줄 우리가 인정하노라 29 하나님은 다만 유대인의 하나님이시냐 또한 이방인의 하나님은 아니시냐 진실로 이방인의 하나님도 되시느니라 30 할례자도 믿음으로 말미암아 또한 무할례자도 믿음으로 말미암아 의롭다 하실 하나님은 한 분이시니라 31 그런즉 우리가 믿음으로 말미암아 율법을 파기하느냐 그럴 수 없느니라 도리어 율법을 굳게 세우느니라 나타내사 자기도 의로우시며 또한 예수 믿는 자를 의롭다 하려 하심이라

샬롬! 오늘 말씀의 항해에 참여하시는 성도님들 한 분도 빠짐없이 예수님을 자랑하는 인생이기를 주님의 이름으로 축원합니다.

오늘 본문은 모두 세 가지의 질문에 대해 대답하는 형식을 가지고 있습니다. 세 가지 질문은 이렇습니다. 먼저 27절에서 '그런즉 자랑할 데가 어디냐?' 라고 질문합니다. 두 번째 질문은 29절의 '다만 유대인의 하나님이시냐 또한 이방인의 하나님은 아니시냐?' 입니다. 세 번째 질문은 31절, '그런즉 우리가 믿음으로 말미암아 율법을 파기하느냐?' 입니다.

이 세 가지 질문은 서로 연관이 없는 것처럼 보이지만, 핵심은 자랑할 것이 없다는 겁니다. 먼저 '그런즉 자랑할 데가 어디냐?' 질문에 대한 대답은 간결합니다. '있을 수가 없느니라.' 매우 단호하고도 간결하게 하나님은 말씀하십니다. 그런데 여기서 '있을 수가 없느니라'의 원어를 보면, 더욱 하나님의 단호함을 느낄 수 있습니다. 헬라어 원어로는 이 부분을 단 한 개의 단어로 표현합니다. '엑세클레이스데' 입니다. 여기서 '엑세클레이스데'는 '엑클레이오' 의 수동태입니다. 그리고 그 원뜻은 '배제하다' 입니다. 수동태이니 '배제되었다' 입니다. '있을 수가 없느니라' 라는 말은 신적 수동태로서 우리의 자랑은 하나님에 의해 배제되었다는 것을 의미합니다.

더 쉽게 말해, 하나님 앞에 인간이 어떤 자랑을 하여도 하나님은 거들떠보시지 않는다는 겁니다. 그럼 좀 억울한 생각도 들지 않으세요? '아니~ 자랑 좀 할 수 있는 거지, 어느 정도 다 자기 잘난 맛에 사는 거 아닌가요? 뭘 그걸 가지고 그렇게까지 단호하게 말씀하세요?' 이런 생각이 들지도 모르지요. 그럼 '어느 정도 자기 잘난 맛' 에서 도대체 어느 정도 까지면 봐줄 만한 자랑이고, 어느 정도를 넘어서면 봐주지 못할 자랑인가요?

성경은 단호하게 말씀합니다. 철저하게 '자기자랑, 자랑거리'를 배제한다고요. 그토록 단호한 이유는 그 뿌리가 곧 교만이기 때문입니다. 어느 목사님이 말씀하셨습니다. 하나님께서 무엇보다도 가장 싫어하시는 것이 뭐냐고 묻는다면, 그건 단연코 교만이라고요. 스피릿(spirit)에 대하여 말씀드렸었지요.

> 너희가 그것을 먹는 날에는 너희 눈이 밝아져 하나님과 같이 되어 선악을 알
> 줄 하나님이 아심이니라 창 3:5

'하나님과 같이 되어', 이것이 사탄의 스피릿입니다. 사람인 아담이 하나님의 창조의 법칙에 따라 하나님의 영, 성령, 하나님의 스피릿을 따르는 동안은 절대로 선악과 근처에도 가지 않았을 겁니다. 그런데 사탄이 하나님 말씀을 왜곡하면서 사람에게 사탄의 달콤한 스피릿을 주입합니다. 그것이 바로 하나님처럼 되겠다는 교만을 심는 겁니다. 교만이 심기고 바로 본즉 먹음직도 하고 보암직도 하고 등등 탐심이 사람에게 생기지요. 그 이후 어떻게 되었는지에 대해서는 다 잘 아시겠지요.

매우 중요한 원리를 알려 드립니다. '지피지기면 백전백승'이라고 하였지요. 하나님께서 창세기를 한 대사 한 대사까지 기록하신 데는 다 이유가 있습니다. 아담은 원래 하나님의 소유입니다. 사탄은 하나님의 소유 중 가장 귀한 사람을 뺏으려고 합니다. 그래서 지금도 사탄은 그리스도인들을 공격합니다. 그런 사탄이 하나님의 사람, 하나님의 백성, 하나님의 자녀를 공격하고 넘어뜨리며 자신의 영역으로 바꾸어 놓는 방법에는 중요한 세 가지 포인트가 있습니다.

첫째, 하나님 말씀의 권위를 훼손합니다. 성경 말씀을 인간이 멋대로 해석

하게 하고 인간의 머리로 이해되는 것만 인정하려고 하며, 어떤 때는 성경 자체를 불태웁니다. 동성애를 죄라고 하면 그 설교를 한 목사도 처벌해야 한다는 말을 그것이 무척 정의로운 것처럼 말합니다. 알고 그러던 모르고 그러던, 성경을 훼손하려는 시도 뒤에는 100% 뱀, 즉 사탄이 있습니다.

둘째, 교만을 갖게 합니다. 다른 사람보다 내가 우월하다는 우월감을 줍니다. 그 우월감이 존재가치가 되도록 합니다. 타인을 구제하는 일, 선행, 심지어는 교회에서 신앙생활 하는 것조차 우월감을 느끼게 하는 도구로 전락할 수 있습니다. 내가 교회 몇 년 다녔는데, 내가 몇 대 째 크리스천인데, 내가 목사인데, 내가 장로인데, 내가 헌금을 얼마를 하는데, 내가 봉사를 얼마나 열심히 하는데, 라고 스스로 그것을 자신의 존재가치로 여길 수 있습니다.

셋째, 탐심입니다. 탐심은 교만 다음에 옵니다. 자기자랑, 자신이 자랑스러워하는 것을 쫓고 유지하며 확장하여야 한다는 마음입니다. 그 자랑거리를 잃으면 자기 정체성이 흔들릴 것 같은 마음이 듭니다. 경쟁하여 더 높이, 더 많은 것을 갖는 것만이 최고의 인생 목적이 되도록 합니다. 교회 내에서도 마찬가지가 될 수 있습니다.

사탄의 전략을 알았으니 우리는 방책도 알 수 있습니다. 무엇보다 말씀에 대한 절대 권위를 인정해야 합니다. 누가 뭐라고 해도, 설사 목사가 '이 성경 구절은 잘못된 거야' 라고 해도, '아닙니다!' 라고 해야 합니다. 가장 안전한 방법은 잘 모르겠다면 있는 그대로 믿는 겁니다. 그런데 성경을 100% 깨닫는 사람은 단 한 사람도 없습니다. 말씀 앞에서는 누구나 겸손해야 합니다. 겸손하게 성령님의 도우심을 구할 때 말씀을 깨닫게 해 주십니다.

다음, 교만은 다른 말로 하면 자존심입니다. 한자 그대로 스스로 높아지는 마음이지요. 다시 말씀드리지만 교만은 하나님의 소유된 그리스도인을 향한 공격입니다. 아무리 이름난 목사, 성인군자 같은 그리스도인들도 여기에 많이 넘어집니다. 자존심을 건드리면 말이지요. 우리들 모두 그렇지 않나요? 그런데 하나님의 진노에 대하여 살펴보면서 배운 게 무엇이었지요? 우리가 낙담하고 좌절하는 것조차 교만이라고 하였습니다. 낙담이라는 것도 기대할 것이 있을 때 하는 것이지요. 우린 어차피 최악입니다. 건드려질 자존심도 없고 말 그대로 스스로 존귀하다는 생각을 꿈에서도 할 수 없는 존재라고요. 이 사실을 받아들이는 것은 성령님의 도우심이 없이는 정말 어렵습니다.

사탄이 자존심을 건드릴 때, '부르르' 하는 것을 잠시 진정시키고, 그 순간 예수 십자가를 보시기 바랍니다. 그리고 '아! 어차피 난 자존심이 없지. 그런 것을 내세울 가치도 없지' 라는 사실을 깨달으면 됩니다. 생각해 보세요, 무너뜨릴 자존심이 없는 겁니다. 우린 자존심으로 사는 인생에서 주님만 높아지면 되는 인생으로 바뀐 거니까요. 이것을 한 마디로 표현해 보자면, 자존심은 죽었고 '주존심' 만 있는 겁니다.

'그럼 하나님, 누군가가 주님을 모독하면요?' 라는 의문이 들 수도 있습니다. 그럼 그 상황에서 우린 마치 다윗과 같이 분노를 발해야 할 것 같지요. 걱정하지 마세요, 이미 하나님은 진노하십니다. 우리도 그 진노 아래 있던 자이지요. 지금 하나님을 모독하는 사람이 갑자기 사도 바울처럼 바뀔 수도 있습니다. 우리는 알 수 없습니다.

또 사탄은 탐심이란 수단을 쓰지요. 이건 잘 아시는 바와 같이 두 방향입니다. 풍요를 주거나, 가난을 주거나 이 둘 중 하나입니다. 그래서 이와 관련된 말씀을 보면,

곧 헛된 것과 거짓말을 내게서 멀리 하옵시며 나를 가난하게도 마옵시고 부하
게도 마옵시고 오직 필요한 양식으로 나를 먹이시옵소서 혹 내가 배불러서 하
나님을 모른다 여호와가 누구냐 할까 하오며 혹 내가 가난하여 도둑질하고 내
하나님의 이름을 욕되게 할까 두려워함이니이다 잠 30:8-9

잠언기자는 이렇게 말합니다. 성도 여러분, 주기도문 잘 아시지요. '오늘
우리에게 일용할 양식을 주옵시고, 우리가 우리에게 죄 지은 자를 사하여 준
것 같이 우리 죄를 사하여 주옵시고 …' 예수님이 가르쳐 주신 기도문에 탐
심과 교만을 이길 기도를 모두 담고 있습니다. 성도 여러분, 예수님이 가르
쳐 주신 기도문이 제일입니다. 이번 로마서 항해는 말씀과 기도, 두 기둥을
세우자는 취지가 있습니다. 기도를 어떻게 해야 할지, 또 기도가 막히고 어
찌할 바를 모르시겠습니까? 그럴 때에는 주기도문을 또박또박, 그 주기도문
의 의미를 생각하며 간절히 기도하시면 좋겠습니다. 주기도문 안에 저와 여
러분의 모든 기도를 담기 원합니다.

교만이 가장 큰 적입니다. 자기 자랑이 바로 하나님이 제일 싫어하시는 모
습입니다.

너 아침의 아들 계명성이여 어찌 그리 하늘에서 떨어졌으며 너 열국을 엎은
자여 어찌 그리 땅에 찍혔는고 네가 네 마음에 이르기를 내가 하늘에 올라 하
나님의 뭇 별 위에 내 자리를 높이리라 내가 북극 집회의 산 위에 앉으리라 가
장 높은 구름에 올라가 지극히 높은 이와 같아지리라 하는도다 그러나 이제
네가 스올 곧 구덩이 맨 밑에 떨어짐을 당하리로다 사 14:12-15

성경에서는 높은 자리에 앉으려는 실체, 교만과 자기자랑, 자기과시의 실

체를 분명히 말해 주고 있습니다. 계명성이라 불리는 사탄입니다. 자랑은 곧 교만의 모습이고 하나님이 극도로 싫어하시며 배제하십니다.

> 그런즉 자랑할 데가 어디냐 있을 수가 없느니라 무슨 법으로냐 행위로냐 아니
> 라 오직 믿음의 법으로니라 롬 3:27

'무슨 법으로냐 행위로냐 아니라' 는 이해가 되실 거고요, 오직 믿음의 법이라고 합니다. 지금 그저 '믿음' 이라 하지 않고, 믿음의 법이라고 의도적으로 말하는 데는 이유가 있습니다. 이건 어제 말씀드린 것과 일맥상통한 건데요, 믿음이 또 하나의 공로, 자랑, 행위로서 부각되는 것을 막기 위함입니다. 또한 믿음과 믿음의 법 사이에는 미세한 차이가 있는데 그 미세한 차이가 정말 중요합니다.

예를 들어 보겠습니다. 만일 어떤 사람이 자신의 행위를 통해 위대한 일을 해냈다면 위대한 것은 그 사람입니다. 그런데 만일 사람이 어떤 원리나 시스템의 작동에 의해 일을 했다면 위대한 것은 그 사람이 아니라, 그 원리와 시스템이겠지요. 즉 그 원리와 시스템을 만들고 작동시킨 인물이 위대합니다. 사도 바울은 이것을 말하고 있습니다. 하나님께서 인간 구원을 위해 믿음의 원리와 시스템을 작동하셨다는 것입니다. 이것을 감리교의 창시자인 웨슬리가 매우 적절하게 설명합니다. '믿음은 우리 안에서 역사하시는 하나님의 행위이다' 라고요. 그래서 우리는 믿음조차 하나님의 선물이라는 말을 할 수 있습니다. 우리가 믿음을 자랑하는 것이 아니라 바로 믿음의 법, 우리 안에서 역사하시는 하나님을 자랑해야 합니다.

그러므로 사람이 의롭다 하심을 얻는 것은 율법의 행위에 있지 않고 믿음으로
되는 줄 우리가 인정하노라 롬 3:28

다시 강조합니다. 칭의는 하나님이 선물로 주신 믿음으로 이루어집니다. 선물을 자랑합니까? 아니면 선물을 주신 분을 자랑합니까? 선물을 자랑하면 마치 내가 선물을 받을 자격이 된다고 착각하고 자랑할 수 있으니 우린 당연히 선물을 주신 분을 자랑해야 합니다.
바울은 계속 유대인과 이방인, 할례자와 무할례자의 질문으로 넘어갑니다.

하나님은 다만 유대인의 하나님이시냐 또한 이방인의 하나님은 아니시냐 진
실로 이방인의 하나님도 되시느니라 할례자도 믿음으로 말미암아 또한 무할
례자도 믿음으로 말미암아 의롭다 하실 하나님은 한 분이시니라 롬 3:29-30

이것도 유대인, 할례자 등 자랑과 관련되지요. '유대인의 하나님이시며, 이방인의 하나님이고, 할례자나 무할례자나 다 똑같이 믿음으로 의롭다고 하시는 거다.' 그러니 유대인인 것도 할례자인 것도 자랑할 것이 없다는 의미입니다.

그런데 여기서 매우 중요한 말씀이 나옵니다. 30절 끝 부분. '믿음으로 말미암아 의롭다 하실 하나님은 한 분 이시니라.' 이것이 중요한 것은 한 분 되시는 하나님이기에 구원의 길도 한 길 뿐이라는데 있습니다. '믿음으로 말미암아 의롭다 여김을 받는다, 즉 믿음으로 구원에 이른다', 라는 한 길 이외에 다른 것을 구원의 방법으로 제시하는 것은 하나님으로부터 나온 것이 아니고 모두가 거짓이라는 사실입니다.

> 하나님은 한 분이시요 또 하나님과 사람 사이에 중보자도 한 분이시니 곧 사
> 람이신 그리스도 예수라 딤전 2:5

이 말씀은 그리스도 예수 이외에는 다른 길이 없다는 것을 강조하고 있습니다. 오늘 주제가 자랑이지요. 다른 종교는 전부 자기 자랑입니다. 불교는 아마 참선을 자랑할 겁니다. 도교는 득도, 이슬람은 하루 번 기도, 누가 그 정성을 따라 갈 수 있나요? 힌두교만큼 고행을 자랑으로 여기는 종교도 드물지요. 바리새인들은 일주일에 두 번 금식하였습니다. 이에 비해 우리는 어떻지요? 이 사람들에 비하면 정말 자랑할 것이 없습니다. '전 주일예배는 안 빠져요'라고 하면 회교도 사람들이 웃습니다. '저는 금식기도를 몇 번 했습니다' 하면 힌두교 사람들이 배를 잡아요.

그런데 우리가 그런 자랑을 하지 않는 것은 그것들이 자랑할 만한 가치가 없기 때문입니다. 오직 예수를 믿음으로써 구원받고 자기 자랑을 완전히 배제하는 것, 그런 종교는 오직 기독교 외엔 없습니다. 하나님은 한 분, 구원의 길은 오직 길이신 예수님 그 외에는 다 가짜임을 명심하셔야 합니다. 이건 어느 경우라 하여도 타협의 대상이 아닙니다.

> 그런즉 우리가 믿음으로 말미암아 율법을 파기하느냐 그럴 수 없느니라 도리
> 어 율법을 굳게 세우느니라 롬 3:31

'그럼 믿으면 끝이니까 율법을 파기하시는 건가요? 하나님?'이라고 질문합니다. 대답은 '아니다. 믿음으로 구원받는 것이야 말로 율법을 폐하는 것이 아니라 세우는 것이다.'입니다.

내가 율법이나 선지자를 폐하러 온 줄로 생각하지 말라 폐하러 온 것이 아니

요 완전하게 하려 함이라 마 5:17

예수님은 성부 하나님 앞에 백 퍼센트 순종하심으로 율법을 완성하셨습니다. 율법의 제사, 율법의 예언, 그리고 그 심판까지 모두 완성하시고 하나님의 의를 천하에 확증하신 분은 바로 오직 한 분 예수 그리스도이십니다.

하나님의 눈에는 예수 그리스도의 의만 의로 인정합니다. 하나님은 오직 예수님만 자랑하십니다. 우리도 오직 예수님만 자랑하는 겁니다. 하나님의 이미지가 드러나는 그리스도인이라면 말입니다. 어떤 상황 가운데에서도 오직 예수만 자랑하며, 하나님을 찬양합니다.

오늘도 또 남은 삶도 저희의 눈, 손, 입이 예수만 자랑하는 인생되길 주님의 이름으로 축원합니다.

말씀으로 기도

1. 교만과 탐심으로 하나님의 의를 훼손한 것은 없는지를 돌아보며 회개 기도합시다.
2. 교만과 탐심의 모든 중심적인 자랑을 내려놓고 오직 주님만을 자랑하는 그리스도인이 되도록 기도합시다. 나를 통하여 주님만 높아지도록 기도합시다.

아브라함의 칭의

로마서 4:1-3

1 그런즉 육신으로 우리 조상인 아브라함이 무엇을 얻었다 하리요 2 만일 아브라함이 행위로써 의롭다 하심을 받았으면 자랑할 것이 있으려니와 하나님 앞에서는 없느니라 3 성경이 무엇을 말하느냐 아브라함이 하나님을 믿으매 그것이 그에게 의로 여겨진 바 되었느니라

샬롬! 오늘 말씀의 항해에 참여하시는 성도님들 모두 신실하신 하나님을 믿고 말씀에 순종하는 인생되기를 주님의 이름으로 축원합니다.

먼저 말씀을 나누기 전에, 지금 우리가 어디쯤 왔는지 다시 한번 되돌아보았으면 합니다. 먼저 하나님의 진노와 심판을 보았고요. 이에 대비되는 하나님의 은혜와 사랑, 그리고 그 중에서도 '하나님의 의'에 관하여 선포된 말씀을 보았습니다. '하나님의 의'에 관하여는 첫번째로 '십자가에 나타난 하나님의 의'를 살펴보았고, 두번째로 질문과 대답의 형식을 통해 하나님의 의를 변증하는 말씀을 보았습니다. '자랑할 데가 어디냐'가 핵심이었지요. 오늘은 '하나님의 의'에 관한 세 번째, 마지막 말씀입니다.

바울은 이 부분에서 아브라함을 예로 듭니다. 명실 공히 성경에서 처음으로 믿음이라는 단어가 쓰였던 인물로서, 믿음의 여러 가지 면을 볼 수 있기 때문입니다. 사실 '믿음'을 막상 개념짓거나 설명하려고 해 보면 쉽지 않습니다. 히브리서 11장 1절을 보면 '믿음은 바라는 것들의 실상이요, 보이지 않는 것들의 증거'라고 하지요. 그런데 이 말씀도 완전히 이해하기 어렵습니다. '믿음' 너무 복합적이고 어떤 때는 애매하고, 파고 파도 끝이 없는 것 같습니다. 사실 그래서 그리스도인들 조차도 '나에게 과연 믿음이 있기는 한건가?'라는 의구심이 들 때도 있는 것 같습니다.

바울은 그래서 인물을 예로 드는 겁니다. 이왕이면 최초로 믿음을 의로 여김 받은 아브라함을 말입니다. 오늘 본문 말씀이 좀 길지요? 본문은 또 다시 다섯 부분으로 나눌 수 있습니다.

첫째, 1절~ 8절, 아브라함은 행위로 의롭다 함을 받은 것이 아니다.

둘째, 9절~ 12절, 아브라함은 할례로 의롭다 함을 받은 것이 아니다.

셋째, 13절~17절 전단, 아브라함은 율법으로 의롭다 함을 받은 것이 아니다.

넷째, 17절 후단~ 22절, 아브라함은 믿음으로 의롭다 함을 받았다.

다섯째, 마지막 결론은 23절~ 25절, 아브라함의 믿음과 우리의 믿음에 관한 것입니다.

이렇게 아브라함과 관련된 주제들을 쭉 나열해 보니 어떤 생각이 드십니까? '아! 또, 행위, 할례, 율법, 믿음. 지금까지 앞에서 본 내용들인데, 너무 같은 말을 반복하는 것 아닌가요?' 라면서 '이제 좀 그만!' 이라는 마음이 들 수도 있습니다. 그렇습니다. 우리는 하나님의 진노에 대해 7일간 공부했으니 죄란 단어를 신물이 나도록 들었지요. 그런데도 우린 매일 죄를 짓습니다. 믿음이란 단어를 신물이 나도록 들어도 우린 매일 믿음 없이 삽니다. 그렇지 않나요?

이번 주에 들었던 주일설교 말씀 내용이 기억나시는 분 있으신가요? 내용까지는 몰라도 제목이라도 기억나시는 분은? 통계상 주일설교에 대한 기억은 수요일이 거의 한계선입니다. 그래서인지 성경에서는 늘 중요한 말을 반복합니다. 하나님이 너무 잘 아시는 겁니다. 반복하고 반복해야 그나마 조금이라도 뿌려진 씨앗 중 몇 알이라도 건지는 걸 잘 아시지요. 이미 앞에서 계속 다루었다 하여도, 반복하는 것이 하나님의 은혜임을 깨닫고 오늘도 말씀 앞에 겸손히 마음 밭을 내어드리는 저와 여러분 되기를 주님의 이름으로 축원합니다.

본문 전체는 다음에 살펴보고, 오늘은 3절을 보겠습니다.

성경이 무엇을 말하느냐 아브라함이 하나님을 믿으매 그것이 그에게 의로 여겨진 바 되었느니라 롬 4:3

이 절이 4장 전체의 요절입니다. 사실 이 짧은 한 절 안에 많은 것이 담겨있습니다. 먼저 성경입니다. 3절에서 '성경이 무엇을 말하느냐' 라고 합니다. 그냥 읽으면 '이게 뭐가 중요하지?' 하고 그냥 넘어 갈 수 있지만, 사실 바울은 굳이 이 표현을 씀으로써 '성경' 에 대한 중요한 점을 말하고 있습니다.

첫째, '성경' 이라고 단수를 씁니다. 자주 말씀드린 것처럼 바울이 로마서를 기록할 당시에는 신약은 아직 완성되지 않았던 때입니다. 그런데 바울은 '성경' 이라고 단수로 씁니다. 당시에 구약을 언급할 땐, 주로 '율법과 선지자들' 이라고 하였지요. 그런데 지금 우리가 쓰는 단어 '성경', 영어로 '더 바이블(The Bible)' 이라고 하는데, 이는 성경이 단지 일련의 여러 책들이 아니라, 성령의 영감으로 저술된 통합체라는 것을 바울이 말하고 있는 것입니다. 구약뿐만이 아니라 당시 기록 중에 있던 모든 신약까지 포함하여 하나의 성경을 뜻하는 거지요. 구약은 이스라엘의 역사에 한정되는 것이니 지금의 교회에는 의미가 없다는 이상한 말을 하는 분들이 가끔 계십니다. 그렇지 않다는 겁니다. 구약, 신약 모두 한 권의 성경입니다. 하나님 한 분, 한 성경입니다.

둘째, '성경이 무엇을 말하느냐' 라고 하여 의인화를 하고 있습니다. 왜 굳이 그럴까요? 그건 성경이 곧 하나님의 말씀이라는 겁니다. 즉 성경이 말한다는 건, 지금 성경을 통하여 하나님이 말씀하신다는 사실을 의미합니다. 성경이 단순히 활자로 읽히는 책에 불과한 것이 아니라, 성경 안의 활자는 영의 귀에 들려지는 음성이라는 것이지요. '귀 있는 자는 들을 지어다' 라고 들려주시는 하나님의 음성이 바로 성경입니다.

셋째, '성경이 무엇을 말하느냐?' 라고 하여 굳이 현재 시제를 쓰고 있습니다. 아브라함 이야기는 과거의 일이니 오히려 '성경에 무엇이 쓰여 있느냐?' 라며 완료시제를 쓰는 것이 더 적합할 수 있지요. 그런데 굳이 현재 시제를 씁니다.

성도 여러분, 성경은 수 천 년 전의 하나님이 말씀하시는 것이 아닙니다. 그럼 역사책이지요. 성경은 우리가 그것을 펼치는 순간부터 하나님이 생생하게 말씀하시는 겁니다. 이번 로마서 항해는 말씀과 기도라는 두 기둥을 세우고자 함이 그 취지입니다. 어제 잠깐 기도에 대하여 말씀드렸지요. 주기도문이 제일이라고요. 그럼 여기서 말씀의 중요성을 말하려는 걸까요? 그것이 아니라, 사실은 말씀과 기도가 두 기둥이라기보다는 한 덩어리라는 것을 말씀드리는 겁니다.

자주 말씀드렸는데, 기도에서 중요한 부분이 우리가 기도를 올려드리는 것보다, 하나님의 음성을 먼저 듣는 것이 중요하다고 하였습니다. 그러다 보면 우리는 무언가 가슴에서 떠오르는 것, 마음에 들리는 소리에 집중하려고 합니다. 그런데 그것보다 더 중요한 것이 있습니다. '성경이 무엇을 말하느뇨?' 성경, 이것만큼 정확 무오한 하나님의 말씀, 이것만큼 살아계신 하나님이 우리에게 들려주시는 음성이 어디 있겠습니까? 기도는 일종의 교제라고도 하지요. 서로 대화하는 거라고요. 맞습니다. 하나님은 성경으로 말씀하시고, 우리는 때 쓰고 울고불고 협박도 하고 감사했다가 원망하고, 찬양하다가 입 꾹 다물고 씩씩거리기도 하고, 변덕이 죽 끓듯 하고 그러지요? 그 모든 것이 기도, 교제입니다.

성경 말씀 없이 기도하는 것은 사실 반쪽 기도입니다. 누가 말하는데 모른 척하면 그건 교제가 아니지요. 하나님 말씀에 입으로 아멘! 하는 것, 그리고 행함과 순종으로 아멘! 하는 것, 그게 다 기도입니다.

성도 여러분, 권면 드립니다. 자기만의 성경을 늘 지니시기 바랍니다. 새벽에도, 주일에도, 매일 말씀 묵상하실 때도, 늘 자신만의 성경을 갖고 다니시길 권면합니다. 거기에 설교시간에 설교 말씀을 통해 중요하게 여겨지는 것을 메모도 하고 줄도 치고 별표도 하고 혼자서도 읽고, 그렇게 하시길 권면합니다. 성경이 더러워지면 더러워질수록 우리 심령은 깨끗해집니다

> 성경이 무엇을 말하느냐 아브라함이 하나님을 믿으매 그것이 그에게 의로 여겨진 바 되었느니라 롬 4:3

3절에서 한 가지만 더 보겠습니다. '아브라함이 하나님을 믿으매'라고 합니다. 아브라함의 믿음이 의로 여겨지는 데에 있어서 이 구절이 매우 중요합니다. 우리가 신앙생활에서 자주 실족하고 하나님을 원망도 하고 삐치기도 하고, 기도하면서도 '설마 되겠어?'라고 하는 이유는 이 부분을 자주 잊어버리기 때문입니다.
'아브라함이 하나님을 믿으매' 이 말씀의 첫 기록, 창세기에서도 같습니다.

> 아브람이 여호와를 믿으니 여호와께서 이를 그의 의로 여기시고 창 15:6

여기서도 '아브람이 여호와를 믿으니'라고 하고 있습니다. 지금 바울, 또 모세를 통해 하나님이 우리로 하여금 무엇을 깨닫게 하시는가 하면, '아브라함이 하나님을 믿으니'라고 하시지, '아브라함이 하나님의 말씀을 믿으니'라고 하지 않으신다는 겁니다.
생각해보세요, 어떤 사람의 말을 믿는다고 합시다. 그럼 그 말 자체를 믿는 건가요, 아니면 그 사람을 믿기에 그 사람 말이 모두 사실이라고 생각하

나요? 어떤 사람을 백 퍼센트 신뢰한다고 칩시다. 그럼 그 사람의 말이라면, 백 퍼센트 믿게 되는 겁니다. 반대로 어떤 사람이 하는 말 중에서 어떤 말은 믿기는데 어떤 말은 도저히 믿기지 않는다고 합시다. 그럼 그 사람을 백 퍼센트 신뢰할 수 있나요?

생각해 보세요. 성경 말씀이 백퍼센트 믿겨 지시나요? 정말 성경에 적힌 말들이 우리의 이성, 지성으로 믿기나요? 오병이어 기적 하나만 놓고 보아도 믿겨 지시는지요? 물 위를 걷는 것, 세상을 6일 만에 창조하신 일을 믿으십니까? 그래서 자유주의 신학 중에서는 인간의 이성, 지성으로 이해되는 것만 추려서 성경을 새로 만들고 나머지는 신화, 과장, 이솝우화 같은 것이라고 하는 사람들이 있습니다. 그럼 그 사람들은 하나님을 믿는 건가요? 아닙니다. 자신의 이성, 지성을 믿는 겁니다. 우리가 성경에 담긴 모든 것을 믿는 건, 백 퍼센트 천 퍼센트 하나님 자체를 믿기에 성경이 믿어지는 겁니다. 하나님이 아브라함에게 하신 말씀이 무엇이지요?

> 그를 이끌고 밖으로 나가 이르시되 하늘을 우러러 뭇별을 셀 수 있나 보라 또
> 그에게 이르시되 네 자손이 이와 같으리라 창 15: 5

지금 아브라함 나이가 80세가 넘었습니다. 아브라함은 다 포기하고 바로 이 말씀 앞에서 이렇게 말합니다.

> 아브람이 이르되 주 여호와여 무엇을 내게 주시려 하나이까 나는 자식이 없사
> 오니 나의 상속자는 이 다메섹 사람 엘리에셀이니이다 창 15:2

자식 낳는 것은 이미 포기하고 집에서 일 봐주는 사람 엘리에셀을 상속자

라고 합니다. 그런 그에게 '하늘을 우러러 뭇별을 셀 수 있나 보라 또 네 자손이 이와 같으리라' 라고 말씀하시는 거예요. 만일 저나 여러분이 이 말씀을 들으면 어떤 대답을 할까요? '하늘의 별처럼 많은 자손이라니요? 단 한 명이라도 좋아요.' 이러지 않겠습니까? 물론 아브라함이 말씀을 안 믿었다는 건 아닙니다. 다만 그 차원이 아니라는 거지요. 아브라함이 믿은 건 이 말씀 자체 보다는 더 근원적인 것, 하나님 자체를 믿은 것입니다. 하나님을 믿어야 하나님 말씀이 믿어집니다. 말씀의 능력? 하나님을 믿어야 말씀에 능력이 있는 겁니다. 성경을 주문처럼 능력의 수단으로 쓰는 건 이교도, 무당이 하는 짓입니다.

그래서 마치 점치듯이 성경을 세워놓고는 '짜잔, 말씀 주세요!' 같은 행동을 하지 말아야 하는 것입니다. 물론 전혀 자신이 의도하지 않은 말씀을 갑자기 보고, 듣게 하시는 경우도 있습니다. 한 예로 어거스틴이 심히 방황 중에 있을 때 '집어서 읽으라, 집어서 읽으라' 하면서 반복되는 여자아이의 목소리에 성경을 펼치고 회심하지요. 그런데 그 구절이 무엇인지 아세요? 로마서 13장 13절, 14절입니다. 방탕과 음란, 어거스틴의 상황을 적나라하게 보여주며 혼내시고 회심케 하는 구절입니다. 마치 바울이 다메섹 도상에서 예수를 만났듯이 말이지요. 이렇게 하나님께서 누군가를 급히 돌이키게 할 때는 어떤 방법이라도 쓰십니다. 하지만 그런 것이 아닌 작심하고 좋은 글귀를 기대하며 성경으로 점치듯 하는 행위는 피하는 것이 좋습니다. 성경 말씀을 자기 입맛대로 고르고 해석하게 됩니다. 그래서 성경을 통독하는 것이 좋고, 또는 이번 로마서 항해처럼 날마다 이어서 말씀을 읽으며 예배 가운데 준비되고 선포되는 말씀을 듣는 것이 좋습니다.

우리가 믿는 것은 하나님입니다. 말씀이 꿀송이처럼 달던, 가슴을 후벼 파던, 아니면 도대체 지금 내 상황과 무슨 상관이 있는 말씀인지 잘 모른다 하더라도 하나님을 믿기에 그 분의 말씀이라면 무엇이든지 '아멘!' 하는 겁니다. 설사 말도 안 되는 상황에 '뭇 별과 같은 자손'이라고 말씀하셔도, 하나님을 믿기에 '아멘' 하는 거지요. 이걸 다른 말로 '신실하신 하나님'이라고 하는 겁니다. 하나님을 믿는다는 것은 하나님은 언제나 신실하시다는 것을 인정하는 것입니다. 우리의 기도에 응답이 없어도, 눈앞의 현실이 비관적이고 살 구멍이 없어 보여도, 아브라함처럼 때로는 넘어지고 실수도 하고 그러지만, 우린 하나님을 믿기에 그 분께 모든 것을 맡깁니다. 또한 나의 죄와 실수에도 불구하고 내가 하나님을 믿는 그 믿음을 의로 여겨 주시고 끝까지 우리 인생을 책임져 주시는 그 분께 감사하며 하루를 살아가는 겁니다.

부디 저와 여러분 모두 언제나 성경으로 오늘도 말씀하시는 하나님을 믿으며 그 말씀에 입으로 '아멘', 순종으로 '아멘' 하는 오늘, 그리고 남은 날 보내시기를 주님의 이름으로 축원합니다.

말씀으로 기도

1. 하나님의 말씀인 성경을 통하여 하나님과 더욱 친밀한 기도의 시간을 가질 수 있기를 기도합시다.
2. 삶 속에서 우리가 넘어지고 실수할 때도 있지만, 절대로 우리의 손을 놓지 않으시는 하나님의 신실하심에 감사하며, 오늘도 내일도 그 분의 인도하심에 삶의 모든 것을 내어드리는 그리스도인 되기를 기도합시다.

아브라함과 우리의 믿음

로마서 4:1-25

1 그런즉 육신으로 우리 조상인 아브라함이 무엇을 얻었다 하리요 2 만일 아브라함이 행위로써 의롭다 하심을 받았으면 자랑할 것이 있으려니와 하나님 앞에서는 없느니라 3 성경이 무엇을 말하느냐 아브라함이 하나님을 믿으매 그것이 그에게 의로 여겨진 바 되었느니라 4 일하는 자에게는 그 삯이 은혜로 여겨지지 아니하고 보수로 여겨지거니와 5 일을 아니할지라도 경건하지 아니한 자를 의롭다 하시는 이를 믿는 자에게는 그의 믿음을 의로 여기시나니 6 일한 것이 없이 하나님께 의로 여기심을 받는 사람의 복에 대하여 다윗이 말한 바 7 불법이 사함을 받고 죄가 가리어짐을 받는 사람들은 복이 있고 8 주께서 그 죄를 인정하지 아니하실 사람은 복이 있도다 함과 같으니라 9 그런즉 이 복이 할례자에게냐 혹은 무할례자에게도냐 무릇 우리가 말하기를 아브라함에게는 그 믿음이 의로 여겨졌다 하노라 10 그런즉 그것이 어떻게 여겨졌느냐 할례시냐 무할례시냐 할례시가 아니요 무할례시니라 11 그가 할례의 표를 받은 것은 무할례시에 믿음으로 된 의를 인친 것이니 이는 무할례자로서 믿는 모든 자의 조상이 되어 그들도 의로 여기심을 얻게 하려 하심이라12 또한 할례자의 조상이 되었나니 곧 할례 받을 자에게뿐 아니라 우리 조상 아브라함이 무할례시에 가졌던 믿음의 자취를 따르는 자들에게도 그러하니라

13 아브라함이나 그 후손에게 세상의 상속자가 되리라고 하신 언약은 율법으로 말미암은 것이 아니요 오직 믿음의 의로 말미암은 것이니라 14 만일 율법에 속한 자들이 상속자이면믿음은 헛것이 되고 약속은 파기되었느니라 15 율법은 진노를 이루게 하나니 율법이 없는 곳에는 범법도 없느니라 16 그러므로 상속자가 되는 그것이 은혜에 속하기 위하여 믿음으로 되나니 이는 그 약속을 그 모든 후손에게 굳게 하려 하심이라 율법에 속한 자에게뿐만 아니라 아브라함의 믿음에 속한 자에게도 그러하니 아브라함은 우리 모든 사람의 조상이라 17 기록된 바 내가 너를 많은 민족의 조상으로 세웠다 하심과 같으니 그가 믿은 바 하나님은 죽은 자를 살리시며 없는 것을 있는 것으로 부르시는 이시니라 18 아브라함이 바랄 수 없는 중에 바라고 믿었으니 이는 네 후손이 이같으리라 하신 말씀대로 많은 민족의 조상이 되게 하려 하심이라 19 그가 백 세나 되어 자기 몸이 죽은 것 같고 사라의 태가 죽은 것 같음을 알고도 믿음이 약하여지지 아니하고 20 믿음이 없어 하나님의 약속을 의심하지 않고 믿음으로 견고하여져서 하나님께 영광을 돌리며 21 약속하신 그것을 또한 능히 이루실 줄을 확신하였으니 22 그러므로 그것이 그에게 의로 여겨졌느니라 23 그에게 의로 여겨졌다 기록된 것은 아브라함만 위한 것이 아니요 24 의로 여기심을 받을 우리도 위함이니 곧 예수 우리 주를 죽은 자 가운데서 살리신 이를 믿는 자니라 25 예수는 우리가 범죄한 것 때문에 내줌이 되고 또한 우리를 의롭다 하시기 위하여 살아나셨느니라

샬롬! 오늘 말씀의 항해에 참여하시는 성도님들 모두 하나님의 말씀에 순종함으로 세상의 소금과 빛 된 하나님의 자녀로서 살아가길 주님의 이름으로 축원합니다.

어제 말씀드린 것과 같이, 아브라함의 믿음과 관련하여 로마서는 다섯 가지 측면으로 말씀하고 있습니다. 먼저 첫째, 아브라함은 행위로 의롭다 함을 받지 않았습니다. 1절부터 8절까지입니다.

> 만일 아브라함이 행위로써 의롭다 하심을 받았으면 자랑할 것이 있으려니와 하나님 앞에서는 없느니라 롬 4:2

우리는 아브라함이 여호와를 믿고 하나님 여호와가 이 믿음을 의로 여기시는 장면을 보았습니다. 아브라함이 한 것이라고는 하나님 손에 이끌려 별 보러 간 것뿐입니다. 전혀 행위로 내세울 만한 것이 없었지요.

> 성경이 무엇을 말하느냐 아브라함이 하나님을 믿으매 그것이 그에게 의로 여겨진 바 되었느니라 롬 4:3

3절에서 '의로 여겨진 바 되었느니라' 라고 합니다. '여겨지다' 는 헬라어로 '로기조마이' 라는 단어의 수동태 동사로서 '~으로 간주하다, 소유자로 생각하다' 라는 뜻인데, 이것을 실감나게 설명하기 위해 바울은 경제개념과 노동법칙을 예로 들어 설명합니다.

> 일하는 자에게는 그 삯이 은혜로 여겨지지 아니하고 보수로 여겨지거니와 일을 아니할지라도 경건하지 아니한 자를 의롭다 하시는 이를 믿는 자에게는 그

의 믿음을 의로 여기시나니 롬 4:4-5

근로자는 일한 만큼 삯을 받습니다. 이건 정당한 보수입니다. 그래서 정당하다고 할 수는 있지만, 은혜로 여길 것은 없습니다. 그런데 칭의는 이것과 정반대입니다. 믿음으로 은혜로 주시는 값없이, 노력 없이, 일을 하지 아니할지라도 선물을 받는 겁니다.
그리고 바울은 다윗의 고백에 대해 이야기합니다.

> 일한 것이 없이 하나님께 의로 여기심을 받는 사람의 복에 대하여 다윗이 말한 바 불법이 사함을 받고 죄가 가리어짐을 받는 사람들은 복이 있고 주께서 그 죄를 인정하지 아니하실 사람은 복이 있도다 함과 같으니라 롬 4:6-8

여기서 7절과 8절은 시편 31편에도 나오는 바, 다윗왕이 자신의 부하의 아내인 밧세바를 범한 뒤 회개하며 지은 참회시입니다. 바울은 이스라엘에서 가장 존경받는 또 한 인물의 고백을 통해 일한 것이 없이 의로 여기심을 받는 복에 대해 말합니다. 잘 아시는 바와 같이 아브라함과 다윗이야 말로 유대인에게는 가장 모범이 되는 인물이지요. 칭의의 증인으로 아브라함에 더하여 다윗까지 세움으로써 바울은 두 명의 증인을 세웠습니다.
성도 여러분, 왜 행위가 구원의 길이 아닙니까? 예수님이 마지막에 하셨던 말씀은 '이제 다 이루었다'입니다. 예수님은 행함조차 완전하게 이루신 겁니다. 하나님은 예수 그리스도에 그 어떤 것도 덧붙이기를 원치 않으십니다. 십자가에 무언가를 더하려고 하면 오히려 그것은 덧셈이 아니라 뺄셈을 하려는 것과 같은 것입니다. 행위로도 오직 예수뿐입니다. 그 분의 행위, 즉 그리스도의 순종에 인간이 무언가를 더하여야 구원을 받는다면, 그 분은 십자가를 지실 이유가 없는 겁니다. 이 수학공식은 뒤에도 계속 적용됩니다. 할례도 마찬가지입니다.

> 그런즉 이 복이 할례자에게냐 혹은 무할례자에게도냐 무릇 우리가 말하기를 아브라함에게는 그 믿음이 의로 여겨졌다 하노라 그런즉 그것이 어떻게 여겨졌느냐 할례시냐 무할례시냐 할례시가 아니요 무할례시니라 그가 할례의 표를 받은 것은 무할례시에 믿음으로 된 의를 인친 것이니 이는 무할례자로서 믿는 모든 자의 조상이 되어 그들도 의로 여기심을 얻게 하려 하심이라 또한 할례자의 조상이 되었나니 곧 할례 받을 자에게뿐 아니라 우리 조상 아브라함이 무할례시에 가졌던 믿음의 자취를 따르는 자들에게도 그러하니라 롬 4:9-12

둘째, 아브라함은 할례로 의롭다함을 받은 것이 아닙니다. 9절부터 12절까지입니다. 이전에 할례에 관해 자세히 말씀드렸으니, 너무 잘 아실 겁니다. 아브라함이 별을 보면서 하나님을 믿어 의로 여겨짐을 받은 것이 먼저인가요, 할례가 먼저인가요? 아브라함이 할례를 받은 것은 아내 사라가 하는 말을 듣고 마지못해 여종 하갈과 동침하여 이스마엘을 낳고 난 후이지요. 즉 할례 전, 무할례시에 믿음으로 의롭다 칭함을 받은 겁니다. 그냥 말로 해서는 하나님께서 의로 여기심을 자꾸 잊어버리니까 할례를 통해 아예 몸의 표로 남기신 거지요. 또 할례의 의미는 '넌 언약을 파기하여 죽었다' 입니다. 그리고 예수 그리스도의 십자가, 장사하심이 할례를 완성한 것이라고 9일차에 말씀드렸습니다. 골로새서 2장 11, 12절 말씀과 함께요. 육신의 할례와 무할례 여부는 의미가 없습니다. 이미 예수님이 다 이루셨습니다.

'그래도 여전히 세례는 받지 않나요?' 하고 생각하시는 분들, 진짜 예수님이 다 이루신 세례를 직접 본인이 한 번 받아 보시겠습니까? 실제로 숨이 끊어져 무덤에서 삼일 동안 있을 수 있으십니까? 믿음 후에 받은 할례처럼 비록 어리고 작은 믿음이지만 먼저 믿고, 그 다음에 세례 받는 것입니다. 세례로 의롭다 함이 아닌 것은 똑같습니다.

셋째, 아브라함은 율법으로 의롭다 하심을 받은 것이 아닙니다. 본문 13절부터 16절, 또는 17절 전반부까지입니다.

> 아브라함이나 그 후손에게 세상의 상속자가 되리라고 하신 언약은 율법으로 말미암은 것이 아니요 오직 믿음의 의로 말미암은 것이니라 만일 율법에 속한 자들이 상속자이면 믿음은 헛것이 되고 약속은 파기되었느니라 율법은 진노를 이루게 하나니 율법이 없는 곳에는 범법도 없느니라 그러므로 상속자가 되는 그것이 은혜에 속하기 위하여 믿음으로 되나니 이는 그 약속을 그 모든 후손에게 굳게 하려 하심이라 율법에 속한 자에게뿐만 아니라 아브라함의 믿음에 속한 자에게도 그러하니 아브라함은 우리 모든 사람의 조상이라 기록된 바 내가 너를 많은 민족의 조상으로 세웠다 하심과 같으니 롬 4:13-17

이제 좀 본문의 패턴을 아시겠지요? 아브라함이 믿은 것이 먼저인가요, 아니면 시내산 율법이 먼저인가요? 당연히 아브라함이 믿은 것이 먼저지요. 아브라함에게 하나님께서 그 후손이 세상의 상속자가 되리라고 언약하실 때 율법은 없었습니다. 만일 율법으로 상속자 약속을 하시려면 앞의 약속을 파기하고 하셔야 하는데 그런 것이 아닙니다. 율법을 받은 유대인이나 그렇지 않은 이방인이나 상관없이, 아브라함이 우리 모든 믿는 사람의 조상입니다.

그럼 율법이 아무 의미 없나요? 그것 또한 아닙니다. 예수님이 율법을 완성하였기에 예수 십자가 외에 율법을 더하지 말라는 겁니다. 예수님이 율법 백퍼센트인데 거기에 무얼 더하려 하면 오히려 뺄셈이 되는 거지요. 그럼 '예수 믿고 그리스도인 답게 행하고 말씀에 순종하는 건 아무런 의미가 없나요?' 이러한 의문들이 생길 수 있습니다. 위와 같은 것들은 예수 십자가에 뭘 더하는 것이 아니라 예수님이 너희는 소금이라, 빛이라 하셨지요, 마치 소금의 짠맛, 빛의 광선과 같은 겁니다. 짠맛이 없으면 소금이 아닌 것이고, 비추지 않으면 빛이 아니니까요.

성도 여러분, 아브라함이 행위로도, 할례로도, 율법으로도 의롭다 함을 받은 것이 아닌 까닭은 바로 예수님께서 행위로도, 할례로도, 율법으로도, 다 이루셨기 때문입니다. 거기에 무언가를 더하려고 하면 뺄셈이 되고 그건 예수 그리스도, 바로 하나님을 욕되게 하는 겁니다. 그건 죄입니다. 경제 용어 중에 프리라이딩(Free Riding)이라는 말이 있지요. 무임승차라는 뜻인데, 매우 부도덕한 경제활동 중 하나입니다. 그런데 영적으론 프리라이딩이 아니면, 다시 말해 무임승차를 하지 않으면 그것이 부도덕을 넘어 죄가 되는 겁니다. 6절에서 '일한 것이 없이 하나님께 의로 여기심을 받는 사람의 복'을 말씀하잖아요. 우린 하나님이 제작하시고 작동하시는 믿음이라는 날개로 프리라이딩하는 겁니다. 성령의 바람이 인도하시고, 성령의 바람에 의탁하여 하늘 끝까지 날아오르는 겁니다. 우리 집인 하나님 집, 그곳까지 말입니다. 할렐루야! 승리하신 하나님을 찬양합니다.

넷째, 아브라함은 믿음으로 의롭다 함을 받았습니다. 17절 하단부터 22절까지입니다. 지금까지 어렵지 않았지요? 그런데 여기서부터 좀 자세히 보아야 합니다.

> 그가 믿은 바 하나님은 죽은 자를 살리시며 없는 것을 있는 것으로 부르시는
> 이시니라 롬 4:17

어제 말씀드렸지요. 아브라함이 믿은 건, 하나님이라고요. 하나님을 백 퍼센트 믿어서 의로 칭함을 받은 거라고요. 하나님을 믿는 것과 하나님 말씀을 믿는 건, 차원이 다른 거라고 하였습니다. 그런데 그가 믿은 그 하나님은 죽은 자를 살리시는 구원의 하나님, 없는 것을 있는 것으로 부르시는 창조의 하나님이십니다.

> 아브라함이 바랄 수 없는 중에 바라고 믿었으니 이는 네 후손이 이같으리라
> 하신 말씀대로 많은 민족의 조상이 되게 하려 하심이라 롬 4:18

아브라함이 80세가 넘어서 뭇 별 약속을 받고, 현실적으로 자손을 바랄 수 없는 상태임에도 바라고 믿었습니다. 그건 하나님이 아브라함에게 많은 민족의 조상, 믿음의 조상이 되게 하려 하심이지요. 여기까지는 어렵지 않아요. 그런데 다음 부분이 애매합니다. '네 후손이 이같으리라' 입니다. 원어 성경이나, 영어성경을 보면 좀 이해가 될 수 있는데요, 여기서 후손은 영어로 'seed' '씨' 인데, 단수로 사용되었기 때문에 '네 씨 하나가 이같이' 로도 표현할 수 있습니다. 그리고 '이같이' 는 '많은 민족의 조상이 되게 하려 하심' 을 의미합니다. 즉 많은 민족의 조상은 아브라함에게도 해당되고 씨에도 해당된다는 거지요.

아직 잘 이해가 되지 않으시나요? 성경을 성경이 해석합니다.

> 이 약속들은 아브라함과 그 자손에게 말씀하신 것인데 여럿을 가리켜 그 자손
> 들이라 하지 아니하시고 오직 한 사람을 가리켜 네 자손이라 하셨으니 곧 그
> 리스도라 갈 3:16

여기서도 '오직 한 사람' 이라는 표현에서 보듯이 단수, 오직 그리스도를 가리킵니다. 아브라함은 자신의 씨로 많은 민족의 조상이 될 것임을 믿은 겁니다. 그 씨는 단수이고, 바로 그리스도입니다. 본문 17, 18절에서 종합하여 바울이 말하고자 하는 것은, 아브라함이 믿은 구원자이자 창조주이신 하나님의 약속의 내용은 예수를 믿는 자 모두가 아브라함의 자손, 예수 그리스도의 자손이라는 겁니다.

그럼 이런 질문을 또 합니다. 아브라함이 아직 오시지도 않았던 예수를 믿었다는 건가요? 이에 대해선 예수님이 직접 대답하시지요. 아주 시원하게요.

> 너희 조상 아브라함은 나의 때 볼 것을 즐거워하다가 보고 기뻐하였느니라
> 요 8:56

우리가 영의 눈으로 다시 오실 그리스도를 보는 것처럼, 아브라함 역시 오실 예수님을 본 겁니다. 아브라함에게도 오직 예수입니다.

그런데, 그 다음 구절들이 우릴 갸웃하게 합니다.

> 그가 백 세나 되어 자기 몸이 죽은 것 같고 사라의 태가 죽은 것 같음을 알고
> 도 믿음이 약하여지지 아니하고 믿음이 없어 하나님의 약속을 의심하지 않

고 믿음으로 견고하여져서 하나님께 영광을 돌리며 약속하신 그것을 또한 능

히 이루실 줄을 확신하였으니 그러므로 그것이 그에게 의로 여겨졌느니라

롬 4:19-22

아브라함이나 사라가 언제 그렇게 믿음이 좋았나요? 여종 하갈에게서 이스마엘을 낳고, 하나님이 다시 언약의 자식을 약속하니 둘 다 믿기는커녕 웃기까지 하였지요. 그런데 무슨 믿음? 아브라함이 무슨 믿음이 견고하여 이스마엘을 낳았나요? 우리는 그럼 아브라함과 다른가요? 우리도 같아요. 의심하고, 연약하고, 불안해합니다. 방금 본 20절, '의심하지 않고, 견고하여져서', 그리고 21절, '확신하였으니', 이 동사들 모두가 원어에서는 수동태입니다. 하나님이 이렇게 만들어 가셨음을 의미합니다. 신적 수동태 즉, 하나님이 다 하신다는 것입니다.

예수님이 말씀하셨지요. '진실로 너희에게 이르노니 만일 너희에게 믿음이 겨자씨 한 알 만큼만 있어도 이 산을 명하여 여기서 저기로 옮겨지라 하면 옮겨질 것이요' 라고요. 겨자씨 한 알 만큼의 믿음이 우리에게 있나요? 있습니다. 하나님이 은혜로 겨자씨 한 알의 믿음을 주셨습니다. 그것을 의심 없이, 견고하고 확실하도록 하나님이 만들어 가시는 것입니다. 아브라함처럼 우리도 끝까지 책임지십니다. 겨자 씨 한 알 만큼만으로도 산을 움직일 수 있습니다. 왜냐하면 창조주이시자 구원자 되시는 하나님을 믿기 때문입니다. 할렐루야! 승리하신 하나님을 찬양합니다.

마지막 다섯 번째, 아브라함의 믿음과 우리의 믿음입니다.

그에게 의로 여겨졌다 기록된 것은 아브라함만 위한 것이 아니요 의로 여기심을 받을 우리도 위함이니 곧 예수 우리 주를 죽은 자 가운데서 살리신 이를 믿는 자니라 예수는 우리가 범죄한 것 때문에 내줌이 되고 또한 우리를 의롭다 하시기 위하여 살아나셨느니라 롬 4:23-25

지금까지 '하나님의 의' 라는 주제로 살펴본 모든 말씀의 결론입니다. 십자가와 부활입니다. 다 이루신 예수님이 하나님의 의이십니다. 오직 예수입니다. 예수그리스도, 하나님의 의로 죄와 사망을 멸하시고 승리하신 하나님을 찬양합니다. 부디 이 하루도 그리고 남은 날도 '하나님의 의' 가 되신 예수그리스도만 바라보며 세상의 소금과 빛으로 살아가는 저와 여러분 되시길 주님의 이름으로 축원합니다.

말씀으로 기도

1. 우리에게 값없이 은혜를 주신 하나님 아버지를 찬양하며, 아브라함과 같이 바랄 수 없는 중에 바라고 믿는 믿음을 주시기를 기도합시다.
2. 오직 십자가에서 다 이루신 '의가 되신 예수님만을 의로 여기며 소금과 빛으로 살아가는 삶이 되기를 기도합시다.

오직 우리 주 예수 그리스도로 말미암아!

로마서 5:1-11

1 그러므로 우리가 믿음으로 의롭다 하심을 받았으니 우리 주 예수 그리스도로 말미암아 하나님과 화평을 누리자 2 또한 그로 말미암아 우리가 믿음으로 서 있는 이 은혜에 들어감을 얻었으며 하나님의 영광을 바라고 즐거워하느니라 3 다만 이뿐 아니라 우리가 환난 중에도 즐거워하나니 이는 환난은 인내를, 4 인내는 연단을, 연단은 소망을 이루는 줄 앎이로다 5 소망이 우리를 부끄럽게 하지 아니함은 우리에게 주신 성령으로 말미암아 하나님의 사랑이 우리 마음에 부은 바 됨이니 6 우리가 아직 연약할 때에 기약대로 그리스도께서 경건하지 않은 자를 위하여 죽으셨도다 7 의인을 위하여 죽는 자가 쉽지 않고 선인을 위하여 용감히 죽는 자가 혹 있거니와 8 우리가 아직 죄인 되었을 때에 그리스도께서 우리를 위하여 죽으심으로 하나님께서 우리에 대한 자기의 사랑을 확증하셨느니라 9 그러면 이제 우리가 그의 피로 말미암아 의롭다 하심을 받았으니 더욱 그로 말미암아 진노하심에서 구원을 받을 것이니 10 곧 우리가 원수 되었을 때에 그의 아들의 죽으심으로 말미암아 하나님과 화목하게 되었은즉 화목하게 된 자로서는 더욱 그의 살아나심으로 말미암아 구원을 받을 것이니라 11 그뿐 아니라 이제 우리로 화목하게 하신 우리 주 예수 그리스도로 말미암아 하나님 안에서 또한 즐거워하느니라

샬롬! 오늘 말씀의 항해에 참여하시는 성도님들 한 분도 빠짐없이 예수 그리스도안에서 평안하길 주님의 이름으로 축원합니다.

15일차 항해를 마지막으로 하나님의 은혜와 사랑 중 첫 번째인 '하나님의 의'가 끝났습니다. 그런 의미에서 먼저 뼈대를 세우고 본문으로 들어갈까 합니다. 하나님의 두 번째 은혜는 '그리스도 안에서 하나 됨'입니다. 로마서 5장과 6장에서 다루어 집니다. 하나님의 은혜로 하나님의 의가 나타났으며, 이제 하나님의 은혜로 '그리스도 안에서 하나 됨'이 되었습니다. 그리고 '그리스도 안에서 하나 됨'이라는 주제를 바울은 다시 세 부분으로 나누어 기술하고 있습니다. 첫번째, 5장 1절부터 11절까지 '칭의의 결과들'입니다. 두번째, 5장 12절부터 21절까지 '아담과 그리스도 안에 있는 두 인류'입니다. 마지막 세번째, '그리스도께 연합되고 하나님의 종이 됨'이라는 내용으로 6장 전체입니다.

오늘 본문 로마서 5장 1절부터 11까지는 칭의의 결과들에 관한 하나님의 말씀입니다. 그런데 본격적으로 본문으로 들어가기 전에 눈 여겨 볼 것이 있습니다. 그건 인칭대명사입니다. 로마서 1장 전반부에서 눈에 띄는 대명사는 '내가 복음을 부끄러워하지 아니하노니'라고 하여 '나'이고, 1장 후반부에서는 타락한 이방인을 묘사함에 '그들'이 주요 대명사로 나옵니다. 그리고 2장에 들어가면 도덕론자들에게 '네가 핑계치 못할 것은'이라고 하거나 또 유대인들에게 '유대인이라 칭하는 네가'라고 하면서 대명사를 '너'로 바꿉니다. 3장에서는 '그들'로 되돌아 갑니다. 그리고 4장 후반부부터 '우리 모든 사람의 조상', '우리 조상'이라고 하여 대명사는 '우리'가 됩니다.

물론 말씀 사이 사이에 '우리'라는 대명사가 여기저기서 사용되지만 주제별로 사람을 향한 대명사가 달라져 있음을 알게 됩니다. 왜 이런 말씀을 드리느냐 하면 이제 하나님의 은혜 즉 '그리스도 안에서 하나 됨'이란 주제를 말씀하는 5장과 6장의 인칭대명사는 '우리'임을 명심하여야 하기 때문입니다. '나'도 아니고 '너'도 아니고 '그들'도 아닌 바로 '우리'입니다.

　오늘 본문이 '우리'를 강하게 웅변하고 있습니다. '우리가 ～ 하나님으로 더불어 화평을 누리자', '우리가 ～ 은혜에 들어감을 얻었으며', '우리가 ～ 하나님의 영광을 바라고 즐거워하느니라', '우리가 환난 중에도 즐거워하나니', '우리가 ～ 구원을 얻을 것이니라', '우리가 ～ 하나님 안에서 또한 즐거워하느니라'. 이 얼마나 위대한 믿음의 진술들 인가요? 그런데 그 주어는 '우리'라는 사실을 명심하여야 합니다. 유대인이건 이방인이건, 믿음으로 의롭다 함을 받은 모든 사람은 그리스도 예수 공동체인 하나님의 백성으로 결속된다는 것을 기억하시기 바랍니다.

　'우리'라는 바울의 이 웅변은 그리스도인들에게 매우 심각한 도전에 직면하게 합니다. 예를 들어 칭의의 결과로서 '하나님과 더불어 화평을 누리자'라고 합니다. 그런데 그 주어가 '내가'라면 홀가분할 수 있을 텐데, 주어가 우리입니다. 칭의의 결과들이 나, 너, 혼자서는 누릴 수 없는 것들이며 우리일 때 누릴 수 있는 것들입니다. 그런 의미에서 칭의의 결과를 다른 말로 하면 열매이지요. 즉 칭의의 열매들을 '우리' 함께 먹어 보기로 합시다.

　5장은 이렇게 시작합니다. '그러므로 우리가 믿음으로 의롭다 하심을 받았으니'라고요. 1절부터 11절까지 모든 '우리'의 대전제를 말씀하고 있습니다. '우리'에 대한 정의인 셈이지요. 믿음으로 의롭다 하심을 받았으니 즉 이신칭의를 받은 자들이 '우리'인 겁니다. 바울은 하나님이 의롭다 하신 모든 사람 즉 '우리'에 대한 칭의의 열매들을 여섯 가지로 설명합니다.

첫째, 우리는 하나님과 화평을 누립니다. 1절 후단부입니다. '우리 주 예수 그리스도로 말미암아 하나님과 화평을 누리자'

우선 '누리자'에 대한 해석이 분분합니다. 사실 원어는 두 가지로 번역이 가능한데요. 지금 번역된 대로 권유형인 '누리자'로도 가능하고 직설법으로 '누리고 있다'라고도 번역이 가능하다는 겁니다. 이처럼 '누리고 있다'라는 번역은 누림을 선포하는 것으로 누리는 것이 자연적으로 이루어지는 것을 의미합니다. 내가 임의로 거절할 수 있는 것이 아니라는 거지요. 여러분이라면 권유형 '누리자'가 좋으십니까, 아니면 거절할 수 없는 '누리고 있다'가 좋으십니까?

해답은 '말미암아'에 있습니다. 누구로 말미암아? '우리 주 예수 그리스도로 말미암아'입니다. 성도 여러분, 우리 주 예수 그리스도로 말미암은 것은 모두가 은혜입니다. 우리가 받으려고 노력해서 받은 것이 하나도 없는 겁니다. 그저 주시니 있는 거지요. '화평'도 거저 주신 것이니 있는 것이고요. 누가 감히 우리 주 예수 그리스도께서 주시고자 하는 것을 거절할 수 있겠습니까? 그 분은 하나님이십니다. 우리가 누리고 있는 것을 선포하는 '누리고 있다'라고 해석하는 편의 손을 들고자 합니다. 아멘이십니까?

여기서 '화평'은 헬라어로 에이레네, 히브리어로 샬롬입니다. 그런데 칭의의 결과들 가운데, 왜 '샬롬'이 맨 앞자리를 차지할까요? 그건 예수님이 이 땅에 오신 첫 목적이자 궁극적인 목적이기 때문입니다. 이 땅에 무언가 목적을 가지고 오셨다는 겁니다. 그래도 하나님 아들이신데 딱 대기권 밖이나 구름층 까지만 오셨어도 괜찮지 않았을까요? 그런데 굳이 이 땅에 오신 겁니다. 바로 이 땅에 샬롬을 주시기 위하여 그리고 아담의 죄로 인하여 황폐해진 땅에 이제 평안을 주시려고 오신 겁니다.

그래서 예수님이 탄생하셨을 때 천사들이 이런 노래를 부른 겁니다. 임마누엘의 궁극적인 목적을 노래 가사 한 절로 부른 거지요.

> 지극히 높은 곳에서는 하나님께 영광이요 땅에서는 하나님이 기뻐하신 사람
> 들 중에 평화로다 하니라 눅 2:14

여기서 '평화' 가 바로 헬라어로는 에이레네, 히브리어로는 샬롬입니다. 예수님이 성육신 하신 궁극적인 목적은 지극히 높은 곳, 하나님 보좌이지요. 그 곳에서는 하나님께 영광이요, 그 다음은 어디지요? 땅이요. 땅에서는 누구 중에? 바로 하나님이 기뻐하신 사람들, 즉 의롭다 하심을 받은 사람들, 칭의 받은 사람들인 것입니다. 이것을 본문의 형태로 말하자면 '우리에게 평화로다 하니라' 입니다.

또 예수님이 부활하셔서 우리들인 제자들이 모인 곳에 나타나셔서 하신 첫 말씀도 똑같습니다. 요한복음 20장 19절 '너희에게 평강이 있을지어다.' 평강, 에이레네, 샬롬입니다. 성경은 초지일관 우리에게 '샬롬', '평강', '평화', '화평' 을 말씀하고 있습니다.

여기서 '에이레네' 즉 '샬롬' 은 당시의 무슨 말과 대비되는 말이냐면 '팍스 로마(Pax Romana)' 할 때의 '팍스' 라는 말과 대비되는 말입니다. 그런

데 여기서 '팍스'라는 말을 붙이려면 조건이 있습니다. 전쟁이 없어야 합니다. 로마 시민들이 풍요롭게 먹고 마실 수 있어야 합니다. 정권이 안정적이어야 합니다. 즉 황제의 힘이 막강하여야 이루어지는 조건부 평화가 '팍스' 다른 말로 하면 '피스(peace)'인 겁니다.

그러나 샬롬은 그런 조건들과는 전혀 관계없는 평화입니다. '오직 우리 주 예수 그리스도로 말미암아' 누리고 있는 '화평', '샬롬', '에이레네'인 겁니다. 그런데 아무리 성경에서 '이미 누리고 있다'고 선포하여도, 여전히 우리는 그 누림을 모르고 있습니다. 그건 아직도 이 화평을 조건부 팍스와 헷갈려 하기 때문인 거지요. 그래서 바울은 이를 더 깊이 파고들기 시작합니다. 먼저 단서가 되는 것은 1절에서 그냥 '화평'이 아니라, '하나님과 화평'이라고 말하는 부분입니다. 영어로는 위드(with)로 번역되어 있습니다.

우리가 평안을 누리고 있다는 것을 잘 느끼지 못하는 이유는 진짜 '평안'이 무엇인지 모르기 때문일 수 있습니다. 팍스와 다르다고는 해도 그게 뭔지 손에 안 잡히기 때문입니다. 평안이라는 말을 들으면 여전히 목가적인 것, 구름을 타고 날아다니거나, 사슴하고 뛰놀거나 푸른 잔디에 누워 뭉게구름을 보는 등등……그런 상상을 하기 때문일 수도 있습니다. 샬롬은 그런 '상상'이 아니라, '실제'인 겁니다. 그리고 언제나 성경에서 말하는 실제와 실체는 육의 눈으로는 보이지 않는 것입니다. 부디 저와 여러분이 영의 눈을 들어 샬롬의 실체를 보기를, 그리고 그 샬롬을 누리자가 아니라 이미 누리고 있음을 확인하는 은혜가 있기를 주님의 이름으로 축원합니다.

오늘 또 남은 평생 한 가지 꼭 붙잡고 살아갈 샬롬을 누리는 근거와 방법을 말씀드리겠습니다. 다시 1절 우리 주 예수 그리스도로 말미암아, 2절 또한 그로 말미암아, 9절 그의 피로 말미암아, 10절 그로 말미암아, 11절 그의 아들의 죽으심으로 말미암아, 우리 주 예수 그리스도로 말미암아… 말미암아가 계속 반복되어 나옵니다. 오늘 항해의 제목을 '오직 우리 주 예수 그리스도로 말미암아' 라고 한 이유입니다.

왜 우리는 샬롬을 누리지도 못하고 샬롬을 잊고 살까요? 성경이 거짓말을 하였을리는 없는데, 도대체가 우리는 왜 하물며 잘 먹고 잘 살 때조차도 샬롬을 못 누리고 살까요? 여전히 돈이 부족해서? 건강이 안 좋아져서? 자녀들이 속을 썩혀서? 앞서 말씀드렸지요. 그건 팍스, 피스, 조건부. 그건 피스를 못 누리는 거지, 샬롬과는 무관한 겁니다. 외부적인 조건, 상황, 환경은 팍스와 관련된 거지요. 샬롬은 외부적인 것이 아닌 자기 안 깊은 곳, 내면적인 부분에서 시작됩니다. 그럼 왜 샬롬이 안되냐고요?

성도 여러분, 그거 아세요? 놀랍게도 그리스도인이라고 하면서도 많은 분들이 자주 예수를 밀쳐 두고 직접 하나님과 독대하려고 한다는 사실을요? 우리가 화평을 누리지 못하는 건 우리가 나쁜 사람이어서가 아닙니다. 그것은 우리가 불완전하기 때문입니다. 믿음으로 의롭다 함을 받았다고 하는데도 여전히 내 옛 자아가 드러나는 겁니다. 관계에서도 덕이 있고 언행도 좀 바뀐 모습이 보여야 되는데, 이게 원하는 만큼 잘 안 바뀌는 겁니다. 그런 내 자신이 혐오스럽지요. 자기가 점점 더 형편없는 것 같고 속은 문드러집니다. 거기엔 샬롬이 없지요.

또, 과거와 현재 죄 지은 것에 대한 죄책감과 고통이 여전히 남아 있습니다. 회개를 수십, 수백 번을 했건만 내 마음 속에서 지워지지 않는 겁니다. 용서받지 못할 것 같습니다. 언젠가 톡톡히 죄 값을 치러야 한다고 생각합니다. 그래서 불행이라도 닥치면 그 죄 값을 받는다고 착각하기도 합니다. 하나님께서는 과거와 현재의 모든 죄에 대해서 일단 의롭다고 판결하심에도 우린 거기서 벗어나지 못합니다. 샬롬을 누리기 어렵지요.

왜 그런 줄 아세요? 어쩌면 자연스러운 겁니다. 완전 거룩하신 하나님과 만나면, 공포, 두려움, 죄책감, 불안감이 밀려드는 겁니다. 잘 아시지요. 아담이 죄 짓고 나서 일단 숨기 급급했던 모습을. 얼마나 급하게 숨었으면 깊은 동굴이나 큰 바위 뒤도 아니고 기껏 숨는다는 것이 나무 사이입니다. 시내 산 이스라엘 백성도 그렇고, 다 그런 겁니다.

우리가 기도할 때 대상이 하나님 아버지여서 그런지 예수님을 믿는다면서도 이상한 버릇처럼 예수님을 밀쳐 두고 곧바로 직접 하나님을 만나려 합니다. 우리가 기도할 때 하나님 아버지께 기도하지만 기도의 끝에 '예수 이름'을 붙이는 이유는 예수님을 중보자, 중재자로 하여 기도한다는 의미입니다. 예수님이 중간에 안계시면 내 엉망인 모습과 죄 덩어리들로 인하여 화평이 있을 수 없습니다.

명심하셔야 합니다. 내가 과거, 현재 죄가 없어서, 내가 완전해서 화평을 누리는 것이 아니라고요. '오직 우리 주 예수 그리스도로 말미암아' 인 겁니다. 하나님 앞에서가 아니라 먼저 예수 안에서 나의 옛 자아를 볼 줄 알아야 합니다. 예수 안에서 나의 죄를 볼 줄 알아야 합니다. 예수 십자가 앞에서 나의 본래 모습을 보아야 합니다. 그 때 비로소 십자가 뒤에서 하나님의 음성이 들리는 겁니다. '아이야, 나는 내 아들 예수의 피로 너를 의롭다 하였는데, 너는 왜 너 자신을 용납할 수 없어 날마다 자신과 혈투를 벌이느냐, 왜 샬롬이 없느냐, 네가 나보다 거룩하단 말이냐', '예수의 피로 나는 족한데, 너는 부족하단 말이냐' 라고요.

우리가 샬롬을 누리고 있다는 선포 아래 있음에도 여전히 샬롬이 없는 것은 여전히 예수 안이 아닌 예수 밖에 있기 때문입니다. 오직 예수를 하나님 아버지는 기뻐하시고, 오직 예수로 말미암아 우리를 기뻐하십니다.

샬롬은 오직 예수로 말미암는 것임을 절대 잊지 마시고 어디서 무엇을 하든지, 오늘 어떤 일들이 우리 앞에 놓여 있든지, 예수 그 이름 붙잡고 샬롬, 평안 가운데 거하시기를 주님의 이름으로 축원합니다.

말씀으로 기도

1. 이미 선포하신 샬롬, 오직 예수, 오직 예수, 그 분을 통하여만 샬롬이 있습니다. 오직 예수의 은혜로 주어진 샬롬을 누리기를 간절히 기도합시다.
2. 우리의 모든 기도 제목 위에 예수의 이름을 올리며 샬롬이 기도제목 위에 임할 것을 믿음으로 기도합시다.
3. 나라와 교회, 특별히 이스라엘에 샬롬이 이루어지고 번져 가기를 기도합시다.

말미암아, 누리는 샬롬!

로마서 5:1-11

1 그러므로 우리가 믿음으로 의롭다 하심을 받았으니 우리 주 예수 그리스도로 말미암아 하나님과 화평을 누리자 2 또한 그로 말미암아 우리가 믿음으로 서 있는 이 은혜에 들어감을 얻었으며 하나님의 영광을 바라고 즐거워하느니라 3 다만 이뿐 아니라 우리가 환난 중에도 즐거워하나니 이는 환난은 인내를, 4 인내는 연단을, 연단은 소망을 이루는 줄 앎이로다 5 소망이 우리를 부끄럽게 하지 아니함은 우리에게 주신 성령으로 말미암아 하나님의 사랑이 우리 마음에 부은 바 됨이니 6 우리가 아직 연약할 때에 기약대로 그리스도께서 경건하지 않은 자를 위하여 죽으셨도다 7 의인을 위하여 죽는 자가 쉽지 않고 선인을 위하여 용감히 죽는 자가 혹 있거니와 8 우리가 아직 죄인 되었을 때에 그리스도께서 우리를 위하여 죽으심으로 하나님께서 우리에 대한 자기의 사랑을 확증하셨느니라 9 그러면 이제 우리가 그의 피로 말미암아 의롭다 하심을 받았으니 더욱 그로 말미암아 진노하심에서 구원을 받을 것이니 10 곧 우리가 원수 되었을 때에 그의 아들의 죽으심으로 말미암아 하나님과 화목하게 되었은즉 화목하게 된 자로서는 더욱 그의 살아나심으로 말미암아 구원을 받을 것이니라 11 그뿐 아니라 이제 우리로 화목하게 하신 우리 주 예수 그리스도로 말미암아 하나님 안에서 또한 즐거워하느니라

샬롬! 오늘 말씀의 항해에 참여하시는 성도님들 한 분도 빠짐없이 하나님께서 주시는 말씀을 깨닫고 주 안에서 기쁨이 넘치는 은혜가 있기를 주님의 이름으로 축원합니다.

어제에 이어서 칭의의 결과들에 관한 말씀을 보겠습니다. 어제 말씀드린 것처럼 우리가 이미 '누리고 있다' 라고 선포된 그 에이레네, 샬롬이 구체적으로 무엇인지, 바울 사도가 걸어간 그 샬롬의 길을 오늘 우리도 따라가 보고자 합니다.

> 그러므로 우리가 믿음으로 의롭다 하심을 받았으니 우리 주 예수 그리스도로
> 말미암아 하나님과 화평을 누리자 롬 5:1

하나님과 화평이 단서라고 어제 말씀드렸습니다. 우리에겐 추상적으로 느껴지는 화평, 샬롬, 에이레네를 바울은 영화 속 장면처럼 보여줍니다.

> 또한 그로 말미암아 우리가 믿음으로 서 있는 이 은혜에 들어감을 얻었으며
> 하나님의 영광을 바라고 즐거워하느니라 롬 5:2

칭의의 결과들 중 둘째는 우리가 은혜 안에 서 있다는 사실입니다. 2절 앞부분에 '그로 말미암아' 는 '우리 주 예수 그리스도로 말미암아' 입니다. 또 '우리가 믿음으로 서 있는 이 은혜에 들어감을 얻었으며' 라고 합니다. 일반적으로 '은혜' 라고 하면 하나님의 무조건적 사랑을 말하는데요, 여기서는 '하나님의 은혜의 영역' 이라고 보시면 됩니다. '서 있는', '들어감' 은 당시 궁전에서 사용되던 용어입니다. 이 단어들을 통해 바울은 하나의 장면을 설명하려고 한 겁니다. 즉 지금 왕궁의 보좌에 앉아 계신 하나님을 알현하는

장면인 겁니다.

2절이 나타내는 바는 칭의를 받은 우리가 예수 그리스도 손잡고 은혜의 영역, 즉 하나님 나라에 들여 보내져서 확고하게 서 있다는 것을 의미하며, 그 왕궁에서 사는 특권을 가지게 되었음을 말합니다. 그 특권은 세상 왕들의 총애와는 전혀 다릅니다. 왕의 총애를 잃으면 빼앗기기도 하는 그런 특권이 아닙니다. 우리의 특권은 하나님의 사랑으로 이뤄진 것이기 때문에 아무것도 우리를 하나님의 사랑으로부터 끊을 수 없습니다.

하나님과 화평, 좀 감이 오세요? 우리는 한 것이 아무것도 없는데 갑자기 왕자가 나타나서 리무진에 태워 왕궁에 데리고 간 것입니다. 이런 경우 어떤 느낌이 들까요? 그냥 어리둥절합니다. 이것이 샬롬, 에이레네를 경험했을 때의 느낌입니다. 하나님과 화목이 이루어지면 얼떨떨 합니다. 설명이 안 되고 어리둥절하지요. 샬롬을 시작하신 겁니다. 자주 말씀드렸지요. 이 땅에서의 하나님 나라의 시작은 교회라고요. 처음 교회 왔을 때, 처음 믿고 회개했을 때, 이런 경험을 하시는 분들 계시지요? 눈물이 계속 나고, 내 안에서 무언가 올라오고, 도대체 이게 왠일인가? 얼떨떨하다고 많은 분들이 간증을 하십니다. 우리도 그런 경험이 있습니다. 사실 신앙생활이란 것이 똑 부러지게 하는 게 아니라, 얼떨떨 이게 뭐지? 라며 하는 겁니다. 그것이 샬롬입니다.

칭의의 결과들 중 셋째, 우리는 하나님의 영광을 바라고 즐거워합니다. 2절 후반부입니다. '하나님의 영광을 바라고 즐거워하느니라' 그 하나님의 왕궁, 은혜의 영역에서 우리는 하나님의 영광을 봅니다. 무엇이 보일까요? 우선, 마가복음 13장 26절에서 약속하신 것처럼 예수 그리스도가 큰 권능과 영광으로 나타나시는 것이 보입니다.

> 그 때에 인자가 구름을 타고 큰 권능과 영광으로 오는 것을 사람들이 보리라
> 막 13:26

그리고 곧이어 요한일서 3장 2절처럼 우리는 그 분의 영광을 볼 뿐만 아니라 우리도 그와 같이 변화되는 것입니다.

> 사랑하는 자들아 우리가 지금은 하나님의 자녀라 장래에 어떻게 될지는 아
> 직 나타나지 아니하였으나 그가 나타나시면 우리가 그와 같을 줄을 아는 것은
> 그의 참모습 그대로 볼 것이기 때문이니 요일 3:2

로마서 8장 17절, 하나님의 형상과 영광이 되도록 창조되었으나 지금은 죄로 인해서 하나님의 영광에 이르지 못하는 사람들이 다시 완전하게 그 분의 영광을 함께 받게 됩니다.

> 자녀이면 또한 상속자 곧 하나님의 상속자요 그리스도와 함께 한 상속자니 우
> 리가 그와 함께 영광을 받기 위하여 고난도 함께 받아야 할 것이니라 롬 8:17

그리고 로마서 8장 21절, 탄식하는 피조물까지도 썩어짐의 종노릇 하는 데서 해방되어 영광의 자유에 이르게 될 것입니다. 하나님의 영광이라는 말에는 이 모든 것이 포함됩니다.

> 그 바라는 것은 피조물도 썩어짐의 종 노릇 한 데서 해방되어 하나님의 자녀
> 들의 영광의 자유에 이르는 것이니라 롬 8:21

이것을 하나님 왕궁에서 보게 됩니다. 예수 재림 때는 더욱 확실히 보게 될 것이고, 지금은 믿음의 눈으로 확실히 봅니다. 그 날이 오면 어떤 느낌일까요? 오늘 본문 5장 2절, '즐거워하느니라'로 번역된 우리말로는 잘 표현이 안 됩니다. 원어의 느낌은 극도로 기뻐서, 그 기쁨을 주체하지 못해서 자랑하고 여기저기 뛰어다니며, 소리치고 환호하며 다니지 않을 수 없는 그런 상태인 겁니다.

우리나라가 해방되었을 때 왜 다들 뛰어나와서 만세를 외쳤나요? 2002년 월드컵에서 4강에 올라갈 때 누가 시키지도 않았는데 막 광장에 나가서 대한민국을 외쳤나요? 너무 기뻐서 그걸 주체할 수 없어서 그런 거지요. 이 세상 한 나라의 해방소식에도 심지어 축구 시합에도 그 정도로 기쁘다면 천지만물의 창조주, 전지전능하시고 만유의 주인이신 하나님의 왕궁에 영원히 거할 특권을 확실하게 보장받는 영광을 받았다면 그 기쁨은 얼마나 크겠습니까?

샬롬이 그런 겁니다. 사실 정상인처럼 세상에서 살아야 하니까 억지로 참는 거지, 샬롬을 그대로 우리의 육신을 통해 온전히 나타내면 아마 우리 모두 이상한 사람 취급을 받겠지요. 눈만 뜨면 언제나 웃고 다니고, 입만 열었다 하면 '예수 믿으세요' 할 것이고 그냥 걷는 것이 아니라 늘 춤추듯 할 것이니까요. 여러분도 지금 겉으로는 드러내지 않아도 속으로는 그런 기분이시지요?

이렇게 큰 기쁨은 무슨 말로 표현할까요? 샬롬은 '얼떨떨, 우하하'입니다. 샬롬은 이렇게 역동적이고 실체적입니다. 너무 가벼운 단어로 샬롬을 폄하한 것 같다면 다시 의젓한 언어로 바꾸겠습니다. 샬롬이란, 은혜에 감사하며 언제나 기쁨이 충만한 것을 의미합니다. 역시 '얼떨떨, 우하하'가 더 와 닿지요?

성도 여러분, 하나님은 전지전능하신 동시에 정말 여유로우시고 유머가 많으신 분이세요. 하나님에 대해 좀 불경스럽지만 제가 좋아하는 표현이 있어요. '까꿍, 하나님'이라고, '서프라이즈! 놀랬지!', '나야 나!'라고 하시며 우리를 행복하게 해 주시는 분이시지요. 성도 여러분, 그 하나님 왕궁에 초대받아 영원히 거기서 사는 자가 우리라고요. 비록 현실이 너무 힘들다 하여도 마음의 여유를 갖고 유머를 잃지 말고, 또 갖은 시련 가운데에서도 '얼떨떨, 우하하'를 가슴에 품고 빙긋이 웃으며 하루를 살았으면 좋겠습니다. 그런 우리가 되기를 주님의 이름으로 축원합니다.

이어서 칭의의 결과들 중 넷째, 우리는 환난 중에서도 즐거워하는 자들입니다. 3절부터 8절까지입니다.

> 다만 이뿐 아니라 우리가 환난 중에도 즐거워하나니 이는 환난은 인내를, 인내는 연단을, 연단은 소망을 이루는 줄 앎이로다 롬 5:3-4

3절, '환난'이 나오는데 여기서 말하는 환난은 원어 어원이 '누르다', '짜내다', '분쇄하다'란 뜻으로 외적 환경에 의해서 생기는 환난을 의미합니다. 어제는 샬롬을 방해하는 내면적인 것을 말씀드렸지요. 죄책감과 인간으로서의 불완전성에 관해서 말했습니다. 그런데 3절에서의 환난은 그런 것이 아니라 외적 환경 즉 팍스의 조건이 충족되지 않을 때, 아니 조건이 충족 안 되는 것을 넘어 짜내고 분쇄하는 외부로부터의 고난인 겁니다.

이 환난은 마지막 때까지 하나님의 백성들이 마땅히 받을 겁니다. 예수님도 제자들에게 '세상에서 환난을 당할 것'이라고 경고하셨습니다. 그런데 샬롬의 '얼떨떨, 우하하'의 진가는 이 환난 중에 드러납니다. 3절에서처럼 환난 중에도 즐거워 할 수 있습니다.

하지만 성도 여러분, 우리가 본문을 통해 오해하기 쉬운 것은 그리스도인들이 그런 환난들을 강한 인내로 견뎌 내는 것으로 생각한다는 것입니다. 그런데 그게 아닙니다. '환난 중에도 즐거워하나니', 즉 환난 가운데에서 우리가 하나님의 궁전에서 하나님의 영광을 보기 때문에 그래서 언제나 기쁨이 충만하기에 환난 가운데 있을 수 있습니다. 환난의 양과 질 보다 기쁨의 양과 질이 더 큰 것입니다

3절 후반과 4절에 이어지는 '환난은 인내를, 인내는 연단을, 연단은 소망을 이루는 줄 앎이라' 말씀입니다. 여기서 '이루는 줄'은 현재 시제로 지속적인 상태를 나타내는데, 원어의 뜻은 '계속적으로 가져오다', '계속적으로 생산해내다'입니다. 계속적 생산이란 마치 계속 자동 생산하는 컨베이어벨트라고 보시면 됩니다. 전 이 의미가 참 와 닿습니다.

환난이 있어야 인내라는 것이 있다는 뜻입니다. 환난이 없으면 인내라는 말 자체가 성립하지 않겠지요. 우리가 기쁨, 행복을 인내해야 하나요? 그렇지 않지요. 어려움이 있어야 인내도 있는 겁니다. 환난은 인내의 당연한 전제조건입니다. 인내는 연단이란 것을 생산하지요. 여기서 연단의 원어 뜻은 물건이라면 '인정받은 품질', '사람이라면 훌륭한 품성, 인격'이란 의미입니다. 우리식으로 하면 성숙한 그리스도인인 거지요. 인내하면 할수록 성숙해지는 겁니다. 성숙의 전제가 인내인 거지요.

이렇게 환난, 인내, 연단은 컨베이어 벨트처럼 자동으로 연속해서 생산됩니다. 그런데 여기서 우리는 믿음으로 의롭다 함을 받은 사람들, 즉 우리를 의미합니다. 세상적 기준으로 본다면 환난, 인내, 연단이 지난 다음 컨베이어벨트의 끝에 놓이는 단어는 성공, 부자, 높은 자리 같은 단어이겠지만 성경 어디에도 그런 단어는 없습니다. 우리에게서 생산되는 건 바로 '소망' 입니다. 소망이란 바라는 것이지요. 무엇을 바라는 걸까요? 바로 하나님의 영광! 아까 하나님의 궁전에서 본 것들, 예수님의 영광, 우리가 그 영광을 입는 것, 모든 피조물이 그 영광을 입는 것입니다. 그리스도인들은 그것들을 소망하고 바라보게 되는 것이지요.

샬롬은 바로 그 소망을 품는 것입니다. 이건 어떻게 쉽게 표현할 수 있을까요? 우리가 꿈에 부풀어 있으면 어떤 눈빛을 하게 될까요? 게슴츠레 졸린 눈? 아니지요. '반짝반짝' 이지요. 우린 모두 그 소망의 눈을 가지고 반짝반짝 하고 있지요? 게슴츠레 졸고 계시는 분 없지요? 소망을 가지면 두 눈이 반짝반짝 해집니다.

샬롬은 얼떨떨, 우하하, 반짝반짝입니다. 얼떨떨이 좀 거북하시면 '휘둥그레' 도 좋을 것 같습니다. '우하하' 도 좀 그러면 '덩실덩실' 도 좋지요. 휘둥그레, 덩실덩실, 반짝반짝, 이것이 이 땅에서 우리가 누리고 있다고 선포된 '샬롬' 입니다. 예수님께서 천국은 어린 아이 같은 이가 들어간다고 하신 데에는 다 이유가 있다니까요.

그런데 '소망' 이라고 하니 정말 꿈같은 일로 여기고 '꿈은 꿈이고, 소망은 소망에 불과한 거야' 라며 혹여라도, 컨베이어 벨트의 작업 순서 가운데 어디선가에서 내려버리는 사람이 생길까 염려가 됩니다. 그래서 5절부터 바울은 소망을 증거합니다.

> 소망이 우리를 부끄럽게 하지 아니함은 우리에게 주신 성령으로 말미암아 하
> 나님의 사랑이 우리 마음에 부은 바 됨이니 롬 5:5

'소망이 우리를 부끄럽게 하지 아니함은'. 이 말을 직역하면,' 소망이 우리를 실망시키지 아니하며' 입니다. 소망이 환상에 불과하여 우리를 배신하는 일은 결코 없을 거라는 겁니다. 그걸 어떻게 알 수 있을까요? 우리 그리스도인들의 소망, 우리가 가지고 있는 영광에 대한 소망의 궁극적인 근거는 무엇일까요? 그것은 하나님의 확고부동한 사랑입니다. 우리의 소망이 결코 우리를 실망시키지 않을 것은 하나님께서 결코 우리를 실망시키지 않으실 것이기 때문이라는 겁니다. 그 분의 사랑은 결코 우리를 포기하지 않으십니다. 그럼 여기서 또, '하나님의 사랑을 어떻게 확신할 수 있나요?' 라는 질문이 나오겠지요.

바울은 하나님 사랑을 확신할 수 있는 두 가지 주요한 증거를 제시합니다. 하나는 5절에 나오는 '우리에게 주신 성령' 입니다. 그리고 다른 하나는 보다 객관적인 증거를 제시합니다. 6절부터 8절에 나오는 바로 '그리스도께서 우리를 위하여 죽으심' 입니다.

> 우리가 아직 연약할 때에 기약대로 그리스도께서 경건하지 않은 자를 위하여
> 죽으셨도다. 의인을 위하여 죽는 자가 쉽지 않고 선인을 위하여 용감히 죽는

자가 혹 있거니와 우리가 아직 죄인 되었을 때에 그리스도께서 우리를 위하여 죽으심으로 하나님께서 우리에 대한 자기의 사랑을 확증하셨느니라 롬 5:6-8

바울은 우리가 어떤 사람들이었는지를 되돌아봄으로써 그리스도께서 우리를 위하여 죽으심이 하나님 사랑의 증거임을 다시 한번 우리로 하여금 되새기게 합니다. 6절에서 '경건하지 않은 자'가 나옵니다. 불경건, 기억나시지요? Godless, 우리는 하나님께 반역한 자들입니다. 그리고 8절, 우린 죄인이었습니다. 10절, 하나님과 원수 되었던 자들입니다. 6절, '우리가 연약할 때' 우리는 스스로 구원할 방도조차 없는 존재였다는 의미입니다. 그리고 7절과 8절에서 말하듯이 의인과 선인을 위해서 죽는 것조차 어려운 일인데, 하나님을 반역하는 죄인인 우리를 위하여 그리스도께서 죽으신 것, 이것으로 하나님은 우리에 대한 사랑을 확증하셨습니다.

주관적으로는 성령을 보내주셔서 현재의 체험 속에서, 객관적으로는 그리스도의 십자가의 역사 속에서, 하나님은 자신의 사랑을 확증하셨습니다. 우리의 소망은 하나님의 사랑으로 확증된 소망입니다. 할렐루야, 하나님을 찬양합니다.

칭의의 결과들 중 다섯째, 우리는 구원을 받을 것입니다. 9절과 10절입니다.

그러면 이제 우리가 그의 피로 말미암아 의롭다 하심을 받았으니 더욱 그로 말미암아 진노하심에서 구원을 받을 것이니 곧 우리가 원수 되었을 때에 그의 아들의 죽으심으로 말미암아 하나님과 화목하게 되었은즉 화목하게 된 자로서는 더욱 그의 살아나심으로 말미암아 구원을 받을 것이니라 롬 5:9-10

9절은 '그러면'이라고 시작합니다. 무언가 전환되고 바뀌는 것이 있다는 겁니다. 무엇이 바뀔까요? 시제입니다. 이제까지는 하나님께서 그리스도를 통해 우리를 위해서 이미 이루신 일에 집중하였습니다. 그런데 이제 9절, 10절은 시제가 바뀌었습니다. 분명하게 미래를 말하고 있습니다. 9절, '구원을 받을 것이니', 10절, '구원을 받을 것이니라' 하고 말이지요. 구원의 완성을 말씀하고 있는 겁니다. 칭의의 결과로서 구원이 완성되는 날, 즉 예수님께서 재림하실 때 우리는 진노하심에서 구원을 받을 것입니다. 예수님이 말씀하셨듯이 '심판에 이르지 아니하나니 이미 사망에서 생명으로 옮겼기' 때문이지요.

그리고 하나 더 10절에 나오듯이 구원의 완성 날, 이번엔 적극적으로 '그의 살아나심으로 말미암아', 즉 예수님 부활에 온전히 참여할 것이라는 겁니다. 이 땅에서의 샬롬은 계속 진행 중이며 마지막 때에 온전히 구원이 실체적으로 완성될 때까지 이어질 것입니다.

칭의의 결과들 마지막 여섯째, 우리는 하나님 안에서 즐거워합니다.

> 그뿐 아니라 이제 우리로 화목하게 하신 우리 주 예수 그리스도로 말미암아
> 하나님 안에서 또한 즐거워하느니라 롬 5:11

11절은 이 모든 것의 종합입니다. 시간을 창조하신 하나님께 과거, 현재, 미래라는 시제는 무의미합니다. 영원하신 하나님이라는 의미는 무한대의 시간을 말하는 것이 아니라 시간이라는 개념이 없는 것을 의미한다고 예전에 말씀드린 적이 있지요. 우리에게 주신 샬롬도 영원한 겁니다. 하나님 안에서 말이지요. 그 하나님 안에서 우린 즐거워합니다.

칭의의 결과들은 바로 영원한 샬롬, 영원하신 하나님이 이 땅에 오신 궁극적인 목적입니다. 영원하신 하나님이 십자가에서 죽으신 목적입니다. 단순히 우리를 살려만 놓으신 것이 아니라, 이 땅에서도 또 영원히 우리로 하여금 샬롬을 누리게 하셨습니다. 샬롬을 누리는 것은 권유가 아니라 선포입니다. 하나님의 은혜와 사랑의 두 번째 주제였던 '그리스도 안에서 하나됨'이란, 바로 이런 '샬롬'이 주어진 상태를 말합니다.

부디 저와 여러분, 샬롬! 휘둥그레, 덩실덩실, 반짝반짝 하면서 늘 즐겁지 않을래야 즐겁지 않을 수 없는 하나님 안에서의 영원한 샬롬을 오늘 하루 또 남은 일생 가운데 누리고 있음을 깨달으시기를 주님의 이름으로 축원합니다.

말씀으로 기도

1. 하나님의 형상으로 지음을 받은 우리는 그 분의 형상 안의 자유를 누리는 삶으로써 참된 영광의 자유를 맛보는 삶이 되기를 기도합시다.
2. 환난은 인내를, 인내는 연단을, 연단은 소망을 이루는 줄 앎이라는 말씀 그대로 환난을 통해 인내하며 소망을 이루는 삶이 되기를 기도합시다.
3. 사망에서 생명으로 옮겨진 존재로서 샬롬의 평강을 누리는 삶이 되기를 기도합시다.

두 인류

로마서 5:12-21

12 그러므로 한 사람으로 말미암아 죄가 세상에 들어오고 죄로 말미암아 사망이 들어왔나니 이와 같이 모든 사람이 죄를 지었으므로 사망이 모든 사람에게 이르렀느니라 13 죄가 율법 있기 전에도 세상에 있었으나 율법이 없었을 때에는 죄를 죄로 여기지 아니하였느니라 14 그러나 아담으로부터 모세까지 아담의 범죄와 같은 죄를 짓지 아니한 자들까지도 사망이 왕 노릇 하였나니 아담은 오실 자의 모형이라 15 그러나 이 은사는 그 범죄와 같지 아니하니 곧 한 사람의 범죄를 인하여 많은 사람이 죽었은즉 더욱 하나님의 은혜와 또한 한 사람 예수 그리스도의 은혜로 말미암은 선물은 많은 사람에게 넘쳤느니라 16 또 이 선물은 범죄한 한 사람으로 말미암은 것과 같지 아니하니 심판은 한 사람으로 말미암아 정죄에 이르렀으나 은사는 많은 범죄로 말미암아 의롭다 하심에 이름이니라 17 한 사람의 범죄로 말미암아 사망이 그 한 사람을 통하여 왕 노릇 하였은즉 더욱 은혜와 의의 선물을 넘치게 받는 자들은 한 분 예수 그리스도를 통하여 생명 안에서 왕 노릇 하리로다 18 그런즉 한 범죄로 많은 사람이 정죄에 이른 것 같이 한 의로운 행위로 말미암아 많은 사람이 의롭다 하심을 받아 생명에 이르렀느니라 19 한 사람이 순종하지 아니함으로 많은 사람이 죄인 된 것 같이 한 사람이 순종하심으로 많은 사람이 의인이 되리라 20 율법이 들어온 것은 범죄를 더하게 하려 함이라 그러나 죄가 더한 곳에 은혜가 더욱 넘쳤나니 21 이는 죄가 사망 안에서 왕 노릇 한 것 같이 은혜도 또한 의로 말미암아 왕 노릇 하여 우리 주 예수 그리스도로 말미암아 영생에 이르게 하려 함이라

샬롬! 오늘 말씀의 항해에 참여하시는 성도님들 모두 하나님의 자녀로서 주 안에서 평안하시기를 주님의 이름으로 축원합니다.

원죄는 믿는 우리에게 풀기 어려운 숙제 같은 존재입니다. 우리는 자주 원죄에 대한 질문을 받거나 스스로 이 질문에 대해 답을 찾지 못해 고민하기도 합니다.

'왜 아담이 죄를 지었는데, 우리도 그 죄를 지었다고 하는가?' 원죄에 대한 질문이지요. 그런데 솔직히 질문이라기 보다 거부반응에 가깝습니다. 또, '왜 사람은 죽어야 하나? 죄의 삯이 사망이라면, 그럼 도대체 태어나자 마자 죽는 아기들은 무슨 죄를 지었단 말인가?' 역시 원죄에 관한 질문입니다. 인류의 모든 철학과 종교의 근원은 어쩌면 인간의 피할 수 없는 죽음에 대한 답을 찾기 위함 일 수도 있습니다. 하나님은 그에 관해 이렇게 말씀하십니다.

> 그러므로 한 사람으로 말미암아 죄가 세상에 들어오고 죄로 말미암아 사망이 들어왔나니 이와 같이 모든 사람이 죄를 지었으므로 사망이 모든 사람에게 이르렀느니라 롬 5:12

12절 전반부까지는 어렵지 않습니다. 창세기에 나오니까요. '한 사람'은 분명히 아담을 의미합니다. 아담이 하나님의 명령에 불순종함으로 죄가 들어옵니다. 죄가 들어옴으로 하나님의 말씀 그대로 사망이 들어옵니다. 그런데 12절 후반부가 어렵습니다. '이와 같이 모든 사람이 죄를 지었으므로 사망이 모든 사람에게 이르렀다' 는 겁니다. 아니 죄를 지은 것은 아담인데, 어째서 이후의 모든 인류가 죄를 지었다고 하는 것일까요? 사실 이것은 논리의 문제가 아닙니다. 인간의 머리로는 이해할 수 없지요. 이성으로는 이해할 수 없는 것이기에 이성으로는 원죄라는 이론을 고안할 수도 없는 겁니다.

참으로 어려운 말씀이기에 그 동안 많은 학자들이 이 문제를 가지고 씨름을 하였습니다. 인류가 유전적으로 아담의 죄성을 물려 받았다느니, 마치 자녀가 부모를 본받는 것처럼 아담을 본받아서 그렇다는 등의 설명을 하기도 합니다. 그런데 이것은 전혀 성경적이지 않습니다. 인간의 좁은 머리 안에 하나님의 섭리를 담으려고 억지로 짜낸 인간적인 생각에 불과하지요. 가장 성경적인 해석은 '아담이 죄 지을 때 우리도 함께 죄를 지었다' 입니다. 아담이 죄 짓는 그 자리에 우리가 있었고, 우리도 아담과 함께 죄를 지은 것입니다.

19절에서도 '한 사람이 순종하지 아니함으로 많은 사람이 죄인이 되었다' 고 합니다. 아담이 범죄할 때 우리도 죄인이 되었다는 겁니다. 이 사실을 믿습니까? 인정하시나요? 이건 매우 중요합니다. 만일 예수를 믿는다고 하면서도 아담의 원죄를 믿지 않으면 사실 예수를 믿는 것이 아닐 수 있기 때문입니다.

하나님의 의이신 예수 그리스도의 순종이 저희의 순종이 되고, 예수님의 십자가 죽음이 저희의 죽음이 되는 것은 같은 원리입니다. 아담의 죄가 인류의 죄가 아니라면 예수의 십자가와 부활이 우리 것이 아닌 것이 되고, 아담의 죄가 인류의 죄임을 인정할 때에만 예수의 의가 우리의 의가 되는 것입니다. 14절 끝 부분에 '아담은 오실 자의 모형이라' 라는 것이 이 말입니다. 아담의 죄가 전 인류의 죄가 되는 것의 그 원리가 바로 예수의 의가 믿는 자의 의가 되는 원리를 보여주고 있습니다.

이것을 신학 용어로는 '대표성' 이라고 하는데, 그 실례로 우리가 아는 것이 노아의 예입니다. 노아의 홍수가 끝나고, 노아는 포도를 재배하여 이를 가지고 술을 만들어 마시고 엄청 취해 잠이 듭니다. 완전히 벌거벗은 상태로 말입니다. 노아의 세 아들 중 함이 그런 노아를 발견하고는 아버지의 수치를 가려 주기는커녕 형제들에게 떠벌리고 다닙니다. 노아는 그 사실을 알고 분노하며 함이 형제들의 종이 될 것이라고 저주하지요. 함의 죄와 그가 받은 저주는 그 자손의 죄와 저주가 됩니다. 또 여호수아서 7장에서 하나님이 멸하라는 여리고의 보물을 아간이 약간 훔쳤을 때, 이를 두고 이스라엘이 범죄하였다고 하며 여호와께서 이스라엘 자손에게 진노하셨다고 합니다. 성경의 대표성은 이런 것이고, 이런 내용은 성경에 많이 등장하지요.

죄 이전의 아담에게 하나님이 내리신 '생육하고 번성하여 땅에 충만하라, 땅을 정복하라, 모든 생물을 다스리라' 라는 그 축복이 모든 인류의 축복이 될 수 있었던 것도 같은 원리입니다.

성경에서 하나님께서 말씀하시는 대표성이라는 것은 대표와 나머지 모두가 함께 같은 자리에서 같은 일을 하고 있었다는 겁니다. 모든 인류는 아담이 불순종할 때 아담과 함께 있었던 겁니다. 저와 여러분 그리고 갓 태어난 아기도 모두 말입니다.

이미 말씀드렸지요. 시간은 하나님을 위한 것이 아니라 이 땅의 사람에게 해당하는 거라고요. 하나님 입장에서 볼 때 아담과 모든 시간대 속에 존재하는 인간과의 사이에는 시간이라는 개념 자체가 성립하지 않는 것입니다. 지금도 아담과 우리는 함께 있는 것입니다.

오늘 원죄를 설명 드리는 이유는 이것을 넘지 않고는 예수 십자가가 우리의 십자가가 될 수 없기 때문입니다. 원죄를 깨닫지 않고는 신앙의 첫걸음을 내딛을 수 없는데, 많은 이들이 교회를 다닌다 하면서도 이 부분을 대충 넘어가고 있기 때문입니다.

자주 말씀드렸지요. 죄는 단순히 행위가 아니라 상태, 즉 정체성이라고요. 행위로 죄를 지어서 우리가 죄인인 것이 아니라 죄인이어서 죄를 짓는 겁니다. 로마서에서 서론이 끝나고 본론을 시작하자 마자 왜 하나님의 진노로 시작하는지 이해가 되시지요. 모든 인류가 하나님의 진노 아래에 있을 수밖에 없었다는 겁니다. 그리고 하나님의 한 의가 나타나지요. 아담이 죄를 지었기에 예수가 오실 수밖에 없었습니다.

우린 정말 아무런 죄를 지을 시간조차 주어지지 않은 많은 갓난아기의 죽음을 떠올리면 하나님을 원망하지요. 그럼 묻겠습니다. 그 갓난아기는 죄인인가요, 아닌가요? 죄인입니다. 행위로서 죄를 지어서 아기가 죽은 것이 아니라 죄인이므로 죽음을 피할 수 없었던 것입니다. 이것이 흔들리기 때문에 우린 십자가를 붙들지 못하고 십자가 주변을 빙빙 돌기만 하게 되는 것입니다.

내가 죽을 수밖에 없는 죄인, 태어나면서 죄인, 나도 죄인, 너도 죄인, 실제 살인을 한 살인자도 죄인, 성인으로 존경받는 마더 테레사도 죄인, 모두가 죄인임을, 모두가 아담의 그 반역의 장소에서 같이 하나님께 반역한 죄인임을 완전히 인정해야지만 예수님 십자가를 붙잡을 수 있습니다. 그리고 예수님으로 말미암아 나를 더 이상 죄인이 아니라 하시는 하나님 앞에 진짜로 감사하게 됩니다.

이것을 백퍼센트 인정하여야 '그래, 나도 죄인이었지, 당신도 죄인이지, 같은 처지이지'라고 생각하며 간음한 여인을 돌로 치려던 자들처럼 남을 정죄도 안하고, 같은 죄인인 사람들로부터 받은 상처도 별 것이 아닌 것이 되고, 같은 죄인끼리 용서하는 마음도 생기고, 죄와 악을 미워하되 같은 죄인인 사람을 미워하지는 않게 됩니다. 원죄를 확실히 깨닫고 믿을 때 제대로 된 믿음생활, 소위 성화의 길도 가능해집니다.

그럼 이런 질문을 합니다. '그럼, 예수를 믿고 나서도 우린 여전히 죄를 짓는데 이건 무언가요? 원죄와 상관없나요?' 라고요. 단연코 상관없습니다. 우리의 과거, 현재, 미래의 모든 죄, 그 죄에는 당연히 원죄까지도 모두 십자가에서 깨끗이 씻어졌습니다. 그럼에도 불구하고 우리가 여전히 죄를 짓는 것에 대해서는 로마서 7장에서 자세히 다루기로 하고 오늘은 쉽게 설명을 드려 보겠습니다.

우린 원래 하나님과 원수 된 자들이었습니다. 그런데 예수님을 믿고 우린 어떤 신분으로 바뀌었나요? 원수의 반대말이라면, 친구일까요? 하나님의 은혜는 넘치도록 풍성합니다. 친구 정도가 아니지요. 하나님의 자녀로서의 신분을 얻은 겁니다.

옛날에 '공공의 적' 이란 영화를 본적이 있는데 거기서 살인자인 아들이 자신의 부모를 살인합니다. 그런데 칼을 쓰다가 자신의 손톱 일부가 잘려 땅에 떨어졌지요. 아들은 그 사실을 모르고 그 자리를 뜹니다. 그런데 엄마가 아직 숨이 남아 있었습니다. 죽기 직전, 몸을 움직일 수 없이 옆으로 누워있던 살인자의 엄마가 얇게 눈을 뜨는데 그 눈앞에 아들의 손톱이 있는 겁니다. 그 엄마는 마지막 힘을 짜내며 그 손톱을 잡아서 어떻게 할까요? 증거인멸을 위해 먹습니다. 끝까지 자녀는 자녀라는 것이지요.

우리가 죄를 반복하여도 하나님 입장에서는 당신의 자녀가 잘못한 겁니다. 타이르고 혼을 낼지언정 아버지 집에서 내쫓지 않습니다. 탕자의 비유에서 큰 아들이 아무리 툴툴거려도 내쫓겼다는 말씀은 전혀 없습니다. 툴툴거려도, 아버지에게 대들었음에도, 내쫓겼다는 말은 없습니다. 아들이니까요. 우린 그런 하나님의 자녀인 겁니다. 아무리 큰 죄를 지었다 하여도 자녀는 여전히 하나님 나라에 들어갑니다. 진짜 예수 믿는 자라면 말이지요. 다만 조금 부끄러운 구원은 될 수 있겠지요.

사실 우리 모두 아버지께 죄송스럽고 부끄러워서 고개도 못 듭니다. 그런데 그거 아세요? 하나님의 은혜는 죄가 더 많은 곳에 더 넘치도록 있다는 것을요. 그게 율법의 기능입니다. 떡하니 율법을 들이대니 죄가 더 드러나는 겁니다. 하나님께서 율법을 통해 죄가 더 드러나게 하신 이유는 거기에 은혜가 더 넘치기 때문입니다.

> 율법이 들어온 것은 범죄를 더하게 하려 함이라 그러나 죄가 더한 곳에 은혜
> 가 더욱 넘쳤나니 롬 5:20

그럼 의문이 생기지요? 그럼 율법 전에는 어땠나요? 그에 대한 답이 13절과 14절입니다.

> 죄가 율법 있기 전에도 세상에 있었으나 율법이 없었을 때에는 죄를 죄로 여
> 기지 아니하였느니라 그러나 아담으로부터 모세까지 아담의 범죄와 같은 죄
> 를 짓지 아니한 자들까지도 사망이 왕 노릇 하였나니 아담은 오실 자의 모형
> 이라 롬 5:13-14

죄는 아담부터이지요. 율법은 모세부터입니다. 죄는 율법이 있기 전에도 세상에 있었습니다. 그런데 율법이 없었을 때에는 죄를 지어도 이게 죄인지

아닌지 흐릿하고 또 죄책감이라는 것도 약하고, 그런 상태라는 겁니다. '죄를 죄로 여기지 아니하였느니라' 라는 말은 이런 의미입니다.

그런데 아담 이후 모세가 태어나기까지의 긴 세월 동안 살았던 사람들 중에 아담과 같은 행위, 즉 하나님을 대적하는 정도의 죄 된 행위를 하지 않은 사람도 있었겠지요. 그런데 그 사람들도 모두 죽었습니다. 사망이 왕 노릇 하였다는 거지요. 다 죽었고, 다 죄인이라는 겁니다. 사망이 모든 사람의 죄인 됨을 증거합니다.

오늘 본문에서 해석이 필요한 부분은 거의 다 다루었다고 보시면 됩니다. 나머지는 모두 아담과 예수 그리스도에 관하여 서로 대비하며 기술한 것이지요. 15절 이후의 은사, 은혜, 선물은 여기서는 모두 같은 의미라고 보셔도 무방합니다. 성경에서 각각 다른 의미로 기술된 곳도 있지만 여기서는 같은 의미로, 일방적으로 주시는 '은혜' 를 의미합니다.

아담과 예수를 계속 대비합니다. 16절 정죄-의롭다 하심, 17절 사망이 왕 노릇-생명 안에서 왕 노릇, 18절 정죄-의롭다 하심을 받아 생명, 19절 불순종- 순종, 21절, 죄가 사망 안에서 왕 노릇-의로 말미암아 왕 노릇 등 쭉 대비합니다. 이렇게 대비하는 건 15절 '같지 아니하니' 를 설명하는 겁니다. '같지 아니하니' 라는 단어가 계속 반복되지요. 아담과 예수가 다르다는 것입니다. 그런데 그냥 같지 않은 정도가 아닙니다. 진짜 포인트는 이것입니다.

15절 가운데 '더욱' 이라는 단어가 나옵니다. 그리고 또 17절과 20절에도 '더욱' 이 있습니다. 그러면, '더욱' 과 함께 나오는 공통된 말이 무엇인지 찾아보세요. 15절 끝부분에 '넘쳤느니라', 17절에서 '더욱', '은혜와 의의 선물을 넘치게 받은 자들', 20절에서 '더욱' 은혜가 '넘쳤나니' 입니다.

성도 여러분, 예수님은 단순히 아담과 대비되어 보여지는 다른 분이 아니라 바로 '더욱', '넘치게 하시는 분' 입니다. 우리가 예수를 믿어 거듭난다는 건 단순히 창조 당시 죄 짓기 전에 아담, 즉 하나님의 형상 이미지를 갖는 그 정도의 아담이 아닙니다. 우리에게 임하시는 하나님의 영광은 아담과는 비교할 수 없는 더욱 그리고 넘치는 존재입니다. 쉽게 말해 죄 짓기 전 아담 보다 더 나은, 넘치도록 나은 존재라는 겁니다.

창세기를 다시 펼쳐서 찾아보십시오. 하나님이 아담에게 아들이라고 부르신 적이 있는지, 하와에게 딸이라고 부르셨는지 한 번 찾아보십시오. 예수님은 단순히 우릴 죽음에서 생명으로 옮기신, 죽을 아담에서 죽지 않을 아담으로 옮기신 정도가 아닙니다. 단순히 하나님의 이미지와 형상이 아니라 성자 하나님이신 예수님의 피와 살을 함께 나눈 존재로 만드신 것입니다. 아담이 죄 지을 때 함께 죄를 짓고 사망에 이른 저와 여러분은 예수가 십자가에서 죽으실 때 우리도 십자가에서 죽은 겁니다. 예수님이 부활하셔서 영원히 썩지 않을 몸을 입으신 것처럼 우리도 그 부활에 참예하였습니다.

> 이는 죄가 사망 안에서 왕 노릇 한 것 같이 은혜도 또한 의로 말미암아 왕 노릇 하여 우리 주 예수 그리스도로 말미암아 영생에 이르게 하려 함이라 롬 5:21

우리에겐 이제 사망이 왕 노릇 못합니다. 우린 이미 예수와 함께 죽었기에 다시는 죽지 않습니다. 예수님은 죽음을 더 이상 죽는다고 하지 않고 '잔다'라고 하십니다. 예수 그리스도로 말미암아 영생에 이르게 됩니다. '더욱' 하나님 아버지의 자녀로서 말입니다. 비록 죄 된 행위를 하고 죄책감이 있어도, 나쁜 짓을 한다고 하여도 하나님의 넘치는 은혜, 하나님의 넘치는 사랑 앞에서 우린 지금 또 영원히 하나님 나라에서 자녀로 살아가는 존재입니다.

 이 모든 것이 2천 년 전 예수 십자가에서 다 이루신 일이고, 그 때 그 장소에 우리도 예수와 함께 십자가에 달린 겁니다. 오직 예수입니다.

 부디 오늘 하루, 또 마지막 그 날까지 이제 하나님의 이미지 보다 더욱 귀한 '내가 하나님의 아들이다, 내가 하나님의 딸이다.' 라는 우리의 정체성을 우리가 걷는 모든 인생길에서 드러내는 저와 여러분, 한국교회, 열방의 교회이길 주님의 이름으로 축원합니다.

말씀으로 기도

1. 원죄를 깨닫고, 누구나 첫 아담 안에서 죄인임을 고백합시다. 그리고 예수 그리스도 안에서 더 이상 죄인이 아니라 하나님의 자녀로 거듭난 것을 감사하며 기도합시다.

2. 우리의 정체성은 '나는 하나님의 아들이다, 나는 하나님의 딸이다.' 입니다. 세상의 그 어떤 지위와 명예도 이와 견줄 것이 없습니다. 날마다 우리의 정체성을 잊지 않도록 도와 달라고 기도합시다.

의의 종

로마서 6:1-11

1 그런즉 우리가 무슨 말을 하리요 은혜를 더하게 하려고 죄에 거하겠느냐 2 그럴 수 없느니라 죄에 대하여 죽은 우리가 어찌 그 가운데 더 살리요 3 무릇 그리스도 예수와 합하여 세례를 받은 우리는 그의 죽으심과 합하여 세례를 받은 줄을 알지 못하느냐 4 그러므로 우리가 그의 죽으심과 합하여 세례를 받음으로 그와 함께 장사되었나니 이는 아버지의 영광으로 말미암아 그리스도를 죽은 자 가운데서 살리심과 같이 우리로 또한 새 생명 가운데서 행하게 하려 함이라 5 만일 우리가 그의 죽으심과 같은 모양으로 연합한 자가 되었으면 또한 그의 부활과 같은 모양으로 연합한 자도 되리라 6 우리가 알거니와 우리의 옛 사람이 예수와 함께 십자가에 못 박힌 것은 죄의 몸이 죽어 다시는 우리가 죄에게 종 노릇 하지 아니하려 함이니 7 이는 죽은 자가 죄에서 벗어나 의롭다 하심을 얻었음이라 8 만일 우리가 그리스도와 함께 죽었으면 또한 그와 함께 살 줄을 믿노니 9 이는 그리스도께서 죽은 자 가운데서 살아나셨으매 다시 죽지 아니하시고 사망이 다시 그를 주장하지 못할 줄을 앎이로라 10 그가 죽으심은 죄에 대하여 단번에 죽으심이요 그가 살아 계심은 하나님께 대하여 살아 계심이니 11 이와 같이 너희도 너희 자신을 죄에 대하여는 죽은 자요 그리스도 예수 안에서 하나님께 대하여는 살아 있는 자로 여길지어다

샬롬! 오늘 말씀의 항해에 참여하시는 성도님들 한 분도 빠짐없이 '산 자'로서 이 땅에서 승리하는 인생되기를 주님의 이름으로 축원합니다.

제가 전체 구조를 자주 반복해서 말씀드리는 이유는 이번 로마서 항해가 다 끝나고 나면 로마서 전체가 여러분의 손에 잡히길 바라기 때문입니다. 그런 의미에서 다시 한번 저희가 지금 로마서 항해 어디 즈음에 있는지를 간략히 보겠습니다. 1장 1절부터 17절까지가 서론이었고 1장 18절부터 3장 20절까지는 본론의 첫 주제인 '하나님의 진노와 심판'이었습니다. 그리고 하나님의 진노의 대상을 이방인, 도덕적 비판론자, 유대인, 모든 인류, 이렇게 네 부분으로 나누어 살펴보았습니다.

하나님의 진노와 심판이 끝나고 본론의 두 번째 주제인 하나님의 은혜와 사랑이 시작됩니다. 하나님의 은혜와 사랑 중 첫 번째가 '나타난 하나님의 한 의'로서, 3장 21절부터 4장 끝까지였습니다. 그 곳에서 그리스도의 십자가에 나타난 하나님의 의, 즉 칭의를 다루었습니다.

그리고 하나님의 은혜와 사랑 두 번째가 '그리스도 안에서 하나 됨'이며, 그 내용으로 5장에 있는 칭의의 결과들과 아담과 예수 그리스도의 두 인류를 어제까지 살펴보았습니다. 그리고 하나님의 은혜와 사랑 '그리스도 안에서 하나됨'의 마지막 내용에 관해 6장 전체에서 말하고 있습니다.

그런데 하나님의 은혜에 관한 하나님 말씀에 대해 심각한 오해가 생깁니다. 오직 믿음으로 의롭다 함을 입었다고 한다면 '그럼 행위는 아무것도 아니냐?'라는 도덕 폐기론이 등장할 수 있습니다. 또한 어제 본 로마서 5장 20절, '죄가 더한 곳에 은혜가 더욱 넘쳤나니', 즉 '죄가 크고 깊을수록 은혜가 더 크고 더 깊다'라는 말씀에 대하여 '그럼 은혜가 더 넘치기 위해선 더더욱 죄를 지어도 되겠네'라고 생각하기도 합니다. 사실 이런 오해와 신앙의 불균형은 그 당시에 발호하고 있었던 영지주의의 영향 때문이기도 합니다. 영지주의는 영과 육을 이분법적으로 분리하여 영은 거룩하고, 육은 더러운 것, 썩을 것이라고 합니다. 그래서 영만 거룩하면 되니까 육은 마음대로 놔둬도 된다는 것이었고, 그렇게 방치하니 쾌락주의, 도덕적 방임으로 이어졌습니다. 그런 배경으로 오늘 본문 1절은 이런 질문으로 시작하고 있습니다.

그런즉 우리가 무슨 말을 하리요 은혜를 더하게 하려고 죄에 거하겠느냐 롬 6:1

바울은 "은혜로 받은 믿음만 있으면 된다고? 그리고 은혜는 죄가 더한 곳에 더욱 넘친다고? 그럼 은혜를 더하게 하려고 계속 죄에 거하겠다는 말이냐?"고 우리에게 질문을 하는 겁니다. 이에 대하여 하나님은 즉각, 강경하게 말씀하십니다.

그럴 수 없느니라 죄에 대하여 죽은 우리가 어찌 그 가운데 더 살리요 롬 6:2

'그럴 수 없느니라.' 단호합니다. 하나님은 당신의 뜻과 정면으로 배치되는 것에 대하여는 매우 단호하십니다. 우리는 죄에 대하여 죽었기 때문에 죄 가운데에서 살 수 없다는 것을 강조하고 있습니다. 그런데 '죄에 대하여 죽은'이라고 할 때 '죽은'은 헬라어로 부정과거 시제를 씁니다. 과거 1회로 완전히 죽었다는 것입니다. 그럼 우리가 도대체 언제, 어디서 죽었나? 또 다시 살았다면 언제, 어떻게 살았는가? 그것을 바울은 '연합'이란 키워드로 풀어 갑니다.

자, 형광펜과 볼펜을 꺼내 보십시오. 찾아가면서 줄을 치십시요. 3절 예수와 합하여, 죽으심과 합하여, 4절 그의 죽으심과 합하여, 5절 죽으심과 같은 모양으로 연합한 자, 그의 부활과 같은 모양으로 연합한 자, 6절 예수와 함께 십자가에 못 박힌 것, 8절 그리스도와 함께 죽었으면, 그와 함께 살 줄을 … 다 줄을 치셨지요?여기서 나오는 '합하여, 연합, 함께'의 모든 결론을 맺는 말씀이 11절에 있습니다.

> 이와 같이 너희도 너희 자신을 죄에 대하여는 죽은 자요 그리스도 예수 안에
> 서 하나님께 대하여는 살아 있는 자로 여길지어다 롬 6:11

예수와 '합한, 연합한, 함께'의 결론은, '이와같이, 여길지어다'입니다. 여기서 '여길지어다'는 '무엇으로 취급하다, 그런 것으로 생각하다'라는 뜻이 아닙니다. 즉 살아 있는 자로 취급하거나 살아 있는 자로 생각한다는 그런 의미가 아닙니다. 믿는 것도 아닙니다. 살아 있는 자로 믿으라는 것도 아니라는 겁니다. 살아 있는 자로 체험하라는 것도 아닙니다. 인간으로부터 나오는 불완전한 생각, 믿음, 체험과는 차원이 다른 말입니다.

'여기다'로 번역된 헬라어의 원 뜻은 '결론을 내리다, 결정하다'라는 의미입니다. 이는 마치 재판에서 재판장이 모든 증거로 입증되는 사실에 근거하여 판결을 내리는 것과 같습니다. 판사가 판결을 내리면 피고인은 그 판결을 받습니다. 그 판결은 받아도 되고 안 받아도 되는 것이 아닙니다. 반드시 내려진 결정을 받아야 하는 겁니다.

하나님이 재판장이십니다. 우리는 하나님 앞에 있는 사람입니다. 하나님 쪽에서 '여긴다'는 건 판결을 하는 것을 의미하고, 사람 편에서 '여긴다'는

건 그 판결을 받는 것을 의미합니다. 그런데 11절에서의 '여길지어다'는 헬라어로 2인칭 복수 현재 명령형입니다. 2인칭 복수 '너희는'과 현재인 '지금' 그리고 명령형, '받아라'가 합해져 있습니다. 직역하면 '너희는 지금 받아라!' 입니다. 무엇을 말입니까? 바로 '죄에 대하여는 죽은 자요 그리스도 예수 안에서 하나님께 대하여는 살아 있는 자'라는 하나님의 판결을 받으라는 겁니다.

판사가 판결하면 피고인은 자기가 좋던 싫던 그 판결을 받게 되고 그 판결에 따라 살 수밖에 없습니다. 선택의 여지가 없습니다. 지금 예수와 '합한, 연합한, 함께'를 통칭하여 연합이라 하겠습니다. 예수와 연합한 결론, '이와같이 판결을 하노니 너희는 그 판결을 받아라'라고 하나님이 말씀하십니다. 이것이 너희의 판결이니 이 판결대로 살아라, '산 자'로 판결을 내렸으니 '산 자'로서 이제 살아라, 라고 하십니다.

6장 3절부터 10절까지는 이 판결문의 근거가 되는 예수와의 연합에 관한 내용, 즉 연합하여 죽고 연합하여 사는 내용들입니다. 그리고 11절 판결 이후 12절부터 23절까지가 판결문을 받은 우리가 어떻게 판결문 내용대로 살아야 하는가에 관한 내용입니다. 그래서 하나님의 은혜 중 '그리스도와 하나 됨'의 마지막 주제가 '그리스도께 연합되고 하나님의 종이 됨'입니다.

그럼 도대체 그리스도와 연합이라는 것이 무언가요? 연합을 쉽게 한마디로 표현한다면, 예수님은 포도나무시며 우리는 접붙인 가지 즉 하나님께서 포도나무에 접붙인 가지인 겁니다. 가지가 뛰어가서 붙나요? 아니지요, 농부가 갖다 붙입니다. 그렇게 연합된 겁니다. 하지만 연합은 단순히 접붙여진 것 보다 깊은 의미가 있습니다. 그럼 2절을 다시 보겠습니다.

성경은 분명히 '죄에 대하여 우리는 죽었다'고 하고 있습니다. 과거입니다. 예수님의 단 한 번의 죽음에 우리가 연합하여 우리도 단 한 번에 죽은 겁니다. 여기서는 바울이 고린도전서에서 말하는 '내가 날마다 죽노라'와 다른 개념입니다. 그런데 어째서 우린 계속 죄를 지으며 사는 것일까요? 죄에 대하여 죽었다면서 왜 죄에 대하여 즉각 반응하며, 내 안에서 무언가 뜨거운 것이 올라오느냐 말입니다. '죄에 대하여 죽은 우리' 이 말씀을 자세히 볼 필요가 여기에 있습니다.

먼저 '죄에 대하여'입니다. 여기서 죄는 죄의 실체를 의미합니다. 11절에서는 '죄에 대하여'와 '하나님에 대하여'를 서로 대비하고 있습니다. 하나님이 실존하시는 것처럼 죄도 그 실체가 있다는 겁니다. '죄의 실체에 대하여'에서 '대하여'는 헬라어 원어에서도 '여격' 전치사를 사용함으로써 영향을 받는 대상을 나타냅니다. 쉽게 말해 죄의 실체의 영향이자 죄의 실체의 영역에 해당됩니다.

그리고 우리가 명심해야 할 것이 있습니다. 그건 우리가 죄에 대하여 죽었지만 죄는 죽지 않았다는 사실입니다. 죄의 실체는 여전히 살아있습니다. 아니 살아있는 것뿐만 아니라 마지막 때가 가까이 올수록 더욱 발악을 합니다. 인간의 모든 것을 파괴하고 집요하게 쫓아다니며 유혹하고 거짓을 더욱 그럴듯하게 진짜로 포장하고, 온 세상에 갈등을 심어 놓아 여기저기서 분노가 터져 나오게 하고, 집안 구석구석 안 미치는 곳이 없어서 가정을 파괴하고, 직장을 돈이라면 무엇이든 하는 곳으로 만들고, 교회에서 장사하도록 만들고, 말씀을 왜곡하고 등 갖가지 술수는 더욱 교묘해집니다.

그럼 '우리가 죽었다' 이 부분만 남습니다. 우선 성경을 통해 하나님께서 말씀하시는 스타일을 알아야 합니다. 어떤 말씀은 역사 속 인간의 시간에 맞추어 단어를 사용하십니다. 성경 중 역사서가 주로 그렇습니다. 그런데 어떤 말씀은 미래의 일을 현재의 일처럼 말씀하십니다. 약속과 언약, 그리고 하나님의 확실한 뜻을 말씀하실 때 주로 그렇습니다. 예를 들면, 하나님이 여호수아에게 가나안 땅에 들어가라고 하셨을 때 아직 땅 한 쪽도 안주시고는 이런 말씀을 하십니다.

> 내가 모세에게 말한 바와 같이 너희 발바닥으로 밟는 곳은 모두 내가 너희에
> 게 주었노니 수 1:3

줄 것이다가 아니지요. '주었노니' 이미 준 것으로 말씀하십니다. 시간이 필요 없는 하나님 입장에서 시간 속에 있는 여호수아에게 시간을 뛰어 넘어 말씀하시는 겁니다. 사람 입장에선 '줄' 것이지만 하나님 입장에선 '준' 것입니다'.

단순히 시간만 뛰어 넘으신 것일까요? 아닙니다. 하나님은 유능하신 분이 아니라 전능하신 분이므로 하나님이 약속하시고 언약하신 건 이미 이루어진 거나 다름이 없는 것입니다.

'우리가 죄에 대하여 죽었다', 이는 그리스도 안에서 이루신 하나님의 말씀입니다. 이미 죽은 것, 맞습니다. 하나님은 전능하신 하나님입니다. 당신이 말씀하시고 언약하신 것은 이미 이루셨습니다. '우리가 죄의 실체에 대하여 죽었다'는 것은 더욱이 하나님의 사랑하는 아들 독생자 예수를 십자가에 내어 주시면서까지 이루신 것입니다. 그러므로 죄에 대하여 우리가 죽은 것은

우리가 원하던 원치 않던 하나님의 판결로서 내려진 것이고 우린 그 판결을 받을 수밖에 없는 존재입니다. 우린 죽은 겁니다.

바울은 3절, 4절에서 우리의 죽음을 세례를 인용하여 설명합니다. 그리스도의 십자가와 함께 우린 죽은 것이며 그것을 인치는 것이 세례입니다. 이처럼 그리스도의 죽으심에 연합된 것과 같이 5절부터 9절까지 우린 그리스도의 부활에도 연합되어 있다는 것을 설명하고 있습니다.

그리고 마지막 판결문을 씁니다.

> 그가 죽으심은 죄에 대하여 단번에 죽으심이요 그가 살아 계심은 하나님께 대하여 살아 계심이니 이와 같이 너희도 너희 자신을 죄에 대하여는 죽은 자요 그리스도 예수 안에서 하나님께 대하여는 살아 있는 자로 여길지어다
> 롬 6:10-11

하나님은 이 시간 저와 여러분에게 '이 판결을 받으라!' 하십니다. 이 얼마나 놀라운 하나님의 은혜입니까? 우리가 죄에 대하여는 죽은 자라는 판결이 내려졌습니다. 그러나 하나님께 대하여는 '살아 있는 자' 라는 판결입니다. 이 얼마나 은혜 넘치는 판결입니까? 이 은혜가 어디서 비롯되었다고요? 바로 '예수 안에서' 입니다. 그리스도와의 연합의 결정판입니다.

구체적으로 판결 후의 내용 즉 살아 있는 자로서 바뀐 신분에 대해선 다음 항해를 통하여 살펴보겠습니다. 여러분, 오늘은 이 11절 판결문을 읽고 또 읽고, 또 읽고, 외우시고, 가슴에 새기시기 바랍니다. 진정 예수 안에 있다는

사실을, 완전히 연합되어 있다는 사실을 우리의 모든 지, 정, 의, 생각, 감정, 의지, 몸의 세포와 세포 속에 새기며, 이 판결을 받고 주체할 수 없는 기쁨과 감사로 이 하루를 사셨으면 합니다. 하나님의 이 은혜의 판결을 받고 휙 내던지는 것이 아니라 가슴에 꼭 안고 이 하루를 사셨으면 합니다.

그 때 비로소 정말 죽을 것 같고, 정말 끝난 것 같고, 자책하던 것, 정죄하던 것, 영혼육의 병든 모든 것들이 모두 해결되고 치유됩니다. 전지전능하신 하나님의 오른 손이 저희를 덮으십니다. 하나님의 은혜 아래 있습니다.

부디 저와 여러분 모두 죄에 대하여는 죽은 자이나 예수 그리스도 안에서 하나님에 대하여는 살아 있는 자라는 하나님의 은혜의 말씀을 '아멘'으로 답할 때마다, 영혼육의 모든 상처와 질병이 치유되고 삶의 모든 영역이 살아나기를 주님의 이름으로 축원합니다.

말씀으로 기도

1. 예수님은 포도나무이고 우리는 접붙인 가지이며 하나님은 농부이시고 우리는 포도나무에 접붙인 가지입니다. 이 말씀 그대로 접붙임 받은 자의 진리를 깨닫게 해 달라고 기도합시다.

2. 죄에 대하여는 죽은 우리가 죄에 얽매여 살지 않고 예수 그리스도안에서 소망 가운데 살아가는 삶이 되기를 기도합시다.

3. 6장11절 말씀을 선포하며 기도합시다. '너희도 너희 자신을 죄에 대하여는 죽은 자요 그리스도 예수 안에서 하나님께 대하여는 살아 있는 자로 여길지어다.' 아멘

그리스도와 연합되고 의의 종이 됨

로마서 6:11-23

11 이와 같이 너희도 너희 자신을 죄에 대하여는 죽은 자요 그리스도 예수 안에서 하나님께 대하여는 살아 있는 자로 여길지어다 12 그러므로 너희는 죄가 너희 죽을 몸을 지배하지 못하게 하여 몸의 사욕에 순종하지 말고 13 또한 너희 지체를 불의의 무기로 죄에게 내주지 말고 오직 너희 자신을 죽은 자 가운데서 다시 살아난 자 같이 하나님께 드리며 너희 지체를 의의 무기로 하나님께 드리라 14 죄가 너희를 주장하지 못하리니 이는 너희가 법 아래에 있지 아니하고 은혜 아래에 있음이라 15 그런 즉 어찌하리요 우리가 법 아래에 있지 아니하고 은혜 아래에 있으니 죄를 지으리요 그럴 수 없느니라 16 너희 자신을 종으로 내주어 누구에게 순종하든지 그 순종함을 받는 자의 종이 되는 줄을 너희가 알지 못하느냐 혹은 죄의 종으로 사망에 이르고 혹은 순종의 종으로 의에 이르느니라 17 하나님께 감사하리로다 너희가 본래 죄의 종이더니 너희에게 전하여 준 바 교훈의 본을 마음으로 순종하여 18 죄로부터 해방되어 의에게 종이 되었느니라 19 너희 육신이 연약하므로 내가 사람의 예대로 말하노니 전에 너희가 너희 지체를 부정과 불법에 내주어 불법에 이른 것 같이 이제는 너희 지체를 의에게 종으로 내주어 거룩함에 이르라 20 너희가 죄의 종이 되었을 때에는 의에 대하여 자유로웠느니라 21 너희가 그 때에 무슨 열매를 얻었느냐 이제는 너희가 그 일을 부끄러워하나니 이는 그 마지막이 사망임이라 22 그러나 이제는 너희가 죄로부터 해방되고 하나님께 종이 되어 거룩함에 이르는 열매를 맺었으니 그 마지막은 영생이라 23 죄의 삯은 사망이요 하나님의 은사는 그리스도 예수 우리 주 안에 있는 영생이니라

샬롬! 오늘 말씀의 항해에 참여하시는 모든 성도님들이 하나님의 말씀 가운데 우리가 그리스도인임을 다시금 깨닫는 은혜가 있기를 주님의 이름으로 축원합니다.

어제 항해 중에 가장 기억에 남는 것이 무엇이셨나요? 11절이 핵심 구절이고, 그것이 '하나님이 우리에게 내리신 판결문이다.'라는 거였지요. 판결이 내려졌습니다. 그럼 그 판결의 결과를 볼까요?

> 죄가 너희를 주장하지 못하리니 이는 너희가 법 아래에 있지 아니하고 은혜
> 아래에 있음이라 롬 6:14

이제 해방되었습니다. 더 이상 죄의 실체가 우리를 자기 것이라고 못합니다. 법 아래에서 신음하던 우리가 해방되어 은혜의 영역으로 거주지가 바뀌었습니다. 이것을 구약에서 가장 생생하게 보여주는 것이 출애굽입니다.

> 형제들아 나는 너희가 알지 못하기를 원하지 아니하노니 우리 조상들이 다 구
> 름 아래에 있고 바다 가운데로 지나며 모세에게 속하여 다 구름과 바다에서
> 세례를 받고 고전 10:1-2

홍해를 건너는 것을 세례를 받는 것과 견주어 볼 수 있습니다. 우리가 다 잘 아는 출애굽이지만 그 장면을 다시 한번 생각해봅시다. 이스라엘은 400년 동안 애굽 바로왕 밑에서 노예로 있었습니다. 무려 400년입니다. 태어나 보니 노예이고 아버지, 할아버지, 아들, 손자 다 노예입니다. 노예인 것이 그냥 익숙합니다. 그런데 어느 날 모세가 나타나 애굽을 떠나자고 합니다. 양의 피를 발라야 산다고 합니다. 유월절 그 날 밤 애굽 땅에 양의 피를 바르지

않은 모든 집안의 첫 태생이 죽었습니다. 애굽의 첫 것은 다 죽었습니다. 모세가 전하는 하나님 말씀을 믿고, 양의 피에 참여한 자들은 모두 살았습니다. 그리고 홍해를 건넙니다. 옛 것이 죽고 새 생명으로 나오는 것을 의미합니다. 홍해에서 옛 것은 죽었습니다. 그리고 홍해에서 나올 때 새로 태어난 것입니다.

여기서 잠깐, 우리가 결신하고 세례 받나요, 세례 받고 결신하나요? 결신하고 세례 받지요. 유월절에 살려 놓으시고, 홍해를 건넙니다. 예수 그리스도를 마음으로 믿고 입으로 시인할 때, 이미 성령님이 오신 겁니다. 이신칭의는 그 순간입니다. 일단 먼저 살려 놓고 시작하시는 것입니다.

홍해에서 나와서 바로 가나안으로 들어가나요? 아니지요. 광야가 있습니다. 그런데 광야에 들어가면서 가장 먼저 닥친 난관은 먹고, 마시는 문제였습니다. 먹고 마시는 것, 사람에게 아주 기본적인 거지요. 몸의 욕구 중 가장 기본적인 문제를 이스라엘 백성은 홍해를 건너고 첫 문제지로 받은 겁니다. 여러분이라면 어떤 답을 쓰실 건가요? 이스라엘 백성은 불평, 불만, 원망, 그리고 애굽을 그리워한다고 써서 답안지를 제출합니다. 모세에게 따지고, 덤비고 그러지요.

> 그러므로 너희는 죄가 너희 죽을 몸을 지배하지 못하게 하여 몸의 사욕에 순
> 종하지 말고 또한 너희 지체를 불의의 무기로 죄에게 내주지 말고 롬 6:12-13

여기서 몸은 육체적 몸을 말합니다. 몸의 모든 욕구가 다 나쁘지는 않지만, 하지만 죄는 우리를 지배하는 교두보로 우리의 몸을 이용합니다. 그런데 그 먹고 마시는 몸의 욕구를 하나님은 어떻게 해결하시나요? 은혜로 해결하

십니다. 만나와 메추라기, 반석의 물을 통해서 말이지요. 이것이 본문 14절, '은혜 아래에 있음'입니다. 조금씩 이해가 되시지요. 출애굽 장면으로 본문을 해석하는 겁니다.

그리고 이제 반석의 물까지 마셨는데 곧장 가나안으로 가나요? 아닙니다. 곧바로 아말렉과 전쟁이 벌어집니다. 홍해를 건너는 것이 출애굽 14장이고, 15장에서는 홍해를 건넌 모세가 하나님을 찬양하는 '모세의 노래'를 부릅니다. 16장에서 곧바로 하나님이 만나와 메추라기를 내려 주시고, 17장에서 반석의 물, 아말렉과 전쟁이 연이어 나오지요. 아직 가나안까지는 멀었습니다. 지금 이 모든 것들이 이스라엘 백성들이 홍해를 나오자 마자, 새 생명을 얻자 마자 겪는 일들입니다.

아말렉이 이스라엘을 공격하여 르비딤에서 싸웁니다. 그러나 이스라엘 백성들은 400년 동안 노예였습니다. 군사 훈련도 없었습니다. 맨날 벽돌이나 만들던 사람들이지요. 인간적으론 싸움이 될 리가 없지요. 모세는 산 위에서 기도합니다. 이게 그 유명한 장면인 아론과 훌이 모세의 손을 붙들어 올리는 장면입니다. 모세의 손이 올라가면 이기고 내려가면 지니까 아예 손이 안 내려오게 붙잡고 있는 거지요. 이스라엘이 결국 승리합니다. 누가 싸우신 건가요? 출애굽기 17장 15절, 16절을 보십시오.

> 모세가 제단을 쌓고 그 이름을 여호와 닛시라 하고 이르되 여호와께서 맹세하시기를 여호와가 아말렉과 더불어 대대로 싸우리라 하셨다 하였더라
>
> 출 7:15-16

여기서 아말렉은 하나님의 백성을 공격하는 죄의 실체입니다. 누가 아말렉

과 싸우신다고 합니까? 바로 '여호와'입니다. 여호와가 싸우시는 것이 본문 14절, 은혜 아래에 있는 것입니다. 그럼 인간은 가만히 있었나요? 아닙니다. 하나님은 그렇게 역사하지 않으십니다.

여호수아가 칼날로 아말렉과 그 백성을 쳐서 무찌르니라 출 17:13

여호수아는 하나님의 전쟁에서 하나님의 무기가 되어 싸운 겁니다. 이것이 13절 후반부, '오직 너희 자신을 죽은 자 가운데서 다시 살아난 자 같이 하나님께 드리며 너희 지체를 의의 무기로 하나님께 드리라'는 말씀의 시청각 해설입니다.

그러므로 우리가 그의 죽으심과 합하여 세례를 받음으로 그와 함께 장사되었
나니 이는 아버지의 영광으로 말미암아 그리스도를 죽은 자 가운데서 살리심
과 같이 우리로 또한 새 생명 가운데서 행하게 하려 함이라 롬 6:4

홍해만 건너면 곧바로 가나안을 가고 새 생명이 되면 곧바로 땅에서 들려 올라가나요? 아닙니다. 행하게 하려는 겁니다. 이 땅에서 말이지요. 행함은 예수 재림 후에는 없어요. 행함은 오직 이 땅에서 하는 겁니다. 예수 그리스도의 십자가와 부활에 우리가 연합되어 옛 사람이 죽고 새 생명을 얻은 살아 있는 자라고 내린 판결문을 들고, 이 땅에서 그 판결문에 걸맞게 행하게 하려 함입니다.

예수 그리스도로 인하여 의롭다함을 입은 우리가 법 아래가 아닌 은혜 아래로 거주지가 바뀐 사람이라면, 먼저 하지 말아야할 것이 있습니다. 12절, 죄가 너희 죽을 몸을 지배하지 못하게 하여 몸의 사욕에 순종하지 말고 13

절, 너희 지체를 불의의 무기로 죄에게 내주지 말라는 겁니다.

반대로 우리가 해야 할 것은 13절, '오직 너희 자신을 죽은 자 가운데서 다시 살아난 자 같이 하나님께 드리며 너희 지체를 의의 무기로 하나님께 드리라' 는 겁니다.

옛 사람이 죽었다면서 왜 죄를 반복하나요? 홍해를 건너도 죄는 몸의 사욕, 즉 이생의 자랑, 안목의 자랑, 육신의 정욕으로 공격합니다. 거기에 우리 몸을 다시 내 맡기면 편안하고, 안전하고, 기분이 좋습니다. 왜요? 400년간 노예로 있었습니다. 태어나면서 부터입니다. 무려 아담 때부터 익숙한 종노릇입니다. 몸이 예전을 그리워하는 겁니다. 그러니 하나님의 은혜 아래에서 여호수아가 칼을 휘두르듯 우리는 싸워야 합니다.

그럼 싸워야 한다는 말을 듣고 육체를 쳐서 고행을 하고, 금식을 하고, 그런 금욕주의를 실천 하라는 것인가요? 아닙니다. 그건 철저히 자기 의에서 나온 행동이지요. 전쟁은 하나님이 하십니다. 우리 자신을 하나님께 드리며 우리의 지체를 의의 무기로 하나님께 드려야 합니다. 이 말을 더 쉽게 하자면, 우리는 하나님의 종이라는 것입니다.

> 너희 자신을 종으로 내주어 누구에게 순종하든지 그 순종함을 받는 자의 종이 되는 줄을 너희가 알지 못하느냐 혹은 죄의 종으로 사망에 이르고 혹은 순종 의 종으로 의에 이르느니라 롬 6:16

누구에게 순종하느냐에 따라 누구의 종이 될 지 결정된다는 것을 말합니다. 몸의 사욕에 순종하고, 지체를 불의의 무기로 죄에게 내어주면, 죄의 종이 되는 것입니다. 죄의 종에 대해 먼저 보지요. 17절, 우리는 본래 죄의 종이었습니다. 19절, 육신이 연약하여 지체를 부정과 불법에 내주어 불법에 이른 우리였습니다.

그런데 15절, 이제 우린 은혜 아래에 있습니다. 하나님의 은혜의 판결문을 받은 자들입니다. 판결문을 다시 볼까요?

> 이와 같이 너희도 너희 자신을 죄에 대하여는 죽은 자요 그리스도 예수 안에
> 서 하나님께 대하여는 살아 있는 자로 여길지어다 롬 6:11

'하나님께 대하여는 살아 있는 자'라고 하였는데, 전제가 있습니다. '예수 안에서'입니다. 우리가 죄에서 해방되었다고, 그냥 자유가 아니라는 겁니다. 예수 안으로 옮겨진 존재일 때, '살아 있는 자'인 것이지요. 중간은 없는 겁니다. 죄의 종이거나, 예수의 종이거나 둘 중 하나입니다.
예수의 종을 16절에서는 순종의 종이라고 합니다. 예수님이 하나님께 대한 순종을 완전히 이루신 분이시기에 '순종'의 대표입니다. 죄의 종의 끝은 사망이지만, 순종, 즉 예수의 종은 의에 이릅니다.
우리가 순종의 종이기에, 17절, 교훈의 본, 온전히 순종하신 예수님을 교훈 삼으라는 겁니다. 쉽게 말해 마음으로 예수님의 본을 따르기로 합니다. 18절, 죄로부터 해방이 되고, 의의 종, 예수님의 종이 되었느니라, 라고 하는 겁니다.
그러면 이렇게 질문할 수 있습니다. '분명히 예수님은 요한복음 15장에서 이제부터는 종이라 하지 않고 우리를 친구라 하신다고 했는데 이상합니다.'

라고요. 예수님의 종이란 것은 이런 것입니다.

> 나는 마음이 온유하고 겸손하니 나의 멍에를 메고 내게 배우라 그리하면 너희
> 마음이 쉼을 얻으리니 이는 내 멍에는 쉽고 내 짐은 가벼움이라 하시니라 마
> 11:29–30

예수의 종이 되는 것을 예수님은 마태복음 11장 29절에서 이렇게 말씀하신 겁니다. '나의 멍에를 메라' 라고 말이지요. 멍에는 예전에 말씀드린 것처럼, 어미 소와 아기 소의 목을 이어주는 도구이지요. 어미 소가 밭을 갈면, 아기 소는 곁에서 따라 갈 뿐입니다. 그렇게 멍에에 매어 어미 소를 따라가다 보면 아기 소는 점차로 어미 소를 본받습니다. 이것을 성화라고 합니다. 예수님이 이미 다 하신 것을 우린 따라가는 것입니다. 우리 목에 걸린 멍에를 같이 지시는 분이 예수님이십니다. 22절,성화의 길의 끝은 영생이라. 23절 하나님의 은혜, 선물, 은사의 끝은그리스도 예수 우리 주 안에 있는 영생입니다.

하나님의 은혜의 판결문은 우리에게 '너희는 이제 내 것이라' 라는 선포인 것입니다. '너희는 이제 예수 그리스도와 하나 되었다' 는 것의 확정판결인 겁니다.

성도 여러분, 에덴동산에서 사단이 하와의 귀에 속삭이며, '하나님이 참으로 너희에게 동산 모든 나무의 열매를 먹지 말라 하시더냐' 라고 물었던 것처럼, 사단은 지금도 우리 마음속에서, '왜 힘들게 참니, 이전처럼 계속해! 마음껏 해봐! 너는 은혜 아래 있잖아, 하나님이 널 용서해 주실거야' 라고

속삭이고 있는 겁니다. 이것이 아말렉의 공격입니다. 전쟁터 르비딤은 우리 안에서 벌어지고 있는 것입니다. 몸은 자꾸 예전의 익숙하고도 편한 죄의 종으로 돌아가려고 합니다.

> 그럴 수 없느니라 죄에 대하여 죽은 우리가 어찌 그 가운데 더 살리요 롬6:2
> 우리가 법 아래에 있지 아니하고 은혜 아래에 있으니 죄를 지으리요 그럴 수 없느니라 롬 6:15

그 때, 그 속삭임이 들릴 때, '그럴 수 없느니라', 이 말씀을 붙잡아야 합니다. 바울을 통해 하신 하나님의 단호한 음성이, 우리의 입술과 마음과 몸을 통해 터져 나와야 합니다. '그럴 수 없느니라' 이것이 여호수아에게 들려진 칼이고, 이것이 저희에게 주신 말씀의 검입니다. 이 검을 휘두르며, 여호수아가 가나안 땅에 들어간 것처럼, 우리도 거룩함에 이르는 열매를 맺으며, 영생에 들어가는 겁니다.

성도 여러분, 우리는 실제로 끊임없이 우리가 누구인가를 상기해야 합니다. 우리는 계속해서 반복적으로 스스로에게 질문하고 답해야 합니다. '너는 그리스도의 죽으심과 부활 안에서 그 분과 연합되었다는 사실을 모르는가?', '너는 의의 종인 걸 모르는가?', '너는 네가 누구인지 모르는가?' 그리고 스스로에게 답해야 합니다. '그래, 나는 내가 누구인지 확실히 안다. 나는 그리스도 안에서 새로운 사람이고, 하나님의 은혜로 그에 합당한 삶을 살 것이다.' 라고 대답해야 합니다.

지금 하나님께서 저와 여러분에게 물으십니다. '너는 누구니?'

부디 저와 여러분 모두, 오늘 하루, 그리고 남은 평생, 하나님의 그 음성, '너는 누구니?'라는 음성을 매일 들으며, 그 질문에 자신 있게 답할 수 있는 그리스도의 거룩한 종이길 주님의 이름으로 축원합니다.

말씀으로 기도

1. 이제는 우리가 은혜 아래 있으니 죄에 대하여 '그럴 수 없느니라' 담대히 선포하며, 영적 전쟁에서 승리하는 삶을 살기를 기도합시다.

2. 우리는 그리스도와 함께 멍에를 맨 그리스도의 종입니다. 주님의 이끄심에 따라 성화를 이루어 갈 수 있도록 성령님 도와 주시길 기도합시다.

살아있는 율법에 대하여 죽은 나

로마서 7:1-6

1 형제들아 내가 법 아는 자들에게 말하노니 너희는 그 법이 사람이 살 동안만 그를 주관하는 줄 알지 못하느냐 2 남편 있는 여인이 그 남편 생전에는 법으로 그에게 매인 바 되나 만일 그 남편이 죽으면 남편의 법에서 벗어나느니라 3 그러므로 만일 그 남편 생전에 다른 남자에게 가면 음녀라 그러나 만일 남편이 죽으면 그 법에서 자유롭게 되나니 다른 남자에게 갈지라도 음녀가 되지 아니하느니라 4 그러므로 내 형제들아 너희도 그리스도의 몸으로 말미암아 율법에 대하여 죽임을 당하였으니 이는 다른 이 곧 죽은 자 가운데서 살아나신 이에게 가서 우리가 하나님을 위하여 열매를 맺게 하려 함이라 5 우리가 육신에 있을 때에는 율법으로 말미암는 죄의 정욕이 우리 지체 중에 역사하여 우리로 사망을 위하여 열매를 맺게 하였더니 6 이제는 우리가 얽매였던 것에 대하여 죽었으므로 율법에서 벗어났으니 이러므로 우리가 영의 새로운 것으로 섬길 것이요 율법 조문의 묵은 것으로 아니할지니라

샬롬! 오늘 말씀의 항해에 참여하시는 성도님들 한 분도 빠짐없이 주님의 거룩한 신부로 살아가길 주님의 이름으로 축원합니다.

우리는 로마서 항해의 반환점을 돌았습니다. 지금까지 빠짐없이 달려오신 분도 계시겠지만 가끔 쉬신 분도 계시고, 이제 신발 끈을 묶고 다시 시작하시려는 분도 계실 것입니다. 어떤 상황에 계시든 이제 또 새로운 시작입니다. 그리스도인은 어제를 사는 것도 아니고, 내일을 사는 것도 아니고, 바로 오늘을 사는 사람입니다. 주님과 함께 말이죠. 부디 오늘도 말씀 안에서 성령님이 주시는 깨달음과 하나님과의 친밀한 교제를 이루시길 주님의 이름으로 축원합니다.

오늘 본문은 하나님의 은혜와 사랑 가운데 세 번째 주제인 '율법'입니다. 첫 번째는 하나님의 의, 둘째는 그리스도와 하나됨이었습니다. 첫째와 둘째는 하나님의 은혜의 내용으로 수긍이 갑니다. 그런데 율법이라니요. 이해하기도 어렵고, 수긍이 잘 가지 않습니다. 그래서 그런지 7장이 로마서 가운데 가장 어려운 본문으로 알려져 있으며 많은 설교자들이 피하고 싶어하는 본문이기도 하고 실제 많이 피합니다.

그러나 이 로마서 7장은 곧 이어 나오는 로마서 8장으로 넘어가기 위해 반드시 거쳐야 할 본문입니다. 7장을 거치지 않고는 8장으로 갈 수 없습니다. 단순히 숫자로 7 다음 8이 아니라 우리의 신앙과 우리의 믿음, 우리에게 주시는 하나님의 선물과 은혜를 제대로 누리기 위해서는 반드시 7장의 말씀으로 인한 깨달음과 울림이 있어야 합니다.

그런 의미에서 가능한 한 절, 한 절을 마치 한 계단, 한 계단 오르듯 좀 지루

할 수는 있지만 자세히 로마서 7장의 말씀을 함께 나누기를 원합니다. 말씀의 깨달음으로 저희의 영혼이 맑아지고 성령의 능력으로 육신의 힘을 얻기를 주님의 이름으로 축원합니다.

바울도 7장을 기록하면서 작심하고 어렵게 기술하기로 하였는지, 처음에는 좀 쉽게 예를 들면서 시작합니다.

> 형제들아 내가 법 아는 자들에게 말하노니 너희는 그 법이 사람이 살 동안만 그를 주관하는 줄 알지 못하느냐 남편 있는 여인이 그 남편 생전에는 법으로 그에게 매인 바 되나 만일 그 남편이 죽으면 남편의 법에서 벗어나느니라 그러므로 만일 그 남편 생전에 다른 남자에게 가면 음녀라 그러나 만일 남편이 죽으면 그 법에서 자유롭게 되나니 다른 남자에게 갈지라도 음녀가 되지 아니하느니라 롬 7:1-3

여기까지는 우리가 편한 마음으로 읽어도 이해되지 않는 것이 전혀 없죠? 부부관계를 예로 들면, 남편이 죽으면 이제 부인은 남편과 사이에 있었던 모든 법적 의무와 책임에서 자유롭게 된다는 겁니다. 1절에서 말씀하듯이 법은 살아있는 사람에게만 구속력이 있지 죽은 자에게는 아무런 영향을 미치지 못한다는 거죠. 꼭 부부관계뿐 아니라 세상에서의 모든 관계, 채권, 채무, 법에 근거한 형벌도 죽은 사람에게는 아무런 영향을 미치지 못합니다. '채권, 채무는 상속되잖아요?'라고 하시면, 그건 살아있는 상속인의 문제이지 죽은 자에겐 무의미합니다.

그런데 바울이 예로 든 것을 우린 쉽게 이해한다고 그냥 넘기기 때문에 오히려 그 다음 구절부터 더 헤맬 수 있습니다. 왜냐하면, 바울의 부부의 예에서 우리는 살아서 자유가 된 부인에게만 관심을 갖기 때문입니다. 아마도 우리가 살아서 말씀을 보기 때문이겠죠.

그러나 실상은 바울이 초점을 맞추고 있는 것은 살아있는 부인이 아니라 죽은 남편입니다. 지금 죽은 자가 오히려 주인공입니다. 우리는 언제나 내가 주인공이잖아요. 2절과 3절을 읽으면서 나를 산 부인에 대입하니까 이후의 말씀과 엇박자를 일으키게 됩니다. 여기서 '나'는 오히려 죽은 자입니다. '율법과 나'의 관계에서 율법이 죽은 것이 아니라 내가 죽었다는 것을 4절에서 말하고 있습니다.

> 그러므로 내 형제들아 너희도 그리스도의 몸으로 말미암아 율법에 대하여 죽임을 당하였으니 이는 다른 이 곧 죽은 자 가운데서 살아나신 이에게 가서 우리가 하나님을 위하여 열매를 맺게 하려 함이라 롬 7:4

'그리스도의 몸으로 말미암아', 즉 그리스도의 십자가에서 우리도 율법에 대하여 죽임을 당하였습니다. 여러분, 예수님은 어디서 태어난 분이신가요? 율법 아래에서 태어나셨나요? 아니면, 은혜 아래에서 태어나셨나요? 율법 아래에서 태어나셨습니다. 이 땅에 인간의 육신을 입고 오셨다는 건 율법을 지켜야 할 지위로 인간의 위치로 오셨다는 것을 의미합니다. 우리를 위하여 율법의 영향을 받아야 할 위치로 오신 거지요. 그런데 그 분은 흠이 없으시죠. 태어나실 때도 남자의 후손이 아닌 여자의 후손으로 오셔서 흠이 없으시고 일생 동안에도 율법의 완성자이시기에 율법에 대하여도 흠이 없으셨습니다.

그런데 그 분이 율법 아래 십자가에서 돌아가신 것은 모든 인류가 율법을 지키지 못하여 범한 모든 죄를 다 그 몸에 지시고 죽으신 것입니다. 그리고 그 십자가의 죽음은 앞서 계속 강조하였듯이 나의 죽음도 포함한 것이죠. 예수님이 율법의 모든 형벌을 십자가에서 감당하셔서 죽으실 때 그로 인해 4절에서 나오는 바와 같이 우리도 율법에 대하여 죽임을 당한 것입니다.

앞에서 6장 11절, '죄에 대하여 죽은 자요'라고 할 때 죄가 죽었다고 했나요? 아니라고 하였습니다. 마찬가지로 율법에 대하여 우리가 죽임을 당하였다고 율법이 죽은 것은 아닙니다. 12절에서 말씀하듯이 율법은 거룩하고 계명도 거룩하고 의로우며 선합니다. 하나님이 사람에게 율법을 주셨는데 당연히 거룩하고, 의로우며, 선합니다. 거룩하고, 의로우며, 선한 것이 죽는다는 것은 말이 안되죠. 율법은 여전히 살았고 다만 율법에 대하여 우리가 죽은 겁니다.

그럼 우리가 율법에 대하여 죽어서 끝인가요? 아닙니다. 하나님이 예수 그리스도로 말미암아 우리로 하여금 율법에 대하여 죽임을 당하게 하신 데는 다 이유가 있습니다. 다른 이 곧 죽은 자 가운데서 살아나신 이, 즉 부활하신 예수님께 가게 하기 위함입니다. 사람의 부부관계는 살아 있는 부인이 재혼을 하지만 율법과 혼인 관계였던 우리는 우리가 죽어서 율법으로부터 벗어나 부활하신 예수님과 다시 한 몸이 되는 겁니다. 예수님의 신부 말입니다. 무엇을 위해서요? 우리가 하나님을 위하여 열매를 맺게 하려고 말입니다. 그 열매는 예수님의 신부로서 갖추어야 할 순결입니다. 성결한 삶입니다. 우리 몸을 하나님의 기뻐하시는 산 제물로 드리는 겁니다. 율법에 대하여 죽었다는 것이 자기 마음대로 살아도 된다는 것이 아닙니다.

생각해 보세요. 율법에 대하여 죽고, 부활하신 예수님과 한 몸으로 예수님의 신부가 되지 않으면 그냥 죽는 겁니다. 뭘 마음대로 해요? 죽은 사람이.

오히려 여전히 율법에 대하여 살았다고 하는 자들이야 말로 자신이 죽을 것도 모르고 마음대로 사는 겁니다. 기독교는 절대 도덕폐기론자가 아닙니다. 그럴 수 없습니다. 도리어 여전히 율법에 대하여 살았다고 하는 자들, 스스로 의롭다 하는 자들이야 말로 도덕폐기론자입니다. 스스로 의롭기에 사사기처럼 각자의 소견대로이며 절대 기준으로서 도덕이 폐기되는 겁니다.

우리는 죽은 자가 아닌, 산 자입니다. 예수님의 신부로서, 예수님과 하나가 된 자로서 말이죠. 그럼 율법과 혼인관계였을 때보다 더욱 우리 스스로를 조심하여야 합니다. 여전히 매여 있습니다. 그리스도 예수께 우리는 접붙힘을 당한 자들입니다. 어딜 마음대로 합니까? 그럴 수 없습니다. 하나님을 위한 열매를 맺게 되는 겁니다.

> 우리가 육신에 있을 때에는 율법으로 말미암는 죄의 정욕이 우리 지체 중에
> 역사하여 우리로 사망을 위하여 열매를 맺게 하였더니 롬 7:5

'우리가 육신에 있을 때에는' 쉽게 말해, '전에 우리가 육적인 생활을 하고 있을 때에는' 이라는 의미입니다. 헬라어에서 육체에 해당하는 두 단어가 있는데요, '소마와 사륵스' 두 단어입니다. 소마는 '몸' 이란 좀 추상적 개념이라면, 사륵스는 그보다는 더 구체적인 오감, 감각을 갖는 육신을 의미합니다. 그래서 죄의 권세에서 종노릇하는 신분으로서의 육신은 사륵스를 씁니다. 쉽게 말해 오감, 쾌감, 쾌락 등 육적 생활과 상통하죠. 그런 육신에 있을 때는 '율법으로 말미암는 죄의 정욕이 우리 지체 중에 역사하여' 라고 합니다. 이 부분이 좀 어렵죠? 이건 8절과 함께 보아야 해석이 쉽습니다.

> 그러나 죄가 기회를 타서 계명으로 말미암아 내 속에서 온갖 탐심을 이루었나
> 니 이는 율법이 없으면 죄가 죽은 것임이라 롬 7:8

자! 전제는 우리가 육신에 있을 때입니다. 그런데 율법으로 말미암는 죄의 정욕이 있습니다. 율법은 죄가 죄인 줄 깨닫게 해주는 역할을 하죠. 7절 전반부입니다. 그런데 우리가 육신에 있을 때는 그런 율법에도 불구하고 오히려 그에 반동하여 더욱 죄를 짓고자 하는 타락하고 부패한 본성이 있습니다. 인간에게는 이상한 심리가 있어서 하지 말라면 더 하고 싶은 마음이 생기는 거죠. 8절에서 '죄가 기회를 타서 계명으로' 라는 말이 나오는데, 여기서는 계명과 율법을 같은 것으로 보시면 됩니다. 죄는 실체죠. 이 죄라는 놈이 율법을 일종의 지렛대 삼아 내 속에 하지 말라니까 오히려 하고 싶은 마음을 갖게 합니다. 그 대표적인 것이 창세기 첫 아담의 죄 아닙니까? 하나님의 '먹지 말라' 는 계명을 죄의 실체인 사탄이 그 계명을 이용하여 아담으로 하여금 먹고 싶은 마음이 들게 하잖아요. 그 '먹지 말라' 는 유일한 계명마저도 없었다면 죄가 발붙일 곳이 없었을 것입니다. 8절의 후단, '율법이 없으면 죄가 죽은 것임이라' 는 이런 의미입니다.

다시 5절의 끝부분, '우리로 사망을 위하여 열매를 맺게 하였더니' 에서 보면 죄의 삯은 사망이라고 합니다. 4절의 '하나님을 위한 열매' 와 대구를 이루기 위하여 '사망을 위하여 열매' 라고 한 것입니다.

> 이제는 우리가 얽매였던 것에 대하여 죽었으므로 율법에서 벗어났으니 이러
> 므로 우리가 영의 새로운 것으로 섬길 것이요 율법 조문의 묵은 것으로 아니
> 할지니라 롬 7:6

6절은 1절부터 5절까지의 소결론입니다. 이제는 우리가 율법에 대하여 죽었으므로 율법에서 벗어났습니다. 6절 끝의 '율법 조문의 묵은 것'에서 묵은 것은 앞의 새로운 것에 대비하여 쓴 겁니다. 예전에 율법에 얽매여 있었던 때에는 낡은 율법 조문 하나하나에 얽매였습니다. 예로 예수님 시절의 서기관과 바리새인들이 생각나죠. 부자청년이 생각납니다. 조문 하나하나를 문자 그대로 행하는 사람들이죠. 그런데 이제 그 율법에서 벗어나 영의 새로운 것, 즉 새로운 영으로 섬기는 자가 되었다는 것입니다.

여러분, 과연 우리가 예수 그리스도를 믿어 성령을 선물로 받은 그리스도인이 맞나요? 그렇다면, 우리는 본능적으로 마음으로 하나님이 원하시는 것을 압니다. 그 분이 기뻐하시는 것을 압니다. 왜냐구요? 성령님은 삼위 하나님의 한 분, 성령 하나님이시니까요. 성령님은 우리로 하여금 성자 하나님이신 예수님을 깨닫고, 예수님을 알고, 예수님을 닮아 가도록 도와주시는 보혜사이십니다. 예수 그리스도의 신부에게 예수님이 약속하신 것처럼 그 성령님을 보내주셨습니다. 성령님이 깨닫게 하시는 그 예수님이 누구신가요? 하나님이 최고로 기뻐하시는 독생자이시고 하나님의 뜻을 누구보다 잘 아시는 분이시며 백퍼센트 완전히 하나님의 뜻에 순종하신 분입니다.

낡은 조문을 하나님이 돌판에 새기셨다면, 이제는 하나님이 성령을 통하여 우리 마음에 새기시는 겁니다. 무엇을 새기시나요? 바로 예수 그리스도입니다. 우리 마음에 예수 그리스도를 새기십니다. 그래서 진정 성령으로 예수를 믿은 자라면, 그 예수 그리스도가 마음에 새겨진 그리스도인이라면, 당연히 하나님을 위한 열매, 예수 그리스도를 닮아가는 그 길을 마음에서 우러나서 기쁨으로 걸어갈 수 있습니다.

죄가 율법 아래에서는 기회를 탈 수 있었지만 새로운 영에 대해서는 기회를 탈 수 없습니다. 왜냐하면 그 분은 바로 성령 하나님이시고 성령 하나님이 가리키는 곳이 성자 하나님이시며, 성자 하나님은 곧 성부 하나님을 보이시기 때문입니다.

여러분, 우리는 율법 아래에서 죽은 자이고 예수 그리스도의 신부로서 산 자입니다. 이제 더 이상 죄가 기회를 탈 수 없습니다.

부디 저와 여러분, 율법(죄)과 관계를 끊으시고 그리스도의 부활과 연합되어 산 자로서 성부, 성자, 성령 하나님과 함께 함으로 이 하루도, 또 남은 날들도 죄에게 어떠한 틈도 내주지 않는 거룩한 그리스도의 신부로서의 삶을 살기를 주님의 이름으로 축원합니다.

말씀으로 기도

1. 그리스도와 연합하여 새 영을 받은 그리스도인으로서 거룩한 신부의 삶이 되기를 기도합시다.
2. 은혜가 아닌 법 아래에서 행위로 구원을 받으려는 여전히 복음을 믿지 않는 가족, 친구 등 불신자들에게 믿음 주시기를 간절히 기도합시다.

율법과 죄 그리고 나

로마서 7:7-25

7 그런즉 우리가 무슨 말을 하리요 율법이 죄냐 그럴 수 없느니라 율법으로 말미암지 않고는 내가 죄를 알지 못하였으니 곧 율법이 탐내지 말라 하지 아니하였더라면 내가 탐심을 알지 못하였으리라 8 그러나 죄가 기회를 타서 계명으로 말미암아 내 속에서 온갖 탐심을 이루었나니 이는 율법이 없으면 죄가 죽은 것임이라 9 전에 율법을 깨닫지 못했을 때에는 내가 살았더니 계명이 이르매 죄는 살아나고 나는 죽었도다 10 생명에 이르게 할 그 계명이 내게 대하여 도리어 사망에 이르게 하는 것이 되었도다 11 죄가 기회를 타서 계명으로 말미암아 나를 속이고 그것으로 나를 죽였는지라 12 이로 보건대 율법은 거룩하고 계명도 거룩하고 의로우며 선하도다 13 그런즉 선한 것이 내게 사망이 되었느냐 그럴 수 없느니라 오직 죄가 죄로 드러나기 위하여 선한 그것으로 말미암아 나를 죽게 만들었으니 이는 계명으로 말미암아 죄로 심히 죄 되게 하려 함이라 14 우리가 율법은 신령한 줄 알거니와 나는 육신에 속하여 죄 아래에 팔렸도다

15 내가 행하는 것을 내가 알지 못하노니 곧 내가 원하는 것은 행하지 아니하고 도리어 미워하는 것을 행함이라 16 만일 내가 원하지 아니하는 그것을 행하면 내가 이로써 율법이 선한 것을 시인하노니 17 이제는 그것을 행하는 자가 내가 아니요 내 속에 거하는 죄니라 18 내 속 곧 내 육신에 선한 것이 거하지 아니하는 줄을 아노니 원함은 내게 있으나 선을 행하는 것은 없노라 19 내가 원하는 바 선은 행하지 아니하고 도리어 원하지 아니하는 바 악을 행하는도다 20 만일 내가 원하지 아니하는 그것을 하면 이를 행하는 자는 내가 아니요 내 속에 거하는 죄니라 21 그러므로 내가 한 법을 깨달았노니 곧 선을 행하기 원하는 나에게 악이 함께 있는 것이로다 22 내 속사람으로는 하나님의 법을 즐거워하되 23 내 지체 속에서 한 다른 법이 내 마음의 법과 싸워 내 지체 속에 있는 죄의 법으로 나를 사로잡는 것을 보는도다 24 오호라 나는 곤고한 사람이로다 이 사망의 몸에서 누가 나를 건져내랴 25 우리 주 예수 그리스도로 말미암아 하나님께 감사하리로다 그런즉 내 자신이 마음으로는 하나님의 법을 육신으로는 죄의 법을 섬기노라

샬롬! 오늘 말씀의 항해에 참여하시는 성도님들 모두, 하나님께서 주시는 말씀을 깨닫고 곤고함에서 벗어나는 은혜가 있기를 주님의 이름으로 축원합니다.

지난 번에 6절까지 보며 율법으로부터 벗어났음을 살펴보았습니다. 율법에 대하여 좀 부정적인 생각을 가질 수도 있었습니다. 그런데 오늘 7절부터 말씀의 분위기는 확 반전됩니다. 바울이 율법을 변호하기 시작합니다. 7절부터 인칭대명사가 바뀝니다. 바로 '나'입니다. 여기서 나는 누구를 가리키는가? 과거의 나를 의미하는지, 현재의 나를 의미하는지는 매우 중요한 문제입니다.

6절까지를 보면 율법은 그리스도와 결혼하는 것을 막고, 죄를 불러일으키며 죽음을 가져오고 성령 안에서의 삶을 방해합니다. 율법의 부정적인 측면을 강조하다 보면 마치 율법폐기론처럼 들립니다. 이에 바울은 질문을 던집니다. 7절, 율법이 죄냐? 13절의 '선한 것', 여기서 선한 것은 율법을 말합니다. 선한 것이 내게 사망이 되었느냐? 두 질문 모두에 대해 바울은 즉시 격렬한 부정문으로 대답합니다. '그럴 수 없느니라'. 먼저 율법이 죄냐? 라는 질문에 대하여 바울은 7절부터 13절까지에서 율법과 죄의 관계를 탐구하기 시작합니다.

첫째, 율법은 죄를 드러냅니다.

> 그런즉 우리가 무슨 말을 하리요 율법이 죄냐 그럴 수 없느니라 율법으로 말미암지 않고는 내가 죄를 알지 못하였으니 곧 율법이 탐내지 말라 하지 아니하였더라면 내가 탐심을 알지 못하였으리라 롬 7:7

'율법으로 말미암지 않고는 내가 죄를 알지 못하였으니' 라고 합니다. 그런데 바울은 율법으로 알게 된 나의 죄로서 다른 것도 아닌 탐심을 들고 있습니다. 왜일까요? 탐심은 10계명 중 마지막 계명입니다. 탐심은 다른 계명들을 밑에서 떠받치는 그릇과 같은 겁니다. 바로 마음이라는 그릇 말입니다. '너는 나 외에는 다른 신을 네게 두지 말라' 부터 시작하여 '살인하지 말라, 간음하지 말라, 도둑질하지 말라, 거짓 증거하지 말라' 까지는 행위에 대한 계명으로 겉으로 그런 척할 수 있지만 마지막의 '탐내지 말라' 는 행위가 아닌 마음에 관한 율법입니다. 모두 앞의 9가지 계명을 떠받치면서 계명의 본질이 마음에 있음을 알려주는 겁니다. 산상수훈에서 예수님이 말씀하신 음욕을 품는 것 자체가 죄라는 것, 외식을 금하는 것, 그것들과 일맥상통하는 겁니다. 더욱이 탐심은 그 자체로 우상숭배의 한 형태로서 제1 계명으로 곧장 이어집니다.

> 그러므로 땅에 있는 지체를 죽이라 곧 음란과 부정과 사욕과 악한 정욕과 탐
> 심이니 탐심은 우상 숭배니라 골 3:5

탐심은 욕망의 대상을 하나님의 위치에 올려놓기 때문입니다. 그래서 바울은 굳이 다른 계명이 아닌 탐심을 말하는 겁니다. 마음속에 지은 죄, 마음속에 도사리는 탐심은 율법으로 깨닫게 됩니다. 율법은 행위보다 오히려 본질적인 것, 마음 안에 웅크리는 내면의 죄를 우리로 하여금 알게 합니다.
둘째, 죄는 율법을 기회로 삼습니다.

> 그러나 죄가 기회를 타서 계명으로 말미암아 내 속에서 온갖 탐심을 이루었나

니 이는 율법이 없으면 죄가 죽은 것임이라 롬 7:8

8절에서 기회로 번역된 헬라어 '아포르메'는 작전 기지, 발판이라는 뜻입니다. 죄가 율법을 발판 삼아 내 속에 탐심을 심는다는 겁니다. 하지 말라면 더 하고 싶은 아담의 탐심입니다.

셋째, 율법은 죄를 정죄합니다.

전에 율법을 깨닫지 못했을 때에는 내가 살았더니 계명이 이르매 죄는 살아나
고 나는 죽었도다 롬 7:9

이건 마치 바울의 성장을 고백하는 것과 같습니다. 그런데 바울뿐 아니라 모든 사람들에게도 마찬가지입니다. 어린 시절, 법을 깨닫지도 못하는 '나'인 때에는 '나'는 살았습니다. 그런데 어느 정도 법을 깨달을 시기가 되어 계명을 알게 되면 그 계명을 온전히 지키지 않는 한 죽습니다. 그런데 인간의 노력으로는 지킬 수 없습니다. 마음으로까지 계명을 지키는 것은 불가능합니다. 오히려 죄가 드러날 뿐입니다. '죄가 살아나고'는 그런 의미입니다. 죄가 살아나면 결과는 죽음입니다. 아담의 죄로부터 시작하여 죄로 인한 죽음은 하나님과의 단절을 의미하며 바울은 물론 저와 여러분 모두 죄가 살아나고 '나'는 죽는 겁니다.

생명에 이르게 할 그 계명이 내게 대하여 도리어 사망에 이르게 하는 것이 되
었도다 롬 7:10

10절, '생명에 이르게 할 그 계명', 하나님이 아담에게 먹지마라고 하신 계

명은 아담으로 하여금 영원히 살 수 있도록 한 것이었건만, 이제 도리어 그 계명은 아담과 바울과 모든 인류를 정죄하는 역할을 맡게 되었고 나의 죽음을 정당화하는 것이 되었습니다.

죄가 기회를 타서 계명으로 말미암아 나를 속이고 그것으로 나를 죽였는지라
롬 7:11

다시 반복합니다. 죄가 율법을 발판으로 나를 속이고 유혹하며 결국 죽게 하였습니다. 바울은 7절부터 11절까지 율법과 죄에 대한 관계를 기록하며, 7절, 율법이 죄냐? 그럴 수 없다는 것을 변론합니다. 죄는 죄이고 율법은 율법인 겁니다. 그리고 결론 겸 다음 질문에 대한 전제로서 율법을 정의합니다.

이로 보건대 율법은 거룩하고 계명도 거룩하고 의로우며 선하도다 롬 7:12

율법은 죄가 아니며, 반대로 율법은 거룩하고 의로우며 선하다는 겁니다.

그런즉 선한 것이 내게 사망이 되었느냐 그럴 수 없느니라 오직 죄가 죄로 드러나기 위하여 선한 그것으로 말미암아 나를 죽게 만들었으니 이는 계명으로 말미암아 죄로 심히 죄 되게 하려 함이라 롬 7:13

두 번째 질문이죠? 선한 것이 내게 사망이 되었느냐? 그럴 수 없다는 겁니다. 선한 것은 율법이라고 하였지요. 가운데 '말미암아'의 헬라어 원어는 '디아'로서 '통하여'라는 의미입니다. 즉 율법이 나를 죽이는 것이 아니라 율법을 통하여 죄가 더욱 선명하게 드러나고 죄가 나를 죽게 만들었다는 겁니다. 죄의 죄 됨을 알려주는 것이 율법이라는 겁니다. 바울은 율법을 훌륭

하게 변호하였습니다. 두 개의 질문에 대한 답으로 '율법은 죄가 아니다. 나를 죽게 만든 것은 죄이지 율법이 아니다' 라는 것을 변호하였습니다. 율법과 죄의 관계를 논증하면서 말이죠.

그런데요, 여기까지 '나' 는 과거의 '나' 입니다. 왜냐구요? 여기까지 동사가 모두 과거동사이거든요. 이제 시제가 바뀝니다. 현재로 말이죠. 현재의 '나' 에 대한 것입니다. 아시다시피 로마서는 로마 교인들에게 쓴 서신서입니다. 여기서의 '나' 로 대표되는 사람은 회심한 '나', 그리스도를 믿고 지금 예배를 드리는 바로 저와 여러분, 그리스도인을 지칭합니다.

이제부터는 '나' 의 현 상황을 그대로 직시하게 합니다. 예수 믿었다고 거룩한 척하면 이 다음 본문부터는 절대 해석할 수 없습니다. 바울이 아무리 사도이고 하나님이 쓰시는 위대한 그릇이지만, 우리와 똑같이 피와 살과 감정과 이성을 가진 인간에 불과합니다. 그의 고백입니다. 바로 우리의 고백입니다.

바울은 1절부터 6절, 율법의 관계에서 그리스도의 신부로서의 관계를 강조합니다. 즉 우리가 법 아래가 아닌 은혜 아래에 있고 돌판의 묶은 조문이 아닌 마음에 새긴 영으로 섬김에 감사하고 있습니다.

한 편으로는 7절부터 13절에서 율법에 비추어 죄가 살고 자신이 죽은 존재임을 처절하게 깨달았습니다. 그런데 지금 자신을 봅니다. '나', 중생한 '나' 를 봅니다. 그런데 지금 이 자리에서 예수 믿고 거듭났다고 스스로에게 아! 난 거룩하다! 라고 하시는 분이 있을 수 있느냐는 거지요. 바울도 마찬가지입니다. 14절부터는 현재의 나의 모습, 즉 모순 덩어리에, 내면의 갈등에, 혼란스러운 '나' 를 발견한 자의 처절한 울부짖음입니다.

우리가 율법에 대해 잘못 알고 있는 것이 있습니다. '예수 믿는 사람은 율법에서 자유함을 얻었다, 구원은 믿음으로만 받는다, 그러니까 율법은 필요 없다' 라고 생각할 수 있습니다. 그런데 우리가 율법에서 자유함을 얻었다는 것은 율법을 완전히 지켜야 구원을 받는다는 것으로부터 자유로워졌다는 것이며, 오직 믿음으로만 구원을 받는다는 의미입니다. 그렇다고 율법을 쓰레기 통에 던져도 되느냐고요?

> 나의 계명을 지키는 자라야 나를 사랑하는 자니 나를 사랑하는 자는 내 아버
> 지께 사랑을 받을 것이요 나도 그를 사랑하여 그에게 나를 나타내리라 요 14:21

예수님도 그러시잖아요. 예수님을 사랑한다면 계명을 지키라고요. 입으로 '주여, 주여' 하는 자가 천국에 들어가는 것이 아니라 아버지의 뜻대로 행하는 자라야 천국에 들어가리라고 예수님이 산상수훈에서도 말씀하시잖아요. 그런데 중생을 받았다고 하면서도 안 되는 거예요. 못하는 거예요. 내 안에 이율배반의 모습이 있는 겁니다. 14절부터 보세요. 이제부터는 해석이 아니라 나의 고백입니다. 현재형 '나' 입니다.

> 우리가 율법은 신령한 줄 알거니와 나는 육신에 속하여 죄 아래에 팔렸도다
> 롬 7:14

율법이 하나님으로 온 거룩하고 의로운 것임을 아는데 여전히 나의 피와 살과, 오감의 사륵크는 육신의 소욕을 따르는 구나,

> 내가 행하는 것을 내가 알지 못하노니 곧 내가 원하는 것은 행하지 아니하고

도리어 미워하는 것을 행함이라 롬 7:15

　도대체 나는 뭘 하는건가, 분명 새 영으로는 원하는 것이 있는데 그건 행하지 않고 중생한 자로서 미워할 것을 하고 있구나.

만일 내가 원하지 아니하는 그것을 행하면 내가 이로써 율법이 선한 것을 시인하노니 롬 7:16

　내가 원하지 않는 것을 행하는 이런 이율배반의 나를 보니 진리만을 말씀하는 하나님의 율법이 참으로 선하고 의롭구나.

이제는 그것을 행하는 자가 내가 아니요 내 속에 거하는 죄니라 내 속 곧 내 육신에 선한 것이 거하지 아니하는 줄을 아노니 원함은 내게 있으나 선을 행하는 것은 없노라 롬 7:17-18

　맞구나, 모순과 이율배반인 내 속, 내 육신, 사륵스, 육신의 소욕에 죄가 있구나. 그 죄의 실체가 행하는구나. 육신의 소욕에는 선한 것이 없구나. 내가 원하기는 하지만 행하지 못하는구나.

내가 원하는 바 선은 행하지 아니하고 도리어 원하지 아니하는 바 악을 행하는도다 롬 7:19

　원하는 선을 행하지 않고 원하지 않는 악을 행하는 것이 '나'이구나. 그리스도인으로 거듭 난 자, 그런데도 '나'는 도대체 뒤죽박죽 모순 덩어리이고 엉망진창이구나.

만일 내가 원하지 아니하는 그것을 하면 이를 행하는 자는 내가 아니요 내
속에 거하는 죄니라 그러므로 내가 한 법을 깨달았노니 곧 선을 행하기 원하
는 나에게 악이 함께 있는 것이로다 롬 7:20-21

아하! 영적 전쟁은 내 밖에서 아니라, 내 안에서 있는 거구나, 나에게 여전
히 악이 함께 있구나.

내 속사람으로는 하나님의 법을 즐거워하되 내 지체 속에서 한 다른 법이 내
마음의 법과 싸워 내 지체 속에 있는 죄의 법으로 나를 사로잡는 것을 보는도
다 롬 7:22-23

내 안에 분명히 하나님의 법을 즐거워하는 마음이 있는데 또 다른 죄의 법
이 내 안에서 싸우는구나. 그런데 그 죄의 법이 나를 사로잡는구나.
지금 칭의를 부인하는 것이 아닙니다. 그리스도와 하나됨을 부인하는 것이
아닙니다. 지금 율법과 '나'를 보면서 여전히 죄의 법에 사로잡혀 있는 매우
모순되고, 갈등되고, 후회되고 뭘 어찌해야 할지 모르겠는 그런 '나'를 고백
하는 겁니다. 그 괴로움에, 그리고 거룩하고 의롭고 선하신 하나님 말씀과
율법 앞에 바울은 마지막 신음을 내뱉습니다.

오호라 나는 곤고한 사람이로다 이 사망의 몸에서 누가 나를 건져내랴
롬 7:24

오호라 나는 곤고한 사람이로다. 오호라 나는 끔찍한 사람이로다. 오호라
나는 비참한 사람이로다. 이 사망의 몸에서 누가 나를 건져내랴. 죽게 되었

도다. 죽게 되었도다. 이사야의 외침과 같은 겁니다.

> 화로다 나여 망하게 되었도다 나는 입술이 부정한 사람이요 나는 입술이 부정한
> 백성 중에 거주하면서 만군의 여호와이신 왕을 뵈었음이로다 하였더라 사 6:5

여호와의 거룩하심 앞에 선 이사야의 '화로다 나여 망하게 되었도다' 라는 이 탄식을 지금 바울이 하고 있습니다. 하나님의 율법 앞에서, 하나님의 말씀 앞에서, 바울은 하나님의 거룩하고 의로우시며 선하심을 보았습니다. 하나님을 본 겁니다. '오호라 나는 곤고한 사람이로다'. 이는 회개의 탄식이며 참회의 눈물입니다. 하나님의 은혜 세 번째 주제가 '율법' 인 이유입니다. 하나님의 은혜로만 회개가 가능합니다. 회개가 은혜입니다. 그런데 회개는 그냥 주저앉아 우는 것에서 멈추는 것이 아닙니다. 진정한 회개는 곧바로 방향을 전환합니다. 어디로요? 우리의 신랑되신 우리 주 예수 그리스도로 돌립니다.

> 우리 주 예수 그리스도로 말미암아 하나님께 감사하리로다 그런즉 내 자신이
> 마음으로는 하나님의 법을 육신으로는 죄의 법을 섬기노라 롬 7:25

나의 형편없음을 깨달을 때 진정한 은혜를 알게 됩니다. 여전히 육신으로는 죄의 법을 섬기고 있음을 확인하고 시인할 때 예수 그리스도를 붙잡고 하나님의 은혜에 감사하게 됩니다.

여러분, '나' 는 곤고한 사람입니다. 오직 예수 앞으로 달려가야 합니다. 나는 날마다 곤고한 사람입니다. 그래서 날마다 예수가 있어야 합니다. 우리는 '단 한 번의 회개, 단 한 번의 은혜' 가 아닌 '날마다 회개, 날마다 은혜'

가 필요한 존재입니다. 그리고 그 사실을 매일 성령님이 알려주시는 성경말씀을 통해서 깨닫게 됩니다. 율법이요, 하나님의 말씀, 그것이 하나님의 은혜입니다.

부디 저와 여러분 모두 하나님의 말씀, 성경을 통하여 '나'를 돌아보면 좋겠습니다. 옆 사람 볼 필요 없습니다. 바로 '나', 내가 얼마나 여전히 엉망진창이고 모순 덩어리이며 이율배반적인 삶을 살고 있는지 깨닫고, '오호라 나는 곤고한 사람이로다'라며 회개하는 은혜를 부어주시고 그렇기에 오직 예수만을 붙잡고 우리를 은혜의 자리에 앉게 하시는 하나님께 감사하는 오늘과 내일, 남은 날들이 되기를 주님의 이름으로 축원합니다.

말씀으로 기도

1. 율법을 통하여 나를 발견하는 것이 은혜입니다. 내가 모순 덩어리이고 엉망진창이며 이율배반적인 사람인 것을 죄덩어리인 것을 알게 해 주신 하나님께 감사 기도합시다.
2. 율법 앞에서의 내 모습을 발견하면, 곧바로 십자가를 붙잡습니다. 이런 내 모습 그대로 받으시는 주님의 은혜에 감사하며 날마다 십자가를 붙잡고 살아가는 삶이 되기를 기도합시다.

성령의 법

로마서 8:1-9

1 그러므로 이제 그리스도 예수 안에 있는 자에게는 결코 정죄함이 없나니 2 이는 그리스도 예수 안에 있는 생명의 성령의 법이 죄와 사망의 법에서 너를 해방하였음이라 3 율법이 육신으로 말미암아 연약하여 할 수 없는 그것을 하나님은 하시나니 곧 죄로 말미암아 자기 아들을 죄 있는 육신의 모양으로 보내어 육신에 죄를 정하사 4 육신을 따르지 않고 그 영을 따라 행하는 우리에게 율법의 요구가 이루어지게 하려 하심이라 5 육신을 따르는 자는 육신의 일을, 영을 따르는 자는 영의 일을 생각하나니 6 육신의 생각은 사망이요 영의 생각은 생명과 평안이니라 7 육신의 생각은 하나님과 원수가 되나니 이는 하나님의 법에 굴복하지 아니할 뿐 아니라 할 수도 없음이라 8 육신에 있는 자들은 하나님을 기쁘시게 할 수 없느니라 9 만일 너희 속에 하나님의 영이 거하시면 너희가 육신에 있지 아니하고 영에 있나니 누구든지 그리스도의 영이 없으면 그리스도의 사람이 아니라

샬롬! 오늘 말씀의 항해에 참여하시는 성도님들 모두 우리의 생각이 예수님으로 가득하길 주님의 이름으로 축원합니다.

드디어 로마서 8장입니다. '드디어'라고 말씀드리는 것은 성경의 모든 말씀에 경중이 있을 수 없이 모두 중요하지만, 로마서는 성경의 보석이라고 하며 또 그 로마서 가운데에서도 8장이야말로 가장 빛나는 보석이라 일컬어지기 때문입니다. 지금까지 1장부터 7장까지의 모든 말씀이 어쩌면 이 로마서 8장을 향하여 달려왔다고 해도 과언이 아니며, 혹자는 만일 성경이 모두 불타 없어진다 하여도 로마서 8장만 남아 있다면 구원을 받을 수 있다고까지 합니다. 그래서 로마서 8장 암송을 많이들 권하는 것 같습니다. 저도 평신도 시절 섬기던 교회에서 훈련을 받을 때 로마서 8장 전체를 암송하는 것이 훈련 과정을 이수하는 마지막 시험이었습니다. 로마서 8장 전체를 암송해 보실 것을 권면합니다. 아마 이 세상을 살면서 겪는 모든 문제의 답을 얻으실 수 있을 겁니다.

우리는 지금까지 하나님의 의와 그리스도 안에서 하나 됨, 그리고 어제까지 율법에 관하여 말씀을 받았습니다. 그리고 오늘부터 하나님 은혜와 사랑 마지막 주제로서 우리 안에 거하시는 하나님의 영, 한 단어로 '성령'에 대한 말씀을 듣고 깨닫고자 합니다. 8장에서 성령이 약 20번 언급될 정도로 가히 '성령 장'이라고 불릴 만합니다. 8장은 크게 다시 세 부분으로 나누어집니다.

첫째, 하나님의 영의 다양한 사역을 다루고 있습니다. 하나님의 자녀들을 해방시키시고 그들 가운데 거하시며, 성화시키시고, 인도하시며 최종적으로는 부활하게 하는 사역을 말씀하고 있습니다. 8장 1절부터 17절까지입니다.

둘째, 하나님의 자녀들이 장차 받을 영광을 다루고 있는데, 그것을 최종적으로 모든 피조물이 함께 나누게 될 자유로 말씀하고 있습니다. 18절부터 27절까지입니다.

셋째, 하나님 사랑의 확고부동함에 대해 다루면서 이는 하나님을 사랑하는 자들에게는 모든 것이 합력하여 선을 이루며 그 어떤 것도 우리를 그 분의 사랑에서 끊지 못한다고 하나님이 약속하시기 때문이라고 말씀합니다. 28절부터 39절 끝까지입니다.

로마서 8장에서 바울은 성령에 관한 우리의 관점을 아주 크게 넓혀 주고 있습니다. 성령은 단순히 일상에 갇힌 우리와 함께하는 것을 뛰어넘어 공간적으로는 모든 피조물, 시간적으로는 영원에서 영원에 걸쳐 역사하기 때문입니다. 8장은 '정죄함이 없음'에서 시작해서 '끊을 수 없음'으로 마무리합니다. 크고 놀라우신, 광대하신, 하나님의 사랑을 로마서 8장을 통해 우리로 하여금 깨닫게 합니다.

여러분, 그리스도 예수 안에 있는 하나님의 자녀로서 가슴을 활짝 펴시고 내주하시는 성령님의 역사하심에 '아멘'으로 답하며, 우리의 전인격과 전인생을 성령님께 온전히 내어 드리시기를 주님의 이름으로 축원합니다.

8장은 이렇게 시작합니다. '그러므로 이제'라고요. 이것은 7장까지의 말씀이 이것을 향하고 있었다는 것입니다. '그리스도 예수 안에 있는 자에게 결코 정죄함이 없다'고 합니다. 하나님 앞에서 누구도 우리를 고발하지 못합니다. 하나님도 정죄하지 않으신다고 합니다. 가끔 우린 신앙생활을 하면서 부족한 나를 발견하고 '오호라 나는 곤고한 사람인지라'라며 탄식할 수는 있습니다. 그렇다고 '그래 난 어쩔 수 없어. 역시 육신의 연약함을 벗을 수 없어'라고 포기하면 안 됩니다. 그건 사탄의 거짓말입니다. 사탄의 참소, 고발은 끝났습니다. 우리는 늘 회개는 하여야 하지만 포기할 수는 없습니다. 사탄도 고발 못하고 하나님도 정죄하지 않으신다는데, 포기하는 것은 사탄이 속여서 우리에게 또 심으려는 또 다른 형태의 교만입니다.

> 그러므로 이제 그리스도 예수 안에 있는 자에게는 결코 정죄함이 없나니 이는
> 그리스도 예수 안에 있는 생명의 성령의 법이 죄와 사망의 법에서 너를 해방
> 하였음이라 롬 8:1-2

1절, 2절과 3절은 각각 같은 접속사로 이어져 있습니다. 우리가 로마서 초입부인 서론에서도 보았습니다. '가르', '왜냐하면'으로 연결되었던 것, 기억나시나요? 그 때와 비슷합니다. 1절 '정죄함이 없나니'는 '왜냐하면'의 의미를 포함하고 있습니다. 즉 '정죄함이 없는 이유는'으로 해석할 수 있습니다.

2절, 이는 그리스도 예수 안에 있는 생명의 성령의 법이 죄와 사망의 법에서 너를 해방하였음이라. 여기서 '법'은 권능, 힘, 세력이라고 해석해도 무방합니다. 생명의 성령, 즉 생명을 주는 성령의 권능이 죄와 사망의 세력으로부터 너를 해방하였다고 합니다. '너!' 바울은 여기서 의도적으로 '너'라고 합니다. 다른 사람이 아닌, 옆에 앉아 있는 사람이 아닌 바로 '너' 즉 나를 성령이 죄와 사망에서 해방하였음을 강조합니다. 그래서 정죄함이 없습니다. 성령의 역사하심은 우리가 더 이상 죄와 사망의 세력 아래에서 종 노릇하지 않도록 해방시키는데 있습니다. 예수 그리스도의 십자가와 부활 사

건이 바로 나를 위한 사건이며 그 예수님이 나의 그리스도이고 주님이심을 마음으로 진심으로 믿고 고백하면, 명확히 알든 잘 모르든 실제이신 성령님이 내주하시고 그 성령님의 내주하심으로 '너'와 '나'는 해방되는 겁니다. 할렐루야!

3절, 여기에도 '가르'가 있습니다. '왜냐하면', 해방의 근거이자 이유입니다.

> 율법이 육신으로 말미암아 연약하여 할 수 없는 그것을 하나님은 하시나니 곧
> 죄로 말미암아 자기 아들을 죄 있는 육신의 모양으로 보내어 육신에 죄를 정
> 하사 롬 8:3

'율법이 육신으로 말미암아 연약하여 할 수 없는 그것을', 이 부분이 난해한 구절입니다. 보통 그냥 '육신이 연약하여 율법을 지킬 수 없어서'라고 하는데 사실 이건 원문과는 다릅니다. 마치 육신의 연약함을 변호하듯이 하는 어쩌면 잘못된 해석입니다. 그렇게 하면 또 다른 교만과 포기로 이어질 수 있죠.

원어에 따라도 '연약하여'의 주어는 육신이 아니라 분명히 율법이 주어입니다. 그러면 율법이 연약하다는 것인가요? 율법이 처음부터 연약한 것은 아니었습니다. 율법은 완전하신 하나님의 뜻에서 나온 것으로서 인간이 하나님 앞에서 행해야 할 바를 분명히 가르쳐 주었습니다. 그런데 율법을 받은 인간이 자신의 육에 속한 본성, 본문에서의 육신 즉 사르크 때문에 그 율법을 제대로 지키지 못하게 되었고 이로 말미암아 율법은 인간을 의롭게 할 수도, 성화시킬 수도 없는 무기력한 존재가 되고 말았습니다. 율법이 부패한 육신 때문에 무기력해져서 이룰 수 없는 그것, 즉 죄와 사망에서 해방시키고

정죄하지 않도록 하는 것을 이룰 수 없게 되었다는 것입니다.

이제 율법으로는 할 수 없기에 '하나님이 하십니다.' 하나님이 하신 일입니다.

자기 아들을 보내셨습니다. '자기 아들'이란 말은 아들이 성부와 함께 당연히 이전부터 친밀한 관계를 누렸음을 나타내는 겁니다. 성부 하나님은 보좌를 호위하는 그룹을 보내신 것이 아닙니다. 천사를 보낸 것도 아닙니다. 성부께서 자기 아들을 보내셨습니다. 성부 하나님의 우릴 향한 지극한 희생적 사랑을 말합니다.

그리고 신성을 지닌 아들을 죄 있는 육신의 모양으로 보냅니다. 예수님이 죄가 있는 육신으로 오셨다는 뜻이 아닙니다. '죄 있는 육신의 모양'입니다. 여기서 육신도 '사르크'를 사용합니다. 요한복음 1:14 '말씀이 육신이 되어 우리 가운데 거하시매'에서도 '사르크'를 사용합니다. 말씀에 죄가 있을 수 없는 것처럼 예수님은 죄가 없는 육신으로 오셨습니다. 그런데 그 육신은 인간의 사르크와 같은 모양인 겁니다. 같은 모양이라는 것이 실제 육체가 아니라 환영일 뿐이라는 소위 가현설을 말하는 것이 아닙니다. 같은 모양이라는 것은 '죄 있는 모양'이라는 뜻입니다.

여러분, 이것이 은혜입니다. 예수님의 육신에는 죄가 없으셨지만 완전히 우리와 같은 육신을 갖고 오신 겁니다. '죄 있는 모양'이라는 것이 그것입니다. 배고프고, 춥고, 아프고, 슬프고, 화나고, 두렵고, 기쁘고 우리와 똑같으십니다. 죄의 실체, 사탄에 대하여 우리와 똑같이 노출된 육신으로 오셨습니다. 그래서 그리스도의 백퍼센트 순종이 모든 인류를 대신할 수 있었던 겁니다. 우리와 같은 육신이셨기에 겟세마네에서 이가 부딪히도록 떠셨을 겁니다. 땀방울이 핏방울이 되도록 두렵고 애절하고, 정말 도망치고 싶으셨던 겁니다. 우리와 똑같은 육신으로 십자가에 올라가셨습니다. 왜요? '너'를 해방시키기 위해서입니다. '너'를 정죄함 없게 하기 위해서입니다.

지금 하나님의 음성을 들으시기 바랍니다. '너'다, '너', '너 때문이고, 널위해서고, 너를 너무나 사랑해서이다'라고 하십니다. 하나님의 이 음성을 매일 들으시나요? '너'다 너! 우린 매일 십자가 생각을 안 할 수 없습니다. 교통사고나 어떤 극한 상황에 처했던 기억은 늘 우리의 생각을 붙잡고 있습니다. 남자들은 군대 제대하고 몇 십년이 지나도 꿈에 다시 군대에 가는 꿈을 꾸죠. 십자가 사건은 그 어떤 사건보다 바로 나에게 해당하는 가장 놀라운 사건이자 경험입니다. 그렇기에 예수를 만나고 그 십자가가 내 생각의 전 영역을 차지하면 아무리 어렵고 힘들었던 기억, 트라우마, 상처라도 그 십자가의 사랑, 그 은혜에 스르르 사라집니다. 성령의 권능은 바로 십자가의 복음을 내 마음 한복판에 심어서 그 어떤 죄와 사망의 영향으로부터 해방시키십니다.

실로 구원의 계획은 본질적으로 삼위 하나님, 즉 성부, 성자, 성령 하나님의 합작품입니다. '가르', '왜냐하면'으로 이어진 1절부터 3절이 지나고 4절로 들어서면서, 이제 하나님의 아들이 십자가에서 죽으신 궁극적인 목적을 밝힙니다.

> 육신을 따르지 않고 그 영을 따라 행하는 우리에게 율법의 요구가 이루어지게
> 하려 하심이니라 롬 8:4

원어는 4절이 헬라어로 '히나'라는 접속사로 시작합니다. 이건 목적을 나

타내는 '~하기 위하여'라는 단어입니다. 그래서 3절은 2절의 이유이자 근거로도 쓰이고 4절과도 연결되어 3절의 목적이 4절이 됩니다. 즉 아들을 육신의 모양으로 보내시고 육신의 죄를 정하심은 4절 후반 '우리에게 율법의 요구가 이루어지게 하기 위하여'라고 해석할 수 있습니다.

　여러분, 예수님이 이 땅에 오셔서 우리와 함께 하시고 십자가에서 죽으시고 부활하시며 성령을 보내주신 것은 단지 우리가 죽어서 천국가게 하려고 하심이 아닙니다. 지금 이 땅에서 살고 있는 사람의 실제 삶을 위하여 오신 겁니다. '내가 거룩하니, 너희도 거룩하라'는 하나님의 뜻은 단 한 번도 바뀐 적이 없습니다.

> 그러므로 하늘에 계신 너희 아버지의 온전하심과 같이 너희도 온전하라
> 마 5:48

　예수님의 성육신과 속죄의 궁극적인 목적은 바로 거룩함입니다. 율법의 의로운 요구들을 성취하는데 있습니다. 율법에 대한 순종이 칭의의 근거는 아니지만 칭의의 열매입니다. 4절, '그 영을 따라 행하는 우리', 바로 내주하시는 그 성령으로 인해서 우리가 율법을 지킬 수 있으며 반드시 지켜야 한다고 말씀하고 계십니다. 하나님은 하나님의 백성들이 율법에 순종하도록 하기 위해 그 분의 아들을 보내사 우리를 위해 죽도록 하셨으며, 성령을 보내사 우리 안에 내주하심으로 거룩이 가능케 하셨습니다. 성령의 역사하심은 '너'를 해방시키심이며, 성령의 내주하심으로 거룩함을 이루도록, 즉 율법에 순종할 수 있도록 합니다. 예수님의 성육신과 속죄의 궁극적인 목적은 바로 거룩함입니다. 그런데 이 거룩함의 시작은 '생각'에 있다고 성경은 말씀하십니다.

육신을 따르는 자는 육신의 일을, 영을 따르는 자는 영의 일을 생각하나니 육신의 생각은 사망이요 영의 생각은 생명과 평안이니라 육신의 생각은 하나님과 원수가 되나니 이는 하나님의 법에 굴복하지 아니할 뿐 아니라 할 수도 없음이라 육신에 있는 자들은 하나님을 기쁘시게 할 수 없느니라 롬 8:5-8

5절에서 육신을 따르는 자와 영을 따르는 자를 대비합니다. 여기서 육신은 사르크, 당연히 부패한 인간성을 말하고, 영은 프뉴마, 내주하시는 성령님입니다. 육신을 따르는 자는 육신의 일을 생각하게 됩니다. 그 결과는 사망이요, 하나님과 원수 되는 것이며 하나님을 기쁘시게 할 수 없습니다. 성령을 따르는 자는 영의 일을 생각하고, 그 결과는 생명과 평안이며 하나님을 기쁘게 합니다.

그런데 여기서 키워드는 '생각'이라는 겁니다. 생각은 현재 내 마음의 현주소가 어디에 있는지를 알려주는 마음의 표지판과 같습니다. 쉽게 말해 생각이 곧 마음입니다. '생각'의 헬라어 원어적 의미는 '우리의 관심, 애정과 목적을 집중하게 하는 대상으로 삼는 것'이라는 뜻입니다. 즉 이는 무엇이 우리의 마음을 열중케 하는가의 문제, 우리를 몰고 가는 야망과 우리를 몰두시키는 관심사가 무엇인가의 문제, 어떻게 우리의 시간과 정열을 사용하는가의 문제, 우리가 무엇에 집중하고 몰두하는가의 문제입니다.

바울은 매우 세심하게 기술하고 있습니다. 성령의 역사하심을 생각에서 시작하는 것은 어제 본 율법에서 '탐심'을 예로 든 것과 일맥상통합니다. 성령 하나님은 실제적으로 인격적으로 존재하셔서 우리 마음속에 내주하십니다. 이 사실을 믿습니까? 그런데 내주하시는 성령님은 '너'를 해방시키시고, 이제 '너'로 하여금 성령이 없었을 때는 불가능하던 성령의 일을 생각하게 하십니다. 성령을 따라서 성령의 일을 생각하게 하는 것이 성령의 역사입니다. 그럼 '성령의 일이란 무언가요?' '뭘 생각하라는 건가요?' 라고 물으신다면 다시 가슴이 답답해집니다. 성령의 일, 율법의 요구가 이루어지게 하려 하심, 바로 '거룩' 이죠.

'나는 거룩하니 너희도 거룩하라' 는 그 거룩에 나의 생각과 관심, 애정과 목적을 집중하고 있는가 말입니다. 밤낮 거룩을 생각하느냐는 겁니다. 매일 같이 나의 모든 일상을 떠받치는 나의 생각이 거룩, 율법의 요구를 이루는 일인가 말입니다. 거룩이 너무 추상적이라고요? 성경 66권은 하나님의 계시입니다. 하나님이 누구신지를 알려 주시는 말씀이죠. 거룩이 무언지 모르나요, 율법, 즉 말씀을 모르니까 모르는 겁니다. 아! 성경 66권을 다 읽어야 하냐구요? 그럼 예수님을 보세요. 그럼 하나님을 보는 거니까요. 하늘보좌를 뒤로 한 채 죄의 육신의 모양으로 보내심을 받아 십자가에서 죽으신 예수님을 보세요.

그래도 거룩을 모른다고요? 그래도 모르면 그건 성령이 아직 내주하지 않으신 거예요. 예수님을 보고도, 예수님을 믿고도 모를 수 없잖아요. 예수님이 주인이라면서 모른다고 하면 정말 주인 맞나요? 우린 이제 본능적으로 거룩이 무엇인지 압니다. 지금 내 생각이 거룩한 것인지, 육신의 소욕인지 분별할 수 있습니다. 거룩은 예수 생각, 육신의 소욕은 내 생각. '예수인가, 나인가' 입니다. 충실한 좋은 늘 주인을 생각하죠. 주인이 누구세요? 예수인가요, 나인가요? 생각이 중요합니다. 무릇 마음을 지켜야 하는 겁니다. 성경은 생각으로 역사하는 성령을 말씀하며 매우 엄중하게 경고합니다.

만일 너희 속에 하나님의 영이 거하시면 너희가 육신에 있지 아니하고 영에

있나니 누구든지 그리스도의 영이 없으면 그리스도의 사람이 아니라 롬 8:9

여기서 하나님의 영, 성령, 그리스도의 영이라고 다른 표현을 쓰죠. 앞에서 언급한 삼위일체적 역사하심을 강조하고 있습니다. 하나님의 영, 성령, 그리스도의 영, 삼위 하나님은 영으로 지금도 살아계셔서 우리와 함께 하십니다. 함께 하지 않는 사람은 그리스도인이 아닙니다. 그리스도인인지 아닌지를 구별하는 기준은 성령이 내주하여 있는가, 아닌가로 구별된다는 겁니다. 제 3자는 모릅니다. 겉으로 드러나는 행위로는 판단할 수 없습니다. 외식을 우린 너나 할 것 없이 다 합니다. 자신만이 압니다. 바로 무엇을 '생각' 하는가 입니다. 둘 중 하나입니다.

'나 아니면 예수' 입니다. 그리스도인은 주인이 예수입니다. 바로 '나' 때문에 예수님이 십자가에서 죽으셨습니다. 그래서 나의 생각은 오직 예수로 꽉 차게 됩니다. 그것이 성령의 일, 거룩을 생각하는 것입니다.

부디 저와 여러분, 예수 그리스도의 십자가로 말미암아 죄와 사망에서 해방된, 결코 정죄함이 없는 구원받은 자로서 성령의 일을 생각하는, 오직 예수만을 생각하는, 하나님을 기쁘게 해드리는 거룩한 자녀이길 주님의 이름으로 축원합니다.

말씀으로 기도

1. 하나님의 영, 성령, 그리스도의 영, 삼위 하나님은 영으로 지금도 살아계셔서 우리와 함께 하십니다. 내 안에 성령님이 내주하고 계시는지 나의 거룩의 모습을 통해서 확인해 봅시다. 그리고, 거룩한 그리스도인이 되기를 기도합시다.

2. 예수 그리스도의 십자가로 말미암아 죄와 사망에서 해방된 우리는 결코 정죄함이 없습니다. 성령의 일, 오직 예수님만 생각하는 자녀가 되기를 기도합시다.

양자의 영

로마서 8:10-17

10 또 그리스도께서 너희 안에 계시면 몸은 죄로 말미암아 죽은 것이나 영은 의로 말미암아 살아 있는 것이니라 11 예수를 죽은 자 가운데서 살리신 이의 영이 너희 안에 거하시면 그리스도 예수를 죽은 자 가운데서 살리신 이가 너희 안에 거하시는 그의 영으로 말미암아 너희 죽을 몸도 살리시리라 12 그러므로 형제들아 우리가 빚진 자로되 육신에게 져서 육신대로 살 것이 아니니라 13 너희가 육신대로 살면 반드시 죽을 것이로되 영으로써 몸의 행실을 죽이면 살리니 14 무릇 하나님의 영으로 인도함을 받는 사람은 곧 하나님의 아들이라 15 너희는 다시 무서워하는 종의 영을 받지 아니하고 양자의 영을 받았으므로 우리가 아빠 아버지라고 부르짖느니라 16 성령이 친히 우리의 영과 더불어 우리가 하나님의 자녀인 것을 증언하시나니 17 자녀이면 또한 상속자 곧 하나님의 상속자요 그리스도와 함께 한 상속자니 우리가 그와 함께 영광을 받기 위하여 고난도 함께 받아야 할 것이니라

샬롬! 오늘 말씀의 항해에 참여하시는 성도님들 모두 하나님의 자녀 답게 날마다 성장하길 주님의 이름으로 축원합니다.

우리는 로마서 8장을 통하여 하나님의 은혜와 사랑 마지막 주제로서 하나님의 영, 성령에 관하여 살펴보고 있습니다. 어제는 성령의 역사하심으로 '해방'과 '율법의 이루심'에 대하여, 그리고 그 '이루심'은 생각에서 시작된다고 하였습니다.

> 만일 너희 속에 하나님의 영이 거하시면 너희가 육신에 있지 아니하고 영에 있나니 누구든지 그리스도의 영이 없으면 그리스도의 사람이 아니라 롬 8:9

그리고 마지막으로 9절을 통해 성령이 내주하여야 그리스도인이라 하였습니다. 성령의 역사하심에 있어서 성령의 내주하심은 성령론과 관련해서 매우 중요합니다. 성령의 내주하심으로 진정한 그리스도임을 증명합니다.

> 그는 진리의 영이라 세상은 능히 그를 받지 못하나니 이는 그를 보지도 못하고 알지도 못함이라 그러나 너희는 그를 아나니 그는 너희와 함께 거하심이요 또 너희 속에 계시겠음이라 요 14:17

놀랍지 않습니까? 세상이 받지 못하는, 세상이 보지도 못하고 알지도 못하는 그 진리의 영이신 성령님을 우리는 알 뿐 아니라 그 성령님이 함께 거하시고 아예 우리 속에 계시는 겁니다. 성령이라는 선물은 우리가 처음으로 회개하고 예수님을 믿을 때 주어지는 최초의 복입니다. 가장 좋은 것입니다. 구약의 선지자나 왕처럼 특별한 임무를 위해 성령의 기름부음을 받는 경우도 있지만 성령님이 개인적으로 내주하시는 것은 모든 성도가 누리는 특권입니다.

한 소년이 달려와서 모세에게 전하여 이르되 엘닷과 메닷이 진중에서 예언하나이다 하매 택한 자 중 한 사람 곧 모세를 섬기는 눈의 아들 여호수아가 말하여 이르되 내 주 모세여 그들을 말리소서 모세가 그에게 이르되 네가 나를 두고 시기하느냐 여호와께서 그의 영을 그의 모든 백성에게 주사 다 선지자가 되게 하시기를 원하노라 민 11:27-29

놀랍죠? 모세의 기도가 이루어진 겁니다. 그 성령의 내주하심으로 인한 결과가 무엇일까요? 먼저 10절입니다.

또 그리스도께서 너희 안에 계시면 몸은 죄로 말미암아 죽은 것이나 영은 의로 말미암아 살아 있는 것이니라 롬 8:10

'몸은 죄로 말미암아 죽은 것이나' 라고 하는데, 여기서 몸은 지금까지의 '사륵스'와 달리 '소마'를 씁니다. 사륵스는 죄로 인해 부패한 인간의 본성을 가리키지만, 소마는 인간의 신체를 말합니다. '몸이 죽는 것', 인간이면 누구나 한 번 겪어야 하는 육체의 죽음을 말합니다. 현재형 동사를 쓰고 있습니다. 누구나 오늘도 몸은 죽음을 향해 가고 있습니다. 태어나는 순간부터 말이죠. 하지만 성령의 내주하심으로 영은 살아있습니다. 각각의 원인으로 죄와 의를 말합니다. 이건 5장에서 아담과 그리스도를 대비한 것과 같죠. 몸은 아담의 죄로 인해서 죽을 운명이 되었으며, 영은 그리스도의 의 때문에 살아 있습니다.

그런데 성령의 내주하심의 궁극적 결론은 11절입니다. 특히 몸에 관하여 말이죠.

예수를 죽은 자 가운데서 살리신 이의 영이 너희 안에 거하시면 그리스도 예수를 죽은 자 가운데서 살리신 이가 너희 안에 거하시는 그의 영으로 말미암 아 너희 죽을 몸도 살리시리라 롬 8:11

11절에서 다시 한 번 삼위일체의 세 위격이 언급됩니다. 부활시키시는 성부, 부활하신 성자, 그리고 부활능력의 성령입니다. 11절 후반부, '너희 안에 거하시는 그의 영으로 말미암아 너희 죽을 몸도 살리시리라,' 내주하시는 성령님은 우리 몸에 부활생명을 주십니다. 이것은 우리의 죽은 몸이 소생해서 현재의 물리적 상태로 회복되며 또 다시 죽게 되는 그런 몸이 아닙니다. 영원히 죽지 않는 그래서 모든 연약함, 질병, 고통, 부패, 사망으로부터 해방된 몸, 실제로 새롭고 영광스러운 몸으로 살리심을 말합니다. 많은 신학자들은 이 몸이 변화산에서 변화된 예수 그리스도의 신비한 그 몸, 즉 베드로, 요한, 야고보가 그 모습을 보고 그곳에서 그냥 초막 짓고 살자고 할 정도로 영광스런 몸과 같을 것이라고 생각합니다. 이것이 내주하시는 성령님의 역사하심입니다. 몸의 영원한 생명 곧 부활생명을 주시는 겁니다.

바울은 성령의 역사하심과 함께 어제 말씀처럼 이 땅에서의 우리의 자세를 이어 말하고자 합니다. 어제는 우리를 죄와 사망으로부터 해방시키신 성령님으로 말미암아 율법의 요구를 이루려 하신다고 하였습니다. 그리고 육신의 일을 생각하지 말고 영의 일을 생각해야 한다고 하였지요. 오늘은 영으로써 몸의 행실을 죽이라고 합니다. 정말 하나님은 우리의 이 땅에서의 '거룩'을 절대 포기하지 않으십니다. 12절과 13절입니다.

그러므로 형제들아 우리가 빚진 자로되 육신에게 져서 육신대로 살 것이 아니

니라 너희가 육신대로 살면 반드시 죽을 것이로되 영으로써 몸의 행실을 죽이
면 살리니 롬 8:12–13

번역된 우리말 성경은 원어의 의미를 제대로 살리지 못한 것 같은데요, 12
절에, '육신에게 져서'에서 '지다'라는 단어는 원어에는 없습니다. 이것을
원어에 따라 해석하자면, 우리는 성령에 대하여 생명의 빚을 진 것이지, 육
신에 대하여는 아무것도 빚지지 않았다는 겁니다. 그러니 이제 육신에 대해
빚진 자처럼 살지 말라는 겁니다. 큰 빚을 져본 경험이 있는 사람은 이 말의
뉘앙스를 금방 알겁니다. 빚쟁이에게 쫓기며 살면 사는 것이 사는 게 아니
죠. 13절, 육신에게 빚져서 육신대로 살면 꼭 그런 겁니다. 죽는 겁니다.
그런데 우리가 빚진 대상은 육신이 아닌 성령입니다. 부활생명, 영원한 생명
의 빚을 졌습니다. 그럼 이제 성령에 대한 채무자로서 책임이 생깁니다. 빚
을 갚아야죠. 빚 갚는 것은 쉬운 일이 아닙니다. 그 빚을 갚는 것을 바울은
'영으로써 몸의 행실을 죽이는 것'이라고 하는 겁니다. 그럼 죽이는 것이라
고 하니까 이교도처럼 고행을 하거나, 금욕주의를 말하는 건가요? 기독교는
그런 것이 아니라고 했죠.

원어적 의미를 알고 읽으면 바울의 묘사에 또 다시 감탄합니다. 여기서
'몸의 행실'이라고 할 때, 몸은 다시 '사륵스'가 아닌 '소마'를 씁니다. 즉
몸의 행실이라고 할 때 몸은 중립적인 표현을 쓰는 겁니다. 말 그대로 몸을
통하여 이루어지는 우리의 모든 일상의 행실입니다.

그럼 이런 의구심이 듭니다. '일상의 모든 행실을 죽이면 어떻게 살아요?
그래도 그리스도인인데 우리가 아무리 나쁜 짓을 한다 하여도 하루 24시간
나쁜 짓만 하지 않잖아요? 몸의 선한 행실도 있을 텐데 모든 행실을 죽이면

안되잖아요?' 라고 말입니다.

　그런데 '죽이다' 라는 원어는 '죽이다' 외에 '사형선고, 집행을 위해 넘겨주다' 란 의미도 있습니다. 사형선고 그리고 그 집행을 위해 넘겨지면 어떻습니까? 완전히 통제되죠. 몸의 행실이 완전히 통제되겠지요. 성령으로써 완전히 통제하는 겁니다. 성령이 내주하시는 그리스도인이라면 그 성령의 요구에 따라 우리의 몸의 행실을 장악하라는 요구입니다. 금욕주의가 아니라, 악을 악으로 날카롭게 인식하여 '죽인다' 는 표현 외에는 다른 말로 표현하지 못할 만큼 단호하고 철저하게 악을 거부하도록 몸의 행실을 완전히 통제하라는 말씀입니다.

　어제는 '생각' 이었다면, 오늘은 '몸의 행실' 입니다. 우리가 보는 것, 듣는 것, 말하는 것, 손대는 것, 방문하는 것 등 만일 그 어떤 것을 통해 유혹이 온다면, 냉정하게 내 눈을 통제하여 바라보지 않고, 귀를 통제하여 듣지 않고, 입을 통제하여 말하지 않고, 손을 통제하여 만지지 말고, 발을 통제하여 가지 말아야 합니다. 예수님이 그러시잖아요, 통제가 안되면 눈을 빼고, 손과 발을 자르라고요. 몸의 행실을 완전히 통제하는 것의 중요성, 단호함을 말씀하신 겁니다.

　여러분, 우리 신앙생활 가운데 이런 단호함, 죽인다고 표현할 정도의 단호함은 매우 중요합니다. 무얼 말하는 지는 각자 내주하시는 성령님이 알려주십니다. '보지마세요, 듣지 마세요, 말하지 마세요, 손도 대지 마세요. 그런 곳에 가지 마세요. 안돼! 라는 성령의 음성을 들으셔야 합니다. 우리 몸의 부활생명, 그 거룩하고도 영광스러움을 소망한다면 몸의 행실을 단호히 죽이는 저와 여러분이 되어야 합니다. 오늘 '안돼!' 라는 성령님의 음성을 따르기를 바랍니다.

마지막으로 성령의 역사하심은 우리가 하나님의 자녀인 것을 증언하는 겁니다. 성령의 역사하심의 클라이맥스라고 보아도 좋을 것 같습니다.

> 무릇 하나님의 영으로 인도함을 받는 사람은 곧 하나님의 아들이라 롬 8:14

여기서 14절은 13절과 연결해서 이해해야 합니다. 14절은 원어에서 또 다시 '가르', '왜냐하면' 이란 말로 시작되기 때문입니다. 13절을 같이 놓고 보면,

> 너희가 육신대로 살면 반드시 죽을 것이로되 영으로써 몸의 행실을 죽이면 살리니 롬 8:13

13절 후반, '영으로써 몸의 행실을 죽이면 살리니' 에 대한 근거이자 설명이 되는 구절이 14절입니다. 14절의 '하나님의 영으로 인도함을 받는 것' 이 성령의 작용에 의해 13절의 '영으로써 몸을 죽이는 것' 을 설명하고 있습니다. 그리고 14절의 '하나님의 아들' 이라는 진술은 13절의 '너희가 ~ 살리니' 라는 약속을 설명하고 있습니다.

14절의 '인도한다' 라는 것은 마치 관광지의 안내원 같은 인도함이 아닙니다. 힘 있게 끌고 가는 의미가 있습니다. 성령이 *끄는* 힘은 강한 힘입니다. 13절, 14절을 종합하면 이런 겁니다. 마치 부모가 자녀를 양육하는 것과 같습니다. 예를 들어 어떤 가문이라고 합시다. 그럼 그 가문의 아이들은 그 집안에 걸 맞는 자녀로 성장하여야 합니다. 왕의 가문은 왕이 될 자녀로 커야

하는 겁니다. 하물며, 하나님 나라의 상속자입니다. 그에 걸맞게 키워져야 합니다. 이걸 성화라고 합니다. 몸의 행실을 죽이고 하나님 나라에 걸맞게 생각하고 행동하도록 키워지는 것, 그것을 성령이 하십니다. 하나님의 아들, 딸 답게 커가는 것입니다. 13절의 산다는 것은 단순히 연명하는 것이 아니라 하나님의 자녀답게, 상속자답게 제대로 사는 것을 말합니다.

그렇다면, '우리가 하나님의 아들, 딸인 것을 어떻게 아나요? 도대체 어떻게 그것을 알죠?' 라고 질문하신다면, 그 대답이 15절, 16절입니다.

> 너희는 다시 무서워하는 종의 영을 받지 아니하고 양자의 영을 받았으므로 우
> 리가 아빠 아버지라고 부르짖느니라 성령이 친히 우리의 영과 더불어 우리가
> 하나님의 자녀인 것을 증언하시나니 롬 8:15-16

15절도 '가르'로 시작합니다. 이제부터 14절에서 '하나님의 아들이라'고 하는 근거를 말하고 있습니다. 너희는 무서워하는 종의 영을 받지 않았다는 겁니다. 여기서 두려움은 인간을 정서적으로 속박하고 움츠러들게 만드는 공포심입니다. 어떤 금기를 어기면 화를 당한다는 불안, 신의 노여움을 사서 심판 당할 것이라는 공포심, 자신의 행위가 신의 분노를 초래할 것이라는 등의 이유로 노심초사하는 마음, 그런 겁니다. 그리스도인들은 그런 인과응보, 업보를 생각하면 안 됩니다. 그런 것이 다 종의 영입니다.

우리는 종의 영이 아니라 양자의 영을 받았기에 하나님의 아들, 딸입니다. 양자의 영, 여기서 양자는 로마시대, 로마서 기록 당시의 양자를 떠올려야 그 의미를 알 수 있습니다. 로마시대의 양자는 입양한 아버지가 자신의 이름을 영원히 보존하기 위해 그리고 자신의 재산을 유산으로 물려주기 위해 의

도적으로 선택한 아들이었습니다. 정상적인 과정을 통해 태어난 아들보다 열등하지 않습니다.

양자의 영을 받음으로 우리는 두려움에서 자유로 옮겨졌습니다. 그 집의 종은 두려움으로 주인을 섬기지만, 자녀는 설사 잘못을 하여 혼이 나더라도 자녀입니다. 자유롭습니다. 이걸 잘 보여주는 것이 탕자의 비유이죠.

우리가 양자의 영을 받았다는 것은 그럼 또 어떻게 아나요? 우리가 아빠, 아버지라고 부르짖는다는 사실입니다. '부르짖는다' 는 '울부짖다' 도 될 수 있고 환희에 가득 찬 환호도 될 수 있습니다. 슬플 때 '아빠' 라고 부르고, 간절할 때 조르듯 '아빠' 라고 부르고, 기쁠 때도 '아빠'를 찾으며, 퇴근하고 집에 돌아온 아빠를 현관문까지 뛰어가 '아빠' 하고 안기기도 하는 그 모든 것을 포함합니다. 아빠가 자신을 사랑한다는 것을 확신하기에 그 사랑에 대한 자신감으로 전혀 두려움 없이 자녀가 자유롭게 아빠라고 부르듯 하나님께 '아빠!' 라고 부를 수 있습니다.

나이가 몇이든 상관없습니다. 하나님과 나이로 견줄 사람이 있나요? 다 어린아이입니다. 이렇게 우리가 '아빠' 라고 부르짖는 것이 16절, 그것이 바로 성령의 증언입니다. 우리 영과 함께 성령이 우리가 하나님의 자녀인 것을 증언하는 소리입니다.

여러분, 하나님을 너무도 자연스럽게 아무 거리낌 없이 자유롭게 '아빠' 라고 부르짖는 소리가 예수 믿지 않는 사람의 입에선 절대 나올 수 없습니다. 성령이 내주하지 않으면 절대 '아빠' 라고 부르짖지 못합니다. 예수님이 하나님을 '아빠' 라고 부르신 것처럼 우리도 하나님을 '아빠' 라고 부를 수 있도록 예수님께서 십자가에서 죽으셨습니다.

내가 아버지의 이름을 그들에게 알게 하였고 또 알게 하리니 이는 나를 사랑
하신 사랑이 그들 안에 있고 나도 그들 안에 있게 하려 함이니이다 요 17:26

예수님을 사랑하신 하나님의 사랑이 우리 안에 있습니다. 예수님도 우리
안에 계십니다. 성령이 내주하심으로 우리는 그 사랑, 성부 하나님과 성자
예수님 사이의 그 사랑의 관계 속에서 양자가 되었습니다. 예수님처럼 '아
빠'라고 부르는 겁니다. 하나님의 이름은 저희에겐 아버지, 아빠입니다.
여러분, 머리로만, '아! 하나님이 아버지구나'가 아닙니다. 힘드십니까? 기
도도 안 나올 정도로 힘들 때가 있나요? 너무 외롭나요? 세상 속에 혼자인
것 같고 그런가요? 그냥 아빠~. 하는 겁니다. 그렇게 부르고, 부르면, 아빠
가 위로해 주십니다. 어려운 상황에 처하셨나요? 힘 빠지고 앞뒤 좌우가 다
막힌 것 같나요? 아빠! 하고 부르짖으면 용기도 주십니다. 너무 신나고 기쁜
가요? 사람한테 자랑하기 전에 먼저 아빠를 찾아서 '아빠, 너무 신나요! 아
빠, 아빠' 하고 기뻐 외치면, 우리 아빠 하나님이 같이 춤을 추시죠. 우리의
'아빠!'라는 부르짖음의 끝은 환호성입니다.

자녀이면 또한 상속자 곧 하나님의 상속자요 그리스도와 함께 한 상속자니 우
리가 그와 함께 영광을 받기 위하여 고난도 함께 받아야 할 것이니라 롬 8:17

그리스도와 함께 영광을 받는 상속자입니다. 예수 재림 때에 예수님과 함
께 환호성 소리로 찬양하며 '아빠, 아빠, 아버지' 소리 높여 부를 겁니다.
생각해 보세요, 이 땅에서도 하나님을 아빠라고 부르는 신분으로 살아야 합
니다. 잊지 마셔야 합니다. 우린 비록 아직 땅에 발은 붙이고 살지만 신분은

하나님을 아빠라고 부르는 신분입니다. 천사도 그렇게 못 부릅니다. 그 무엇도 하나님을 아빠라고 부르지 못합니다. 오직 예수님과 우리뿐입니다. 그 신분을 유지하려면 당연히 고난이 있죠. 이에 대해선 내일 이어서 할 겁니다. 잊지 마시기 바랍니다. 오늘 하루 잊지 마시기 바랍니다. 하나님의 아들, 딸임을 잊지 마시기 바랍니다. 그리고 어떤 상황이든 그저 '아빠!' 라고 부르짖어야 합니다. 우리가 '아버지!' 라고 하는 그 한 마디에 성자 하나님의 그 모든 구속사역과 성령 하나님의 모든 역사하심이 담겨 있습니다. 우리 아버지는 그토록 우리를 사랑하십니다. 우리 입에서 나오는 '아버지' 그 말을 듣고 싶으셨던 겁니다. 그것이 아버지 하나님의 사랑입니다.

부디 저와 여러분 모두 하나님 아버지께 언제 무슨 일이든, 아빠! 라고 부르짖으며 달려가고 아버지의 거룩한 자녀답게 매일 매일 성장하길 주님의 이름으로 축원합니다.

말씀으로 기도

1. 악을 보지도, 듣지도, 만지지도, 말하지도, 방문하지도 않도록 성령께서 우리 몸의 행실을 완전히 통제하여 달라고 간절히 기도합시다.
2. 양자의 영을 받은 우리는 아빠, 아버지로 부를 수 있는 특권이 있음을 기억하며, 하나님을 아버지라 부릅시다. 아빠라 부르는 것 자체가 기도입니다. 아빠, 아버지라 부르는 기도를 합시다.

하나님 자녀들의 고난과 영광, 그리고 탄식

로마서 8:18-27

18 생각하건대 현재의 고난은 장차 우리에게 나타날 영광과 비교할 수 없도다 19 피조물이 고대하는 바는 하나님의 아들들이 나타나는 것이니 20 피조물이 허무한 데 굴복하는 것은 자기 뜻이 아니요 오직 굴복하게 하시는 이로 말미암음이라 21 그 바라는 것은 피조물도 썩어짐의 종 노릇 한 데서 해방되어 하나님의 자녀들의 영광의 자유에 이르는 것이니라 22 피조물이 다 이제까지 함께 탄식하며 함께 고통을 겪고 있는 것을 우리가 아느니라 23 그뿐 아니라 또한 우리 곧 성령의 처음 익은 열매를 받은 우리까지도 속으로 탄식하여 양자 될 것 곧 우리 몸의 속량을 기다리느니라 24 우리가 소망으로 구원을 얻었으매 보이는 소망이 소망이 아니니 보는 것을 누가 바라리요 25 만일 우리가 보지 못하는 것을 바라면 참음으로 기다릴지니라 26 이와 같이 성령도 우리의 연약함을 도우시나니 우리는 마땅히 기도할 바를 알지 못하나 오직 성령이 말할 수 없는 탄식으로 우리를 위하여 친히 간구하시느니라 27 마음을 살피시는 이가 성령의 생각을 아시나니 이는 성령이 하나님의 뜻대로 성도를 위하여 간구하심이니라

샬롬! 오늘 항해에 참여하시는 모든 성도님들에게 하나님의 영광에 참여하는 축복이 임하기를 주님의 이름으로 축원합니다.

이제 좀 로마서가 친숙하게 느껴지시나요? 그냥 혼자 읽을 때도 은혜로운 말씀이지만 한 걸음만 더 들어가 배경과 전체 구조, 각 절의 연관성, 쓰인 단어의 본래 의미 등을 한편으론 거시적으로, 다른 한편으론 미시적으로 살펴보며 또 그 가운데에서도 그 말씀에 담긴 하나님의 우리를 향한 마음과 우리 아버지의 심정을 깨달으며 성령의 감동하심이 우리 모두와 함께 하였으면 좋겠습니다. 그리고 그 성경의 깨달음과 감동으로 인해 실제로 우리의 생각과 행실이 하나님 자녀 답게 하루 하루 변화되기를 주님의 이름으로 축원합니다.

오늘 본문은 18절부터 시작되지만, 어제 말씀드린 것처럼 고난과 영광이란 말씀의 연장선이므로 17절과 함께 보기로 하겠습니다. 로마서 8장 17절입니다.

> 자녀이면 또한 상속자 곧 하나님의 상속자요 그리스도와 함께 한 상속자니 우리가 그와 함께 영광을 받기 위하여 고난도 함께 받아야 할 것이니라 롬 8:17

17절에는 '함께' 라는 단어가 세 번 나옵니다. 저와 여러분은 하나님의 자녀입니다. 하나님의 상속자들입니다. 그런데 그냥 자녀, 상속자인 것이 아니라 그리스도와 함께 한 상속자입니다. 그리스도와 '함께' 한 상속자이기에 그리스도가 받은 것을 우리도 받습니다. 예수님이 받으시는 영광을 우리는 '함께' 받습니다. 그런데 그리스도는 고난도 받으셨습니다. 너무도 당연하게 우리도 '함께' 고난을 받습니다. 여기서의 고난은 예수님을 믿기에 받는 고난입니다. 그리스도인이라면 고난을 받지 않을 수 없습니다.

> 내가 너희에게 종이 주인보다 더 크지 못하다 한 말을 기억하라 사람들이 나
> 를 박해하였은즉 너희도 박해할 것이요 내 말을 지켰은즉 너희 말도 지킬 것
> 이라 요 15:20

예수님이 이미 말씀하셨습니다. 주인이시고 맏형이신 예수님을 박해하였으니 종이요 동생인 우리도 당연히 박해할 것이라는 겁니다. 세상은 2천 년 전이나 지금이나 달라진 것이 없습니다. 오히려 마지막 때를 향한 시계 바늘이 거의 끝에 다다를수록 더욱 사탄은 기승을 부립니다.

지금 소위 기독교가 많이 퍼진 나라 치고 동성애, 낙태 문제로 핍박받지 않는 교회가 없을 지경입니다. 유럽은 거의 숨만 붙어 있고요, 미주 역시 마찬가지입니다. 대한민국의 교회도 그 핍박의 문 앞에 서 있습니다. 너무 놀라거나 두려워하지 마시기 바랍니다. 교회를 향한 그리고 성도를 향한 핍박은 점차 더 심해질 겁니다.

교회 공동체를 향한 핍박뿐 아니라 성도의 일상에서도 고난은 필수입니다. 왜냐구요? 우리가 지난 이틀에 걸쳐서 본 것처럼 우리의 생각과 행동이 세상 속 다수의 다른 사람과 다르기 때문입니다. 우리는 영의 일을 생각하는 사람이며 성령에 따라 몸의 행실을 죽이는 사람입니다. 생각이 다르고 행동이 다른데, 어떻게 다른 사람들로부터 손가락질, 왕따, 괴롭힘을 당하지 않겠습니까? 믿지 않는 가족, 형제들도 핍박하죠. 직장에서 회식자리에서 구별됩니다. 접대를 해도 룸싸롱 같은 곳에 가자는 클라이언트의 요구를 따르지 못합니다. 아무리 큰 이익이 눈앞에 있어도 말이죠. 그런 것들이 모두 고난입니다.

예수 믿으면서도 너무 편안하고 고난이란 것이 전혀 떠오르지 않나요? 그건 생각과 행동이 세상 사람들과 똑같기 때문입니다. 그런데 성령이 내주하는 그리스도인이라면 절대 똑같을 수 없음을 우린 말씀을 통해 깨달았습니다. 예수를 믿기에 받는 고난이 없다면 회개해야 합니다. 생각을 회개하고 몸의 행실을 회개해야 합니다.

그런데 이러한 그리스도인으로서 받는 고난 모두는 우리 주 예수 그리스도와 함께 하는 고난입니다. 그리고 그 예수님은 영광 가운데 재림하시죠.

> 생각하건대 현재의 고난은 장차 우리에게 나타날 영광과 비교할 수 없도다
> 롬 8:18

우리가 고난을 견딜 수 있는 이유를 말씀합니다. 현재의 고난은 장차의 영광과 비교했을 때 비교할 수 없을 정도로 영광이 크기 때문이라는 겁니다. 여러분, 예수님이 이 땅에 오셔서 십자가에서 죽으신 사실을 믿으시죠? 장사한 지 삼일 만에 부활하신 것을 믿으시죠? 승천하셔서 지금도 살아 계신 것을 믿으시죠? 그런데 어떻게 살아 계신 예수님이 다시 이 땅에 오실 것을 안 믿는 사람처럼 이 땅에서 살 수 있나요? 어떻게 그 영광의 기쁨보다 고난의 고통을 무겁게 여기느냐 말입니다. 우리가 그리스도인으로 영의 일을 생각하여 받는 고난과 몸의 행실을 성령에 따라 통제함으로 받는 고난, 그 고난 없이는 그 영광도 없습니다. 그것이 예수님과 '함께' 하는 것입니다.

> 오히려 너희가 그리스도의 고난에 참여하는 것으로 즐거워하라 이는 그의 영광을 나타내실 때에 너희로 즐거워하고 기뻐하게 하려 함이라 벧전 4:13

그러므로 그리스도의 고난에 참여하는 것으로 즐거워하는 것이 당연한 겁니다. 여러분, 예상컨대 고난은 계속될 것입니다. 교회적으로도, 개인적으로도 말입니다. 부디 이 고난을 즐거워하며 그와 비교도 할 수 없는 영광을 소망하는 저와 여러분이길 주님의 이름으로 축원합니다.

바울은 고난과 영광에 대하여 서론적으로 기술하고 난 후 본격적으로 고난과 영광에 대한 본론으로 들어갑니다. 그런데 19절부터 27절까지의 본문에서 키워드는 고난도 아니고, 영광도 아니고 '탄식'입니다. 총 세 번 '탄식'이란 단어가 나옵니다. 찾아볼까요? 22절, 피조물이 탄식합니다. 23절, 우리 즉 그리스도인들이 탄식합니다. 26절, 성령님이 탄식합니다.

'탄식'이란 키워드를 가지고 바울은 탄식의 주어를 피조물, 그리스도인, 성령님으로 구분하였습니다. 사실 이후 본문은 그다지 어렵지 않습니다. 먼저 피조물입니다.

> 피조물이 고대하는 바는 하나님의 아들들이 나타나는 것이니 롬 8:19

여기서 피조물은 사람을 제외한 피조물로서 해, 달, 별, 동물, 물고기, 새, 나무, 화초, 그런 겁니다. '고대한다'란 단어는 헬라어 '머리'라는 단어에서 파생된 단어인데요, '머리를 들고 바라는 것이 나타날 저 지평선의 한 점에 눈을 고정시킨 채로 기다리는 것'이란 의미입니다. '발돋움을 하면서', '목을 펴서 앞으로 쭉 빼고' 있는 모습입니다. '하나님의 아들들'이란 예수 재림으로 부활 영광을 입은 그래서 온전한 하나님의 아들들로 입성하는 자들입니다.

> 피조물이 허무한 데 굴복하는 것은 자기 뜻이 아니요 오직 굴복하게 하시는
> 이로 말미암음이라 롬 8:20

피조물의 과거입니다. 이 구절은 분명히 아담이 불순종한 후 자연계에 임한 저주입니다. 창세기는 이것을 '가시덤불과 엉컹퀴를 낼 것'이라고 하죠. 여기서 '허무'는 공허함, 덧없음을 의미합니다. '헛되고 헛되며, 모든 것이 헛되도다'라고 시작되는 전도서 전체가 이 본문 구절의 주석과도 같은 거죠.

> 그 바라는 것은 피조물도 썩어짐의 종 노릇 한 데서 해방되어 하나님의 자녀
> 들의 영광의 자유에 이르는 것이니라 롬 8:21

피조물의 미래입니다. '해방'입니다. '썩어짐의 종 노릇'이란 의미는 모든 피조물은 썩고 죽어가고 있음을 말합니다. 해와 달, 별도 죽어갑니다. 그런데 미래에는 썩어짐은 영광으로, 종 노릇은 자유로 바뀔 것입니다. 하나님의 자녀들이 그러할 때 함께 말이죠. 이것에 대해 잘 묘사한 것이 계시록의 새 하늘과 새 땅입니다. 이사야는 이에 대하여 다음과 같이 묘사하였습니다.

> 그 때에 이리가 어린 양과 함께 살며 표범이 어린 염소와 함께 누우며 송아지
> 와 어린 사자와 살진 짐승이 함께 있어 어린 아이에게 끌리며 암소와 곰이 함
> 께 먹으며 그것들의 새끼가 함께 엎드리며 사자가 소처럼 풀을 먹을 것이며
> 젖 먹는 아이가 독사의 구멍에서 장난하며 젖 뗀 어린 아이가 독사의 굴에 손
> 을 넣을 것이라 내 거룩한 산 모든 곳에서 해 됨도 없고 상함도 없을 것이니 이
> 는 물이 바다를 덮음 같이 여호와를 아는 지식이 세상에 충만할 것임이니라
> 사 11:6-9

주님 재림하시는 날에 이 영광이 나타날 것입니다. 그리고 22절은 피조물의 현재를 보여줍니다.

> 피조물이 다 이제까지 함께 탄식하며 함께 고통을 겪고 있는 것을 우리가 아
> 느니라 롬 8:22

아담부터 지금까지 피조물이 탄식하고 있습니다. 함께 고통을 겪고 있는
겁니다. 그리고 이제 그리스도인이 탄식의 주어입니다.

> 그뿐 아니라 또한 우리 곧 성령의 처음 익은 열매를 받은 우리까지도 속으로
> 탄식하여 양자 될 것 곧 우리 몸의 속량을 기다리느니라 롬 8:23

'성령의 처음 익은 열매'는 공동체에 처음으로 임한 성령 즉 오순절 성령
강림을 염두에 두고 바울이 기술한 것입니다. 그 때부터 시작하여 오늘날도
같은 성령을 모든 그리스도인이 받았다는 겁니다. '양자 될 것, 곧 우리 몸
의 속량', 어제 살펴본 바와 같이 우린 양자의 영을 받은 그리스도인입니다.
그런데 아직 몸은 아닌거죠. 몸은 예수님 재림 때 온전히 부활의 영광을 입
습니다. 그것을 본문에서는 양자될 것 곧 우리 몸의 속량이라고 하였습니다.
그리스도인은 성령을 받았음에도 예수 재림을 기다리며 탄식하고 있다는 것
입니다.

> 우리가 소망으로 구원을 얻었으매 보이는 소망이 소망이 아니니 보는 것을 누
> 가 바라리요. 만일 우리가 보지 못하는 것을 바라면 참음으로 기다릴지니라
> 롬 8:24-25

24절은 23절의 기다림의 이유입니다. '가르', 즉 '왜냐하면'으로 시작되
죠. '소망으로 구원을 얻었으매', 이상한데요? 구원은 믿음인데, 왠 소망?

여기서 '소망으로'는 '소망 안에서'란 뜻입니다. '소망 안에서'라는 의미는 앞으로 나타날 영광, 영광의 자유, 이루어질 몸의 구속이라는 그 소망이 지향하는 미래 안에 이미 과거에 확실하게 일어났던 단 일회적 사실인 구원이 있었다는 겁니다.

24절 후반, 보이는 것을 바라는 것은 소망이 아닙니다. 25절, 보이지 않는 그리고 보지 못하는 것을 바라는 것이 소망입니다. 소망 안에서 구원을 받은 자라면, 그 소망이 있기에 참고 기다리는 겁니다. 현실에 불평, 불만하는 것이 아니라 참고 기다리는 겁니다. 어떤 고난 가운데 있어도 참고 기다리라는 겁니다.

마지막 때가 더 가까이 올수록 그리스도인이 할 수 있는 거라고는 참고 기다리는 것 밖에는 없게 됩니다. 우린 스스로 우리의 생명을 죽일 수 없죠. 하나님이 싫어하십니다. 그래서 그러면 안 됩니다. 아무리 힘들고 어려워도 그것만은 안 됩니다. 참고 기다려야 합니다. 사람은 태어나면서 죽을 때까지 참고 기다리는 겁니다. 기간이 다 다를 뿐이죠. 갓난아기가 울기는 해도 어쩌겠어요. 우유 주고 기저귀 갈 때까지 참아야지요. 마지막 말기 암 환자를 가까이에서 보는 경험을 하였습니다. 그 통증은 이루 형언할 수 없죠. 진통제를 투여하지만, 어쩌겠어요? 참고 기다려야지. 참고 기다리는 것, 오히려 그게 제일 힘든 겁니다. 고난을 참고 기다리는 것이 어쩌면 가장 어려운 겁니다. 탄식을 하는 겁니다.

마지막 탄식의 주인공은 성령입니다.

이와 같이 성령도 우리의 연약함을 도우시나니 우리는 마땅히 기도할 바를 알지 못하나 오직 성령이 말할 수 없는 탄식으로 우리를 위하여 친히 간구하시

느니라 마음을 살피시는 이가 성령의 생각을 아시나니 이는 성령이 하나님의
뜻대로 성도를 위하여 간구하심이니라 롬 8:26-27

우리는 연약합니다. 왜냐구요? 피조물이니까요. 피조물 다움은 연약함입
니다. 그래서 성령님이 도우십니다. 우리가 연약하기에 도우시는 겁니다. 여
러분, 적어도 하나님 앞에서는 연약함을 자랑해야 합니다. 연약이 성령의 도
우심의 조건이 됩니다. 그런데 이 연약함 중에서 바울은 특히 기도에 관해
말합니다. 기도에서 우리의 가장 연약한 점은 무지하다는 것입니다. 솔직히
우린 인생 가운데 놓인 하나님의 뜻을 잘 모릅니다. 하나님의 '베스트 웨이
(best way)'를 우린 마음대로 '이지 웨이(easy way)'로 바꾸어 기도하죠.
27절의 '마음을 살피시는 자', 성부 하나님이시죠, 성부 하나님은 당연히
성령 하나님의 생각을 아십니다. 또 성령 하나님은 성부 하나님의 뜻을 아시
죠. 그래서 성령님은 우리의 연약함을 도우시며 말할 수 없는 탄식으로 우리
를 위해 친히 간구, 기도하십니다. 무엇을 위해 기도할지조차 모르는 우리의
연약함을 아시기 때문입니다.

여러분, 하나님의 자녀인 우리는 세상 누구보다 든든한 두 분의 중보자가
계십니다. 예수 그리스도는 하늘 보좌 하나님 우편에서 중보하시고, 성령님
은 우리 마음의 무대에서 우리를 중보하십니다. 생각만 해도 든든합니다. 세
상 걱정일랑 붙들어 매시기 바랍니다. 이 두 분이 중보하시고 또 우리 아버
지는 유식유능하신 분이 아니라, 전지전능하신 분인데, 뭐가 걱정인가요?
우린 핍박하는 세상에 대하여 충분히 담대할 자격이 있습니다. 할렐루야!

아직 안 끝났습니다. 키워드가 '탄식'이라고 하였지요. 그런데 여기서 탄

식은 '휴' 하고 한숨을 쉬는 것이 아닙니다. 그저 고난 가운데 힘들어서, 원망하면서, '아이고, 아이고' 하는 것이 아닙니다. '함께 탄식하고 함께 고통한다'고 할 때 탄식과 고통은 해산의 고통, 그리고 그 해산의 고통에 의한 어미의 탄식과 원망을 말합니다. 아이 낳을 때 남편 원망도 하잖아요. 그렇다면 우리가 통상적으로 알고 생각하는 그런 '탄식'과는 그 뉘앙스도, 의미도 확 달라집니다.

제가 왠만하면, 예화도 안하고, 더군다나, 저희 가족들을 예로 들지도 않는데, 오늘 본문을 준비하면서, 내내 이 일화를 떨칠 수가 없어서 말씀드립니다.

저의 막내 딸은 5살에 친 엄마가 병으로 세상을 떠났습니다. 그래서인지 어려서부터 죽음, 이별에 대한 생각을 하였나 봅니다. 자기가 제일 어리니, 순진한 생각에 자기가 제일 늦게까지 세상에 홀로 남겨질 것이라고 생각을 한 겁니다. 그런데 8살이 된 어느 날, 기쁜 얼굴로 이런 말을 하더군요. 무언가를 깨달았다는 듯이 말이죠. 사람이 살면서 가장 극심한 고통을 겪은 후, 곧바로 가장 큰 기쁨을 맛보는 두 순간이 있는데, 그 하나는 아이를 낳을 때이고, 다른 하나는 죽을 때라는 겁니다. 어린 소녀는 탄식의 의미를 가장 잘 깨달은 겁니다.

여러분, 피조물도 해산의 탄식을 합니다. 성령님도 우릴 영광으로 들여보내기 위한 해산의 탄식을 하십니다. 영광의 기쁨을 소망하는 탄식입니다. 우리의 탄식은 그저 한숨, 좌절, 낙망 그런 것이 아닙니다. 영광을 향한 인생 가운데 그리스도인으로서 생각하고 행하여서 받는 그 고난, 그 고통, 그리고 그로 인한 탄식은 해산의 고통으로 터지는 기쁨의 탄식인 겁니다. 그것이 피조물의 탄식이며, 성령의 탄식이며, 그리스도인의 탄식이며, 바로 저와 여러분의 기도입니다.

부디 저와 여러분, 지금 어떤 인생길에 서 있다 하여도, 어떤 고난 가운데 있다하여도, 탄식하시는 성령님을 의지하며 해산의 탄식을 즐거이 기도로 올려드리는 하나님의 아들, 딸로서 늘 기쁨과 평강이 가득하길 주님의 이름으로 축원합니다.

말씀으로 기도
1. 장차 다가올 고난을 즐거워하며 그와 비교도 할 수 없는 영광의 소망을 누리기를 기도합시다.
2. 마지막 때 일수록 다가올 고난을 참고 인내하며 기다리는 그리스도인이 되기를 기도합시다.
3. 영광을 향한 인생, 그리스도인으로서 생각하고 행하여서 받는 고난과 고통, 그로 인한 탄식, 이 탄식은 해산의 고통으로 터지는 기쁨의 탄식입니다. 이 영광의 탄식을 누리는 그리스도인이 되기를 기도합시다.

그리스도 예수 안에 있는 하나님의 사랑

로마서 8:28-39

28 우리가 알거니와 하나님을 사랑하는 자 곧 그의 뜻대로 부르심을 입은 자들에게는 모든 것이 합력하여 선을 이루느니라 29 하나님이 미리 아신 자들을 또한 그 아들의 형상을 본받게 하기 위하여 미리 정하셨으니 이는 그로 많은 형제 중에서 맏아들이 되게 하려 하심이니라 30 또 미리 정하신 그들을 또한 부르시고 부르신 그들을 또한 의롭다 하시고 의롭다 하신 그들을 또한 영화롭게 하셨느니라 31 그런즉 이 일에 대하여 우리가 무슨 말 하리요 만일 하나님이 우리를 위하시면 누가 우리를 대적하리요 32 자기 아들을 아끼지 아니하시고 우리 모든 사람을 위하여 내주신 이가 어찌 그 아들과 함께 모든 것을 우리에게 주시지 아니하겠느냐 33 누가 능히 하나님께서 택하신 자들을 고발하리요 의롭다 하신 이는 하나님이시니 34 누가 정죄하리요 죽으실 뿐 아니라 다시 살아나신 이는 그리스도 예수시니 그는 하나님 우편에 계신 자요 우리를 위하여 간구하시는 자시니라 35 누가 우리를 그리스도의 사랑에서 끊으리요 환난이나 곤고나 박해나 기근이나 적신이나 위험이나 칼이랴 36 기록된 바 우리가 종일 주를 위하여 죽임을 당하게 되며 도살 당할 양 같이 여김을 받았나이다 함과 같으니라 37 그러나 이 모든 일에 우리를 사랑하시는 이로 말미암아 우리가 넉넉히 이기느니라 38 내가 확신하노니 사망이나 생명이나 천사들이나 권세자들이나 현재 일이나 장래 일이나 능력이나 39 높음이나 깊음이나 다른 어떤 피조물이라도 우리를 우리 주 그리스도 예수 안에 있는 하나님의 사랑에서 끊을 수 없으리라

샬롬! 오늘 말씀의 항해에 참여하시는 성도님들 모두 말씀을 통하여 끊을 수 없는 하나님의 사랑 안에 거하시길 주님의 이름으로 축원합니다.

로마서의 서론을 지나 본론에 들어가면서 하나님의 진노라는 주제 아래 나를 포함한 모든 인간이 죄인임을 확인하였습니다. 그리고 하나님의 진노와 심판에 대비되는 하나님의 은혜와 사랑에 대하여 지금까지 살펴보았습니다. 칭의, 그리스도와 하나 됨, 율법, 성령 안에서의 삶 등이 그 내용이었습니다. 그리고 그 모든 것의 결론이 오늘 본문입니다. 복음의 최종적 선포입니다. 오늘 본문 이후에는 복음의 구체적인 적용이 나옵니다.

오늘 본문 말씀은 바울 신학의 모든 것을 녹여 놓았다고 해도 과언이 아닙니다. 성령의 인도함을 받은 그의 광대한 마음은 과거의 영원으로부터 다가오는 영원에 이르기까지, 또 하나님의 예지와 예정으로부터 시작하여 아무것도 끊을 수 없는 우릴 향한 하나님의 사랑에 이르기까지, 실로 하나님의 계획과 목적, 마음 전체를 훑고 있습니다. 부디 우리 모두가 오늘 말씀을 단순히 깨닫는 수준이 아니라 우리의 이성과 지성과 감성, 몸 전체로, 또 삶 전체가 본문 말씀에 푹 잠기길 주님의 이름으로 축원합니다.

지난 본문에서는 성도의 고난과 영광, 그리고 영광을 소망하며 해산의 고통을 견디는 탄식에 관하여 말씀을 나누었습니다. 그런데 우리의 소망은 불확실한 것이 아닙니다. 그리스도인의 소망은 하나님의 확고한 사랑에 견고하게 근거를 두고 있기 때문입니다. 이는 하나님의 목적이 영원토록 변치 않기 때문이며, 또한 하나님의 사랑이 영원토록 변하지 않기 때문입니다. 그래서 하나님의 백성은 영원토록 안전합니다.

바울은 이 진리를 세 가지 관점에서 말하고 있습니다.

첫째, 모든 것이 합력하여 선을 이루게 하시는 하나님에 대한 다섯 가지 흔들릴 수 없는 확신으로부터 시작합니다.

둘째, 영원으로부터 영원에 이르는 하나님의 구원 계획의 연속적인 다섯 단계를 말씀합니다.

셋째, 바울은 다섯 가지 답변할 수 없는 질문으로 결론을 내립니다.

변치 않는 하나님의 계획과 사랑을 세 가지 관점에서, 그리고 각각 다섯 가지로 나누어 변증하고 있는 겁니다.

먼저 첫째, 다섯 가지 흔들릴 수 없는 확신입니다.

> 우리가 알거니와 하나님을 사랑하는 자 곧 그의 뜻대로 부르심을 입은 자들에게는 모든 것이 합력하여 선을 이루느니라 롬 8:28

'우리가 알거니와' 로 시작합니다. '알거니와' 로 번역된 원어는 그저 아는 것이 아닌 '확실하다는 것' 을 의미합니다. 그 확실한 하나님의 섭리는 이렇습니다. 문장의 뒤부터 시작합니다.

첫째, 가장 중요한 확실함입니다. '하나님이 일을 이루신다' 는 것입니다. 맨 끝의 '이루느니라' 는 좀 애매한 번역입니다. 원어는 '일하다' 의 3인칭 단수 동사를 씁니다. 'work' 입니다. 하나님이 일하시는 겁니다.

28절은 많은 그리스도인들이 즐겨 암송하고 인용하는 구절입니다. 그런데 이 성경구절은 예수 믿으면 만사형통이라는 의미로 잘못 사용되는 경우가 많습니다. 이 구절의 첫머리에서 강조하는 것으로 우리가 확실히 알 수 있는 것은, '하나님이 일 하신다' 는 겁니다.

둘째, 하나님의 일하심은 선을 이루기 위하여 일하신다는 것입니다. '선을 이루느니라' 에 관한 거죠. 그럼 여기서 '선' 이란 무엇인가? 그 내용이 29절, 30절입니다. 잠시 후 살펴볼 것이지만 한마디로 말하자면 선은 우리의 최종적인 구원입니다. 영화롭게 하는 겁니다.

셋째, 우리가 확실히 아는 것은 하나님은 '모든 것' 에서 선을 위해 역사하신다는 사실입니다. '모든 것이 합력하여' 라고 하는데, 사실, 합력이란 번역은 오해의 소지가 있습니다. 협동 작업처럼 느껴질 수 있으니까요. 협동 작업이 아니라 하나님이 일하시는 겁니다. 여기서 '모든 것' 은, 우리 인생 가운데 놓인 모든 것, 전 우주적인 모든 것, 17절의 고난이든 23절의 탄식이든, 잘못된 생각, 칭찬받을 만한 생각, 어떤 환경에서 자라고, 어떤 상황에 처해 있든 우리가 상상할 수 있는 것보다 언제나 더 광활한 '모든' 입니다. 그 모든 것이 궁극적으로 '선' 으로 향하도록 하나님이 일하신다는 겁니다. 육체에 아픔이 있나요, 궁핍함에 힘이 드시나요? 취업이 안 되고 관계가 어긋나고 인생길 가운데 찔린 가시로 힘이 드시나요? 우리 내면의 깊숙한 곳부터 전 우주까지 모든 것, 그것들 가운데 그 어떤 것도 불필요하고 하찮은 것이 없이, 하물며 '악' 조차도 '선' 을 이루기 위한 과정, 수단으로 하여 하나님은 일하시는 겁니다.

넷째, 모든 것이 합력하여 선을 이루시는 그 하나님의 역사하심은 '하나님의 뜻대로 부르심을 입은 자들에게' 향합니다. 이는 하나님이 먼저 사랑하셨다는 겁니다. 하나님께서 사랑하시기에 먼저 부르십니다. 그리고 그 부르심을 받은 자들의 구원이 하나님의 목적, '선' 입니다.

다섯째, '하나님을 사랑하는 자들'의 선을 이루시는 겁니다. '하나님을 믿는 자'가 아니라 사랑하는 자라고 합니다. 하나님이 먼저 사랑하셔서 부르심을 입은 자들은 복음, 즉 그리스도의 십자가와 부활을 믿게 됩니다. 그런데 그 복음을 믿으면, 하나님을 사랑하지 않을 수 없죠. 하나님을 믿는다 하면서 하나님을 사랑하지 않을 수는 없는 겁니다. 독생자를 십자가에 내어 주신 그 사랑을 받은 자들은 그 놀라운 사랑에 반응하지 않을 수가 없습니다.

여러분, 이 시간 스스로에게 물어보시기 바랍니다. 하나님을 사랑하시나요? 우리가 먼저 하나님께 달려간 것이 아니라 하나님이 먼저 우릴 부르신 것이 확실하신가요? 그 하나님께서 우리의 내면과 외부 환경 모든 것을 누구보다 잘 아시고 이 모든 것을 주관하심을 인정하시나요? 그 모든 것을 통해 하나님이 우리에게 '선', 구원의 완성을 이루시는 것을 믿나요? '오직 하나님께서 이 일을 하신다는 것'을 신뢰하시나요? 과연 '우리가 알거니와'의 그 '우리'에 내가 포함되었느냐 말입니다. 이 다섯 가지 확실함에 '아멘'으로 답하시나요? 그렇다면, 저와 여러분은 안전합니다. 언제나 안전합니다. 흔들릴 수 없는 하나님의 확실함 위에 우리의 인생이 있습니다. 할렐루야! 그럼 하나님의 일하심이 무엇인지, 더 구체적으로 알아보겠습니다.

> 하나님이 미리 아신 자들을 또한 그 아들의 형상을 본받게 하기 위하여 미리 정하셨으니 이는 그로 많은 형제 중에서 맏아들이 되게 하려 하심이니라 또 미리 정하신 그들을 또한 부르시고 부르신 그들을 또한 의롭다 하시고 의롭다 하신 그들을 또한 영화롭게 하셨느니라 롬 8:29-30

다섯 단계입니다. 첫째, 미리 아시고, 둘째, 미리 정하시고, 셋째, 부르시고, 넷째, 의롭다 하시고, 마지막 다섯째, '영화롭게 하셨다' 입니다. 이것이 구원의 단계이고 선을 이루시는 단계이며 하나님의 일하심입니다.

먼저 첫째, '미리 아시고' 입니다. 그런데 '미리 알다' 라는 말을 단순히 어떤 사람들이 믿을 것을 미리 아셨다고 해석한다면 구원의 근거가 되는 믿음이 하나님의 무조건적인 은혜에 있지 않고 인간의 공로가 개입될 여지가 생깁니다. 속담인 '잘 될 사람은 떡잎부터 안다' 에서 잘 될 사람의 노력, 지력, 성품 등을 미리 알아본다는 식으로 '믿을 사람, 믿을 만한 사람을 미리 아신다' 라는 이상한 개념이 된다는 거죠.

바울이 여기서 '알다' 라는 단어를 사용한 것은 의도적입니다. 이는 히브리어로 '야다' 에 해당하는 말로, 이는 단순히 지적인 인식 훨씬 그 이상의 것, 마치 부부관계에서의 애정, 사랑을 표현하는 말입니다. 즉 여기서 '미리 알다' 는 '미리 사랑하셨다' 는 말과 같습니다. 알기 쉽게 설명하자면 어느 부부가 아직 아기가 없지만 앞으로 생길 아기에 대하여 이런 저런 계획을 세우는 것과 같습니다. 아들이면 어떤 아이로, 딸이면 어떻게 키우고, 이렇게 둘 사이에서 태어날 아기를 생각만 해도 신이 납니다. 아기가 태어나기 전부터 부모는 아기를 사랑합니다. 하나님은 당신의 사랑하는 독생자 예수를 닮은 동생들을 미리 사랑하십니다. 독생자를 닮은 하나님의 자녀들을 생각만 해도 신이 나십니다. 하나님은 자녀들을 미리 사랑하셨습니다.

그리고 둘째, 미리 정하십니다. 소위 예정론입니다. 아마 믿지 않는 사람들이 가장 거부감을 갖는 부분일 겁니다. 그리고 설사 예수를 믿는다고 하여도 무언가 걸림돌이 되고 이해가 되지 않는 부분이지요. 우선 전제는 하나님의 일하심은 인간이 백퍼센트 이해할 수 있는 영역이 아닙니다. 그래서 우린 늘 하나님 앞에 겸손해야 합니다. 신앙생활 가운데 늘 간직하여야 하는 것은 우리가 하나님과 하나님의 역사하심, 그 섭리를 백퍼센트 알 수 없다는 겸손입니다.

'미리 정하심', 예정의 핵심은 우리가 알 수 없는 하나님 역사의 신비를 찾아보려는 것이 아닙니다. 이건 정말로 은혜의 말씀입니다. 미리 정하셨다는 건 우리가 태어나서 죽을 때까지 우리의 행실, 생각, 품성, 성취, 외모 등 그 어떤 것도 하나님의 정하심에 아무 영향을 미치지 못함을 의미합니다. 하나님의 선택에는 아무런 조건이 없습니다. 우리의 어떤 조건도 하나님의 선택에서 전혀 고려되지 않는다는 사실입니다.

자신을 돌아보세요. 놀랍지 않나요? 나 같은 것을 구원하신 것이 놀랍지 않으세요? 도대체 왜 나를? '그냥 좋아서!' 하나님의 대답입니다. 하나님은 조건 없이 우릴 사랑하셨습니다. 자신이 구원받을 자격이 있다고 생각되시는 분, 없지요. 이런 나를 위해 독생자를 십자가에 죽게 하셨다는 것이 이해가 되세요? '미리 정하심'은 그 얘기입니다. 예정은 놀라운 사랑이며 은혜입니다. 그 은혜를 아직 모르니까 불공평하다느니, 정의롭지 못하다느니 하며 하나님의 예정을 부인하는 겁니다. 그저 은혜로 믿음을 받은 사람은 그런 말을 하지 않습니다.

셋째, '부르심'입니다. 이 하나님의 '부르심'을 통해 그 분의 예지와 예정은 역사적으로 이 땅에서 현실화됩니다. '예지, 예정'이 전도할 필요가 없다는 논거가 될 수 없는 이유입니다. 복음 전도는 하나님의 예정에 의해 불필요하게 되는 것이 아니라 오히려 필수 불가결한 것입니다. 전도는 하나님이 정하신 바 그 분의 부르심이 그 분의 백성들에게 이르는 수단과 통로가 되기 때문입니다. 하나님의 정하심도 조건 없는 정하심입니다. 전도 역시 그렇기에 조건을 보고 전도하는 것이 아닙니다. '저런 사람은 예수를 믿을 리가 없어' 에 해당하는 사람은 없다는 것입니다. 식인종에게도, 연쇄살인범에게도, 파렴치한 사기꾼, 하나님의 정하심과는 무관합니다. 전도하지 못하는 것은 늘 전도할 대상에게 문제가 있는 것이 아니라, 전도하는 '나' 에게 '선입견', '자존심', '자기의', '자책' 등 여전히 찌꺼기로 남은 나의 문제가 있기 때문입니다.

넷째, '의롭다 하시고' 입니다. 믿음으로 의롭다 하심, 칭의, 이건 지금까지 쭉 살펴본 로마서 내용이기에 여기서는 자세한 설명을 생략합니다.

다섯째, '영화롭게 하셨다' 입니다. 바울은 이미 로마서에서 '영광' 이란 단어를 여러 번 사용하였습니다. 8장에서도 우리가 살펴본 바와 같이 '우리가 그리스도의 고난에 참여하면 그의 영광에도 참여할 것' 이며 '피조물도 언젠가 하나님의 자녀의 영광의 자유에 이르게 될 것' 이라고 하였습니다. 그 '영광' 의 동사형을 사용하고 있습니다. 예수님께서 재림하실 때 새 하늘과 새 땅에서 양자의 영을 받은 우리가 부활의 영화로운 몸을 입는 것입니다.

그런데 이 다섯 단계가 모두 과거형 동사를 사용합니다. 영화롭게 하시는 것까지 과거형을 사용합니다. 모순이 아닙니다. 창세전부터 하나님이 하시는 일은 하나님의 입장에선 모두가 과거지사입니다. 하나님께는 불완전한 미래란 없습니다. 알파요 오메가, 시작하시면 끝까지 이루시는 것입니다. 자주 말씀드리지만 하나님은 유식유능하신 분이 아니라 전지전능하신 분입니다. 하나님이 주어이기에 불확실한 미래형이 아닌 확실한 과거형이 맞는 겁니다. 이 하나님의 일을 하나님께서 빈 틈 없이 진행하십니다. 그것이 모든 것을 합력하여 선을 이루시는 하나님의 일입니다.

여러분, 그 하나님의 일하심에 나의 모든 일상, 생각, 행동, 재물, 건강, 자녀, 가족, 모든 관계가 놓여 있다는 것을 깨달아 가는 것, 그것이 바로 신앙체험인 겁니다. 28절, '우리가 알거니와', 하나님이 하신다는 것을 확실히 아는 것, 이것이 신앙체험입니다. 꿈, 환상, 예언, 방언, 그런 것도 있지만 진짜 확실한 체험은 우리가 '알거니와', 하나님의 신실하심이 흔들릴 수 없다는 것을 아는 것, 바로 그것입니다.

여러분, 삶의 모든 영역과 우리의 모든 생각과 행동, 저 깊은 내면의 기억들, 상처들조차도 하나님의 일하심에 놓인 신앙체험이 되길 주님의 이름으로 축원합니다.

이제 하나님 은혜의 대단원의 막을 내리면서 바울은 다섯 가지 '대답할 수 없는 질문'으로 결론을 맺고 있습니다. 31절부터 39절까지 이 말씀은 그냥 눈으로 밋밋하게 읽으면 느낌도 깨달음도 별로 없습니다. 바울이 하나님의 진노와 심판의 결론에서 '의인은 없나니 하나도 없으며'라고 하면서 신음하듯, 토해내듯 고백한 것처럼, 31절부터 39절까지를 벅찬 감격과 말할 수 없는 감사와 환희, 기쁨, 단호함, 그런 마음으로 기록하였습니다. 성령의 감동으로 말이지요. 우리 역시 입으로는 조용히 읽어 내려갈지라도 마음으로는 그런 성령의 감동하심으로 격하게 읽어지는 말씀입니다.

먼저 바울은 이렇게 포문을 엽니다.

> 그런즉 이 일에 대하여 우리가 무슨 말 하리요 롬 8:31

자, 하나님의 이 일에 대하여 무슨 말이 더 필요하냐? 라고 하며 이제부터 다섯 가지 질문을 던집니다. 그 질문들은 대답이 없는 질문들입니다. 말하자면 담대하게 또 도전적으로 그 질문들을 피조세계에 내던지는 겁니다. 하늘의 천사들이나 땅의 권세자들이나 살아 있는 그 모든 생명이나, 지옥의 사망이나 누구든지 이 질문들에 대해 대답해 보라고 합니다. 하지만 아무런 대답이 없었습니다. 사탄도 입을 다물 수밖에 없는 겁니다.

왜 아무도 대답을 할 수 없을까요? 그건 각 질문에 포함된 진리 때문입니다. 부디 그 진리를 내 마음에 심고 세상을 향해, 나를 향해 이 질문들을 담대하게 던지는 여러분이길 주님의 이름으로 축원합니다.

첫째 질문입니다.

> 만일 하나님이 우리를 위하시면 누가 우리를 대적하리요 롬 8:31

바울이 단순히 '누가 우리를 대적하리요?' 라고 물었다면, 그 즉시 수많은 답들이 쏟아졌을 것입니다. 우리 앞에는 가공할 만한 적들이 줄지어 서 있기 때문입니다. 그런데 그 대답들을 쏟으려는 입들을 순간 닫게 만드는 진리의 말이 나옵니다. '만일 하나님이 우리를 위하시면' 입니다. 인간의 연약한 아버지라 해도 어린 아이는 아버지와 함께라면, 동네 형들도, 골목의 어슬렁거리는 개도 무섭지 않습니다. 그런데 하나님, 우리 아빠, 하나님 아버지께서 우릴 위하여 계십니다. 함께 계십니다. 아빠는 언제나 우리 편입니다. 언제나 나를 위하시는 분입니다. 더 무슨 말을 하리요. 아무도 대답 못합니다.

둘째 질문입니다.

> 자기 아들을 아끼지 아니하시고 우리 모든 사람을 위하여 내주신 이가 어찌
> 그 아들과 함께 모든 것을 우리에게 주시지 아니하겠느냐 롬 8:32

이 질문도 마찬가지입니다. 바울이 단순히, '하나님이 모든 것을 우리에게 주시지 아니하겠느냐?' 라고 질문하였다면, 우리는 여전히 많은 것들이 필요한 현실 속에서 그렇지 않은 것 같다는 어정쩡한 대답을 했을 지도 모릅니다. 하지만 그 질문 앞에 십자가를 먼저 내보입니다. 하나님은 이미 우리에게 자기 아들을 주신 하나님이십니다. 독생자를 아끼지 않으셨는데 무엇이 아까우실 수 있냐는 것입니다. 하나님께서 '내가 아들은 주었지만, 이것만은 못 준다' 고 할 것이 없다는 것입니다.

우릴 위해 독생자 예수를 십자가에 내어 주신 분이, 우리에게 무엇을 주시지 않겠나요? '무슨 말 하리요', 십자가 진리 앞에 어느 누구도 대답을 못하는 겁니다.

세 번째 질문입니다.

> 누가 능히 하나님께서 택하신 자들을 고발하리요 의롭다 하신 이는 하나님이
> 시니 롬 8:33

마귀는 헬라어로 '디아볼로스' 라고 불리는데, 이는 '비방자 혹은 참소하는 자' 라는 의미입니다. 단순히 '누가 우릴 고발하리요?' 라고 하면 마귀

가 제일 먼저 손을 들 겁니다. '저 사람은 어떻고, 저렇고, 어릴 때 이런 나쁜 짓을 했고, 커서도 남들은 모르지만, 마귀는 아는 온갖 불의를 저질렀다'면서 참소하려고 그럴겁니다. 그런데 그 때, '그 아이는 하나님이 택하시고, 하나님이 의롭다 하신 아이인데?' 라는 말이 나옵니다. 그럼 마귀가 어쩔까요, '아이 진작 말씀하시지. 아무 일도 아니예요' 하면서 아무 소리도 못하고 줄행랑을 칠 것입니다. 조건 없이 우리를 미리 택하시고 우리에게 믿음을 선물로 주시고 의롭다 칭하여 주심은 흔들리지 않는 확실한 진리이기 때문입니다.

바울의 확신에 찬 질문은 계속됩니다. 네 번째 질문,

> 누가 정죄하리요 죽으실 뿐 아니라 다시 살아나신 이는 그리스도 예수시니 그
> 는 하나님 우편에 계신 자요 우리를 위하여 간구하시는 자시니라 롬 8:34

고발과 정죄를 한 묶음으로 해도 되련만, 바울은 구분해서 정죄를 질문합니다. 그것은 두 가지 이유에서 입니다. 우선 우리 자신의 '마음'이 우릴 정죄합니다. 마귀가 정죄를 어떻게 할까요? 당연히 우리 마음속에 자신을 정죄하는 마음을 품게 함으로 정죄합니다. 더욱이 실재로 현실에서 죄가 드러나 외부로부터 비난을 받거나, 형벌을 받거나, 여론과 주변 사람들로부터 손가락질을 받으면 더더욱 스스로 비참해지면서 심한 자책을 하게 됩니다. 그리고 되뇌이죠. '나 같은 게 무슨 그리스도인이야', '나 같은 게 무슨 목사야', '무슨 장로 권사야', '무슨 세례교인이야' 등등 말이죠. 그런데 회개는 그런 자책이 아닙니다.

여러분, 회개는 내 안의 더러운 것과 내 부패한 몸을 보는 것에서 이제는

눈을 돌려 하나님 우편에 계신, 그리고 우릴 위하여 간구하시는 예수님을 바라보는 것이 회개인 것입니다. 그 예수님을 바라보며, '그래! 다시 새롭게 시작할 수 있어!' 라고 일어서는 것입니다.

'마음' 에 마귀가 불어넣는 정죄함 두 번째는, 내 '마음' 을 통해 타인을 정죄하는 것입니다. 손가락질하고, 죄를 나열하며 판단, 비판, 욕을 하는 것입니다. 누구나 그런 속성이 있습니다. 여럿이 모였을 때 제일 재미있는 대화는 그 자리에 없는 누군가를 흉보는 이야기입니다. 뒷담화라고 하지요. 물론 문제를 해결하고 그 사람을 회심케 하는데 도움을 주기 위해 함께 기도하고 상의하는 것은 있을 수 있겠지만, 뒷담화의 대상을 위해 기도하지 않고 그 사람을 사랑하지 않으면서 잘못만 나열하는 것은 정죄함입니다.

하지만 나 스스로의 정죄, 누군가를 향한 정죄, 비방자들, 원수들, 마귀의 정죄는 모두 실패하게 됩니다. 바로 그리스도 예수 때문입니다. '하나님 우편에 계시다' 는 것은 '다 이루시고 안식하신다' 는 것을 뜻하는 말입니다. 십자가에서 우리를 향한 모든 정죄함은 끝났습니다.

그리고 그 분이 간구하시기 때문입니다. 그런데 '간구하다' 가 우리가 생각하는 살려 달라고 애원하는 그런 의미가 아닙니다. 예수님이 본래 당신의 자리로 돌아가셨기에 애원하는 지위가 아니십니다. '간구하다' 의 헬라어 원어는 '엔튕카네이' 로서 '～ 안에' 라는 '엔' 과 '목표를 달성하다' 는 '튕카노' 의 합성어입니다. 이렇게, 내 자신을 향해 또는 누군가를 향해 사탄이 정죄하려 하면, 다 이루시고 하나님 우편에 안식하시는 예수님이 당신이 달성한 목표 안에 우리가 포함되어 있다는 것을 확인시켜주시는 것입니다. 쉽게 말해 누가 아버지께 우리를 정죄하려고 할 때 예수님이 옆에서 '쟤는 내

동생인데요!' 그러면 아버지께서 '나도 알아!' 그러시면서 편안하게 웃고 계시는 것과 같습니다. 정죄는 없고 아버지와 아들들의 잔치만 있습니다. 안식만 있습니다. 그것을 우리가 이 땅에서도 누리는 겁니다.

이제 마지막 질문, 바울의 가슴은 터질 것 같습니다. 담대하게 던진 질문에 그 누구도 대답하지 못합니다. 십자가 복음이 사탄의 입을 막고 머리를 부수었습니다.

> 누가 우리를 그리스도의 사랑에서 끊으리요 환난이나 곤고나 박해나 기근이
> 나 적신이나 위험이나 칼이랴 롬 8:35

마지막 질문의 계단 끝에 올라서서 그리스도의 사랑에 감격하여 바울은 큰 소리로 세상을 향해 선포합니다. '누가 우리를 그리스도의 사랑에서 끊으리요.' 아무 대답이 없자 바울은 찾아 나서기까지 합니다. 마치 길가는 사람을 붙잡고 '누구냐! 너야? 너니?' 라고 도전하듯 말입니다.

지금 바울은 추상적인 것들을 말하는 게 아닙니다. 지금껏 자신이 겪고 있는 것을 나열하고 있습니다. 그리스도인의 이 땅의 삶은 실제적인 겁니다. 지금 이 땅에서 환난이나 곤고나 박해나 기근이나 적신이나 위험이나 칼에 놓인 하나님의 자녀들을 향한 하나님의 사랑입니다.

> 기록된 바 우리가 종일 주를 위하여 죽임을 당하게 되며 도살 당할 양 같이 여
> 김을 받았나이다 함과 같으니라 롬 8:36

시편을 인용합니다. 종일 주를 위하여 죽임을 당하고 도살장 양의 처지에 놓인 하나님의 자녀입니다. 우리 그리스도인들은 탄식하는 자들입니다. 피

조물도 탄식하고 성령님도 탄식합니다. 그 탄식은 낙망, 좌절의 탄식이 아닌 해산의 고통에서 나오는 탄식이라고 하였습니다. 기쁨과 소망의 탄식이라고 하였습니다. 그 탄식은 출산을 해야 끝나는 것이고 새 몸을 입어야 끝나는 것입다. 아프다고 산모가 아기 낳는 것을 멈출 수 없듯이 환난, 곤고, 박해, 기근, 적신, 위험, 칼이 놓여도 영광의 몸을 입는 것을 포기할 수 없습니다.

그러나 이 모든 일에 우리를 사랑하시는 이로 말미암아 우리가 넉넉히 이기느니라 롬 8:37

'그러나', 원어로는 'NO!' 입니다. '그렇지 않다!' 라고 단호히 말하는 겁니다. '이 모든 일에 우리를 사랑하시는 이로 말미암아 우리가 넉넉히 이기느니라', 여기서 '우리를 사랑하시는'의 시제를 부정과거로 함으로써 바울은 십자가를 언급합니다. 그 분의 십자가, 그 고난에 의해 입증된 그 분의 사랑입니다.

그런데 잘 보십시오. 우리가 고난을 이깁니다. 예수와 연합된, 포도나무에 붙은 가지인 우리는 넉넉히 고난을 이깁니다. 예수님의 십자가 사랑은 잔잔히 적시는 사랑이 아니라, 그 어떤 고난도 넉넉히 이길 정도로 흘러 넘치는 사랑입니다.

여러분, 마지막 질문에 아무런 대답도 없는 이유는 우리가 넉넉히 이기기 때문입니다. 우리가 참을성이 강하고 인내심이 많아서, 또 도를 닦고 고행을 해서가 아니라 예수님의 십자가 사랑이 우리가 넉넉히 이기는 근거가 되기 때문입니다. 그 십자가 사랑을 알아야, 제대로 확실히 알아야, 시작할 때 말씀드린 것처럼 십자가 사랑을 제대로 체험해야 넉넉히 이길 수 있습니다.

이 그리스도의 십자가 사랑의 위대하심과 그 광대한 스케일을 인간의 머리로 담을 수 없지만 바울은 자신이 확신하고 자신이 체험한 그 십자가 사랑의 장엄함을 선포합니다.

> 내가 확신하노니 사망이나 생명이나 천사들이나 권세자들이나 현재 일이나 장래 일이나 능력이나 높음이나 깊음이나 다른 어떤 피조물이라도 우리를 우리 주 그리스도 예수 안에 있는 하나님의 사랑에서 끊을 수 없으리라 롬 8:38-39

여기서 능력은 해와 달과 별을 움직이는 것과 같은 모든 우주적 파워를 의미합니다. 즉 시공간, 전우주적 파워, 옳고 그름, 선과 악, 모든 피조물, 그 모든 것 위에 뛰어난 이름, 예수 그리스도, 그 모든 것을 덮는 예수 그리스도의 십자가 사랑인 것입니다.

하나님의 사랑이 광대하고, 장엄한 예수 그리스도 안에 담겨 있기에 그 사랑에서 우리를 끊을 수 없는 것을 '내가 확신하노니'라고 합니다. 오늘 본문 '내가 알거니와'로 시작하여 '내가 확신하노니'로 마쳐지는 이 믿음의 고백이 바울의 고백이고 체험인 것입니다.

여러분, 예수 십자가의 사랑, 그 십자가를 제대로 만나면, 그 진리가 체험되면, 우리도 대답할 수 없는 다섯 가지 질문을 담대하고도 단호하게 나 자신과 세상에 던질 수 있습니다.

부디 예수 그리스도 안에서 끊을 수 없는 하나님의 사랑을 내 마음에 심고 세상을 향해, 나를 향해, 대답할 수 없는 다섯 질문들을 담대하게 던지는 저와 여러분이 되길 주님의 이름으로 축원합니다.

말씀으로 기도

1. 예수님의 십자가 사랑을 깨닫기를 원합니다. 말씀이 우리의 삶 가운데 체험되기를 원합니다. 내주하시는 성령을 통해 말씀이 곧 우리의 기도가 되고, 복음이 우리의 삶이 되기를 기도합시다.

2. 우리의 생각, 행실, 과거, 현재, 고난과 상처, 아픔과 괴로움 등 삶 전체를 올려드리는 기도를 합시다. 그리고 십자가 사랑으로 말미암아 우리가 넉 넉히 이김을 선포하는 기도를 합시다.

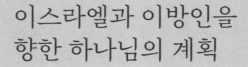

이스라엘과 이방인을
향한 하나님의 계획

롬 9:1-11:36

왜 이스라엘?

로마서 9:1-13

1-2 내가 그리스도 안에서 참말을 하고 거짓말을 아니하노라 나에게 큰 근심이 있는 것과 마음에 그치지 않는 고통이 있는 것을 내 양심이 성령 안에서 나와 더불어 증언하노니 3 나의 형제 곧 골육의 친척을 위하여 내 자신이 저주를 받아 그리스도에게서 끊어질지라도 원하는 바로라 4 그들은 이스라엘 사람이라 그들에게는 양자 됨과 영광과 언약들과 율법을 세우신 것과 예배와 약속들이 있고 5 조상들도 그들의 것이요 육신으로 하면 그리스도가 그들에게서 나셨으니 그는 만물 위에 계셔서 세세에 찬양을 받으실 하나님이시니라 아멘 6 그러나 하나님의 말씀이 폐하여진 것 같지 않도다 이스라엘에게서 난 그들이 다 이스라엘이 아니요 7 또한 아브라함의 씨가 다 그의 자녀가 아니라 오직 이삭으로부터 난 자라야 네 씨라 불리리라 하셨으니 8 곧 육신의 자녀가 하나님의 자녀가 아니요 오직 약속의 자녀가 씨로 여기심을 받느니라 9 약속의 말씀은 이것이니 명년 이 때에 내가 이르리니 사라에게 아들이 있으리라 하심이라 10 그뿐 아니라 또한 리브가가 우리 조상 이삭 한 사람으로 말미암아 임신하였는데 11 그 자식들이 아직 나지도 아니하고 무슨 선이나 악을 행하지 아니한 때에 택하심을 따라 되는 하나님의 뜻이 행위로 말미암지 않고 오직 부르시는 이로 말미암아 서게 하려 하사 12 리브가에게 이르시되 큰 자가 어린 자를 섬기리라 하셨나니 13 기록된 바 내가 야곱은 사랑하고 에서는 미워하였다 하심과 같으니라

샬롬! 오늘 말씀의 항해에 참여하시는 성도님들 모두 오직 하나님의 은혜에 감사하는 겸손한 주의 백성으로 살아가시기를 주님의 이름으로 축원합니다.

지금까지 로마서 본론의 2가지 주제로 하나님의 진노와 심판, 하나님의 은혜와 사랑을 보았습니다. 그리고 로마서 본론의 세 번째 주제로 넘어갑니다. 큰 제목으로는 '이스라엘과 이방인을 향한 하나님의 계획' 입니다. 로마서 9장, 10장, 11장입니다. 그런데 사실 여기서 주된 주제는 이스라엘입니다. 왜 이스라엘인가? 하나님의 택하신 목적이 무엇인가? 하나님이 이스라엘을 버리신 건가? 하나님의 이스라엘을 향한 마음은 무엇일까? 도대체 앞으로 이스라엘은 어떻게 될 것인가? 하나님의 계획은 무엇일까? 그리고 이런 질문들 가운데 놓인 이방인들은 그럼 어찌될 것인가? 이러한 내용들이 9장에서부터 11장까지 쭉 이어집니다. 시간적인 개념으로 이스라엘의 과거, 현재, 미래를 다루고 있다고 보시면 됩니다.

그런데 우리 중에 이스라엘 사람은 없잖아요. 우린 이스라엘, 유대인이 아닌데, 그럼 9장부터 11장까지는 우리에겐 해당사항이 없는 말씀이 아닌가? 그냥 건너뛸까? 라는 생각을 할 수도 있겠지요. 그러나 건너뛰긴 어디를 건너 뛰나요? 하나님의 말씀인데, 그렇죠? 그런데 9장부터 11장까지가 바울을 통해 보이시는 하나님의 애틋한 마음입니다.

보통 로마서 가운데에서도 가장 핵심적인 부분이라면 로마서 8장을 꼽습니다. 그런데 로마서 8장까지가 인간의 죄, 하나님의 의, 하나님의 은혜, 하나님의 사랑에 관한 내용이라면 9장, 10장, 11장을 빼고 12장부터 나머지 부분에서는 하나님의 의인 예수 그리스도를 믿어 하나님의 은혜와 사랑을 경험한 성도들의 실천에 관한 내용이 나옵니다. 9장, 10장, 11장은 로마서 전체 가운데 위치하며 독특한 내용을 담고 있습니다. 9장, 10장, 11장을 빼고 8장에서 12장으로 곧바로 넘어가도 전체 흐름에 전혀 문제가 없습니다. 오히려 9장, 10장, 11장이 전체의 가운데 위치하며 전체 흐름을 방해하는 듯 합니다. 예전에 유대인의 글쓰기 형식 중 앞뒤 문맥의 흐름에 어울리지 않는 내용을 중간에 껴 넣는 형식이 있다고 말씀드린 적이 있습니다. 그 경우 중간에 놓인 내용이 사실은 작가가 말하고자 하는 가장 중요한 주제입니다. 첫날 우리는 바울이 로마서를 쓰게 된 배경을 보았습니다. 유대인 그리스도인과 이방인 그리스도인의 갈등입니다. 그렇다면 9장부터 11장까지가 로마서 전체의 핵심 부분이라 할 수 있습니다.

로마서를 산으로 비유하자면, 마치 9장, 10장, 11장에 기록한 이스라엘과 이방인에 대한 하나님의 계획을 산 정상으로 하여 8장까지가 산을 오르는 것이고, 12장부터가 산을 내려오는 것입니다. 산 정상에서 하나님의 마음을 들으니, 이스라엘과 이방인 모두를 사랑하시는 하나님의 크신 계획이 펼쳐져 있었습니다. 이방인의 사도라고 칭하여지는 바울의 마음에 언제나 큰 사랑으로 남겨졌던 이스라엘을 향한 하나님의 계획을 바울이 깨닫고 얼마나 가슴이 뛰었을까요?

9장부터 11장까지 구원의 계획 즉 하나님의 구원의 청사진과 하나님의 하나님 백성들에 대한 심정이 드러납니다. 그럼 우린 귀를 쫑긋해야 합니다. 아버지의 계획, 아버지의 심정이니까요. 본문 말씀을 너무 인위적으로 우리에게 적용하지 않겠습니다. 말씀 그대로를 깨달음으로 하나님의 계획과 그 분의 마음을 순수하게 받아들이는 저와 여러분이길 주님의 이름으로 축원합니다.

먼저 서론에 해당되는 바울의 세 가지 주장으로 9장은 시작됩니다. 바울의 이 주장은 자신의 진지함을 보이고 그의 서신을 읽는 자들로 하여금 자신의 본심을 믿도록 설득하기 위함입니다.

> 내가 그리스도 안에서 참말을 하고 거짓말을 아니하노라 나에게 큰 근심이 있는
> 것과 마음에 그치지 않는 고통이 있는 것을 내 양심이 성령 안에서 나와 더불어
> 증언하노니 롬 9:1-2

첫째, '내가 그리스도 안에서 참말을 하고', 바울은 자신과 그리스도의 관계, 그리스도의 임재 안에서 참말을 한다는 겁니다. 그리스도가 보증하신다는 거죠. 둘째, '내가 ~ 거짓말을 아니하노라', 참말임을 다시 강조합니다. 과장이 아니라는 겁니다. 셋째, '내 양심이 성령 안에서 나와 더불어 증언하노니' 지금부터 진술하는 것은 참되고 진실된 것임을 내 양심과 성령으로 증거한다는 겁니다. 도대체 바울이 무슨 말을 하려고 이렇게 거창하게 시작하나 싶습니다.

다름 아닌 바울에게 큰 근심과 마음에 그치지 않는 고통이 있다고 합니다. 방금 전 8장 결론에서 자신감 있게 단호하게 대답할 수 있는 다섯 가지 질문을 세상에 선포하던 바울의 모습은 어디론가 사라지고 큰 근심과 고통이 있다는 겁니다. 바로 형제 곧 골육의 친척을 향한 애타는 사랑으로 인해 근심과 고통을 겪는 모습을 보입니다.

> 나의 형제 곧 골육의 친척을 위하여 내 자신이 저주를 받아 그리스도에게서 끊
> 어질지라도 원하는 바로라 롬 9:3

바울의 형제 곧 골육의 친척이 누군가요? 유대인입니다. 이스라엘 백성입

니다. 바울이 그리스도를 만난 후 끊임없이 바울을 때리고, 돌로 치고, 가두고, 죽이려고 쫓아다니던 골육이 유대인입니다. 그런 유대인들을 바울이 사랑한다고 하면 '거짓말이다. 자기가 무슨 성인군자인 양 위선을 떤다'고 할까 봐 앞서서 바울의 마음이 참이라는 것을 강하게 주장한 겁니다.

그들은 바울을 죽이려 하였고 이루 형언할 수 없는 핍박을 하였지만, 바울은 그 죄는 미워하되 그 사람에 대한 긍휼함을 떨칠 수 없습니다. 아니 떨치기보다 자신이 저주를 받아 그리스도에게서 끊어질지라도 그들이 예수 믿고 구원받기를 간절히 원하고 있습니다.

바울의 이 긍휼함, 이 사랑이야 말로 아무 공로 없이 은혜로 구원받은 그리스도인들이 그 은혜를 제대로 가슴에 품고 있다면 가질 수밖에 없는 긍휼함이자 사랑입니다. 혹시 지금 우리가 예수 믿는다는 이유로 핍박하고, 멸시하고, 조롱하는 가족이 있나요? 친구가 있나요? 차별금지법을 만들어 궁극적으로 교회에 대적하려는 사람들이 있나요? 이데올로기에 붙잡혀 교회를 부수려는 사람들이 있나요? 바울을 핍박한 유대인만 할까요? 기독교인들을 고소하고 로마 정부에 넘겨줘 사자의 밥이 되도록 하고 십자가 형을 받고 고통받는 그리스도인을 보며 기뻐하는 유대인만 할까요? 바울은 그들이 구원만 받는다면 자신이 저주를 받아도 좋다고 할 정도로 그들을 사랑하는 겁니다. 왜요? 자신이 받은 사랑, 은혜가 너무 크기 때문이죠.

여러분, 명심해야 합니다. 그리스도인은 악과 죄에 대하여는 분연히 일어나 '아니요!' 라고 우리의 입장을 명백히 밝혀야 하지만, 그 악과 죄에 갇힌 사람들은 긍휼히 여기고 사랑해야 하는 겁니다. 우리가 노아의 방주에 탄 사람임이 확실하다면 공중권세 잡은 세력의 종노릇하며 여전히 방주 밖에서 먹고, 마시며, 세상의 홍수에 휩쓸리는 골육을 보고 어찌 그물을 던지지 않을 수 있느냐 말입니다. 지금 바울의 심정이 그러합니다. 참으로 은혜를 받은 자입니다. 그런데 바울이 더욱 고통스러운 것은 이스라엘 사람들의 독특한 특권들 때문에 그렇습니다.

> 그들은 이스라엘 사람이라 그들에게는 양자됨과 영광과 언약들과 율법을 세우신 것과 예배와 약속들이 있고 조상들도 그들의 것이요 육신으로 하면 그리스도가 그들에게서 나셨으니 그는 만물 위에 계셔서 세세에 찬양을 받으실 하나님이시니라 아멘 롬 9:4-5

바울은 이스라엘 사람의 특권 여덟 가지를 언급합니다. 양자됨, 영광, 언약들, 율법, 예배, 약속들, 조상들, 육신으로 그리스도가 그들에게서 나심입니다.

양자됨, 출애굽기 4장 22절, '이스라엘은 내 아들 내 장자라', 예레미야 31장 9절, '나는 이스라엘의 아비요' 라고 하셨습니다.

영광, 시내산에서 하나님이 임재하시고 성막과 성전에서 하나님은 임재하시며 그들을 만나 주셨습니다.

언약들, 아브라함과 언약을 맺으시고 이삭, 야곱과 모세와 다윗에게 계속하여 언약하셨습니다.

율법을 세우신 것, 하나님의 음성으로 말씀하시고 그 분의 손으로 쓰신 하나님의 독특한 계시가 있었습니다.

예배, 하나님은 이스라엘 사람들에게 제사장과 희생 제사들에 대한 자세한 내용을 알려주시며, 하나님 앞에 나와 하나님을 경배할 수 있도록 하셨습니다.

약속들, 하나님은 이스라엘 백성들에게 얼마나 많은 선지자들을 보내시며 약속들을 하셨는지요. 그리고 그 선지자들의 입을 통해 메시아가 오실 것임을 약속하셨습니다. 조상들, 아브라함과 이삭과 야곱뿐만 아니라 열두지파의 조상들과 모세, 여호수아, 사무엘, 다윗과 같은 위대한 조상과 전통을 가졌습니다.

그리고 마지막이자 가장 중요한 특권은 육신으로 하면 그리스도가 그들에게서 나셨습니다. 신약의 시작인 마태복음은 바로 예수 그리스도의 족보입니다. 이 여덟 가지의 특권은 이스라엘 외에 세상 어느 나라, 어느 민족도 가져 보지 못한 것이었습니다. 그런데 이런 여덟 가지의 복 또는 특권을 가지고 또 오랜 세월동안 메시아가 올 것을 준비한 이스라엘임에도 그들이 완악하게 된 것을 어떻게 설명할 수 있을까?

바울은 깊은 근심과 고통, 긍휼함과 사랑 속에서 하나님의 뜻, 하나님의 섭리와 계획을 구하였습니다. 그리고 네 가지 질문을 던집니다.

첫째, 하나님의 약속이 폐하여졌는가? 그 내용이 6절부터 13절까지입니다.
둘째, 하나님이 불의하신가? 14절부터 18절까지입니다.
셋째, 하나님이 어찌하여 허물하시는가? 19절부터 29절입니다.
넷째, 그러면 우리가 결론적으로 무슨 말을 할 것인가? 30절부터 33절입니다.
각 질문에 해당하는 첫 절을 보면 각 질문이 보입니다. 6절, 14절, 19절, 30절입니다.

첫 번째 질문, 하나님의 약속이 폐하여졌는가? 입니다. 그냥 보기에는 이스라엘에게 하신 하나님의 약속이 말 그대로 '무너진' 것처럼 보일 수 있습니다. 하지만 하나님의 말씀이 폐하여졌기 때문이 아닙니다.

> 그러나 하나님의 말씀이 폐하여진 것 같지 않도다 이스라엘에서 난 그들이 다
> 이스라엘이 아니요 롬 9:6

'이스라엘에서 난 그들이 다 이스라엘이 아니요' 라고 합니다. 여기에 하나님의 독특한 섭리가 있습니다. 항상 두 개의 이스라엘이 존재하였다는 것입니다. 하나는 이스라엘의 육적 자손이고 다른 하나는 영적 자손들입니다. 그리고 하나님의 약속은 후자에게 주어진 것입니다.

바울은 이제 하나님의 이 섭리를 설명하고 입증하기 위해 잘 알려진 두 개의 구약 내용을 소개합니다. 첫 번째는 아브라함의 가족에 관한 것입니다.

> 또한 아브라함의 씨가 다 그의 자녀가 아니라 오직 이삭으로부터 난 자라야 네
> 씨라 불리리라 하셨으니 곧 육신의 자녀가 하나님의 자녀가 아니요 오직 약속의
> 자녀가 씨로 여기심을 받느니라 약속의 말씀은 이것이니 명년 이 때에 내가 이
> 르리니 사라에게 아들이 있으리라 하심이라 롬 9:7-9

이스라엘의 후손이 다 이스라엘이 아닌 것과 마찬가지로 아브라함의 후손이라고 해서 다 아브라함의 참된 후손이 아닙니다. 창세기 21장 12절 말씀처럼 '이삭으로부터 난 자라야 네 씨라 불리리라' 하셨으며 아브라함의 다른 아들인 이스마엘로부터 난 자는 아니라고 합니다. 하나님의 자녀이자 아브라함의 씨라고 부를 수 있는 사람은 '육신의 자녀'가 아니라 '약속의 자녀' 곧 하나님의 약속의 결과로 난 자들입니다. 그리고 약속의 말씀은 창세기 18장 10절과 14절에서 하신 말씀인 '명년 이 때에 내가 이르리니 사라에게 아들이 있으리라' 입니다.

바울은 아브라함과 그의 두 아들 이삭과 이스마엘에 대해 말하고 나서 이

제 이삭과 그의 두 아들 야곱과 에서에 대한 설명을 시작합니다. 하나님이 이스마엘이 아니라 이삭을 택하사 약속의 수령자가 되도록 하신 것과 마찬가지로 에서가 아니라 야곱을 택하셨다는 것을 보여줍니다. 그런데 이 경우는 하나님의 결정이 그 두 아이들의 자격과는 전혀 상관없다는 점을 훨씬 더 분명하게 보여줍니다. 그들을 구별할 수 있는 것이 전혀 없기 때문입니다. 10절입니다.

> 그뿐 아니라 또한 리브가가 우리 조상 이삭 한 사람으로 말미암아 임신하였는데
> 롬 9:10

이삭과 이스마엘은 서로 다른 어머니에게서 났지만 야곱과 에서는 같은 어머니 리브가에게서 났습니다. 더군다나 그들은 쌍둥이였습니다.

> 그 자식들이 아직 나지도 아니하고 무슨 선이나 악을 행하지 아니한 때에 택하
> 심을 따라 되는 하나님의 뜻이 행위로 말미암지 않고 오직 부르시는 이로 말미
> 암아 서게 하려 하사 롬 9:11

'그 자식들이 아직 나지도 아니하고 무슨 선이나 악을 행하지 아니한 때에' 하나님은 결정을 내리셨고, 그 결정을 미리 그들의 어머니에게 나타내 보이셨습니다. 이것은 의도적인 것으로 11절, '택하심을 따른 하나님의 뜻', 즉 선택의 원리에 따라 작용하는 하나님의 독특한 섭리이며 그 분의 목적이 '서게 하려' 하신 겁니다. 하나님이 이스마엘이 아니라 이삭을, 에서가 아니라 야곱을 택하신 것은 그들 자신이나 그들이 했을 수도 있는 어떤 '행위'에서 연유된 것이 아니라 '부르시는 이'의 마음과 뜻에 연유된 겁니다. 바울은

이 논증에 마지막 도장을 찍듯이 두 개의 성경 구절로 매듭을 짓습니다.

> 리브가에게 이르시되 큰 자가 어린 자를 섬기리라 하셨나니 기록된 바 내가 야
> 곱은 사랑하고 에서는 미워하였다 하심과 같으니라 롬 9:12–13

　창세기 25장 23절, '큰 자가 어린 자를 섬기리라' 라는 약속의 말씀으로 야곱을 에서 위에 놓습니다. 말라기 1장 2절 이하, '내가 야곱은 사랑하였고 에서는 미워하였다' 라는 말씀입니다. '아무리 그래도 그렇지, 하나님이 에서를 미워할 것까지야' 라는 생각이 들죠. 그런데 이건 어떤 두 가지 내용을 비교하는 히브리식 관용구라고 보시면 됩니다. 무엇을 더 위에 두는 것인지, 무엇이 더 중요한 지에 대한 표현입니다. 예를 들어 예수님은 우리에게 '가족을 미워하지 아니하면 그 분의 제자가 될 수 없다' 고 말씀하셨는데, 가족을 실제로 미워하라는 것이 아니라 가족을 주님 따르는 것보다 더 사랑해서는 안 된다는 의미입니다. 마찬가지로 야곱을 에서보다 더 사랑하셨다는 의미입니다.

　결론은 하나님의 약속과 말씀은 폐하여지지 않았다는 것입니다. 하지만 약속은 모든 이스라엘이 아닌, 이스라엘 안의 이스라엘에게서만 성취됩니다. 신학적으로 이를 선택의 교리라고 합니다. 이 선택의 교리는 많은 신비에 둘러싸여 있습니다. 우리는 모든 것을 알 수 없습니다. 너무 알려고 하는 것도 바람직하지 않습니다. 자주 말씀드린 것이지만 우린 하나님이 말씀하신 것만 깨달으려고 하면 됩니다. 그것조차 안하면 게으른 거죠. 반면에 하나님의 경륜 가운데 우리에게 말씀하지 않으신 것, 소위 신비의 영역은 알려고 하지 않아야 합니다. 그걸 파보겠다고 나선 것들이 이단, 삼단이 되는 겁니다. 바울이 성경을 근거로 하나님의 약속, 하나님의 말씀이 폐하여지지 않았다고

논증하는 것은 그것입니다. 인간의 머리로는 도저히 이해될 수 없지만 하나님이 선택하셨다는 겁니다. 이삭과 야곱을 말이죠.

형제와 골육의 처지에 대하여 근심과 고통에 쌓인 바울에게 이 선택의 교리는 겸손함을 가르쳐줍니다. 하나님의 선택을 인간이 알 수 없듯이 여덟 가지 특권을 가진 이스라엘이 구원의 반열에서 멀어지고 있는 현실을 두고 바울은 겸손해집니다. 왜냐하면 우리의 구원 역시 전적으로 하나님의 은혜와 그 분의 주도권으로 인한 것이고 왜 우릴 구원하셨는지, 우리의 자랑과 조건이 전혀 없었기 때문입니다. 지난 번 8장에서 말씀드린 것처럼 미리 아시고, 미리 사랑하시고, 미리 정하신, 즉 조건 없이 하나님 뜻대로 택하신 것뿐입니다.

이스라엘이 자신들이 하나님으로부터 선택된 민족이라고 고개가 뻣뻣할 때는 이 선택의 교리가 은혜가 아닌 자신들의 '의'였습니다. 하지만 하나님의 선택은 오직 은혜입니다. 마치 야곱처럼 말이죠. 선택이 자격이 아닌 은혜일 때 우린 하나님을 향한 무한한 감사와 저절로 고개 숙여지는 겸손을 가질 수 있습니다. 야곱도 그러하였습니다.

> 믿음으로 야곱은 죽을 때에 요셉의 각 아들에게 축복하고 그 지팡이 머리에 의
> 지하여 경배하였으며 히 11:21

전 개인적으로 성경의 이 구절을 좋아합니다. 야곱이 썩어질 육신을 벗는 순간을 묘사한 이 구절이 참으로 좋습니다. 야곱의 인생은 정말 굴곡 많은 인생이었습니다. 우리 모두도 그렇습니다. 욕심을 부리고, 속이기도 하고, 돈도 많이 벌어보고, 목숨이 위험할 때도 있고, 가족들에게 온갖 우환도 있었습니다. 마지막엔 고향이 아닌 멀리 타향 애굽에서 눈을 감습니다. 참으로

곡절도 많은 인생입니다.

그런데 그의 마지막은 '그 지팡이 머리에 의지하여 경배하였다'고 합니다. 여기서 지팡이는 목자들이 양을 칠 때의 지팡이로서 모세의 지팡이, 아론의 지팡이와 같이 하나님의 도우심과 하나님의 영이 함께 하심을 상징하고, 또한 하나님의 택함과 하나님의 뜻을 세우심을 의미합니다.

마지막 순간까지 지금껏 택하시고 돌보시고 지켜주신 하나님이라는 지팡이 머리에 의지하며 하나님께 경배하는 야곱의 겸손함이 돋보입니다. 그 겸손은 하나님의 뜻을 세우심과 선택에 대하여 그저 지팡이 머리에 기대어 감사와 찬송, 그리고 경배하는 모습으로 나타납니다. 그 야곱의 마지막 모습이 저의 모습이었으면 참으로 좋겠습니다. 여러분의 모습이었으면 참으로 좋겠습니다.

부디 저와 여러분 모두 오늘 그리고 남은 모든 인생 여정 가운데 언제나 하나님의 그 알 수 없는 은혜와 이해되지 않는 우릴 향한 그 사랑에 감사하며, 날마다 하나님을 경배하는 하나님의 자녀로서 살아가시길 주님의 이름으로 축원합니다.

말씀으로 기도

1. 야곱이 하나님을 향한 겸손으로 지팡이의 머리에 의지하여 경배하였던 것처럼 겸손히 주님을 따르며 사는 삶이 되기를 기도합시다.
2. 자신을 핍박하며 죽이려 하는 동족 이스라엘에 대한 바울의 긍휼한 마음이 이스라엘에게 전해지고, 우리 역시 빚진 자로서 이스라엘에 대한 부담감을 갖고 기도합시다.

긍휼의 그릇

로마서 9:14-33

14 그런즉 우리가 무슨 말을 하리요 하나님께 불의가 있느냐 그럴 수 없느니라
15 모세에게 이르시되 내가 긍휼히 여길 자를 긍휼히 여기고 불쌍히 여길 자를
불쌍히 여기리라 하셨으니 16 그런즉 원하는 자로 말미암음도 아니요 달음박
질하는 자로 말미암음도 아니요 오직 긍휼히 여기시는 하나님으로 말미암음이
니라 17 성경이 바로에게 이르시되 내가 이 일을 위하여 너를 세웠으니 곧 너
로 말미암아 내 능력을 보이고 내 이름이 온 땅에 전파되게 하려 함이라 하셨으
니 18 그런즉 하나님께서 하고자 하시는 자를 긍휼히 여기시고 하고자 하시는
자를 완악하게 하시느니라 19 혹 네가 내게 말하기를 그러면 하나님이 어찌하
여 허물하시느냐 누가 그 뜻을 대적하느냐 하리니 20 이 사람아 네가 누구이
기에 감히 하나님께 반문하느냐 지음을 받은 물건이 지은 자에게 어찌 나를 이
같이 만들었느냐 말하겠느냐 21 토기장이가 진흙 한 덩이로 하나는 귀히 쓸
그릇을, 하나는 천히 쓸 그릇을 만들 권한이 없느냐 22 만일 하나님이 그의 진
노를 보이시고 그의 능력을 알게 하고자 하사 멸하기로 준비된 진노의 그릇을
오래 참으심으로 관용하시고 23 또한 영광 받기로 예비하신 바 긍휼의 그릇에
대하여 그 영광의 풍성함을 알게 하고자 하셨을지라도 무슨 말을 하리요 24

이 그릇은 우리니 곧 유대인 중에서뿐 아니라 이방인 중에서도 부르신 자니라 25 호세아의 글에도 이르기를 내가 내 백성 아닌 자를 내 백성이라, 사랑하지 아니한 자를 사랑한 자라 부르리라 26 너희는 내 백성이 아니라 한 그 곳에서 그들이 살아 계신 하나님의 아들이라 일컬음을 받으리라 함과 같으니라 27 또 이사야가 이스라엘에 관하여 외치되 이스라엘 자손들의 수가 비록 바다의 모래 같을지라도 남은 자만 구원을 받으리니 28 주께서 땅 위에서 그 말씀을 이루고 속히 시행하시리라 하셨느니라 29 또한 이사야가 미리 말한 바 만일 만군의 주께서 우리에게 씨를 남겨 두지 아니하셨더라면 우리가 소돔과 같이 되고 고모라와 같았으리로다 함과 같으니라 30 그런즉 우리가 무슨 말을 하리요 의를 따르지 아니한 이방인들이 의를 얻었으니 곧 믿음에서 난 의요 31 의의 법을 따라간 이스라엘은 율법에 이르지 못하였으니 32 어찌 그러하냐 이는 그들이 믿음을 의지하지 않고 행위를 의지함이라 부딪칠 돌에 부딪쳤느니라 33 기록된 바 보라 내가 걸림돌과 거치는 바위를 시온에 두노니 그를 믿는 자는 부끄러움을 당하지 아니하리라 함과 같으니라 샬롬! 오늘 말씀의 항해에 참여하시는 성도님들 모두 하나님의 말씀으로 사랑이 넘치는 그릇으로 빚어지는 인생이길 주님의 이름으로 축원합니다.

어제는 하나님의 말씀이 폐하여진 것이 아니라 하나님의 말씀은 이스라엘 안의 이스라엘과 관련된 것이라고 하였습니다. 하나님의 주권적 선택과 하나님의 뜻을 세우는 것에 관하여 우리가 깨달았습니다. 이어서 계속 두 번째 질문입니다.

> 그런즉 우리가 무슨 말을 하리요 하나님께 불의가 있느냐 그럴 수 없느니라
>
> 롬 9:14

두 번째 질문, 하나님께 불의가 있느냐? 이건 이런 질문입니다. 어떤 사람들은 택하여 구원받게 하고, 어떤 사람들은 무시하는 것은 정의롭지 못한 것, 즉 불의 아닌가요? 라고 묻고 있습니다. 오늘도 바울은 역시 구약의 성경들로 설명을 합니다. 9장 전체를 보면 구약의 대표적 장면과 말씀이 계속 됩니다. 확실히 일차 수신자가 유대인들입니다. 어제는 이삭과 이스마엘, 야곱과 에서였다면 두 번째 질문에 대한 답을 모세와 바로에게서 찾습니다.

> 모세에게 이르시되 내가 긍휼히 여길 자를 긍휼히 여기고 불쌍히 여길 자를 불쌍히 여기리라 하셨으니 롬 9:15

출애굽기 33장 19절에 나오는 말씀입니다. 두 번째 질문에 대한 답은 하나님이 죄인들을 구원하시고 다루시는 근거는 정의가 아니라 긍휼이라는 것입니다.

> 그런즉 원하는 자로 말미암음도 아니요 달음박질하는 자로 말미암음도 아니

요 오직 긍휼히 여기시는 하나님으로 말미암음이니라 롬 9:16

'원하는 자로 말미암음도 아니요 달음박질하는 자로 말미암음도 아니요' 즉 구원은 우리가 원하거나 얻으려고 노력하는 어떤 것으로도 말미암지 않고 '오직 긍휼히 여기시는 하나님으로 말미암음' 입니다.

여러분, 그래서 그리스도인은 정의보다 긍휼에 더 마음의 무게추가 기울게 됩니다. 그리스도인이라는 정체성이 하나님의 긍휼로 인한 것을 우리 자신이 너무 잘 알기에 그 마음엔 긍휼이 흐르는 겁니다. 생각해 보세요, 솔직히 무엇이 정의인지는 알기 어렵지만 긍휼함이 무엇인지는 알기 쉽습니다. 긍휼은 그저 그리스도인이라면 마음에서 흘러나옵니다. 어려운 정의를 이루려는 것보다 쉬운 긍휼함을 품고 행하는 것, 그래서 예수님의 멍에는 가볍습니다. 저와 여러분 모두 정의를 구현하려고 어렵게 사는 인생이 아닌, 긍휼을 행하는 쉬운 인생이었으면 좋겠습니다.

바울은 모세에게 하신 하나님의 말씀을 인용하고 나서 이제 바로에게 하신 말씀을 인용합니다.

성경이 바로에게 이르시되 내가 이 일을 위하여 너를 세웠으니 곧 너로 말미암아 내 능력을 보이고 내 이름이 온 땅에 전파되게 하려 함이라 하셨으니 롬 9:17

출애굽기 9장 16절 말씀이죠. 애굽의 재앙들이 있을 때마다 후렴처럼 반복되는 말씀이 있습니다. '우리 하나님 여호와와 같은 이가 없는 줄을 알게 하리니' 입니다. 확실히 바로는 하나님의 긍휼하심의 대상에서 벗어났습니다. 18절을 보면 더욱 확실해지죠.

> 그런즉 하나님께서 하고자 하시는 자를 긍휼히 여기시고 하고자 하시는 자를
> 완악하게 하시느니라 롬 9:18

여기서 '완악하게 하시느니라' 라고 번역된 헬라어 원어의 뜻은 '굳어지게 하다' 라는 의미입니다. 즉 하나님이 내버려 두셔서 죄의 품성이 굳어지는 걸 의미합니다. 이미 우리는 로마서 1장에서 하나님의 내버려두심이 모든 불경건하고 불의한 자들에 대한 형벌임을 배웠습니다.

그런데 생각해 보세요. 인류는 모두가 죄인이었습니다. 그런데 그 중 어떤 사람들을 불쌍히 여기셨다고, 그것이 불의한 것이 될 수는 없습니다. 어떤 사람은 구원을 받고 어떤 사람은 구원받지 못한다는 사실이 놀라운 것이 아니라 그냥 어떤 사람이 구원을 받는다는 것이 놀랍습니다. 하나님의 긍휼하심을 정의로 질문한 것은 질문 자체가 잘못된 겁니다. 이런 걸 세상 사람들이 이해할 수 있을까요? 못하죠. 정말 믿음은 은혜로 받은 겁니다.
세 번째 질문입니다.

> 혹 네가 내게 말하기를 그러면 하나님이 어찌하여 허물하시느냐 누가 그 뜻을
> 대적하느냐 하리니 롬 9:19

그냥 읽으면 어렵죠. 이런 말입니다. 모든 것이 하나님의 주권으로 누구는 긍휼히 여기시고 누구는 완악하게 놔두신다면 결국 책임은 하나님께 있는 것인데, 어찌 하나님은 완악한 자들을 비난하시나요? 그런 하나님의 독단적 계획에 누가 대항하겠냐구요? 즉 바로와 같이 하나님께 대적하는 것도 다 하나님 계획이니 실제로는 대적이 아닌 거잖아요? 라고 매우 거친 항의를 해올 수 있습니다.

그런데 이런 질문들은 그 바탕에 하나님에 대한 개념이 왜곡되었기 때문에 하는 항의입니다. 바울은 하나님이 누구신지에 대한 대답부터 시작하여 풀어갑니다.

> 이 사람아 네가 누구이기에 감히 하나님께 반문하느냐 지음을 받은 물건이 지은 자에게 어찌 나를 이같이 만들었느냐 말하겠느냐 토기장이가 진흙 한 덩이로 하나는 귀히 쓸 그릇을, 하나는 천히 쓸 그릇을 만들 권한이 없느냐   롬 9:20-21

하나님께 반문하는 자, 말대꾸하는 자, 하나님을 비난하려는 자들을 한 단어로 제압합니다. '감히'라고요. 하나님은 창조주이시고 우리는 피조물임을 말하고 있습니다. 토기장이 비유가 그런 겁니다. 20절, 21절은 모두들 쉽게 이해가 되실 겁니다. '감히'라는 단어가 중요합니다. 이 단어로 하나님이 '창조주'이심을 표현합니다.

여러분, 그래서 성숙한 그리스도인들이 삼가야 하는 단어가 '감히'입니다. 이 단어를 입에 올리면, 감히의 상대방에게 자신이 하나님과 같이 어떤 반박도 허용치 않는 사람임을 선포하는 거니까요. 직장 내에서 상사가 감히라는 말을 부하 직원에게 하는 순간 자신은 하나님의 위치에 그리고 부하는 자신의 피조물의 위치에 놓는 것과 같습니다. 가정에서 부부관계와 부모자녀 관계에서도 마찬가지입니다. 감히라는 단어를 사람이 사용하는 것을 하나님은 무척 싫어하십니다. 솔직히 하나님도 감히로 사람에게 다가오지 않으셨습니다. 성경에선 하나님이 오히려 한번 변론해 보자고 여러 번 말씀하셨죠. 하나님은 늘 자신만만 하시니까요.

또한 창조주 하나님 앞에서의 감히는 사람을 사랑으로 창조하신 분에 대한 감히이지만, 사람 앞에서의 감히는 결국 돈, 권력, 지위, 물리적 힘 등에 대한 감히입니다. 그래서 그리스도인들은 사람을 향해 감히라는 말을 하지 않아야 합니다. 하나님 사랑 앞에서만 꿇어야 하는 사람의 무릎을 돈, 권력, 지위 앞에 꿇게 만드는 일을 그리스도인들은 하면 안됩니다. 우린 모두가 진흙 한 덩이에 불과한 사람임을 잊지 말아야 합니다.

세 번째 질문에 대한 또 다른 답으로 바울은 하나님의 계시로서 대답합니다.

> 만일 하나님이 그의 진노를 보이시고 그의 능력을 알게 하고자 하사 멸하기로 준비된 진노의 그릇을 오래 참으심으로 관용하시고 또한 영광 받기로 예비하신 바 긍휼의 그릇에 대하여 그 영광의 풍성함을 알게 하고자 하셨을지라도 무슨 말을 하리요 롬 9:22-23

22절과 23절에서 공통적으로 나오는 단어는 '알게 하다' 라는 동사입니다. 성경은 하나님의 계시입니다. 계시란 하나님을 알게 하는 것이란 뜻입니다. 22, 23절 본문 말씀은 이런 것입니다. 하나님은 하나님의 진노를 보이시고 하나님의 멸하시는 심판의 능력을 계시합니다. 진노의 그릇을 통해서 말입니다. 또한 반면 하나님은 하나님의 영광의 풍성함을 계시하십니다. 영광 받기로 예비된 긍휼의 그릇을 통해서 말이죠. 진노의 그릇과 긍휼의 그릇을 통해 하나님은 당신이 누구신지 완벽하게 조화를 이루어 계시하십니다. 아담 이래로 사람은 본래 하나님의 진노의 그릇에 담겨 있었습니다. 그런데 진노의 그릇에는 오래 참으시고 관용하시는 하나님의 계시가 담겨있습니다. 진노의 그릇이 있음으로 하나님께서 오래 참으시고 관용하시는 분임을 알 수 있습니다. 반면 하나님의 자녀로 선택된 우리는 영광 받기로 예비된 긍휼의 그릇에 담기게 되었습니다. 그리고 긍휼의 그릇은 하나님의 영광의 풍성함을 계시합니다.

여러분, 성경 특히 구약은 하나님이 누구신지에 대한 계시를 사람을 통해 이스라엘의 역사 속에서 보여줍니다. 성경에서 하나님은 당신이 누구신지를 사자, 토끼, 나무, 꽃으로 계시하지 않으십니다. 바로 토기장이이신 하나님이 빚으신 사람을 통해 알려주십니다. 우리는 우리가 좋든 싫든 하나님이 누구신지를 계시하는 그릇임을 명심하여야 합니다. 우리가 어떤 하나님을 계시하고 있는지 생각해 보시기 바랍니다. 여전히 하나님의 진노와 심판을 계시하나요? 하나님의 오래 참으심과 관용만을 계시하나요? 아니면 이제 하나님의 긍휼하심과 영광의 풍성함을 계시하나요? 우리의 토기장이이신 하나님께서 저와 여러분을 긍휼의 그릇으로 새롭게 빚으신 것을 늘 잊지 않으셨으면 좋겠습니다. 하나님의 영광이 드러나야 할 긍휼의 그릇 안에 하나님의 오래 참으심과 관용만 주워 담는 것을 이제 멈추고, 언제나 죄로부터 즉각 회개하고 돌아서는 저와 여러분이 되시기를 기도합니다.

바울은 '하나님은 어찌하여 허물하시느냐?' 라는 질문에 대한 대답으로 이제 성경적 근거를 제시합니다. 하나님이 영광을 위해 예비하신 하나님의 긍휼의 그릇 중에는 유대인뿐 아니라 이방인 중에서도 부르신 자들이 포함되어 있습니다.

> 이 그릇은 우리니 곧 유대인 중에서뿐 아니라 이방인 중에서도 부르신 자니라
> 롬 9:24

그리고 이를 뒷받침하는 호세아의 글과 이사야의 글을 인용하였습니다.

> 호세아의 글에도 이르기를 내가 내 백성 아닌 자를 내 백성이라, 사랑하지 아니한 자를 사랑한 자라 부르리라 너희는 내 백성이 아니라 한 그 곳에서 그들이 살아 계신 하나님의 아들이라 일컬음을 받으리라 함과 같으니라 롬 9:25-26

호세아의 글인 25절과 26절은 이방인에 대한 구원을 말씀하십니다.

> 또 이사야가 이스라엘에 관하여 외치되 이스라엘 자손들의 수가 비록 바다의 모래 같을지라도 남은 자만 구원을 받으리니 주께서 땅 위에서 그 말씀을 이루고 속히 시행하시리라 하셨느니라 또한 이사야가 미리 말한 바 만일 만군의 주께서 우리에게 씨를 남겨 두지 아니하셨더라면 우리가 소돔과 같이 되고 고모라와 같았으리로다 함과 같으니라 롬 9:27-29

또한 이사야의 글은 이스라엘에 관한 것으로서 이스라엘 가운데 '남은 자'에 대한 구원을 말씀하고 있습니다. 바울은 호세아와 이사야를 결합해 놓음으로써 하나님의 계획을 말하고 있습니다. 하나님 나라는 이방인과 유대인의 연합 위에 완성될 것입니다. 허다한 이방인과 남은 유대인들 말이죠.
　여러분, 우리가 로마서 강해를 하면서 기도시간에 이스라엘을 위해 기도하는 것은 이 때문입니다. 우린 이방인으로서 믿음으로 하나님의 자녀가 된 은혜 받은 자들입니다. 그리고 우린 이스라엘의 '남은 자'들과 함께 아버지 집에서 영원히 거할 것입니다. 바로 우리의 형제, 자매입니다. 그 '남은 자'를 향한 하나님의 계획에 우리의 기도를 얹는 겁니다. 하나님이 기뻐하십니다. 우리가 이스라엘의 구원을 위해 기도하는 것을 그래서 하나님이 기뻐하십니다. 우리와 함께 할 이스라엘의 '남은 자'가 정말 많았으면 좋겠습니다.

이제 바울의 결론이자 마지막 질문입니다. 30절부터 33절입니다.

> 그런즉 우리가 무슨 말을 하리요 의를 따르지 아니한 이방인들이 의를 얻었으
> 니 곧 믿음에서 난 의요 롬 9:30

30절, 그러면 우리가 결론적으로 무슨 말을 할 것인가요? 왜 이스라엘이 지금도 어둠 가운데 헤매는 것일까요? 의를 따르지 아니한 이방인들이 믿음으로 의를 얻었는데, 왜 이스라엘은 아직도 헤매일까요?

> 의의 법을 따라간 이스라엘은 율법에 이르지 못하였으니 어찌 그러하냐 이는
> 그들이 믿음을 의지하지 않고 행위를 의지함이라 부딪칠 돌에 부딪쳤느니라
> 롬 9:31-32

31절, 이스라엘은 참으로 의의 법, 즉 토라를 추구하려고 부단히 애를 썼습니다. 광신이라고 할 만한 종교적, 도덕적 열심에 고취되어 있었습니다. 그런데 그들은 불가능한 목표를 추구하고 있었습니다. 율법에 이를 수가 없는 겁니다.

32절, 그들은 믿음이 아닌 행위를 의지하였습니다. 그러다가 부딪칠 돌에 부딪쳤습니다. 장애물에 걸려 넘어졌습니다. 무엇에 걸려서 넘어졌냐고요? 십자가입니다. 십자가는 그들에게 거리끼는 것입니다. 예수가 십자가에서 인류의 죄를 위해 돌아가셨다고 한다면 자신들의 그 동안의 모든 열심과 행위가 다 헛된 것이기에 그 사실을 받아들일 수 없는 겁니다. 목이 뻣뻣해서 부딪칠 돌에 부딪치는 겁니다. 그들은 선택된 민족이라는 자부심에 너무 교만해 있었습니다.

바울은 최종적으로 성경적 증거로서 이사야서 말씀을 제시합니다.

기록된 바 보라 내가 걸림돌과 거치는 바위를 시온에 두노니 그를 믿는 자는
부끄러움을 당하지 아니하리라 함과 같으니라 롬 9:33

시온 즉 예루살렘에서 걸림돌과 거치는 바위인 예수 그리스도가 십자가에
서 죽으셨습니다. 그를 믿는 자는 부끄러움을 당하지 아니합니다. 여기서
'부끄러움을 당하다'는 말은 '부끄럽게 만들다. 실망케 하다'라는 단어의
신적 수동태입니다. 즉, 하나님께서 절대 믿는 자를 부끄럽게 하지 않으시고
실망시키지 않으실 것 이라는 뜻입니다.

여러분, 9장에서 이스라엘의 불신에 대한 하나님의 계획을 보았습니다. 하
나님의 택하심에 따른 뜻으로 시작하여 이스라엘의 '남은 자'까지 보았죠.
그런데 결론에선 이스라엘의 넘어짐을 그들 자신의 행위 구원, 자기의 교만
탓으로 돌려지고 있습니다. 교만으로 그리스도의 십자가에 부딪친 겁니다.
모순처럼 생각이 되나요? 서로 앞뒤가 안 맞는다고 생각이 되나요? 하나님
의 선택과 회개와 순종이란 것이 서로 모순되어 보이나요? 그런데 이건 모
순이 아닙니다. 이것을 우린 신앙의 균형이라고 하는 겁니다. 바울은 그 균
형 잡힌 하나님의 경륜을 말하고 있습니다. 선택 받았다고 막 살아도 되나
요? 아닙니다. 그럼 착하고 율법을 열심히 지키는 행위로 구원받나요? 아닙
니다.

절묘하게 믿음과 겸손, 순종이라는 행위를 마치 시계의 톱니바퀴처럼 연결
하고 있습니다. 마치 방향이 반대로 도는 것 같지만 서로 맞물려 함께 돌 때
시계 바늘이 움직이는 것과 같습니다. 그렇게 겉으로는 반대되는 것처럼 보

이는 진리들이 서로 완전히 조화를 이루면서 우리를 영화롭게 하는 예수 재림의 때를 향한 하나님 나라의 시계는 오늘도, 내일도 움직입니다.

부디 저와 여러분 모두 하나님의 주권적 선택이란 은혜를 받은 자로서 늘 겸손히 회개하고 하나님 말씀 앞에 순종하는, 그러므로 하나님 나라의 시계 바늘에 저희의 인생이란 시간이 맞춰지는 복된 인생 되시기를 주님의 이름으로 축원합니다.

말씀으로 기도

1. 하나님의 긍휼을 받은 자로 긍휼을 행하며 누구라도 끌어안는 그리스도 인이 되기를 기도합시다.

2. 진노의 그릇이 아닌 긍휼의 그릇으로 빚으신 하나님께 감사하며 오래 참으심, 관용의 하나님만을 구하는 자가 아닌, 즉각 회개하여 다시금 은혜의 자리로 돌아오는 그리스도인이 되기를 기도합시다.

3. 하나님 나라에서 함께 영원히 거할 형제, 자매인 이스라엘의 '남은 자'가 속히 예수 그리스도를 믿도록 기도합시다.

이스라엘을 향한 하나님 마음

로마서 10:1-21

1 형제들아 내 마음에 원하는 바와 하나님께 구하는 바는 이스라엘을 위함이니 곧 그들로 구원을 받게 함이라 2 내가 증언하노니 그들이 하나님께 열심이 있으나 올바른 지식을 따른 것이 아니니라 3 하나님의 의를 모르고 자기 의를 세우려고 힘써 하나님의 의에 복종하지 아니하였느니라 4 그리스도는 모든 믿는 자에게 의를 이루기 위하여 율법의 마침이 되시니라 5 모세가 기록하되 율법으로 말미암는 의를 행하는 사람은 그 의로 살리라 하였거니와 6 믿음으로 말미암는 의는 이같이 말하되 네 마음에 누가 하늘에 올라가겠느냐 하지 말라 하니 올라가겠느냐 함은 그리스도를 모셔 내리려는 것이요 7 혹은 누가 무저갱에 내려가겠느냐 하지 말라 하니 내려가겠느냐 함은 그리스도를 죽은 자 가운데서 모셔 올리려는 것이라 8 그러면 무엇을 말하느냐 말씀이 네게 가까워 네 입에 있으며 네 마음에 있다 하였으니 곧 우리가 전파하는 믿음의 말씀이라 9 네가 만일 네 입으로 예수를 주로 시인하며 또 하나님께서 그를 죽은 자 가운데서 살리신 것을 네 마음에 믿으면 구원을 받으리라 10 사람이 마음으로 믿어 의에 이르고 입으로 시인하여 구원에 이르느니라 11 성경에 이르되 누구든지 그를 믿는 자는 부끄러움을 당하지 아니하리라 하니 12 유대인이나 헬라인이

나 차별이 없음이라 한 분이신 주께서 모든 사람의 주가 되사 그를 부르는 모든 사람에게 부요하시도다 13 누구든지 주의 이름을 부르는 자는 구원을 받으리라 14 그런즉 그들이 믿지 아니하는 이를 어찌 부르리요 듣지도 못한 이를 어찌 믿으리요 전파하는 자가 없이 어찌 들으리요 15 보내심을 받지 아니하였으면 어찌 전파하리요 기록된 바 아름답도다 좋은 소식을 전하는 자들의 발이여 함과 같으니라 16 그러나 그들이 다 복음을 순종하지 아니하였도다 이사야가 이르되 주여 우리가 전한 것을 누가 믿었나이까 하였으니 17 그러므로 믿음은 들음에서 나며 들음은 그리스도의 말씀으로 말미암았느니라 18 그러나 내가 말하노니 그들이 듣지 아니하였느냐 그렇지 아니하니 그 소리가 온 땅에 퍼졌고 그 말씀이 땅 끝까지 이르렀도다 하였느니라 19 그러나 내가 말하노니 이스라엘이 알지 못하였느냐 먼저 모세가 이르되 내가 백성 아닌 자로써 너희를 시기하게 하며 미련한 백성으로써 너희를 노엽게 하리라 하였고 20 이사야는 매우 담대하여 내가 나를 찾지 아니한 자들에게 찾은 바 되고 내게 묻지 아니한 자들에게 나타났노라 말하였고 21 이스라엘에 대하여 이르되 순종하지 아니하고 거슬러 말하는 백성에게 내가 종일 내 손을 벌렸노라 하였느니라 샬롬! 오늘 말씀의 항해에 참여하시는 성도님들 모두 말씀 가운데 계시하시는 하나님 아버지의 마음을 깨닫고 그 마음을 시원하게 해드리는 자녀가 되기를 주님의 이름으로 축원합니다.

오늘 본문은 로마서 10장입니다. 어제에 이어서 이스라엘에 관한 말씀입니다. 9장이 하나님의 선택과 관련한 과거의 이스라엘을 주제로 삼았다면 10장은 그럼 도대체 현재 이스라엘은 무엇이 문제인지를 다루고 있습니다. 이스라엘이 1차 독자이기에 10장도 역시 구약의 성경 말씀 인용으로 가득합니다. 바울은 9장에서와 마찬가지로 10장에서도 이스라엘 형제들을 향한 자신의 간절한 마음으로 시작합니다.

> 형제들아 내 마음에 원하는 바와 하나님께 구하는 바는 이스라엘을 위함이니
> 곧 그들로 구원을 받게 함이라 롬 10:1

1절에서 한 가지만 눈여겨보고 갈까 합니다. '내 마음에 원하는 바'입니다. 바울이 간절히 형제의 구원을 원하고 있습니다. 그런데 여기서 '원하는 바'로 번역된 단어의 히브리식 의미는 '신적 기쁨, 신의 목적이나 결의'를 보여주는 단어입니다. 내 마음에 하나님의 뜻, 목적, 결의가 담겨 있는 겁니다. 형제의 구원이 하나님의 뜻과 목적이며 또한 그것이 나의 원하는 것입니다. '하나님의 뜻이 나의 마음이 되고...' 찬양 가사와 같은 거죠.

도대체 이스라엘은 무엇이 문제인가? 바울은 이제부터 이것을 하나씩 증언하고 논증해 나갑니다. 우선 첫째, 잘못된 열심입니다.

> 내가 증언하노니 그들이 하나님께 열심이 있으나 올바른 지식을 따른 것이 아
> 니니라 롬 10:2

이스라엘의 문제는 잘못된 지식을 따라 열심을 낸다는 겁니다. 무지와 열심, 이 둘이 결합되면 정말 최악으로 치닫습니다. 열심은 나쁜 것이 아닙니다. 그런데 잘못된 것에 기초하여 열심을 내면, 열심을 내지 않는 것만 못하죠. 이단들이 엄청 열심을 내는 것을 우린 압니다. 생업을 다 내던지며 열심을 내죠. 진리 안에 있는 우리가 볼 때 참 이해가 안 되죠. 이에 대해선 영적인 배후가 있는데, 그것까지 하면 본문에서 너무 빗겨가니 나중에 기회가 되면 나누기로 하죠.

여하튼 이스라엘의 문제는 '열심'이 아니라, '무지'인 겁니다. 그럼 뭘 모르는 걸까요?

> 하나님의 의를 모르고 자기 의를 세우려고 힘써 하나님의 의에 복종하지 아니
> 하였느니라 롬 10:3

하나님의 의를 모르는 겁니다. 우린 '하나님의 의'를 알지요? 혹시 잘 모르시나요? 로마서 3장 21절, 하나님의 의가 나타났잖아요. 예수 그리스도, 하나님의 의는 예수 그리스도입니다. 하나님의 의를 모르니, 하나님의 의에 복종하지 않습니다. 그럼 지금 이스라엘이 열심을 내는 건 뭐라고요? 자기 의를 세우려고 힘쓰고 있다는 것입니다. 열심을 내기는 하는데, 잘못된 지식으로 헛된 열심을 내는 겁니다.

이스라엘은 확실히 자기 의에 집착하였습니다. 하나님이 율법으로 주신 것에 쓸데없는 것까지 더 하여 자기 의를 이루려 하지요. 그들은 지금도 안식일엔 엘리베이터 버튼도 안 누르고 예수님 시절엔 병자도 안 고치고, 속된 말로 참 무식한 겁니다. 무식하면 용감하다고 했나요? 더 집착을 하고 열심

을 냅니다. 칼빈이 제대로 지적하였는데요, '하나님의 의를 얻는 첫 번째 단계는 우리 자신의 의를 포기하는 것이다'라고 했습니다. 이스라엘은 그 첫 단계, 첫 단추부터 잘못 끼운 겁니다.

> 그리스도는 모든 믿는 자에게 의를 이루기 위하여 율법의 마침이 되시니라
> 롬 10:4

바울은 거침없이 그리스도를 내세웁니다. 그리스도 예수는 율법을 완성하셨습니다. 일전에 말씀드린 적이 있습니다. 예수님은 율법을 폐하신 것이 아니라 완성하시기 위해서 율법 아래 태어나 할례를 받으시고 33년 공생애 기간 동안 모든 율법을 행하시고, 마지막 율법의 형벌마저 십자가에서 마치셨습니다. 십자가는 율법의 마침이 된 사건입니다. 모든 믿는 자, 바로 저와 여러분에게 의를 이루시기 위해서입니다. 그분이 바로 하나님의 의, 그 자체이십니다. 이스라엘은 그것을 모르는 것입니다.

이제 바울은 이스라엘의 잘못을 구약의 성경 말씀을 통해 차례대로 증거합니다. 찬찬히 말씀을 따라가 보도록 하겠습니다. 먼저 '율법으로 말미암은 의'와 '믿음으로 말미암는 의'를 대조합니다. 전자는 레위기에 나온 모세의 기록이고 후자는 신명기에 나온 모세의 기록입니다.

> 모세가 기록하되 율법으로 말미암는 의를 행하는 사람은 그 의로 살리라 하였
> 거니와 롬 10:5

레위기 18장 5절을 인용하였습니다. 율법을 모두 지켜 행하는 사람은 그 율법의 의로 삽니다. 말 그대로 무죄입니다. 완벽하게 율법을 행하였으니까

요. 그런데 그런 사람은 없다는 겁니다. 이것 역시 지금껏 앞의 로마서에서 다룬 내용입니다. 다른 한편 '믿음으로 말미암는 의'가 있습니다.

> 믿음으로 말미암는 의는 이같이 말하되 네 마음에 누가 하늘에 올라가겠느냐 하지 말라 하니 올라가겠느냐 함은 그리스도를 모셔 내리려는 것이요 혹은 누가 무저갱에 내려가겠느냐 하지 말라 하니 내려가겠느냐 함은 그리스도를 죽은 자 가운데서 모셔 올리려는 것이라 롬 10:6-7

이건 바울이 모세의 신명기 30장 12절과 13절의 말씀을 그 내용을 바꾸어서 인용한 건데요, 먼저 신명기 말씀을 보면 본문의 이해가 더 빠를 수 있습니다.

> 내가 오늘 네게 명령한 이 명령은 네게 어려운 것도 아니요 먼 것도 아니라 하늘에 있는 것이 아니니 네가 이르기를 누가 우리를 위하여 하늘에 올라가 그의 명령을 우리에게로 가지고 와서 우리에게 들려 행하게 하랴 할 것이 아니요 이것이 바다 밖에 있는 것이 아니니 네가 이르기를 누가 우리를 위하여 바다를 건너가서 그의 명령을 우리에게로 가지고 와서 우리에게 들려 행하게 하랴 할 것도 아니라 오직 그 말씀이 네게 매우 가까워서 네 입에 있으며 네 마음에 있은즉 네가 이를 행할 수 있느니라 신 30:11-14

신명기 내용은 이렇습니다. 모세가 그 백성에게 주는 명령은 결코 어려운 것이 아닙니다. 하늘까지 가서 또는 바다 건너편까지 가서 그 명령을 탐구하여 찾을 필요가 없다는 겁니다. 하나님의 계명은 백성들의 입에 있고 마음에 있어서 이해하기 쉽고 행하기 쉽기 때문입니다. 그럼 이것을 본문에 대입해 보겠습니다.

'믿음으로 말미암은 의'에서 '의'는 뭐라고요? 예수 그리스도! 이십니다. 그 예수 그리스도를 내려오게 하려고 하늘로 올라갈 필요가 없습니다. 쓸데 없는 열심을 내지 말라는 겁니다. 하나님께서 내려 보내셨습니다. 또 죽은 자 가운데 그리스도를 부활하게 하려고 음부까지 내려갈 필요가 없습니다. 하나님께서 부활시키셨습니다. '믿음으로 말미암는 의'는 우리가 하늘로 올라가고, 음부로 내려가려 하는 그런 노력으로 이뤄지는 것이 아닙니다. '의'를 위해 우리가 열심을 낼 것이 없습니다. '이스라엘아! 열심을 낼 필요가 없다'고 합니다. 그저 믿기만 하면 된다는 겁니다.

참 이상하죠. 너무 쉬워서 이스라엘은 믿음으로 말미암은 의의 길을 못 가는 거예요. 사실 우리도 그런 심리가 있습니다. 그냥 믿기만 하면 된다니까 무언가 찜찜한 거예요. 그래서 거기에 무언가를 더하려고 하죠. 믿음의 열매를 믿음의 조건처럼 바꾸어 생각하기 일쑤입니다. 혹시 우리 신앙생활 가운데 그런 것이 조금이라도 있다면 각자 잘 생각해 보세요. 하물며 십일조, 주일예배, 새벽예배와 같은 기본적인 것도 믿음의 조건은 아닙니다. 믿기에 따라오는 신앙인의 삶인 거죠. 여러분, 생활이 복잡하고 어렵고 삶의 질과 조건이 다 다르다 하여도 오직 믿음만은 그 어떤 미사여구와 조건도 붙지 않는 순전한 믿음이길 주님의 이름으로 축원합니다.

그럼, 율법도 아니고 열심을 내는 행위도 아닌, 그 믿음이란 것이 무언가? 무엇을 믿으라는 건가? 그래서 바울은 계속 믿음의 의에 관하여 이어갑니다.

> 그러면 무엇을 말하느냐 말씀이 네게 가까워 네 입에 있으며 네 마음에 있다
> 하였으니 곧 우리가 전파하는 믿음의 말씀이라 롬 10:8

바울은 방금 인용한 신명기 30장 14절에 나오는 사람들의 '입'과 '마음'에서 단서를 얻어서 믿음의 말씀, 즉 복음을 정리합니다.

> 네가 만일 네 입으로 예수를 주로 시인하며 또 하나님께서 그를 죽은 자 가운데서 살리신 것을 네 마음에 믿으면 구원을 받으리라 사람이 마음으로 믿어 의에 이르고 입으로 시인하여 구원에 이르느니라 롬 10:9-10

마음과 입, 내적 믿음과 외적 고백은 반드시 결합되어 있습니다. 예수님을 주로 시인하고 고백해야 합니다. 예수님의 죽음과 부활을 믿고 고백하는 겁니다. 진정 마음으로 믿어야 합니다. 마음에 믿음의 뿌리를 두고 고백해야 합니다. 지금 바울은 무엇을 믿는 건지, 무엇을 고백하는 건지를 구체적으로 알려 주고 있습니다. 예수님의 죽음과 부활을 믿고 예수님이 우리의 주님이심을 시인하여 입으로 고백합니다.

여러분, 우리가 누군가에게 복음을 전하고 구원에 이르도록 전도함에 있어서 이 핵심을 꼭 전해야 합니다. '십자가 죽음과 부활, 그리고 예수님이 주님이심', 이것이 결신 고백의 핵심 내용입니다. 이 믿음과 고백이면 구원받습니다. 복음을 전하는데 너무 많은 성경 지식과 이론으로 무장될 필요 없습니다. 복잡하게 전해봐야 전하는 쪽이나 받는 쪽이나 더 헷갈릴 수 있습니다. 복음전도는 설득이 아닌 선포입니다. 복음 즉 복된 소식의 핵심을 전하는 것이 중요합니다.

바울은 이스라엘에게 말합니다. '어렵지 않습니다. 하늘로 갈 필요도 음부로 갈 필요도 없습니다. 구원의 길이 활짝 열렸습니다.'라고요. 그리고 강조하죠, 누구든지 모든 사람에게 그 길이 열렸음을 말입니다.

> 성경에 이르되 누구든지 그를 믿는 자는 부끄러움을 당하지 아니하리라 하니
> 유대인이나 헬라인이나 차별이 없음이라 한 분이신 주께서 모든 사람의 주가
> 되사 그를 부르는 모든 사람에게 부요하시도다 누구든지 주의 이름을 부르는
> 자는 구원을 받으리라 롬 10:11-13

이사야서와 요엘서를 언급하며 구원의 문이 활짝 열렸음을 알립니다. '누구든지' 입니다. 누구든지 믿는 자, 누구든지 그리스도를 주님으로 시인하는 자, 누구든지 주의 이름을 부르는 자, 예수를 믿고 그 이름을 부르는 자. 구원을 받으리라! 할렐루야! 라고 이스라엘에게 선포하고 있습니다.

그런데 '너희 이스라엘 형제들아 어찌 그 구원의 길을 거부하고 있느냐?' 바울의 심정은 애가 탑니다. 그리고 14절부터 21절까지 한 호흡으로 이스라엘을 향해 자신의 마음에 원하는 것과 간절히 구하는 것을 써 내려 갑니다. 여기서 잠깐, 이하 본문에서는 복음 전도의 필요성, 이방인에게 복음이 전해지는 이유 등 신앙의 교리와 성도의 사명으로서 깊은 내용들이 담겨 있는 것은 맞습니다. 그리고 그와 관련된 설교도 많이 들어 보셨을 겁니다. 중요하니까요.

오늘은 제목처럼 이스라엘의 향한 하나님의 마음과 또 그 마음을 성령을 통하여 바울에게 주셔서 갖게 된 형제를 향한 바울의 마음을 본문을 따라 전하려 합니다. 성령님의 감동하심에 따라서 말이죠. 이론, 교리, 사명이 아닌 마음입니다. 바울은 전형적인 자문자답 형식으로 자신의 마음을 써내려 가기 시작합니다

그런즉 그들이 믿지 아니하는 이를 어찌 부르리요 듣지도 못한 이를 어찌 믿으리요 전파하는 자가 없이 어찌 들으리요 롬 10:14

형제들아! 너희가 믿지 못하는 것이 부르지 않아서, 너희가 듣지 못하는 것이 전파하는 자가 없어서라고 생각하느냐?

보내심을 받지 아니하였으면 어찌 전파하리요 기록된 바 아름답도다 좋은 소식을 전하는 자들의 발이여 함과 같으니라 롬 10:15

그래, 보내심을 받지 아니하였다면 전파되지 않았겠지, 하지만 이사야 52장 7절에 하나님의 말씀대로 좋은 소식을 전하는 자들의 발이 있었지 않느냐? 너희에게 얼마나 많은 선지자들을 보내었느냐, 어느 민족에게 하나님이 그토록 많은 보냄 받은 자들을 보내신 적이 있단 말이냐, 다른 종족이라면 몰라도 너희 이스라엘은 그런 말을 못한다.

그러나 그들이 다 복음을 순종하지 아니하였도다 이사야가 이르되 주여 우리가 전한 것을 누가 믿었나이까 하였으니 롬 10:16

그러나 형제들아 너희는 다 그 좋은 소식인 복음에 순종하지 아니하였다. 이사야 53장 1절, 하나님 말씀처럼 누가 그 좋은 소식을 믿었단 말이냐, 형제들아!

그러므로 믿음은 들음에서 나며 들음은 그리스도의 말씀으로 말미암았느니라 롬10:17

믿으려면 우선 들어야 한다고? 맞다! 그리스도의 말씀, 복음을 들어야 한다.

> 그러나 내가 말하노니 그들이 듣지 아니하였느냐 그렇지 아니하니 그 소리가
> 온 땅에 퍼졌고 그 말씀이 땅 끝까지 이르렀도다 하였느니라 롬 10:18

그러면 형제들아 너희가 듣지 못해서 믿지 못하는 거라고? 아니다. 그렇지 않다. 시편 19:4 말씀에 기록된 대로 그 소리는 온 땅에 퍼졌고 그 말씀이 땅 끝까지 이르렀도다. 어찌 너희가 들은 적이 없다고 하느냐? 더욱이 너희는 그런 말 못한다. 그 복음이 온 땅에 퍼지고 땅 끝까지 이르기 전에 바로 그 예수 그리스도가 너희에게 직접 오시지 않았느냐? 예수께서 유대 땅을 벗어나셔서 너희가 복음을 못 들었느냐? 아니지 않느냐? 너희에게 오셔서 너희에게 천국복음을 들려주시지 않았느냐, 못들은 것이 아니지 않느냐!

> 그러나 내가 말하노니 이스라엘이 알지 못하였느냐 먼저 모세가 이르되 내가
> 백성 아닌 자로써 너희를 시기하게 하며 미련한 백성으로써 너희를 노엽게 하
> 리라 하였고 롬 10:19

형제들아, 이방인들이 믿어서 시기가 나고 노여우냐? 형제들아 모르느냐? 신명기 32장 21절에 이미 하나님이 이방인에게 구원이 이른다고 말씀하셨다. 정말 그 말씀대로 너희가 시기하고 노여워하는구나. 너희가 바로 돌아온 탕자 비유에서 집에 있던 큰 아들이로구나. 잔치에 못 들어가는구나. 동생을 시기하고 노여워하는 큰 아들이 바로 너희구나!

> 이사야는 매우 담대하여 내가 나를 찾지 아니한 자들에게 찾은 바 되고 내게

묻지 아니한 자들에게 나타났노라 말하였고 롬 10:20

형제들아 너희는 말씀을 맡은 자들이 아니었느냐? 이사야 65장 1절의 말씀이 이루어지는 것을 보지 못하느냐, 하나님을 찾지 아니한 자들, 하나님을 묻지 아니한 그 이방인을 향한 하나님의 계획을 너희는 알고 있지 않았느냐?

이스라엘에 대하여 이르되 순종하지 아니하고 거슬러 말하는 백성에게 내가
종일 내 손을 벌렸노라 하였느니라 롬 10:21

이제 내가 마지막으로 형제들에게 말한다. 내 마음을 전한다. 하나님의 말씀, 이사야 65장 2절의 말씀처럼 순종하지 아니하고 거슬러 말하는 이스라엘아! 내가 종일 내 손을 벌려 너희를 기다리고 있다! 하나님의 마음이다. '이스라엘아! 내가 종일 내 손을 벌려 기다리고 있단다!'

여러분, 우린 아버지 품에 안긴 탕자 둘째 아들입니다. 집에 잔치를 여는데 형님이 안 들어오려고 합니다. 아버지는 종일 손을 벌려 기다리고 계세요. 우리도 예전에 그렇게 기다리셨죠. 우리만 잔치하며 기쁠 수 있나요? 아버지가 저렇게 문 앞에서 손 벌리고 계시는데요? 그럴 수 없습니다. 염치라는 것이 있지. 이스라엘아! 부르시며 종일 손을 벌리고 계신 아버지 마음의 십분의 일, 백분의 일이라도 가져야 합니다.

바울이 본문을 시작하면서 '내 마음에 원하는 바'라고 하였지요. 그 원하는 것은 하나님이 원하시는 것이라고 하였습니다. 하나님의 원함이 바울의 원함인 겁니다. 우리도 하나님의 원하심, 이스라엘을 향하여 종일 손을 벌리고 계신 그 마음을 품고 이스라엘을 향하여 기도하였으면 좋겠습니다. 우리

와 상관없는 것이 아닙니다. 아버지 마음이 그러하신데 어찌 우리와 상관이 없단 말인가요?

부디 저와 여러분, 이스라엘을 향한 하나님의 마음을 깨닫고 바울의 고백처럼 '내 마음에 원하는 바와 하나님께 구하는 바는 이스라엘을 위함이니 곧 그들로 구원을 받게 함이라' 는 마음을 품고 이스라엘을 위해 기도하는 하나님의 자녀이길 주님의 이름으로 축원합니다.

말씀으로 기도

1. 이스라엘을 향해 종일 손을 벌리고 계신 하나님의 마음을 품고 이스라엘을 위하여 기도합시다.
2. 하나님의 구원의 완성인 열방과 이스라엘이 주님께 돌아오는 그날을 위해 기도합시다.

남은 자

로마서 11:1-11

1 그러므로 내가 말하노니 하나님이 자기 백성을 버리셨느냐 그럴 수 없느니라 나도 이스라엘인이요 아브라함의 씨에서 난 자요 베냐민 지파라 2 하나님이 그 미리 아신 자기 백성을 버리지 아니하셨나니 너희가 성경이 엘리야를 가리켜 말한 것을 알지 못하느냐 그가 이스라엘을 하나님께 고발하되 3 주여 그들이 주의 선지자들을 죽였으며 주의 제단들을 헐어 버렸고 나만 남았는데 내 목숨도 찾나이다 하니 4 그에게 하신 대답이 무엇이냐 내가 나를 위하여 바알에게 무릎을 꿇지 아니한 사람 칠천 명을 남겨 두었다 하셨으니 5 그런즉 이와 같이 지금도 은혜로 택하심을 따라 남은 자가 있느니라 6 만일 은혜로 된 것이면 행위로 말미암지 않음이니 그렇지 않으면 은혜가 은혜 되지 못하느니라 7 그런즉 어떠하냐 이스라엘이 구하는 그것을 얻지 못하고 오직 택하심을 입은 자가 얻었고 그 남은 자들은 우둔하여졌느니라 8 기록된 바 하나님이 오늘까지 그들에게 혼미한 심령과 보지 못할 눈과 듣지 못할 귀를 주셨다 함과 같으니라 9 또 다윗이 이르되 그들의 밥상이 올무와 덫과 거치는 것과 보응이 되게 하시옵고 10 그들의 눈은 흐려 보지 못하고 그들의 등은 항상 굽게 하옵소서 하였느니라 11 그러므로 내가 말하노니 그들이 넘어지기까지 실족하였느냐 그럴 수 없느니라 그들이 넘어짐으로 구원이 이방인에게 이르러 이스라엘로 시기나게 함이니라

샬롬! 오늘 말씀의 항해에 참여하시는 성도님들 모두 하나님 말씀을 붙잡고 기도하는 기도의 사람으로 세워지길 주님의 이름으로 축원합니다.

이미 말씀드린 것처럼 로마서 9장, 10장, 11장은 그 주제가 이스라엘에 관한 것입니다. 8장까지 인류 전체에 대한 구원을 다루고 바울은 특별히 이스라엘을 구분하여 별도로 다루고 있습니다. 이스라엘은 확실히 특별합니다. 아브라함부터 시작하여 이스라엘은 하나님의 특별한 선택과 언약, 율법으로 맺어진 관계입니다. 그런데 9장, 10장에서 본 바와 같이 그렇게 특별한 이스라엘이 하나님의 언약으로 오신 메시아 예수 그리스도로부터 또 율법의 마침이신 예수 그리스도로부터 멀어진 겁니다. 바울은 이스라엘의 과거와 현재를 지나 이제 그 미래에 대한 하나님의 계획을 말하고자 합니다. 이스라엘의 특별함이 하나님의 계획 안에서 어떤 위치에 놓여있는지를 11장에서 말하고 있습니다.

그런데 우리가 이스라엘의 특별함을 살펴보기 전에 먼저 확실히 짚고 넘어가야 할 점이 있습니다. 그건 구원에 있어서 이스라엘이 특별한 다른 길이 있는 것이 아니라는 사실입니다. 구원은 오직 믿음으로 인한 것이며, 그 믿음은 예수 그리스도의 십자가와 부활을 믿는 것입니다. 그리고 그리스도를 주님으로 시인하고 고백하는 것입니다. 그 유일한 길이신 예수 그리스도를 통한 구원은 이스라엘에게도 동일합니다. 마치 이스라엘에게는 다른 구원의 길이 있는 것인 양 주장한다면 그건 잘못된 가르침이며 거기에 속아서는 안 됩니다.

11장은 크게 두 질문으로 나눌 수 있습니다.

첫째, 1절, '그러므로 내가 말하노니 하나님이 자기 백성을 버리셨느냐' 라는 질문과 둘째, 11절, '그러므로 내가 말하노니 그들이 넘어지기까지 실족하였느냐' 라는 질문입니다. 두 질문에 대한 바울의 답은 동일합니다. '그럴 수 없느니라' 라고 말이죠.

오늘은 먼저 첫 번째, '그러므로 내가 말하노니 하나님이 자기 백성을 버리셨느냐' 는 질문입니다. 그에 대하여 '그럴 수 없느니라' 라고 답하는 증거들을 바울은 네 가지로 제시합니다.
첫째, 개인적인 증거입니다.

> 그러므로 내가 말하노니 하나님이 자기 백성을 버리셨느냐 그럴 수 없느니라
> 나도 이스라엘인이요 아브라함의 씨에서 난 자요 베냐민 지파라 롬 11:1

'나도 이스라엘인이요 아브라함의 씨에서 난자요 베냐민 지파라', 유대인인 그 자신이야말로 하나님이 그의 백성을 버리지 않으신다는 증거라는 겁니다. 더욱이 자신은 온 힘을 다해서 하나님을 대항해 다투던 자이며, 그리스도 예수를 앞장서서 핍박하던 자입니다. 이런 신성모독자요 핍박자이던 자신까지도 버리지 않으신 것이야 말로 하나님이 자기 백성을 버리지 않으셨다는 증거라고 말합니다.
바울의 신앙 간증입니다. 우리도 교회에서의 신앙 간증은 기본적으로 바울의 간증과 대동소이합니다. 나같은 것을 구원하신 하나님, 구원받을 아무런 자격 없음에도 일방적으로 사랑하신 하나님. 내가 구원받았다면 여러분 누구라도 구원받을 수 있다는 것, 그것이 진정 구원받은 자, 은혜받은 자의 간

증입니다. 저와 여러분도 그 구원의 은혜를 삶의 현장 어디서나 간증함으로써 하나님의 크고 놀라우신 사랑을 드러내는 그리스도인이길 주님의 이름으로 축원합니다.

둘째, 신학적인 증거입니다. 이미 질문에서 바울은 이것을 고려하고 있는데요, 바울은 하나님이 '자기 백성' 즉 하나님이 특별히 선택한 백성, 하나님 당신이 깨뜨릴 수 없다고 단언하신 그 분의 언약의 백성들을 버리셨느냐고 묻고 있습니다.

> 하나님이 그 미리 아신 자기 백성을 버리지 아니하셨나니 롬 11:2

바울은 2절 전반부에서 '하나님이 그 미리 아신 자기 백성을 버리지 아니하셨나니' 라며 '미리 아신 자기 백성' 이라고 더욱 강조합니다. 이전에 말씀드린 대로 '미리 알다' 는 '미리 사랑하다' 라는 뜻입니다. 그렇게 사랑하는 백성을 버릴 수 없다는 겁니다. 언약을 깨실 수 없고, 미리부터 사랑하셨기에 버릴 수 없으신 것입니다.

셋째, 바울은 성경적 증거를 제시합니다.

> 너희가 성경이 엘리야를 가리켜 말한 것을 알지 못하느냐 그가 이스라엘을 하나님께 고발하되 주여 그들이 주의 선지자들을 죽였으며 주의 제단들을 헐어버렸고 나만 남았는데 내 목숨도 찾나이다 하니 그에게 하신 대답이 무엇이냐 내가 나를 위하여 바알에게 무릎을 꿇지 아니한 사람 칠천 명을 남겨 두었다 하셨으니 롬 11:2-4

열왕기상 19장에 나오는 장면인데요, 엘리야가 갈멜 산에서 바알 선지자들을 이기고 승리한 후에 이세벨 여왕을 피해 사막으로 도망갔으며, 후에 호렙산의 한 동굴 안에 피신해 있을 때 이야기입니다. '그가 이스라엘을 하나님께 고발하되 주여 그들이 주의 선지자들을 죽였으며 주의 제단들을 헐어버렸고 나만 남았는데 내 목숨도 찾나이다'라고 하니까, 하나님은 엘리야에게 '너만 남았다는 너의 계산이 틀렸다'라고 대답하십니다. '내가 나를 위하여 바알에게 무릎을 꿇지 아니한 사람 칠천 명을 남겨 두었다'라고 하시죠. '남은 자' 개념은 이미 엘리야가 선지자 사역을 할 때도 존재하였습니다.

하나님이 그 분의 백성을 완전히 버리지 않으셨다는 바울의 네 번째 증거는 당대의 상황입니다. 엘리야 시대에 칠천 명의 남은 자가 있었던 것과 마찬가지로 5절, '그런즉 이와 같이 지금도'라고 합니다.

그런즉 이와 같이 지금도 은혜로 택하심을 따라 남은 자가 있느니라 롬 11:5

바울 당시에도 남은 자가 있다는 얘기지요. 그리고 그 숫자는 무시하지 못할 숫자일 겁니다. 사도행전 21장 20절에 '그들이 듣고 하나님께 영광을 돌리고 바울더러 이르되 형제여 그대도 보는 바에 유대인 중에 믿는 자 수만 명이 있으니'라고 합니다. 예루살렘 교회의 야고보가 바울에게 하는 말입니다. '수만 명'의 믿는 유대인들이 있다고 하는 거죠. 그 유대인들도 모두 '은혜로 택하심을 따라 남은 자'입니다.

설교를 시작하면서 이스라엘의 특별함에 대하여 말하였는데요, 이스라엘의 구원에 있어서 특별함은 바로 '남은 자 사상'에 있습니다. 이건 하나님의 선택이 집합적인 것이냐 아니면 개별적인 것이냐에 대한 문제와 연관되는데, 결론적으로 구약성경에서의 선택은 기본적으로 집합적인 현상입니다.

언약, 할례, 율법, 절기, 제사 등 확실히 이스라엘을 하나님이 선택하신 것은 아브라함, 이삭, 야곱으로 선택되어 이루어진 12지파와 같이 혈통적이며 집합적인 성격을 보입니다. 그런데 믿음으로 인한 구원은 확실히 집합적이기보다는 개별적인 현상으로 먼저 나타납니다. 그렇죠? 우리 각자에게 성령이 임하여 믿음을 선물로 받았지요?

지금 바울은 하나님의 은혜가 이스라엘이 가지고 있는 이 특별한 집합적 선택 속에서 어떻게 이루어지는 지를 '남은 자 사상'으로 알려주고 있습니다. 사실 우린 이해하기가 어려워도 이스라엘 사람들은 금방 알아차릴 수 있습니다.

구약에서 '남겨두다, 보존하다'란 단어가 300회 이상 사용되고 남은 자 사상의 선구자라고 할 수 있는 이사야서에서도 자주 언급됩니다. 남은 자의 개념이 확고하게 자리 잡은 것은 포로기를 거치면서입니다. 이스라엘이 자신의 불순종과 반역에 대한 혹독한 대가를 치르기는 하였어도, 심지어 이러한 심판에서조차 자기 백성을 보전하시고 구원하시려는 여호와의 뜻에 따라 남은 자가 있습니다. 그런데 이런 구약의 '남은 자 사상'은 하나님의 구속사와 관련된다는 것이 중요합니다. 이스라엘의 '남은 자 개념'은 단순히 '포로에서 귀환하는 그룹'이라는 것보다 아브라함의 씨를 이어간다는 것, 즉 메시아가 이 땅에 오시는 혈통적 통로라는 의미에서 중요합니다.

그런데 은혜로 구원을 받는 것도 이스라엘에게는 바로 그 '남은 자' 개념이 됩니다. 구속사와 관련이 되는 것이지요. 4절을 보시면, '내가 나를 위하여'라고 되어 있죠. 이스라엘의 '남은 자'는 은혜로 구원받는 것을 넘어서 하나님을 위한 겁니다. 바로 구속사와 관련이 있는 거죠. 그것을 이제부터 바울이 본격적으로 이야기하려고 합니다.

조금 더 쉽게 설명드리면 이스라엘의 구원은 '남은 자' 개념으로서 구약에서는 그리스도의 초림, 신약에서는 그리스도의 재림과 연결되어 있습니다. 또한 초림부터 재림까지의 구속사에서 이방인의 구속사까지도 이스라엘의 '남은 자' 개념과 연결되어 있습니다. 하나님은 '하나님 당신을 위하심', 즉 하나님의 구원 사역을 위하여 이스라엘을 지렛대로 쓰고 계십니다. 왜 굳이 바울이 로마서에서 무려 3장에 걸쳐 이스라엘을 이야기하는지 이해가 되시죠?

바울은 이처럼 은혜로 택하심을 따라 '남은 자' 를 언급하고, 곧바로 그 '남은 자' 에 속하지 않는 다른 '남은 자' 에 대하여 설명합니다.

> 만일 은혜로 된 것이면 행위로 말미암지 않음이니 그렇지 않으면 은혜가 은혜 되지 못하느니라 그런즉 어떠하냐 이스라엘이 구하는 그것을 얻지 못하고 오 직 택하심을 입은 자가 얻었고 그 남은 자들은 우둔하여졌느니라 롬 11:6-7

이스라엘 역사의 포로기 때에도 은혜로 '남은 자' 였습니다. 그들이 행위로 더 잘난 것이 없었죠. 마찬가지로 지금도 은혜로 '남은 자' 입니다. 택하심을 입은 자들이죠. 그런데 7절 우둔하여진 '남은 자' 가 있습니다. 여기서 번역문은 똑같이 '남은 자' 라고 쓰기에 헷갈리는 거예요. 원어는 다른 단어를 씁니다. 은혜로 '남은 자' 는 헬라어로 '레임마' 이고 우둔하여진 '남은 자' 는 '레임마' 에서 제외된 나머지로서 '로이포이' 라고 합니다. 그 '로이포이' 는 우둔하여졌다고 합니다.

기록된 바 하나님이 오늘까지 그들에게 혼미한 심령과 보지 못할 눈과 듣지

못할 귀를 주셨다 함과 같으니라 롬 11:8

'기록된 바', 신명기와 이사야서를 인용하였는데요, 그들 즉 '로이포이'에게는 은혜를 베풀지 않았습니다. 눈이 있어도 보지 못하고 귀가 있어도 듣지 못하도록 완악함 가운데 내버려 두신 겁니다. 예수님도 그러시잖아요, '들을 귀 있는 자는 들을 지어다' 라고요. 들을 수 있는 사람이 제한적이라는 겁니다. 그런데 '로이포이'들은 왜 못 보고, 못 들을까요? 바울은 시편을 인용합니다.

> 또 다윗이 이르되 그들의 밥상이 올무와 덫과 거치는 것과 보응이 되게 하시옵고 그들의 눈은 흐려 보지 못하고 그들의 등은 항상 굽게 하옵소서 하였느니라 롬 11:9-10

그들의 밥상이 올무와 덫과 거치는 것, 즉 걸림돌이 된다고 합니다. 여기서 '밥상'은 진수성찬이란 의미로서 먹고 마시는 외적 풍요로움을 쫓는 것을 뜻합니다. 쉽게 말해 세상 욕심을 말합니다. 세상의 풍요와 형통, 부와 건강, 세상적 행복이 올무가 되었다는 의미입니다. 지금 예수 믿으면 무조건 가난해야 한다는 것이 아닙니다. 겸하여 섬길 수 없다고 하였습니다. 무엇에 취하여 있느냐의 문제입니다. 성령에 취하는가, 세상 향락에 취하는 가를 말하는 겁니다.

'밥상'에는 또 다른 의미가 있는데요, 그건 진수성찬에 둘러 앉아 악한 계획을 꾀하는 교제를 의미합니다. '로이포이'들은 악한 계획을 함께 도모합니다. 예수님 재판도 그러하였잖아요. 사도들을 핍박할 때도 그러하였죠. 음흉하게 계략을 꾸미는 식탁입니다. 우리가 진짜와 가짜를 구별하는데 하나의 기준이 됩니다. 음모론과 같은 식으로 하나님 나라가 이루어진 적이 없습니다. 물론 하나님의 역사하심에 신비의 영역은 있습니다. 하지만 인간들이 둘러 앉아 뒤에서 모의하는, 그런 음모와는 전혀 다릅니다. 진짜는 빛이기에 감추며 역사하지 않습니다. 십자가에 달려 죽고 사자 밥이 되어도 그리스도인임을 밝히 드러내지요. 가짜가 가짜끼리 모여 숙덕거리는 것입니다.

그 결과 그들의 눈은 흐려보지 못하고 등은 항상 굽게 되는 것입니다. 여기서 '등이 굽다'라는 단어의 히브리식 의미는 '미끄러져 구르다'라는 뜻입니다. 죄악과 불의에 미끄러져 굴러 떨어진다는 뜻입니다. 이스라엘의 '남은 자' 개념으로 바울이 논증하는 하나님의 구속사에 대한 자세한 내용은 내일 본문에서 다룰 예정입니다.

오늘 말씀에서 우린 중요한 사실을 깨달을 수 있습니다. 그건 이스라엘이 특별하다는 것입니다. 분명 우린 예수 그리스도의 초림에 있어서 이스라엘의 역할에 대하여 부인할 수 없습니다. 이스라엘이라는 집단의 역사를 통해 하나님은 그리스도를 이 땅에 보내셨습니다. 이스라엘은 그럼 신약에 와서는 버려진 존재일까요? 아니라는 겁니다. 이스라엘은 여전히 하나님 손에 붙잡힌 특별한 집단입니다. 그들의 개인적 구원은 개인에 머무는 것이 아니라 '남은 자'라는 집단적 개념을 통해 구속사에서 여전히 중요합니다.

그럼 한 가지만 생각해 보면 좋겠습니다. 예수님의 재림의 때는 아무도 모릅니다. 예수님도 모르신다고 했습니다. 다만 아는 것이 하나 있습니다. 요한계시록에 나오는 144,000명입니다. 이에 대한 다수의 견해는 이스라엘을 상징하는 이스라엘 12지파와 예수님 승천 이후 성령이 임한 지상의 교회 성도를 상징하는 예수님 12제자(사도행전에서 가룟 유다를 대신하여 맛디아를 제자로 세워 12를 채우고 나서 곧이어 마가의 다락방에 성령이 임하였습니다), 즉 앞의 12와 뒤의 12를 곱한 수에 충만수를 상징하는 1,000을 곱한 수, 즉 12 x 12 x 1,000 = 144,000 이라고 합니다. 144,000은 이와 같은 상징적인 수입니다. 충만이란 하나님이 정하신 숫자로 그것은 아무도 모릅니다. 그 수를 안다고 나서면 이단, 사이비입니다. 여하튼 충만해야 합니다. 그래서 사탄은 예수를 믿어 구원받는 그리스도인의 숫자가 늘지 않도록 공격합니다. 구원받지 못하도록 말씀이 전하여지고 듣지 못하도록 방해합니다. 온갖 고난과 박해로 방해합니다.

그런데 또 다른 공격 대상이 있습니다. 그건 바로 '남은 자'를 그루터기로 한 이스라엘의 충만을 방해하는 겁니다. 방법은 늘 두 가지입니다. 먼저는 없애 버리는 것입니다. 이스라엘의 '남은 자'가 없도록 아예 이스라엘을 없애려 하는 시도입니다. 대표적인 것이 70년 로마의 예루살렘 함락과 나치의 유대인 학살이죠. 기독교의 이름으로 유대인을 핍박하고, 죽이고, 흩어버리는 겁니다. 그건 은혜 받은 그리스도인의 자세가 아니죠. 거듭난 그리스도인이 아닙니다. 그 뒤엔 '남은 자'를 방해하려는 세력이 있습니다.

사탄의 공격방법은 늘 둘 중 하나죠. 고난 아니면 형통. 그래서 또 다른 전략이 있습니다. '남은 자'의 반대로서의 '남은 자' 즉 '로이포이'로 이스라엘을 만드는 겁니다. '밥상'으로 말이죠. 이스라엘이 '밥상'에만 치중하게 만들어 세계 경제를 쥐락펴락하는 존재로 성장하고 풍요를 누리도록 합니다. 그런 풍요뿐 아니라 밥상에서의 악한 계획을 도모하는 막강한 권력을 가진 '로이포이'로 이스라엘이 남도록 유도하는 전략을 사용합니다. 진짜

'남은 자'는 돈이 아니라, 권력이 아니라, 오직 은혜로 택함 받은 자입니다. 예수를 믿는 자입니다. 빛이기에 감출 수 없고 드러나며, 고난 받는 자들입니다.

세상이 하도 혼란하니 유튜브 등 여기저기서 온갖 음모론이 난무합니다. 우린 그런 것에 휩쓸릴 필요 없습니다. 그저 성경에서 알려 주신 것만 깨달으면 족하고, 그것이 가장 정확합니다. 은혜로 택함 받은 이스라엘의 '남은 자'가 풍성해지도록, 그리하여 하나님의 충만 수가 어서 채워지길 바라며 기도하고, 전도하고, 그렇게 하면 좋겠습니다. 그것이 마라나타 신앙입니다.

부디 저와 여러분의 기도를 하나님께서 기뻐 받으시고, 이스라엘의 '남은 자'를 통한 하나님의 구속의 역사가 힘차게 이 땅에 임하기를 간절히 주님의 이름으로 기도합니다.

말씀으로 기도

1. 거듭난 그리스도인으로서 풍요와 형통 또는 핍박이 있을지라도 하나님의 은혜로 택함을 입은 것에 감사하며 하나님 구속의 역사가 이 땅에 임하기를 간절히 기도합시다.

2. 핍박 가운데에서도 복음을 믿고 예수를 주로 고백하는 이스라엘의 남은 자의 수가 날로 늘어나며, 남은 자들을 통해 이스라엘의 구원을 이루시는 하나님을 찬양하고, 남은 자들이 이스라엘 공동체에서 예수를 믿음으로 받는 고난을 능히 감당할 힘을 달라고 기도합시다.

이스라엘과 이방인

로마서 11:11-36

11 그러므로 내가 말하노니 그들이 넘어지기까지 실족하였느냐 그럴 수 없느니라 그들이 넘어짐으로 구원이 이방인에게 이르러 이스라엘로 시기나게 함이니라 12 그들의 넘어짐이 세상의 풍성함이 되며 그들의 실패가 이방인의 풍성함이 되거든 하물며 그들의 충만함이리요 13 내가 이방인인 너희에게 말하노라 내가 이방인의 사도인 만큼 내 직분을 영광스럽게 여기노니 14 이는 혹 내 골육을 아무쪼록 시기하게 하여 그들 중에서 얼마를 구원하려 함이라 15 그들을 버리는 것이 세상의 화목이 되거든 그 받아들이는 것이 죽은 자 가운데서 살아나는 것이 아니면 무엇이리요 16 제사하는 처음 익은 곡식 가루가 거룩한즉 떡덩이도 그러하고 뿌리가 거룩한즉 가지도 그러하니라 17 또한 가지 얼마가 꺾이었는데 돌감람나무인 네가 그들 중에 접붙임이 되어 참감람나무 뿌리의 진액을 함께 받는 자가 되었은즉 18 그 가지들을 향하여 자랑하지 말라 자랑할지라도 네가 뿌리를 보전하는 것이 아니요 뿌리가 너를 보전하는 것이니라 19 그러면 네 말이 가지들이 꺾인 것은 나로 접붙임을 받게 하려 함이라 하리니 20 옳도다 그들은 믿지 아니하므로 꺾이고 너는 믿으므로 섰느니라 높은 마음을 품지 말고 도리어 두려워하라 21 하나님이 원 가지들도 아끼지 아니하셨은즉 너도 아끼지 아니하시리라 22 그러므로 하나님의 인자하심과 준엄하심을 보라 넘어지는 자들에게는 준엄하심이 있으니 너희가 만일 하나님의 인자하심에 머물러 있으면 그 인자가 너희에게 있으리라 그렇지 않으면 너도 찍히는 바 되리라 23 그들도 믿지 아니하는 데 머무르지 아니하면 접붙임을 받으리니 이

는 그들을 접붙이실 능력이 하나님께 있음이라 24 네가 원 돌감람나무에서 찍힘을 받고 본성을 거슬러 좋은 감람나무에 접붙임을 받았으니 원 가지인 이 사람들이야 얼마나 더 자기 감람나무에 접붙이심을 받으랴 25 형제들아 너희가 스스로 지혜 있다 하면서 이 신비를 너희가 모르기를 내가 원하지 아니하노니 이 신비는 이방인의 충만한 수가 들어오기까지 이스라엘의 더러는 우둔하게 된 것이라 26 그리하여 온 이스라엘이 구원을 받으리라 기록된 바 구원자가 시온에서 오사 야곱에게서 경건하지 않은 것을 돌이키시겠고 27 내가 그들의 죄를 없이 할 때에 그들에게 이루어질 내 언약이 이것이라 함과 같으니라 28 복음으로 하면 그들이 너희로 말미암아 원수 된 자요 택하심으로 하면 조상들로 말미암아 사랑을 입은 자라 29 하나님의 은사와 부르심에는 후회하심이 없느니라 30 너희가 전에는 하나님께 순종하지 아니하더니 이스라엘이 순종하지 아니함으로 이제 긍휼을 입었는지라 31 이와 같이 이 사람들이 순종하지 아니하니 이는 너희에게 베푸시는 긍휼로 이제 그들도 긍휼을 얻게 하려 하심이라 32 하나님이 모든 사람을 순종하지 아니하는 가운데 가두어 두심은 모든 사람에게 긍휼을 베풀려 하심이로다 33 깊도다 하나님의 지혜와 지식의 풍성함이여, 그의 판단은 헤아리지 못할 것이며 그의 길은 찾지 못할 것이로다 34 누가 주의 마음을 알았느냐 누가 그의 모사가 되었느냐 35 누가 주께 먼저 드려서 갚으심을 받겠느냐 36 이는 만물이 주에게서 나오고 주로 말미암고 주에게로 돌아감이라 그에게 영광이 세세에 있을지어다 아멘 샬롬! 말씀과 기도로 오늘이라는 항해를 시작하시는 모든 성도님들에게 의의 길로 인도하시는 하나님의 은혜가 있기를 주님의 이름으로 축원합니다. 지난번에는 11장 1절, 첫 번째 질문인 '하나님이 자기 백성을 버리셨느냐?' 에 대한 바울의 대답, '그럴 수 없느니라' 에 관하여 살펴보았습니다. 오늘은 두 번째 질문입니다. 11절, '그들이 넘어지기까지 실족하였느냐?' 라는 질문입니다. 물론 이에 대한 대답도 '그럴 수 없느니라' 입니다. 어제 살펴본 바와 같이 믿는 자들이 남아 있는 반면 대다수의 다른 사람은 완악해졌는데, 그럼 그렇게 타락한 이스라엘이 '넘어지기까지 실족하였느냐?' 라고 질문하고 있습니다.

> 그러므로 내가 말하노니 그들이 넘어지기까지 실족하였느냐 그럴 수 없느니라 그들이 넘어짐으로 구원이 이방인에게 이르러 이스라엘로 시기나게 함이니라 롬 11:11

11절에서 또다시 번역 성경의 한계가 우리의 이해를 막고 있습니다. 세 단어, '넘어지기, 실족, 넘어짐' 입니다. 우리말을 그대로 받아들이면 앞뒤가 안 맞습니다. 분명 앞에서는 실족은 하여도 넘어지는 것은 아니라면서 곧바로 '그들의 넘어짐으로' 라고 말하고 있으니까요. 원어에서는 세 단어가 모두 다른 의미입니다. 먼저 '넘어지기까지' 입니다. 이것은 '더 이상 일어설 수 없는 넘어짐' 을 의미합니다. 얼굴을 땅에 대고 쭉 뻗는 것을 의미합니다. 권투경기로 치면, 완전 KO된 겁니다. 그리고 실족은 '걸려서 비틀거리다', '미끄러지다' 란 의미입니다. 권투로 치면 그로키 상태로 비틀거리는 것을 말합니다. 마지막 '그들이 넘어짐' 은 '범죄, 위반, 잘못' 이란 뜻이며 주로 고의적인 잘못, 범죄를 의미합니다.

이제 본문을 쉽게 말씀드리면, 이스라엘이 비틀거리고 미끄러질 수는 있어도 완전히 일어설 수 없을 정도로 KO되는 것은 아니라는 것입니다. 그들의 고의적 잘못, 즉 예수를 배척하고 복음을 거부하며 그리스도인들을 박해하는 그런 잘못의 결과로 구원이 이방인에게 이르게 됩니다. 이건 사도행전에서 알 수 있듯이, 특히 바울의 전도여행에서 반복적으로 나타나는 현상이었습니다. 그런데 구원을 받은 이방인의 복, 즉 하나님과 화목하게 되고 죄사함을 받고 성령을 통한 사랑과 희락과 평강을 누리는 것 등을 하나님은 이스라엘로 하여금 보게 하심으로 시기심을 자극하신다고 합니다.

그런데 여기서의 시기심은 나쁜 의미에서의 시기심이 아닙니다. 14절에서의 시기심도 마찬가지입니다. 나쁜 의미의 시기심은 이기심으로 얼룩진 탐욕으로서, 우리에게 아무런 권리도 없는 것을 욕심내는 것이죠. 하지만 여기서의 시기심은 하나님이 그 분의 모든 백성에게 누리도록 하시는 복을 받고자 하는 마음, 즉 '아! 나도 하나님의 복을 받고 싶다' 라는 마음으로 남의 것을 빼앗고자 하는 것이 아니라 나도 하나님께서 주시는 그런 복을 받고 싶은, 나도 예수 믿고 싶다는 마음인 겁니다. 우릴 보고 아직 예수 안 믿는 주변 사람들도 그런 시기심이 들었으면 좋겠습니다. 그리스도의 향기가 우리에게서 나면 좋겠습니다.

이제 12절까지 더하여, 바울은 그 하나님의 축복의 사슬을 소개합니다.

> 그들의 넘어짐이 세상의 풍성함이 되며 그들의 실패가 이방인의 풍성함이 되거든 하물며 그들의 충만함이리요 롬 11:12

첫째, 이스라엘의 타락을 통해 구원이 이방인에게 이르렀다. 둘째, 이러한 이방인의 구원은 이스라엘을 시기하게 만들어 그들이 회복되도록 또는 충만해지도록 이끌었다. 셋째, 이스라엘의 충만함은 세상에 훨씬 더 많은 풍성함을 가져올 것이다. 그럼 12절에서 바울이 말하는 '하물며 그들의 충만함이리요?'라고 할 정도로 이스라엘의 충만함으로 이루어지는 세상의 풍성함이 무엇일까요? 그것을 13절부터 15절까지 바울은 자신의 직분의 영광과 연결하여 설명합니다.

> 내가 이방인인 너희에게 말하노라 내가 이방인의 사도인 만큼 내 직분을 영광스럽게 여기노니 이는 혹 내 골육을 아무쪼록 시기하게 하여 그들 중에서 얼마를 구원하려 함이라 그들을 버리는 것이 세상의 화목이 되거든 그 받아들이는 것이 죽은 자 가운데서 살아나는 것이 아니면 무엇이리요 롬 11:13-15

바울은 이방인의 사도로서의 자신의 소명을 매우 영광스럽게 여깁니다. 그런데 그 이방인 전도의 소명 안에는 그 일이 결국에는 자신의 골육인 이스라엘의 구원과 연결된 것임을 알고 있습니다. 그가 영광스럽게 여기는 것에는 이방인과 이스라엘이 모두 포함되어 있습니다.

그리고 15절에서 이스라엘의 구속사에서의 특별함을 종합적으로 말합니다. 주권자는 하나님이십니다. 하나님이 일정 기간 이스라엘을 버리시는 것은 세상의 화목 즉 이방인과 하나님 사이의 원수 되었던 관계가 바뀌어 화목하게 되는 과정이며, 그 받아들이는 것 즉 예수를 믿음으로 남은 자의 수가 더욱 늘어 이스라엘이 충만하여지는 것이 죽은 자 가운데서 살아나는 부활의 때라는 겁니다. 이에 대해서는 여러 학설이 있으나 전통적 견해와 대다수의 견해는 이 구절을 종말론적으로 봅니다. 죽은 자 가운데서 살아난다는 것은 언제나 부활을 나타내는 표현이기 때문입니다. 점차로 예수님을 믿는 이스라엘 백성의 수가 늘어나 하나님이 정하신 충만함에 이를 때 예수님이 재림하십니다.

바울은 이제 이스라엘과 이방인의 상관관계를 비유로 설명합니다.

> 제사하는 처음 익은 곡식 가루가 거룩한즉 떡덩이도 그러하고 뿌리가 거룩한
> 즉 가지도 그러하니라 롬 11:16

첫 곡식과 뿌리는 이스라엘의 믿음의 조상입니다. 이스라엘의 첫 추수 곡식을 하나님께 드려 그것이 거룩하여지면 나머지 모든 곡식은 함께 거룩합니다. 뿌리가 거룩하면 가지도 거룩합니다. 그것을 기초로 하여 이제 감람나무에 비유합니다. 그런데 참감람나무 가지 일부가 꺾입니다. 그리고 그 꺾인 자리에 돌감람나무 가지를 접붙임합니다. 17절부터 24절까지입니다. 이스라엘과 이방인의 관계를 참감람나무와 돌감람나무로 비유한 것인데 그냥 읽어도 충분히 이해가 됩니다.

> 하나님이 원 가지들도 아끼지 아니하셨은즉 너도 아끼지 아니하시리라 그러
> 므로 하나님의 인자하심과 준엄하심을 보라 넘어지는 자들에게는 준엄하심
> 이 있으니 너희가 만일 하나님의 인자하심에 머물러 있으면 그 인자가 너희에
> 게 있으리라 그렇지 않으면 너도 찍히는 바 되리라 그들도 믿지 아니하는 데
> 머무르지 아니하면 접붙임을 받으리니 이는 그들을 접붙이실 능력이 하나님
> 께 있음이라 네가 원 돌감람나무에서 찍힘을 받고 본성을 거슬러 좋은 감람나
> 무에 접붙임을 받았으니 원 가지인 이 사람들이야 얼마나 더 자기 감람나무에

어렵지 않죠? 21절, 22절, 경고의 말씀이 좀 겁나죠? 이방인인 저와 여러분에게 교만하지 말라는 겁니다. 늘 하나님을 두려워하는 경외심을 가져야 하는 거죠. 23, 24절, 이스라엘도 믿으면 접붙임을 받게 되는데 이스라엘의 회복은 이방인의 부르심보다 더 자연스럽다고 합니다.

25절에서 바울은 '형제들아' 라고 부릅니다. 지금 로마서를 우린 보고 있습니다. 로마 교회 형제들아! 하고 부른 거겠죠? 로마서 첫 항해에서 로마서의 기록 배경을 우린 들어서 알고 있습니다. 뭐라고 했지요? 로마 교회 내에 유대인과 이방인의 갈등이 격화되고 있었다고 했습니다. 그 소식을 들은 바울이 아직 한 번도 방문하지 않은 로마 교인들에게 서신서를 쓰게 되었다고 하였지요. 25절 이하는 그 배경을 염두에 두고 양 쪽 즉 유대인과 이방인을 양쪽에 두고 번갈아 가면서 마치 훈계 또는 가르치듯이 말하고 있습니다. 유대인과 이방인이 하나님의 계획 안에서 어떻게 축복의 사슬로 엮여 있는지에 관해서 말입니다. 이 마지막 바울의 가르침을 듣기 전에 우선 해석이 좀 어려운 말씀을 파악할 필요가 있습니다. 26절의 '온 이스라엘이 구원을 받으리라' 에서 온 이스라엘이 무엇을 뜻하는지에 관한 것입니다. 좀 딱딱할 수 있지만 이에 대한 해석들을 살펴볼 필요가 있습니다.

첫번째 견해는 온 이스라엘의 의미는 신약시대의 예수 믿는 사람을 이스라엘이라고 하는 것입니다. 이방인도 이스라엘이라는 거죠. 하지만 바울은 로마서에서 엄연히 계속하여 이스라엘과 이방인을 구분하여 기록하고 있는데 유독 여기서만 이스라엘을 이방인까지 포함한다고 하는 것은 무리가 있습니다.

두번째 견해는 이스라엘 사람 가운데 택함을 입은 사람들을 모두 묶어서 온 이스라엘이라고 하였다고 보는 것입니다. 즉 선택된 이스라엘인 전체를 의미합니다.

세번째 견해는 국가적으로 모든 이스라엘 백성이 회개하고 돌아오는 것, 다시 말해 국가적으로 구원하는 거국적 회심이라고 하는 견해입니다. 이에 대한 저의 생각은 매우 조심스럽습니다. 바울이 신비라고 하였으니 더욱 겸손할 필요가 있으니까요. 일단 첫 번째 견해는 저도 아닌 것 같습니다. 만일 바울이 이스라엘을 지금까지와 다르게 유대인이나 이방인을 모두 포함하여 말하려 하였다면 그리스도인, 또는 믿는 자라고 하여도 되었을 것 같습니다. 굳이 신비를 밝힌다고 하면서 더 신비를 가중시킬 필요는 없었을 테니까요.

저는 둘째 견해와 셋째 견해를 종합적으로 보려고 합니다. 사실 이 부분은 예수님 재림의 때에 대한 표현입니다. 26절의 '기록된 바'에서 시작되는 27절까지의 이사야서 말씀을 바울은 구원자 예수 그리스도의 재림을 염두에 두고 인용하고 있습니다. 그렇다면 15절 후단의 죽은 자 가운데서 살아나는 것은 부활과 연관되는 것이고, 이는 곧 12절의 마지막 이스라엘의 충만함으로 인한 세상의 풍성함과도 연관됩니다.

그렇다면 26절에서의 온 이스라엘은 예수를 믿는 이스라엘의 남은 자의 수가 충만해지는 것, 즉 충만에 달한 이스라엘의 믿는 자 전체를 뜻하는 겁니다. 여기까지는 둘째 견해와 거의 일치합니다. 그런데 그 충만하여 진다는 것이 이사야서에서 기록된 야곱의 회복 즉 이스라엘의 회복이라고 할 정도의 '충만'이라는 겁니다. 거국적인 회심 곧 이스라엘 전체가 예수를 믿게 되었다고 할 정도의 '온 이스라엘'입니다. 다만 셋째 견해에서 취하는 국가로서의 이스라엘에 대해서는 무척 조심스럽습니다. 왜냐하면 예수님은 언제나 세상적인 관점의 정치 집단으로서의 국가에 관하여 말씀하는 것이 아니라고 하셨기 때문입니다. 하지만 그런 세상적 국가는 아닐지라도 이스라엘의 집단적 개념 즉 '온 이스라엘'이라고 칭할 정도의 집단적이고 거국적인 회심이 있다는 겁니다. 예수 재림 직전이 되겠죠.

여하튼 예수 재림의 때와 관련된 것이기에 우린 정확하게 알 수는 없지만, 예수 그리스도의 십자가 안에서 이스라엘과 이방인 모두가 하나의 감람나무의 가지로 포함된다는 것입니다. 예수 재림 때에는 이방인도 충만, 이스라엘도 충만, 예수 안에서 모든 열방이 충만해진다고 말씀하고 계십니다. 할렐루야! 그리고 29절에서, 번역으로 오해가 있을 수 있는 것이 '은사'란 단어입니다. 이건 방언, 예언, 신유의 은사 등 그런 것이 아니고 로마서에서 주로 쓰이는 용례처럼 선물, 은총, 은혜라고 생각하시면 됩니다. 또 32절의 '모든 사람'은 번역과는 달리 원어에 의하면 정관사가 있어서 '그 모든 사람'입니다. 선택된 그 모든 사람을 의미합니다.

이제 어려운 것은 없습니다. 바울이 이스라엘과 이방인 양 쪽을 모아 놓고 말합니다. 바울의 입술을 통한 하나님의 말씀입니다.

> 형제들아 너희가 스스로 지혜 있다 하면서 이 신비를 너희가 모르기를 내가
> 원하지 아니하노니 이 신비는 이방인의 충만한 수가 들어오기까지 이스라엘
> 의 더러는 우둔하게 된 것이라 롬 11:25

이스라엘과 이방인 모든 형제들아 너희가 스스로 옳다고 하면서 서로 다투는구나, 그런데 하나님의 신비를 알면 너희가 서로 다투지 않을 것이다. 그 신비는 이런 것이다. 이방인 너희의 수가 충만해질 때까지 이스라엘에는 여전히 우둔한 자들이 있는 것이다.

> 그리하여 온 이스라엘이 구원을 받으리라 기록된 바 구원자가 시온에서 오사
> 야곱에게서 경건하지 않은 것을 돌이키시겠고 내가 그들의 죄를 없이 할 때에
> 그들에게 이루어질 내 언약이 이것이라 함과 같으니라 롬 11:26–27

그런데 이방인의 수가 하나님만이 아시는 그 충만의 수에 이르면 이제 이스라엘에게 보이지 않고 들리지 않았던 모든 어둠이 걷힐 것이고, 온 이스라엘이라 할 정도의 거국적이고 집단적으로 이스라엘은 예수를 믿고 구원을 받을 것이다. 이것이 바로 이사야가 예언한 그 하나님의 약속이다. 이 때가 바로 구원자 그리스도가 다시 오시는 때이다.

> 복음으로 하면 그들이 너희로 말미암아 원수 된 자요 택하심으로 하면 조상들
> 로 말미암아 사랑을 입은 자라 롬 11:28

복음에 있어서는 이방인 너희를 위하여 이스라엘이 복음과 원수가 되었지만, 그럼에도 불구하고 이스라엘은 그들의 택함 받은 조상과 맺은 그 사랑의 언약 안에서 하나님의 사랑을 입은 자다.

> 하나님의 은사와 부르심에는 후회하심이 없느니라 롬 11:29

하나님의 은혜, 선물과 부르심, 초청은 변함없으시다. 하나님은 식언하는 법이 없으시다. 하나님은 언제나 신실하시다.

> 너희가 전에는 하나님께 순종하지 아니하더니 이스라엘이 순종하지 아니함
> 으로 이제 긍휼을 입었는지라 롬 11:30

이방인 너희가 전에는 하나님께 불순종한 자들이었는데, 이스라엘이 불순종함으로 하나님의 긍휼이 너희 이방인의 불순종 위에 임하였다.

> 이와 같이 이 사람들이 순종하지 아니하니 이는 너희에게 베푸시는 긍휼로 이제 그들도 긍휼을 얻게 하려 하심이라 롬 11:31

이스라엘이 이제까지 불순종하는데, 하나님께서 불순종하였던 이방인인 너희에게 베푸시는 긍휼을 이제 마찬가지로 불순종하는 이스라엘에게도 그 긍휼을 얻게 하려 하신다.

> 하나님이 모든 사람을 순종하지 아니하는 가운데 가두어 두심은 모든 사람에게 긍휼을 베풀려 하심이로다 롬 11:32

이스라엘이나 이방인이나 그 모든 사람은 불순종하는 상태였는데 이제 하나님께서 그 선택된 모든 사람에게 긍휼을 베풀려 하신단다. 싸울 것 없다. 죄에서나 구원에서나 유대인과 이방인 간에 차이가 없다. 하나님의 계획은 바로 당신의 긍휼함이다.

바울은 이렇게 이스라엘과 이방인을 향한 하나님의 구속사, 하나님의 계획 안에서 이제 하나님을 찬양합니다. 이건 더욱이 해석이 필요 없습니다. 이 자체가 바울의 찬양이며 저와 여러분의 찬양입니다.

> 깊도다 하나님의 지혜와 지식의 풍성함이여, 그의 판단은 헤아리지 못할 것이며 그의 길은 찾지 못할 것이로다 누가 주의 마음을 알았느냐 누가 그의 모사가 되었느냐 아무도 모르던 신비였고, 오직 하나님의 계획인 겁니다. 누가 주께 먼저 드려서 갚으심을 받겠느냐 롬 11:33-35

누가 그분께 도움을 드린 적이 있느냐 라는 거죠.

> 이는 만물이 주에게서 나오고 주로 말미암고 주에게로 돌아감이라 그에게 영
> 광이 세세에 있을지어다 아멘 롬 11:36

만물이 주에게서 나오고, 하나님이 창조하시고, 주로 말미암고, 하나님이 역사하시고 만물이 주에게로 돌아감이라. 만물이 하나님의 주권 하에 있습니다. 하나님께 영광이 세세에 있을지어다! 할렐루야!

성도 여러분, 하나님의 계획은 바로 그 분의 사랑과 긍휼함입니다. 이스라엘도 이방인도 저와 여러분도, 하나님은 사랑으로 창조하시고 독생자 예수를 내어주는 사랑으로 구원하시며 죽은 자를 살리시는 사랑으로 인도하십니다. 그리고 마지막 때에 하나님의 크신 사랑 안에 모든 하나님의 자녀가 안겨 있습니다. 부디 저희의 입술에 하나님을 향한 찬양이 그치지 않는 오늘 하루와 남은 날들 되기를 주님의 이름으로 축원합니다.

말씀으로 기도

1. 우리 주변에 예수님을 믿지 않는 이들을 위해 기도합시다. 예수를 믿지 않는 사람들이 시기할 정도로 우리의 삶에 그리스도의 모습이 드러나길 기도합시다.
2. 불순종하는 이스라엘이나 이방인을 사랑과 긍휼로 품으시는 하나님을 찬양하며 구원의 충만함이 채워지도록 기도합시다.

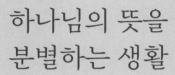

하나님의 뜻을
분별하는 생활

롬 12:1-15:13

하나님의 뜻

로마서 12:1-2

1 그러므로 형제들아 내가 하나님의 모든 자비하심으로 너희를 권하노니 너희 몸을 하나님이 기뻐하시는 거룩한 산 제물로 드리라 이는 너희가 드릴 영적 예배니라 2 너희는 이 세대를 본받지 말고 오직 마음을 새롭게 함으로 변화를 받아 하나님의 선하시고 기뻐하시고 온전하신 뜻이 무엇인지 분별하도록 하라

샬롬! 로마서 항해가 앞으로 10일 남았습니다. 항해의 마지막 순간까지 하나님의 도우심과 은혜가 함께하시기를 주님의 이름으로 축원합니다.

지금까지 살펴본 내용을 간략히 보면 서론으로 바울의 인사, 본론에 해당하는 하나님의 진노와 심판, 하나님의 은혜와 사랑, 이스라엘과 이방인을 향한 하나님의 계획까지 보았습니다. 이제 본론의 마지막 주제인 하나님의 뜻을 분별하는 생활에 대하여 살펴보겠습니다. 로마서 12장 1절부터 로마서 15장 13절까지입니다. 그 이후부터 로마서 마지막까지는 로마서의 결론이라 하겠습니다. 하나님의 뜻이라는 주제로 다루는 것은 이신칭의로 구원받은 성도들의 의의 실천과 적용에 대한 내용입니다.

바울이 소개하고자 하는 것은 단지 개인적인 윤리가 아닙니다. 예수님의 죽음과 부활로써 만들어 내신 새로운 공동체의 특성들을 말하고자 하는 것입니다. 가히 기독교 신학과 교리는 바울을 통하여 세워졌다고 해도 과언이 아닙니다. 그래서 기독교 신학을 바울신학이라고 하기도 합니다. 그런데 신학과 교리라고 하여 바울이 지향하는 것은 그저 추상적이거나 뜬 구름 잡는 것이 아닙니다. 바울은 실제적이며 실천적인 것을 강조합니다. 기독교는 사유하는 종교가 아니라 행동하는 신앙입니다. 우리가 그리스도 안에서 새로운 존재가 되었음에도 불구하고 거룩함은 자동적으로 온다거나 저절로 주어지는 것이 아니며, 오히려 그와 반대로 성도에게 선한 행동을 하라는 요청을 해야 한다고 전하고 있습니다.

바울은 로마서 본론 네 번째 주제에서 그리스도인이 선한 행동을 하여야 하는 이유들을 말하며 그 각각의 이유를 근거로 하여 행동과 실천을 요구하고 있습니다. 몇 가지만 볼까요? 12장에서는 1절, 하나님의 자비하심 때문에 우리 몸을 그분께 드리라고 합니다. 5절, 우리가 그리스도 안에서 한 몸이기 때문에 서로를 섬기라고 합니다. 19절, 원수 갚는 것은 하나님께 속한 것이므로 복수를 하지 말라고 합니다. 13장으로 넘어가면 1절, 국가 권세는 하나님으로부터 난 것이니 우리가 국가에 순종해야 하며, 10절과 11절, 그리스도께서 다시 오실 날이 가까우므로 이웃을 사랑하고 율법을 성취해야 한다고 합니다. 14장에서는 어떤 식으로든 형제와 자매에게 해를 끼치지 말라고 촉구합니다. 그리스도는 그들의 구세주가 되기 위해 죽으셨으며, 그들의 주님이 되기 위해 다시 살아나셨고, 우리의 심판자가 되기 위해 다시 오시기 때문이라고 합니다.

기독교 신학에서는 십자가와 부활과 재림의 놀라운 진리들이 실제적이고 일상적인 그리스도인의 행동에 기여한다는 것을 말하고 있습니다. 신앙은 실제적입니다. 이 땅에 발붙이고 사는 인생들 사이로 예수님이 오셨으며, 이 땅에서 하나님 자녀의 구체적인 행동과 삶을 변화시키기 위해서 오셨습니다.

여러분, 복음은 지금도 살아서 역사합니다. 말씀은 단순히 죽은 활자가 아닙니다. 성경은 세상의 도덕책이 아닙니다. 그리스도인의 선한 행위는 세상의 도덕과는 전혀 차원이 다릅니다. 그냥 '착하게 살자!'가 아닙니다. 그리스도인은 그 앞에 반드시 이유가 있습니다. 복음 때문에, 하나님이 말씀하셨기에, 예수 그리스도의 십자가와 부활을 믿고 재림에 대한 소망이 있기 때문입니다. 그리스도인이 실제적인 삶으로 실천하지 않으면 내 안에서 복음은 죽은 것과 같고 하나님 말씀은 글자로 머물며, 성경은 그저 이야기 책이 되어버립니다.

부디 로마서의 마지막 주제인 '하나님의 뜻'을 실제적 삶 속에서 실천함으로 하나님의 말씀을 이루어 나가는 저와 여러분이 되시기를 주님의 이름으로 축원합니다.

바울은 그리스도인의 실천적인 주제를 8가지 관계들로 나누어 기록하고 있습니다.

하나님의 관계(12:1-2)

우리 자신과의 관계(12:3-8)

서로와의 관계(12:9-13)

원수와의 관계(12:14-21)

국가와의 관계(13:1-7)

율법과의 관계(13:8-10)

시기, 그중 낮과의 관계(13:11-14)

연약한 자와의 관계(14:1-15:13)

오늘은 이중 첫 번째, 하나님과의 관계에서의 하나님의 뜻입니다. 1절, 2절입니다.

그러므로 형제들아 내가 하나님의 모든 자비하심으로 너희를 권하노니 너희 몸을 하나님이 기뻐하시는 거룩한 산 제물로 드리라 이는 너희가 드릴 영적 예배니라. 너희는 이 세대를 본받지 말고 오직 마음을 새롭게 함으로 변화를 받아 하나님의 선하시고 기뻐하시고 온전하신 뜻이 무엇인지 분별하도록 하라 롬 12:1-2

바울은 '형제들아'라고 부릅니다. 우린 지난번에도 동일한 호칭을 들었습니다. 이스라엘과 이방인을 모두 포함하는 '형제들아'입니다. 이스라엘과 이방인을 모두 포함한다는 것은 모든 민족과 국가, 인종과 상관없이 그리스도 안에서 모두가 형제자매이며 똑같은 소명을 가지고 있다는 것이고, 세계의 교회는 그리스도가 머리이신 하나의 교회라는 것입니다.

그리고 바울은 '그러므로 ~ 하나님의 모든 자비하심으로' 라고 합니다. 얼마 전 살펴본 로마서 9장부터 11장까지의 핵심단어는 '긍휼' 곧 '자비' 였습니다. 하나님의 계획은 하나님의 마음이며 이스라엘과 이방인 모두를 향한 하나님의 마음은 긍휼임을 깨달았습니다. 실로 복음은 도저히 용서받을 수 없고 가치없는 죄인들에게 주어지는 하나님의 자비이며, 그들을 위해 죽으시도록 자신의 아들을 보내심으로 그들을 믿음으로 값없이 의롭게 하시고 생명을 주시며 그들을 자녀로 삼으시는 하나님의 자비입니다. 그러므로 그리스도인들의 마음에도 긍휼함이 있게 됩니다. 각박할 수도 잔인할 수도 없습니다. 아무리 못된 사람을 본다 하여도, 누군가 자신을 힘들게 하여도 잔인함을 품을 수 없으며 복수심을 품을 수 없습니다. 하나님의 마음인 긍휼함이 있기 때문입니다.

예전에 제가 섬기던 교회의 그 해 슬로건이 '바보 예수' 였던 적이 있습니다. 예수가 바보인가요? 네, 세상 기준으로는 그렇습니다. 바보가 아닌 이상하늘 보좌를 버리고 이 땅에 오실 수도, 십자가를 지실 수도 없습니다. 그래서 그리스도인들은 세상 기준으로 볼 때 바보인 것이 오히려 당연합니다. 내것 다 챙기고 손해 안 보려고 하고 거스름돈을 1원 한 장까지 챙기는 것은 바보 그리스도인에게는 어울리지 않습니다. 우리 주님이 바보처럼 우릴 위해 십자가까지 지셨으니 우리도 바보처럼 살아가는 그런 저와 여러분이 되었으면 좋겠습니다.

바울은 하나님의 모든 자비하심을 이유로 하여 윤리적 호소를 합니다. 그런데 바울이 호소하는 대상을 보면 두 가지임을 알 수 있습니다. 그것은 우리의 몸과 마음입니다. 즉 우리 몸을 하나님께 드리는 일과 우리의 마음이 새롭게 됨으로 변화를 받는 일입니다.

먼저 몸입니다. 하나님이 기뻐하시는 거룩한 산 제물이 우리 마음이 아니라 몸이라고 합니다. 보통 신앙인들은 마음과 영혼을 중시하고 몸을 하찮게 여기는 경향이 있습니다. 그런데 그렇지 않다고 하십니다. 우리 영혼이 구원받았다면, 그것은 몸도 구원받았다는 것을 말합니다. 우리 몸은 구원받아 이제 성령의 전이 되었습니다.

> 너희 몸이 그리스도의 지체인 줄을 알지 못하느냐 내가 그리스도의 지체를 가지고 창녀의 지체를 만들겠느냐 결코 그럴 수 없느니라 창녀와 합하는 자는 그와 한 몸인 줄을 알지 못하느냐 일렀으되 둘이 한 육체가 된다 하셨나니 주와 합하는 자는 한 영이니라 음행을 피하라 사람이 범하는 죄마다 몸 밖에 있거니와 음행하는 자는 자기 몸에 죄를 범하느니라 너희 몸은 너희가 하나님께로부터 받은 바 너희 가운데 계신 성령의 전인 줄을 알지 못하느냐 너희는 너희 자신의 것이 아니라 값으로 산 것이 되었으니 그런즉 너희 몸으로 하나님께 영광을 돌리라 고전 6:15-20

너희 몸으로 하나님께 영광을 돌리라고 하십니다. 우리 몸이 그리스도의 지체인 것입니다. 물론 하나님은 마음의 중심을 보시는 분이십니다. 경건의 모양만 갖춘 것을 매우 싫어하시죠. 하지만 그렇다고 해서 마음만 거룩하고 몸을 마구 세상 속에서 뒹굴게 한다면, 과연 진짜 마음이 거룩한 것이 맞을까요? 몸이 구원받은 자로서의 인격을 보여주지 못하는데, 그 영혼이 과연 구원받았다는 것을 뭘로 증명한단 말인가요?

우리는 그리스도의 증인입니다. 증인의 입에서 전혀 그리스도와는 다른 것을 증언한다면, 몸의 행실이 그리스도와 전혀 다른 모습을 보인다면, 도대체 무엇으로 그리스도를 증거한다는 건가요? 몸이야 말로, 나의 삶의 모습이야말로, 내가 그리스도인이며 하나님의 자비를 받았다는 것을 보여주는 실체입니다.

몸을 드리라는 것은 우리 삶 자체를 드리라는 겁니다. 모든 생활 영역을 하나님이 기뻐하시는 산 제사가 되도록 하라는 거죠. 하나님께 드려지는 것은 구별된 것으로 무엇이든 거룩해야 합니다. 죄로 더럽혀지지 말아야 하는 거죠. 몸의 각 부분을 '불의의 병기'가 아니라 '의의 병기'로 하나님께 드려야 합니다. 단순히 교회에서 봉사하는 것만이 아니라, 아침에 눈을 뜨면서부터 밤에 잠들 때까지 우리의 모든 일상이 거룩해야 합니다. 우리의 먹고 마시고, 자고 일어나는 것, 집안 일, 직장 일, 이 자체가 하나님께 드리는 산 제물입니다. 하나님께 드리는 영적 예배입니다.

우리는 모두가 몸으로 그리스도를 증거하는 증인입니다. 아침에 일어나 양치를 하고 씻으면서, '하나님! 이 몸이 오늘도 그리스도를 증거하는데 사용하게 해주세요'라고 기도하십시오. 출근 길이나 집에서 청소를 하면서도 우리는 움직이는 광고판입니다. 그리스도를 광고하는 광고판이지요. 성령 안에서 말씀과 기도로 그 광고판을 깨끗이 씻고 하루를 시작하는 겁니다. 돈을 버는 일도 예수 이름으로 정직하고 성실하게, 부지런하게, 청소와 빨래, 식사를 준비하고 아이들을 양육할 때도 그리스도가 청소하고, 빨래하고, 양육하듯 하라고 말씀하십니다.

　1절에서 영적 예배라고 할 때 '영적'의 원어는 '로기코스'입니다. 보통 우리가 '영'이라고 할 때의 '프뉴마'가 아니죠. 로기코스의 뜻은 합리적인, 지적인이란 뜻을 갖고 있습니다. 실제적인 것으로 뜬 구름 잡는 듯한 추상적인 의미가 아닙니다. 예배당에서 신령과 진정으로 예배를 드리는 것은 '프뉴마'입니다. 하지만 삶의 현장에서 지내는 우리의 모든 일상도 예배이며, '로기코스' 실제적인 예배입니다. 하나님이 기뻐하시는 예배입니다. 그리스도의 이름으로 떠 주는 냉수 한 그릇이 예배이며, 보이지 않는 하나님을 사랑하기에 보이는 이웃을 사랑하는 것이 예배입니다. 무언가 대단한 일, 선교, 순교, 그런 것만이 아니라 일상의 소소함 모두가 예배입니다.

　여러분, 우리의 삶은 반복되는 일상으로 대부분 이루어집니다. 그런데 그런 일상이 예배로 드려지지 않고 거룩하게 구별되지 않으며 이기심과 탐욕, 불의로 가득하다면, 즉 작고 하찮아 보이는 일상의 일들이 하나님 앞에서 거룩하게 구별되지 않는다면, 우리 인생 대부분은 하나님 앞에서 실패한 인생이 됩니다. 예수님도 말씀하셨습니다. "착하고 충성된 종아 네가 적은 일에 충성하였다"고 말이죠. 부디 오늘도 모든 소소한 일상을 거룩한 산 제물로 드리는 영적 예배를 드리는 저와 여러분 되시기를 주님의 이름으로 축원합니다.

　첫 번째가 몸이라면, 두 번째는 마음입니다. 그런데 이것도 구체적입니다. '이 세대를 본받지 말라'고 하십니다. 우리는 주위 환경에 따라 몸의 색을 바꾸는 카멜레온 같아서는 안 됩니다. 하나님께서 가나안 땅에 들어갈 이스라엘에게 모세를 통해 뭐라고 하셨나요? 똑같습니다. '내가 너희를 인도할 가나안 땅의 풍속과 규례도 행하지 말라'고 하십니다.

그런데 우리가 사는 이 세상은 훨씬 복잡하고 사회문화가 다양해졌습니다. 무엇을 본받을지, 본받지 말아야 할지, 무서운 속도로 변하는 세상 속에서 분별하기가 참으로 어렵습니다. 그래서 날마다 마음을 새롭게 하는 노력이 필요합니다. 여기서 마음을 새롭게 한다는 것은 예수 믿고 중생 얻는 것을 의미하는 것이 아닙니다. 무언가 신비로운 체험을 이야기하는 것도 아닙니다.

'마음을 새롭게 함으로 변화를 받아' 라고 할 때 '변화' 는 헬라어로 '메타모르포오' 인데 변화산에서 예수님의 변화에 쓰인 단어와 같습니다. 즉 마음을 새롭게 함으로 변화를 받는다는 것은 성품과 행동의 근본적인 변화가 일어나 그리스도의 형상으로 변화되는 것을 의미합니다. 그런데 그 변화는 마음을 날마다 새롭게 할 때 가능하다고 하십니다.

늘 깨끗하게 묵은 것과 더러워진 마음을 다시 깨끗이 씻는 것은 성령과 하나님 말씀 안에서 가능한 것입니다. 성령의 도우심으로 말씀을 깨닫고 예수 그리스도의 형상을 닮기로 결단하는 것입니다. 성령과 결합하여 말씀의 검으로 본받을 것과 그렇지 않을 것을 날카롭게 분별하는 것입니다. 하루를 시작하며 말씀으로 시작하지 않는 것은 마치 무기를 집에 놔두고 전쟁터에 나가는 것과 똑같습니다. 그래서는 도저히 이 복잡한 세상 속에서 그리스도인으로 살 수 없습니다. 세상풍조라는 파도에 휩쓸려 가게 됩니다.

우리는 하나님의 선하시고 기뻐하시고 온전하신 뜻이 무엇인지, 매일의 삶 속에서 분별하여야 합니다. 그리고 이를 위해 마음을 매일 새롭게 하여야 합니다. 그래야 변화된 그리스도의 형상으로, 그리스도의 광고판으로 하나님이 기뻐하시는 산 제물로 드려지고 우리 삶을 통하여 영적 예배를 드리는 하루하루가 될 수 있습니다.

그런데 이 모든 것의 원인은 하나님이 우리를 긍휼히 여기셨기 때문입니다. 하나님의 자비에서 비롯된 것입니다.

우리는 앞으로 하나님의 선하시고 기뻐하시고 온전하신 뜻이 무엇인지 구체적으로 우리의 삶, 특히 관계라는 주제로 말씀을 받을 것입니다. 그리고 말씀의 날선 검으로 우리 삶에서 버려야 할 것을 잘라낼 것입니다. 이 세대에서 본 받지 말아야 할 것을 구별할 겁니다. 아무도 하나님의 선하시고 기뻐하시고 온전하신 뜻을 분별함에 있어 낙오되지 않기를 원합니다.

부디 저와 여러분 모두, 하루를 성령 안에서 말씀과 기도로 시작함으로써 하나님의 뜻이 무엇인지 분별하며 삶으로 이 세대를 본받지 않는, 그럼으로 우리의 삶을 구별된 거룩한 산 제물로 하나님께 드리는 그 영적 예배의 일상을 통해 하나님을 기쁘시게 하는 그리스도인이 되시기를 주님의 이름으로 축원합니다.

말씀으로 기도

1. 하나님의 긍휼, 자비에 감사하며 십자가의 긍휼, 자비, 사랑으로 충만하기를 기도합시다.
2. 일상의 소소하고 반복되는 일들을 통하여 우리의 몸을 산제물로 드리는 거룩한 영적 예배가 되기를 기도합시다.
3. 마음을 새롭게 하도록, 말씀으로 하루를 시작하는 인생되기를 기도하며 하나님의 선하시고, 기뻐하시고, 온전하신 뜻을 분별할 수 있도록 기도합시다.

우리, 서로

로마서 12:3-13

3 내게 주신 은혜로 말미암아 너희 각 사람에게 말하노니 마땅히 생각할 그 이상의 생각을 품지 말고 오직 하나님께서 각 사람에게 나누어 주신 믿음의 분량대로 지혜롭게 생각하라 4 우리가 한 몸에 많은 지체를 가졌으나 모든 지체가 같은 기능을 가진 것이 아니니 5 이와 같이 우리 많은 사람이 그리스도 안에서 한 몸이 되어 서로 지체가 되었느니라 6 우리에게 주신 은혜대로 받은 은사가 각각 다르니 혹 예언이면 믿음의 분수대로, 7 혹 섬기는 일이면 섬기는 일로, 혹 가르치는 자면 가르치는 일로, 8 혹 위로하는 자면 위로하는 일로, 구제하는 자는 성실함으로, 다스리는 자는 부지런함으로, 긍휼을 베푸는 자는 즐거움으로 할 것이니라 9 사랑에는 거짓이 없나니 악을 미워하고 선에 속하라 10 형제를 사랑하여 서로 우애하고 존경하기를 서로 먼저 하며 11 부지런하여 게으르지 말고 열심을 품고 주를 섬기라 12 소망 중에 즐거워하며 환난 중에 참으며 기도에 항상 힘쓰며 13 성도들의 쓸 것을 공급하며 손 대접하기를 힘쓰라

샬롬! 오늘 로마서 말씀의 항해에 참여하시는 성도님들 모두에게 하나님의 능력이 임하는 은혜가 있기를 주님의 이름으로 축원합니다.

하나님의 뜻을 시작하면서 지난번에는 모든 관계의 기본인 하나님과의 관계에서의 하나님의 뜻에 대하여 살펴보았습니다. 오늘은 교회를 구성하는 우리 자신에게 놓인 하나님의 뜻과 서로서로의 관계에서의 하나님의 뜻을 살펴보겠습니다.

3절에서 '내게 주신 은혜로 말미암아 너희 각 사람에게 말하노니'라고 합니다.

지난번에는 하나님의 자비가 그리스도인으로서의 실천의 이유였다면, 오늘은 하나님의 은혜가 실천의 원천이 됩니다. 바울이 '하나님의 은혜로 말미암아'라고 하지 않고, '내게 주신 은혜로 말미암아 ~ 말하노니'라고 하는 건, 바울 개인에게 주신 하나님의 은혜가 동일하게 이 말씀의 수신자 각자 개인들에게도 주어졌다는 것을 환기시키기 위한 겁니다. 교회의 구성원 각자 개인에게 주신 하나님의 은혜로 말미암아 교회 안에서, 성도들 사이에서 각자 행하여야 할 것을 말하고 있습니다.

> 내게 주신 은혜로 말미암아 너희 각 사람에게 말하노니 마땅히 생각할 그 이
> 상의 생각을 품지 말고 오직 하나님께서 각 사람에게 나누어 주신 믿음의 분
> 량대로 지혜롭게 생각하라 롬 12:3

3절은 우리 자신을 향한 하나님 계획의 서론이자, 결론과 같습니다. '마땅히 생각할 그 이상의 생각을 품지 말라'는 것은 우리는 자신에 대해 과대 평

가도, 과소 평가도 하지 말라는 의미입니다. 우리는 아무리 뛰어나다 하여도 피조물입니다. 하나님께서 보시기엔 다 거기서 거기입니다. 또 우린 하나님의 자녀입니다. 하나님께서 독생자를 내어놓으실 정도로 귀한 존재입니다. 우린 너무 높게도, 너무 낮게도 스스로를 평가하는 것을 피해야 합니다. 그 대신에 우리는 '지혜롭게 생각' 하는 법을 개발해야 합니다. 어떻게요? 첫째로는 우리의 믿음을 기준으로 해서, 둘째로는 우리의 은사를 참고해야 한다고 오늘 본문에서 말씀하고 있습니다.

3절 하단부 '하나님께서 각 사람에게 나눠 주신 믿음의 분량대로' 입니다. 이 구절은 우리가 평소에 쉽게 쓰는 말이지만, 사실 성경 가운데 해석이 어려운 난해구절로 손꼽힙니다. 왜냐하면 '분량' 이라는 단어의 뜻이 무려 일곱 가지의 의미를 갖고 있기 때문입니다. 여기서는 두 가지만 살펴보도록 하겠습니다.

'분량' 은 원어로 '메트론' 인데 측량 도구를 의미할 수도 있고, 어떤 측량된 양을 뜻하는 것일 수도 있습니다. 일반적으로 분량을 측량된 양이란 의미로 해석하여 본문을 이해하는 경우가 많습니다. 이 말은 하나님이 각각의 그리스도인들에게 서로 다른 양의 믿음을 주시며, 하나님이 주신 그 분량을 우린 겸손하게 받는다는 겁니다. 이러한 해석이 틀렸다고 말씀드리는 것이 아닙니다. 하지만 지금은 측량도구로서의 '분량' , '메트론' 의 의미도 생각해 보자는 겁니다.

메트론을 측량 도구라고 해석하면, 이는 '우리 자신을 측량하는 하나의 기준' 을 의미합니다. '믿음의 분량대로' 라는 것은 십자가에 못 박히신 그리스도에 의해 구원받았다는 믿음은 누구에게나 동일한 기준으로서 똑같고 이러한 십자가의 복음, 즉 오직 하나님의 심판과 자비가 계시된 그리스도만이 우리 자신을 측량하는 기준이 된다는 겁니다.

저는 '분량', '메트로'가 '측정된 양보다는 '측정 도구'로서 해석될 때, 본문의 의미를 더욱 잘 보여준다고 생각합니다. 왜냐하면 오늘 말씀의 근거가 되는 하나님의 은혜, 선물이란 하나님의 의인 예수 그리스도를 저희에게 주신 것인데, 그 은혜는 누구에게는 더 주고, 누구에게는 덜 주는 것이 아니기 때문입니다. 우리의 믿음은 언제나 십자가 복음이며 지혜가 있고 없고, 많고 적음의 기준이 바로 그 십자가 복음이기 때문입니다. 그렇다면 믿음의 기준선, 사격으로 하면 가늠자인 십자가 복음에 맞추어 지혜롭게 생각하라고 해석하는 것이 더 타당할 수 있습니다. 십자가의 복음이 우리가 자신을 평가하는 측량도구인 것입니다.

그래서 그리스도인은 다른 사람과 자기를 비교하지 않습니다. 우리를 측정하는 기준은 다른 사람이 아니라 오직 예수의 십자가, 구원의 은혜와 믿음이기 때문입니다. 성도 여러분, 우리 자신을 세상의 저울에 올려놓지 않기를 바랍니다. 우리 자신을 십자가라는 기준에 올려놓으시기 바랍니다. 차원이 다른 겁니다.

두 번째 도구는 하나님의 은사입니다. 바울은 이것을 강조하기 위해 인간의 몸과 교회를 대비시킵니다.

> 우리가 한 몸에 많은 지체를 가졌으나 모든 지체가 같은 기능을 가진 것이 아니니이와 같이 우리 많은 사람이 그리스도 안에서 한 몸이 되어 서로 지체가 되었느니라 롬 12:4-5

우리는 한 몸에 많은 지체를 가졌고 그 각각의 지체는 같은 기능을 가진 것이 아닙니다. 전체 몸의 건강과 풍성함을 위해 서로 다른 기능을 가진 지체가 서로에게 의존되어 있습니다. 교회에서 서로 지체가 되는 것도 마찬가지입니다.

여러분, 우리는 가끔 우리가 교회를 선택하는 것으로 착각합니다. 그런데 팔이 몸을 선택하나요? 다리가 보기에 저 팔이 마음에 들어서 같은 몸에 있기로 선택한 건가요? 아니지요. 교회는 예수 그리스도의 몸입니다. 우리가 선택한 것이 아니라 주님이 부르셔서 교회 공동체를 이루도록 하신 겁니다. 설사 어느 교회는 설교가 마음에 들어서, 어느 교회는 주일학교가 잘 되어 있어서, 어느 교회는 주차장이 편해서, 어느 교회는 친구들이 많아서 등 다양한 이유로 선택하였다고 생각할 수 있지만 사실은 하나님께서 하나의 몸을 이루시려고 당신의 교회에 우리를 부르신 것입니다.

그런데 팔이 안 움직이려고 하고 다리가 꼼짝도 안하고 서 있다면, 몸의 지체 중 어느 하나라도 기능이 정지되면 어떤가요? 온 몸이 난리가 납니다. 여러분, 이 시간을 빌어 간곡히 권면합니다. 교회에서 많은 봉사를 하라고 부담을 드리려는 것이 아닙니다. 교회에 속한 성도는 반드시 한 가지 역할을 감당해야 합니다. 개인 신앙생활이 아니라 지체로서 교회 전체의 몸을 건강하고 풍성하게 하기 위해서입니다. 내가 하지 않으면 몸 전체가 병들게 되고, 결국 나도 병들게 됩니다. 한 몸이니까요. 교회에 무엇이 필요한지, 나의 은사에 맞는 것이 무엇인지 잘 모르시면 목회자들에게 물어보셔도 되고 성도들끼리 상의해 보는 것도 좋습니다.

바울은 계속하여 6절에서 '우리에게 주신 은혜대로 받은 은사가 각각 다르니'라고 합니다. 우리 자신을 평가하는 은사가 각각 다르죠. 지체의 기능이 다른 것과 같습니다. 그 모든 은사는 하나님의 은혜, 선물, 은총입니다.

6절부터 8절까지 바울은 은사의 예들을 쭉 나열합니다. 6절의 '예언'에 대해서는 설명이 좀 필요합니다. 초기 교회에서는 사도와 선지자라고 하여 말씀을 전하는 사도와 예언을 하는 선지자를 구분하여 표현하는데 당시에는 성경이 완성되지 않았기에 예수님의 말씀을 직접 들은 사도와 직접 성령을 통해 하나님의 뜻을 분별하는 선지자의 역할이 있었습니다. 본문에서 '예언'이라고 하는 것은 이 모두를 포함하여 하나님의 말씀을 전하는 사람을 뜻합니다. 요즘 표현으로 하면 설교자입니다. 그런데 '믿음의 분수대로'라고 합니다. 여기서 분수대로의 원어는 '합치하게', '바른 관계로'라는 의미를 갖습니다. 그리고 원어에서는 믿음 앞에 정관사가 붙어 있습니다. 객관적으로 그 믿음에 합치하여 예언하는 겁니다. 즉 예언자, 설교자는 반드시 그 메시지가 기독교 믿음과 어떤 면에서도 모순되지 않도록 해야 한다는 의미입니다.

예언을 한다는 것이 느낌대로, 생각대로, 황홀경으로 하는 것이 아니라 하나님의 말씀을 전하는 것이고, 그 하나님의 말씀은 십자가 복음의 믿음과 합치되어야 한다는 것입니다. 설교자는 그래서 말씀 앞에 늘 두려운 마음을 가져야 합니다.

8절에서의 '다스리는 자'는 원어로 '파라칼레오'입니다. 격려하고, 권면하고, 위로하고, 화해시키고 등 매우 광범위한 의미를 지니는 동사입니다. 사도행전에서 이 단어로 불리는 자가 바로 바나바, 위로의 아들입니다. 장로교로 치면, 장로, 권사로 봉사하시는 분들입니다.

우리에게 주신 은혜대로 받은 은사가 각각 다르니 혹 예언이면 믿음의 분수대로, 혹 섬기는 일이면 섬기는 일로, 혹 가르치는 자면 가르치는 일로, 혹 위로하는 자면 위로하는 일로, 구제하는 자는 성실함으로, 다스리는 자는 부지런함으로, 긍휼을 베푸는 자는 즐거움으로 할 것이니라 롬 12:6-8

여러분, 각자에겐 어떤 은사를 하나님이 은혜로 주셨나요? 은사가 전혀 없는 분은 단 한 분도 안 계십니다. 우리 자신을 돌아보고 하나님이 부르신 교회에서 하나님의 은혜로 받은 은사를 풍성하게 나누어 그리스도의 몸 된 교회를 더욱 건강하고 풍요롭게 하는 저와 여러분이길 주님의 이름으로 축원합니다.

바울은 우리 자신을 지혜롭게 생각하라는 하나님의 뜻을 살펴보고 나서 9절부터 교회 성도님들 서로 간의 관계에 놓인 하나님의 뜻으로 말씀을 이어갑니다. 그리고 이후 바울은 원수들에 대한 사랑에 대해서도 말할 것입니다. 하지만 바울은 먼저 그 사랑이 우선적으로 기독교 공동체에 가득 차 있어야 함을 말하고 있습니다.

그런데 본문에서 말씀하시는 사랑이 어디에 근거하고 있는 사랑인지를 먼저 짚고 넘어갔으면 좋겠습니다. 교회에서의 서로 사랑은 옛 계명에 근거한 것이 아니라 예수님의 새 계명에 근거한 사랑입니다.

새 계명을 너희에게 주노니 서로 사랑하라 내가 너희를 사랑한 것 같이 너희도 서로 사랑하라 너희가 서로 사랑하면 이로써 모든 사람이 너희가 내 제자인 줄 알리라 요 13:34-35

예수님께서 '너희' 즉 예수님의 제자들의 공동체, 성도 공동체인 교회에 주신 새 계명은 '서로 사랑하라' 입니다. 그렇다면 옛 계명과 새 계명의 차이는 무엇일까요? 옛 계명입니다.

> 네 마음을 다하며 목숨을 다하며 힘을 다하며 뜻을 다하여 주 너의 하나님을 사랑하고 또한 네 이웃을 네 자신 같이 사랑하라 하였나이다 눅 10:27

옛 계명의 사랑과 새 계명의 사랑은 뭐가 다른가요? 옛 계명의 이웃사랑은 네 자신과 같이 사랑하는 것이며, 새 계명의 서로 사랑은 내가 너희를 사랑한 것 같이 즉, 예수님이 우리를 사랑한 것 같이 서로 사랑하라는 것입니다. 옛 계명의 사랑은 자기 자신을 사랑하는 인간의 본성에 기초한 사랑이라면, 새 계명의 사랑은 인간으로서는 상상도 할 수 없는 예수님 십자가 사랑에 기초하여 서로 사랑하라는 말씀입니다.

예수님 사랑은 십자가 사랑입니다. 솔직히 모두가 자신없습니다. 어떻게 내가 누군가를 예수님의 사랑 같이 사랑할 수 있단 말인가요? 차라리 내 자신과 같이 사랑하는 건 가능할 것 같아요. 제가 저 스스로를 늘 사랑하지는 않으니까요. 제가 저 자신을 사랑하는 것보다 예수님이 저를 사랑하시는 것이 더 크십니다. 그 십자가 사랑을 어떻게 우리가 할 수 있나요? 하지만 우리 주님의 명령이잖아요. 그래서 해야 하는 겁니다. 순종하고 시도할 때, 성령님이 도와주시는 겁니다. 그 사랑을 어떻게 실천할지 좀 구체적으로 알려주고 계십니다.

사랑에는 거짓이 없나니 악을 미워하고 선에 속하라 형제를 사랑하여 서로 우

애하고 존경하기를 서로 먼저 하며 부지런하여 게으르지 말고 열심을 품고 주
를 섬기라 소망 중에 즐거워하며 환난 중에 참으며 기도에 항상 힘쓰며 성도
들의 쓸 것을 공급하며 손 대접하기를 힘쓰라 롬 12:9-13

다 아는 것 같지만, 이 말씀들을 세분화하여 보겠습니다. 좀 더 실제적이며
구체적으로 우리에게 다가올 겁니다.

첫째, 거짓이 없습니다. 헬라어로 '아니포크리토스'인데요, 여기서 부정접
두사를 뺀, '히포크리테스'는 배우를 말합니다. 즉 배우 같으면 안 된다는
겁니다. 위선이 없어야 한다는 겁니다. 교회가 연극 무대로 변질되어서는 안
됩니다. 거짓 사랑은 안됩니다. 성경에서 가장 비열한 형태의 거짓 사랑은
가룟 유다의 배신의 입맞춤에서 나타나죠. 연극입니다.

둘째, 분별력입니다. 악을 미워하고 선에 속하라는 것입니다. 사랑은 일반
적으로 우리가 생각하듯 맹목적인 감상이 아닙니다. 사랑은 분별하는 겁니
다. 사랑은 사랑하는 대상이 원하는 모든 것을 해주는 것이 아니라, 그가 좋
게 되는 것을 방해하는 모든 악을 미워하는 것입니다. 사랑한다고 다 들어주
는 것이 사랑이 아닙니다. 악과 선을 분별하는 것, 그리고 악을 미워하고 선
에 속하는 것이 진정한 사랑입니다.

셋째, 가족 사랑입니다. 10절의 '형제를 사랑하여 서로 우애하고'라고 하
는데, 여기서는 가족에 쓰이는 단어 두 개를 결합시키고 있습니다. '형제를
사랑하여'는 헬라어로 '필라델피아'로서, 가족으로서 형제, 자매끼리 서로
사랑하는 것을 의미하는 단어입니다. 그리고 '서로 우애하고'의 '우애하다'
는 헬라어는 '필라스토르고스'로서 이 역시 친척들, 혈연의 자연적 애정, 일
반적으로는 자녀에 대한 부모의 사랑을 묘사하는 단어입니다. 바울은 이처

럼 혈연관계에서 쓰이는 단어를 사용함으로 교회에서의 '서로 사랑'이 가족 사랑과 같은 사랑이라는 것을 강조하고 있습니다.

넷째는, 존경심입니다. 10절 하단부, '존경하기를 서로 먼저하며'라고 합니다. 서로 먼저 한다는 것은, 마치 경쟁하듯 존경을 보여주는 데 서로 상대방을 능가하라는 겁니다. 이런 건 경쟁해도 좋습니다. 서로 경쟁적으로 존경함을 표현한다면 교회는 겸손이 넘쳐날 것입니다. 존경할 만해서 존경하는 것이 아니라, 존경 경기가 열리는 곳이 교회이어야 합니다. 세상적으론 존경받지 못할지라도 교회에서는 누구나 존경받는 곳이 되도록 서로 앞다투며 존경하기를 경쟁하는 것입니다.

다섯째, 열심히 섬기는 것입니다. 11절, '부지런하여 게으르지 말고 열심을 품고 주를 섬기라'입니다. 예수님도 '게으른 종'에 대하여 말씀하셨습니다. 요한계시록에서도 미지근한 신앙을 하나님은 싫어하셔서 입에서 토하여 버린다고 하셨습니다. 뜨거운 열정으로 섬기는 것입니다. 우리의 은사를 가지고 그리스도의 몸인 교회에서 부지런히 게으름 피우지 않고 열심히 섬기는 것이 바로 주님의 몸을 섬기는 겁니다. 왜요? 오늘 말씀의 대전제인 은혜 때문입니다. 예수님이 사랑한 것 같이 서로 사랑하기 때문입니다. 예수님 때문입니다. 교회를 섬기는 것만큼 순수한 것은 없습니다. 사람보고 하는 것이 아니기 때문입니다. 돈 때문도 아니고 명예 때문도 아닙니다. 오직 예수님의 그 사랑 때문입니다.

여섯째, 인내함으로 사랑하는 것입니다. 12절, '소망 중에 즐거워하며 환난 중에 참으며 기도에 항상 힘쓰며' 여기서 핵심은 역시 소망입니다. 주님의 재림과 그에 따른 영광과 부활의 영화로움에 대한 우리의 확신에 찬 기대가 우리에게 계속적으로 기쁨을 주는 것입니다. 그 소망 때문에 참는 것이고 그 소망 붙잡고 우리는 환난 가운데에서도 기도하며 견디는 것입니다. 성도 누군가가 상처를 주는 말을 해도, 자신이 봉사하는 것을 아무도 알아주지 않아도, 자신의 처지가 힘들고 어려워도, 설사 교회가 풍전등화와 같은 위험에 처한다 하여도 소망을 붙잡고, 서로 사랑하기를 즐거워하며 참고 기도하는 겁니다.

일곱째, 관대하게 베푸는 것입니다. '성도들의 쓸 것을 공급하며' 라고 합니다. '쓸 것'에 해당하는 원어의 뜻은 '결여되고 따라서 필요로 하는 것들' 이란 의미입니다. 또 '공급하다' 란 헬라어가 '코이노네노' 입니다. 우리의 자원을 필요한 사람들과 나눈다는 것으로 성도 간의 교제 '코이노니아' 와 같은 어원입니다. 성도 간의 교제는 추상적으로 친해지는 것을 넘어 실제적으로 힘든 성도들을 도와 필요를 채워주는 겁니다.

그리고 '손 대접하기를 힘쓰라', 곧 낯선 사람 혹은 손님을 사랑하라는 것입니다. 손님 접대는 예나 지금이나 쉬운 일이 아닙니다. 로마서 기록 당시에는 대부분의 성도가 가난하였습니다. 물질적으로 여유가 없을 때에도 갑자기 손님이 오면, 같이 먹고 자라는 것입니다. 찡그리지 말고 힘써 섬기라는 겁니다. 예수님이 손님처럼 오셨을 때 냉수 한 그릇이라도 드려야 합니다. 교회는 낯선 사람, 처음 오는 사람에게 더욱 친절해야 합니다. 요새는 코로나로 인해 서로 교제하고 대접할 기회가 교회 안에서 적어지고 있습니다. 그래도 처음 방문하는 손님에게 친근하게 인사라도 하였으면 좋겠습니다.

여러분, 말로는 누구나 사랑할 수 있습니다. 사랑은 말보다 행동입니다. 우리 모두는 그리스도 몸인 교회의 각 지체입니다. 그렇기에 한 지체가 역할을 못하면 몸 전체에 이상이 생깁니다. 누구나 은사가 있습니다. 이것을 땅에 묻으면, 예수님이 '게으른 종'이라고 하십니다. 각자의 은사를 가지고 서로 말뿐 아니라 행동으로 섬기는 우리였으면 좋겠습니다. 예수님은 말로 십자가를 지신 것이 아니라 온 몸으로 십자가를 지셨습니다. 예수님이 우리를 향한 사랑이 너무도 구체적이고 실재적이기에 우리의 '서로 사랑'도 구체적이며 실천적이어야 합니다. 그것이 우리, 서로를 향한 하나님의 뜻입니다.

부디 오늘 하루, 그리고 우리의 남은 평생 동안 주님의 그 사랑을 교회 성도 간에 '서로 사랑'으로 실천하기를 주님의 이름으로 축원합니다.

말씀으로 기도

1. 세상의 기준이 아닌 십자가 복음이 우리 삶의 기준이 되기를 기도합시다.

2. 하나님께서 은혜로 주신 각자의 은사를 땅에 묻어 두지 않고 그리스도의 몸된 교회의 지체로서 함께 헌신하며 섬기기를 기도합시다.

3. 예수님이 나를 사랑하신 것 같이 형제, 자매를 서로 사랑하고 어떤 어려움이 있다 하여도 소망 안에서 서로의 필요를 채우며 손님을 대접하기에 힘쓰는 삶이 되기를 기도합시다.

원수와의 관계에서

로마서12:14-21

14 너희를 박해하는 자를 축복하라 축복하고 저주하지 말라 15 즐거워하는 자들과 함께 즐거워하고 우는 자들과 함께 울라 16 서로 마음을 같이하며 높은 데 마음을 두지 말고 도리어 낮은 데 처하며 스스로 지혜 있는 체하지 말라 17 아무에게도 악을 악으로 갚지 말고 모든 사람 앞에서 선한 일을 도모하라 18 할 수 있거든 너희로서는 모든 사람과 더불어 화목하라 19 내 사랑하는 자들아 너희가 친히 원수를 갚지 말고 하나님의 진노하심에 맡기라 기록되었으되 원수 갚는 것이 내게 있으니 내가 갚으리라고 주께서 말씀하시니라 20 네 원수가 주리거든 먹이고 목마르거든 마시게 하라 그리함으로 네가 숯불을 그 머리에 쌓아 놓으리라 21 악에게 지지 말고 선으로 악을 이기라

샬롬! 오늘 로마서 말씀의 항해에 참여하시는 성도님들 모두 성령의 능력으로 승리하시기를 주님의 이름으로 축원합니다.

로마서의 네 번째 본론 주제인 '하나님의 뜻을 분별하는 생활'에 대해 말씀을 살펴보고 있습니다. 하나님과 관계에서의 하나님의 뜻, 교회 공동체에서의 하나님의 뜻까지 지난번에 살펴보았습니다. 오늘은 원수와의 관계에서의 하나님의 뜻을 살펴보겠습니다. 그런데 원수와의 관계라고 제목을 붙였지만, 본문 14절부터 21절까지는 우리를 핍박하고 적대하는 자들을 포함하여, 교회 밖의 세상 속에서 우리가 맺는 일반적인 불신자들과의 관계에서의 하나님의 뜻이라고 보시면 되겠습니다. 불신앙은 곧 하나님과 원수 된 자라고 일컬어지니 원수와의 관계라고 할 수도 있을 겁니다.

하지만 일반적인 세상 속에서의 사람들과 우리를 핍박하고 원수처럼 대하는 사람들을 구분해서 말씀을 드리겠습니다. 그것이 원수에 대한 관계에서의 하나님의 뜻을 더욱 선명하게 깨닫는데 도움이 되기 때문입니다.

먼저 15, 16, 18절을 간략히 보겠습니다. 이 세 절을 먼저 보는 이유는 이 세 절은 어제 본 교회 공동체에서도 공통적으로 요구되는 실천사항이기도 하고 일반적인 세상 사람들과 관계에서의 지혜이기도 하기 때문입니다.

즐거워하는 자들과 함께 즐거워하고 우는 자들과 함께 울라 롬 12:15

15절은 공감을 의미합니다. 사랑은 결코 다른 사람들의 기쁨이나 고통과 멀리 떨어져 있지 않습니다. 그런데 함께 즐거워하는 것이 함께 우는 것보다 앞에 나오죠? 우린 보통 함께 고통을 나누는 것이 더 어렵다고 생각하기도

하지만, 사실 진심으로 공감하기 어려운 것은 슬픔보다 기쁨입니다. 누가 잘 되는 것을 진심으로 축하해 주기 어렵습니다. 특히 무언가를 두고 경쟁하는 상황이라면, 진심으로 승자의 기쁨을 함께 나누기란 거의 불가능합니다. 지난번 말씀드린 것처럼 남과 비교하고 세상 기준으로 우리 자신을 평가하면 안 되는 이유이기도 합니다. 만일 우리 안에서 샘이 나고 질투하는 마음이 들면, '아! 나는 아직 성숙한 그리스도인이 되려면 멀었구나' 라고 인정하고 회개해야 합니다. 우리 안에 흐르는 동생을 질투하여 죽인 가인의 피를 예수 그리스도의 보혈로 씻어 내야 합니다.

> 서로 마음을 같이하며 높은 데 마음을 두지 말고 도리어 낮은 데 처하며 스스로 지혜 있는 체하지 말라 롬 12:16

16절은 '서로 마음을 같이하며', 즉 조화롭게 지내라는 겁니다. 하나님은 우릴 구원하시고 세상 속에서 그리스도인끼리만 모여 살게 두지 않으셨습니다. 오히려 믿지 않는 사람들 틈에서 살게 하셨습니다. 하나님 앞에서 죄로 여겨지는 것이 아닌 한 세상 사람들과 조화롭게 사는 것이 필요합니다. 그런데 그 구체적인 방법이 바로 이어서 나오는 '겸손' 입니다. 여기서의 겸손은 하나님 앞에서의 겸손이 아니라 사람들 사이에서의 겸손입니다. 이 겸손은 허리를 굽혀 인사하고 상냥하라는 의미가 아니라 우리의 마음을 어디에 두고 있는가의 문제입니다.

'높은데' 라고 번역된 헬라어는 매우 구체적인 단어로 '높은 건물', '높은 지위' 를 의미합니다. 그리스도인들은 펜트하우스에 마음을 두지 말고 고관대작을 쫓지 말라는 것입니다. 예수님의 마음이 가 계신 곳에 우리의 마음을 놓아야 합니다. 예수님께서 사회에서 거부당하고 천대받는 사람들과 친밀하게 사귀신 것을 늘 기억해야 합니다.

열심히 일해서 어쩌다 보니 펜트하우스에 살 부를 축적해도, 성실하게 최선을 다해 사회 지도층이라는 고위직에 가게 되더라도, 늘 마음은 겸손하게 홀로 서기 어려운 사람들, 여기저기서 치이고 밟히는 사람들, 예수님께서 앉아 계신 그 곳에 우리도 함께 있어야 합니다. 스스로 지혜 있는 척, 잘난 척 하지 말아야 합니다. 그 잘남을 쫓는 곳엔 예수님이 안 계십니다. 우린 언제나 예수님이 계신 곳에 있어야 합니다. 예수님은 언제나 낮은 곳에 계셨습니다. 세상 속 가장 겸손한 자리, 동물 구유에서 태어나신 분이 예수님입니다. 세상에서 가장 저주받은 십자가에서 돌아가셨습니다. 예수님께서 늘 낮은 곳에 계셨기에 우리도 낮은 곳을 향하시는 예수님을 따라가는 겁니다.

할 수 있거든 너희로서는 모든 사람과 더불어 화목하라 롬 12:18

17절 후단부와 같이 보면 '모든 사람 앞에서 선한 일을 도모하라', '할 수 있거든 너희로서는 모든 사람과 더불어 화목하라' 로 나누어 생각할 수 있습니다. 전자는 소극적인 의미이고, 후자는 적극적인 의미를 갖습니다. '모든 사람 앞에서 선한 일을 도모하라' 의 원어적 해석은 모든 사람, 즉 공적 행동에 있어서 비판을 받지 않도록 하라는 겁니다. 모든 면에서 흠잡을 것이 없도록 미리 생각하고 고려하라는 의미입니다.

그리고 18절은 적극적으로 그리스도인이 주도권을 쥐고 화평케 하는 일을 해야 한다는 의미입니다. 그런데 여기에는 '할 수 있거든' 과 '너희로서는' 이라는 제한이 있습니다. 먼저 번역상의 오해를 풀어야 합니다. 여기서 '할 수 있거든'은 우리의 능력, 가능성을 의미하는 것이 아닙니다. 화목의 대상으로서 화목할 수 있는 것과 화목할 수 없는 것이 있다는 의미입니다. 이것은 '너희로서는'이 더욱 확실히 알려 줍니다. 너희, 즉 '그리스도인으로서' 화목할 것을 화목하라는 의미입니다. '할 수 있거든, 너희로서는'은 이처럼 제한된 의미에서의 모든 사람과 더불어 화목입니다.

이미 말씀드렸죠. 사랑은 분별력이라고요. 선과 악을 분별하는 것이 사랑이라고요. 마찬가지입니다. 그리스도인으로서 화목할 수 없는 것도 있습니다. 우리는 모든 사람과 화평을 지키도록 노력하여야 하고 이를 위해 적지 않은 희생을 감수해야 하겠지만, 넘어서는 안 될 경계선을 넘는 데까지 화목을 발전시켜서는 안됩니다. 신앙, 신조에 있어서는 타협이 있을 수 없습니다. 예수 그리스도는 타협의 대상이 될 수 없습니다. 그래서 최근 더욱 발 빠르게 움직이는 세계 종교 통합에 대하여 우린 화목, 평화란 이유로 타협할 수 없는 부분이 있는 겁니다. 예수 그리스도가 하나님이시며, 죽으시고 부활하심으로 우릴 구원하신 유일한 구원자임을 타협의 테이블에 올려놓을 수 없습니다. '할 수 있거든'이 아닌, '할 수 없는 것'입니다.

세대가 더욱 악하여지므로 화목할 것과 아닐 것을 분별하는 것이 쉽지 않습니다. 성령의 도우심이 더욱 간절해지는 때입니다. 말씀과 기도로 늘 깨어 있는 저와 여러분이 되길 주님의 이름으로 축원합니다.

이제 본격적으로 우리를 핍박하는 자, 행악자, 원수들과 관계에서의 하나님의 뜻을 보겠습니다. 여기서의 특징은 네 개의 부정 명령문으로 되어 있다는 것입니다. 14절, 저주하지 말라. 17절, 아무에게도 악을 악으로 갚지 말라. 19절, 원수를 갚지 말라. 21절, 악에게 지지 말라 입니다. 그런데 더욱 놀라운 하나님의 뜻은 네 가지 부정 명령 다음에 각각 긍정 명령이 따른다는 겁니다. 저주하지 말고 축복하라, 악으로 갚지 말고 선한 일을 도모하라, 원수를 갚지 말고 원수를 섬기라, 악에게 지지 말고 선으로 악을 이기라 하십니다.

하나님의 뜻은 언제나 최대치까지 우리를 끌어 올리시려는 겁니다. 은혜받은 자는 단순히 세상 속에서 악을 피하는 것에 머무르는 것이 아니라 악을 향해 "돌격, 앞으로!"하는 겁니다.

그러면 먼저 부정명령에 관한 근거와 이유를 찾아볼까요? 왜 저주하지 말고, 악으로 갚지 말고, 원수를 갚지 말고, 악에게 지지 말 것을 요구하시나요? 그건 19절에 근거가 있습니다. '원수 갚는 것이 내게 있으니' 입니다. 하나님은 그리스도인들에게 절대로 하지 말 것을 요구하는 것이 있으니, 그건 바로 '복수' 입니다. 우리 인간에겐 타고난 보복적 경향이 있습니다. 우리는 드라마나 영화에서 나쁜 사람에게 피해만 보던 사람이 결국 복수를 하는 장면을 보면 통쾌함을 느낍니다. 단지 정의가 실현되어서라기 보다는 복수 그 자체에 가슴이 시원해지는 느낌을 받죠. 인간의 악한 본성입니다.

'원수 갚는 것이 내게 있으니' 라는 말은 하나님이 대신 복수해 주신다는 말일까요? 아닙니다. 하나님은 복수를 하실 필요가 없으십니다. 그 정도 수준이 아닙니다. 이건 심판을 하신다는 뜻입니다. 19절에서 하나님의 진노하심에 맡기라고 합니다. 하나님의 진노와 심판, 이건 이미 우리가 너무 잘 알고 있습니다. 심판과 복수는 엄연히 다른 겁니다. 하나님의 심판 앞에 복수란 개념은 없습니다. 하나님의 품성은 복수심이 아닌 공의이며 그 결과는 심판, 징벌이지 복수가 아닙니다. 그렇기에 그리스도를 닮은 우리는 복수라는 인간의 악한 본성을 버려야 합니다. 우리는 결코 우리에게 상처를 입힌 사람들에게 상처를 다시 주는 것으로 앙갚음을 해서는 안됩니다.

> 너는 악을 갚겠다 말하지 말고 여호와를 기다리라 그가 너를 구원하시리라
> 잠 20:22

악을 갚겠다 하지 말고 기다리라 하십니다. 이건 구원의 문제와도 연결됩니다. 복수는 구원받은 자에게 어울리지 않기에 악을 악으로 갚겠다고 해서는 안됩니다.

그렇다면 긍정명령의 이유는 무엇일까요? 부정명령은 수긍이 갑니다. 그래, 우린 구원받은 자로서 그리스도의 품성에 없는 복수심을 품어서는 안 되지. 이건 심판의 영역이지. 내가 복수를 하면, 나의 복수 또한 심판의 영역에서 불의한 것으로 다루어지니까 복수하지 말자. 여기까지는 동의할 수 있습니다. 그런데 그렇다고 긍정명령까지 하라고 하시는 이유는 무엇일까요? 본문 14절과 20절을 통해 하나님은 두 가지 이유와 원칙을 우리에게 알려 주시고자 합니다.

> 너희를 박해하는 자를 축복하라 축복하고 저주하지 말라 롬 12:14

14절에서는 축복과 저주가 서로 대비되어 표현되고 있습니다. 우린 예수님의 말씀에서 축복과 저주의 원칙을 배워야 합니다.

> 어느 집에 들어가든지 먼저 말하되 이 집이 평안할지어다 하라 만일 평안을 받을 사람이 거기 있으면 너희의 평안이 그에게 머물 것이요 그렇지 않으면

예수님은 축복에 대하여 말씀하십니다. 우리 한 번 생각해 봅시다. 축복은 누가 하는 건가요? 사람이 사람에게 축복하면 정말 축복을 받나요? 반대로 사람이 저주하면 그 사람의 저주로 저주를 받나요? 야곱이 자녀들에게 축복도 하고 저주도 합니다. 그럼 그것이 야곱이 축복한 건가요? 아니면 하나님의 축복을 야곱의 입술로 드러낸 것인가요? 저주는요? 마찬가지입니다. 야곱 개인의 축복과 저주라면 하나님 말씀인 성경에 기록될 이유가 전혀 없습니다. 야곱을 통한 하나님의 말씀이기에 기록된 것이고 그 말씀대로 후일 이루어지는 것입니다.

여러분, 축복과 저주는 하나님 손에 달려 있습니다. 방금 읽은 예수님의 말씀에서 우린 알 수 있습니다. 어느 집에 들어가 '평안할지어다' 라고 축복을 합니다. 그런데 그것이 정말 축복이 되느냐 여부는 상대방이 평안을 받을 사람인지, 즉 축복을 받을 만한 사람인지에 달려 있습니다. 그리고 그 결정은 하나님만이 하실 수 있습니다. 저와 여러분의 입술을 통해 축복의 말이 던져집니다. 그런데 하나님이 그 축복을 허락하시지 않는 사람이라면, 그 축복을 하나님이 누구에게 돌려준다고요? 축복의 말을 던진 사람에게 돌려주신다는 것입니다. 축복하는 사람 입장에선 이래도 좋고, 저래도 좋은 겁니다. 손해 볼 것이 없죠.

반대로 저주는 어떤가요? 일단 저주는 해도 소용이 없습니다. 우리 그리스도인이 누군가를 축복하는 것은 예수님 이름으로 기도하는 것과 같이 예수 이름으로 축복을 하나님께 구하는 겁니다. 그런데, 예수님 이름으로 저주를 한다고요? 있을 수 없는 일입니다. 그래서 예수님이 누가복음에서 축복만 예로 알려 주신 겁니다. 기본적으로 누군가를 향한 저주를 예수님 이름으로 구할 수 없으니까요. 하지만 저주의 말을 누군가에게 던진다면, 그 원리는 아마 축복의 말과 같다고 생각됩니다. 누군가에게 저주의 말을 던집니다. 그런데 하나님이 그 사람에게 그 저주를 허락하지 않습니다. 그럼 던져진 그 저주를 하나님이 누구에게 돌려줄까요? 저주의 말을 던진 사람에게 부메랑이 돼서 돌아가는 겁니다. 저주를 해서 그대로 이뤄진다 쳐도 나에겐 통쾌함만 있을 뿐 별 이득은 없습니다. 그런데 만일 그 저주가 다시 나로 돌아온다면, 이건 엄청난 재앙이겠죠? 깊이 생각하고 따지고 할 필요 없이 경우의 수, 확률만 놓고 볼 때, 우리가 축복의 말을 하는 것이 우리에게 유리할까요, 아니면 저주의 말을 하는 것이 유리할까요?

긍정명령의 첫 번째 이유는 우리에게 그것이 가장 좋은 것이기 때문입니다. 군이 축복을 놔두고 저주의 위험에 우릴 놓아둘 이유가 없죠. 부디 저와 여러분 모두 저주를 버리고 축복을 챙기는 인생이 되시기를 주님의 이름으로 축원합니다.

긍정명령의 두 번째 이유입니다. 첫 번째 이유가 어느 정도의 이기심에 의존한 것이라면, 두 번째 이유는 이타심에 의존합니다. 20절에서 구체적으로 말씀하십니다.

> 네 원수가 주리거든 먹이고 목마르거든 마시게 하라 그리함으로 네가 숯불을
> 그 머리에 쌓아 놓으리라 롬 12:20

우린 '네가 숯불을 그 머리에 쌓아 놓으리라' 라는 의미를 종종 원수의 머리가 뜨거워지는 형벌 같은 것으로 이해하는데 그런 것이 아닙니다. 실제로

애굽에서는 숯불을 담은 냄비를 머리에 이고 다님으로써 자신이 회개하였음을 사람들에게 보이는 풍습이 있었습니다. 또 고대 근동에서는 불씨를 대단히 중요하게 여겼기에 불을 꺼뜨린 자에게 불씨를 빌려주는 것은 대단한 호의였습니다. 이러한 두 가지 배경을 종합하면, 원수를 먹이고 마시게 하는 것은 원수에게 상상할 수 없는 호의이며, 그 결과 숯불을 담은 냄비를 머리에 이고 다니듯 원수가 회개한다는 의미입니다. 긍정명령은 하나님의 구원의 팔을 우리의 원수에게까지 닿게 하는 수단이 되는 것입니다. 긍정명령은 또 하나의 전도이며, 부르심의 통로로 우릴 사용하시는 것입니다.

악에게 지지 말고 선으로 악을 이기라 롬 12:21

부정명령을 어기고 악을 악으로 갚으면 결국 악에게 지게 됩니다. 악을 행하는 원수에게 그들과 같은 방법으로 악으로 복수한다고 칩시다. 그건 공중 권세 잡은 자, 사탄의 룰이 지배하는 경기장에 들어가는 것과 같습니다. 누가 그 룰에 더 밝을까요? 당연히 그리스도인들은 질 수밖에 없습니다. 더한 악으로 역공이 들어올 것이고 악에 있어서 상대방은 전문가입니다. 이길래야 이길 수가 없습니다. 그리스도인들은 무능력하게 이리저리 쫓겨 다니게 될 것입니다. 또, 악을 악으로 갚으면, 악, 악, 악쓰는 일만 남습니다. 악이 이긴 것입니다. 세상을 악으로 채우게 됩니다.

그리스도인은 우리의 장점, 우리의 룰이 지배하는 경기로 바꿔서 싸워야 합니다. '선'이라는 룰을 적용하는 겁니다. 이건 절대로 우리가 이기는 싸움이 될 수밖에 없습니다. 우리의 원수에겐 없는 룰이기 때문이지요. 저주가 아닌 축복을 하는 것, 원수를 먹이고 마시게 하는 것, 이 긍정명령으로 악을 이기는 것입니다. 이것이 세상에서 날마다 승리하는 그리스도인의 비법입니다. 우리 힘으로 하는 것이 아닙니다. 선을 완성하신 예수님 이름으로 하는 것이며 예수 십자가 붙들고 하는 것입니다. 우리 그리스도인이 오늘 말씀을 행함으로 선포하며 세상에 나갈 때, 성령의 능력으로 우린 승리하게 됩니다. 할렐루야!

부디 오늘 하루, 또 남은 한 평생, 하나님의 우리를 향하신 뜻, 선으로 악을 이기고 세상에서 승리하는 여러분이 되기를 주님의 이름으로 축원합니다.

말씀으로 기도

1. 함께 즐거워하고 함께 우는 그리스도인이 되도록, 높은 데 마음을 두지 않고, 예수님이 계신 곳, 낮은 곳에 처하며 오만한 자리에 앉지 않기를 기도합시다.

2. 공적 행동에서 비판받을 일을 하지 않도록, 모든 사람과 화목하는 일에 주도권을 쥐는 역동적인 그리스도인이 되도록 기도합시다.

3. 그리스도인으로서 할 수 있는 것과 없는 것을 분별하여 진리에 있어서 물러서지 않는 그리스도인이 되도록 성령님의 도우심을 구하는 기도를 합시다.

4. 저주가 아닌 축복을 말하는 그리스도인, 악을 악으로 갚는 것이 아니라, 원수를 먹이고, 마시게 함으로 선으로 악을 이기는 승리자가 되도록 기도합시다.

국가와의 관계에서

로마서 13:1-7

1 각 사람은 위에 있는 권세들에게 복종하라 권세는 하나님으로부터 나지 않음이 없나니 모든 권세는 다 하나님께서 정하신 바라 2 그러므로 권세를 거스르는 자는 하나님의 명을 거스름이니 거스르는 자들은 심판을 자취하리라 3 다스리는 자들은 선한 일에 대하여 두려움이 되지 않고 악한 일에 대하여 되나니 네가 권세를 두려워하지 아니하려느냐 선을 행하라 그리하면 그에게 칭찬을 받으리라 4 그는 하나님의 사역자가 되어 네게 선을 베푸는 자니라 그러나 네가 악을 행하거든 두려워하라 그가 공연히 칼을 가지지 아니하였으니 곧 하나님의 사역자가 되어 악을 행하는 자에게 진노하심을 따라 보응하는 자니라 5 그러므로 복종하지 아니할 수 없으니 진노 때문에 할 것이 아니라 양심을 따라 할 것이라 6 너희가 조세를 바치는 것도 이로 말미암음이라 그들이 하나님의 일꾼이 되어 바로 이 일에 항상 힘쓰느니라 7 모든 자에게 줄 것을 주되 조세를 받을 자에게 조세를 바치고 관세를 받을 자에게 관세를 바치고 두려워할 자를 두려워하며 존경할 자를 존경하라

샬롬! 오늘 로마서 말씀의 항해에 참여하시는 성도님들 모두 하나님 말씀에 기준하여 각자의 삶에서 하나님 나라를 확장하는데 쓰임받기를 주님의 이름으로 축원합니다.

오늘은 국가와의 관계에서의 '하나님의 뜻'을 말씀하고 있습니다. 그런데 왜 바울은 갑자기 국가 권세에 관하여 기술하고 있는 걸까요? 우린 로마서 12장을 통하여 하나님과의 관계로서 산 제물과 마음의 변화에 관하여, 또 교회 내에서의 우리에 대한 지혜로운 평가와 '서로 사랑'에 관하여, 그리고 원수와의 관계에서 악을 악으로 갚지 않고 선을 행하는 것까지 보았습니다. 지금까지 무언가 굉장히 선하고 우리가 꿈꾸는 아름다운 그리스도 공동체, 그리스도인의 세상 속에서 승리의 말씀들을 선포하였습니다. 그리고 오늘 본문 다음에 나오는 로마서 13장 8절부터는 율법을 이루는 그리스도인, 예수 재림을 소망하는 그리스도인의 삶에 관한 말씀이 나옵니다. 차라리 오늘 본문 13장 1절부터 7절까지 말씀이 없다면 오히려 더 자연스러울 것 같은데 이상하게도 뭔가 흐름을 끊는 듯한 말씀이 툭 튀어나온 겁니다.

바울은 왜 오늘 본문 말씀을 굳이 이 부분에서 언급하였을까요? 전 여기서 바울의 탁월함을 다시금 인정하지 않을 수 없습니다. 물론 성령의 감동으로 기술한 것이지만 말이죠. 방금 말씀드린 것처럼 지금까지 로마서 12장에 선포된 하나님의 뜻을 보면 참으로 마음이 훈훈해지고 이런 실천을 통해 아름다운 교회 공동체를 이루며, 또 세상 사람들과 그리스도인들이 조화롭게 살고, 하물며 원수와도 선으로 악을 이기며 살 수 있을 것 같습니다.

그런데 현실은? 로마제국입니다. 더군다나 로마서를 기록할 당시에는 폭군이 연속적으로 등장하던 시기입니다. 글라우디오 황제, 그 뒤를 이은 네로 황제, 현실은 끔찍합니다. 그럼 어떤 마음이 들까요? 둘 중 하나입니다. 무정부주의입니다. 이런 국가라면 필요 없다는 것입니다. 국가가 없어도 12장까지 말씀대로만 살면, 말 그대로 지상낙원처럼 살 수 있어 보입니다.

또 다른 하나는 반란, 전복입니다. 그리스도인이 원하는 국가와 너무 동떨어져 있으니 무너뜨려야 한다는 것입니다. 그런 생각을 하는 유대인들이 많았겠지요. 이스라엘의 독립을 꿈꾸니까요. 하나님의 선택된 민족이 이방인 국가 아래에 있다는 것을 참을 수 없는 것입니다. 12장의 교회 공동체와 세상 속에서의 관계에 관한 하나님의 뜻을 보면 로마는 필요 없고 없어져야 할 국가로 보이기에 바울은 지금 여기서 국가에 관한 하나님의 뜻을 선포하는 것입니다.

여러분, 우리 그리스도인들은 예수를 믿음으로 그 신분은 하나님 나라 백성입니다. 그런데 아직 예수님 재림이 이뤄지지 않았기에 여전히 이 땅에서 국가 권세의 통치를 받는 각 나라의 국민이란 신분도 있음을 부인할 수 없습니다. 그러면 하나님은 그리스도인들의 이 땅에서의 이런 상황을 두고 어떤 말씀을 하실까요? 궁금하시죠? 하나님의 뜻을 본문을 통해 살펴보겠습니다.

시작하기 전에 먼저 우리가 알아야 할 것은 오늘 본문은 국가에 관한 것이라는 점입니다. '위에 있는 권세' 라는 것을 직장, 가정, 교회 등 다른 공동체로 보지 않는다는 거죠. 그런 것들은 하나님의 질서 차원으로 에베소서 등에서 다루고, 하나님의 질서에 관한 것에는 공통적으로 '주께 하듯', '주의 사랑으로' 등 예수님을 그 관계 중간에 놓고 질서를 말씀하시는 데, 오늘 본문에는 그런 말씀도 없고, 사랑이라는 말씀도 없습니다. 여러 견해들이 있지만 대다수의 학자들은 오늘 본문을 국가에 한정된 말씀으로 봅니다. 저도 다수의 의견과 같이 국가로 한정하여 말씀을 전하겠습니다.

그리고 우리가 먼저 알아야 할 것은 본문에서는 현실 정치의 문제, 정치인, 통치자의 문제들을 일일이 말하는 것이 아니라 기본 원칙을 말하고 있습니다. 마치 부모공경이 기본 계명인 것과 같습니다.

> 각 사람은 위에 있는 권세들에게 복종하라 권세는 하나님으로부터 나지 않음
> 이 없나니 모든 권세는 다 하나님께서 정하신 바라 그러므로 권세를 거스르는 자
> 는 하나님의 명을 거스름이니 거스르는 자들은 심판을 자취하리라 롬 13:1-2

바울은 분명 하나님의 명령을 말합니다. '각 사람은 위에 있는 권세들에게 복종하라'고요. 그리고 지금까지 하나님의 뜻을 살펴본 것과 같은 방식으로 이 명령의 이유를 제시합니다. 그것은 국가의 권위가 하나님으로부터 유래되었기 때문입니다. 세 번에 걸쳐 반복할 정도로 강조합니다. '권세는 하나님으로부터 나지 않음이 없나니', '모든 권세는 다 하나님께서 정하신 바라', '권세를 거스르는 자는 하나님의 명을 거스름이니'라고 반복합니다. 그렇기에 그리스도인들은 무정부주의자나 파괴분자가 되어서는 안됩니다.

그런데 본문이 원칙을 말씀하는 것이라고 해도, 1, 2절 말씀을 읽는 순간 우리 머리속에는 여러 인물들이 떠오릅니다. 네로 황제, 헤롯 대왕, 빌라도 총독, 현시대의 히틀러, 스탈린, 북한의 김일성, 김정일, 김정은 등등. 그리고 본문 말씀에 곧바로 거부감이 듭니다. 그럼 이처럼 수많은 사람들에게 고통을 준 악한 권력자가 지닌 권세 역시 하나님으로부터 유래된 것이란 말인가? 라고 말이죠. 이에 대해서 예수님이 직접 답을 주시죠.

빌라도가 이르되 내게 말하지 아니하느냐 내가 너를 놓을 권한도 있고 십자가
에 못 박을 권한도 있는 줄 알지 못하느냐 예수께서 대답하시되 위에서 주지
아니하셨더라면 나를 해할 권한이 없었으리니 요 19:10-11

　빌라도 총독이 예수님을 재판하는 장면에서 예수님께서 말씀하셨습니다.
위에서 주지 아니하셨더라면 예수를 해할 권한이 없다고요. 빌라도 총독이
행사하는 권세를 하나님이 주셨다는 겁니다. 여기서 좀 생각을 깊게 할 필요
가 있습니다. 예수님이 빌라도에게 복종하였나요? 아니면 빌라도의 권세에
복종하였나요? 빌라도의 권세에 복종한 겁니다. 왜냐하면 그 권세는 하나님
이 주신 권세이기 때문입니다. 본문 1절과 2절에서도 바울은 권세자에게 복
종하라고 하는 것이 아니라 권세에 복종하라고 합니다.
　쉽게 말해 국가의 통치권은 모두가 하나님께로부터 나옵니다. 예수님을
재판한 빌라도 총독의 통치권이 하나님으로부터 유래한 것이라면, 또 로마
서를 기록할 당시 네로 황제의 로마제국의 통치권이 하나님께로부터 난 것
이라면, 히틀러 당시의 독일, 스탈린 당시의 소련과 지금 김정은이 지배하
는 북한의 통치권 역시 하나님께로부터 난 것입니다. 그리고 모든 국가의 권
세가 하나님으로부터 난 것이기에 이에 거스르는 자들에 대하여 2절에서는
'심판'이라고 표현합니다.
　1절과 2절에서 국가 권세 자체에 대한 성도의 자세와 원칙을 다루었다면,
3절부터 5절까지는 국가 권세의 집행자인 위정자의 정체성과 그들에 대한
성도의 자세를 다룹니다. 다시 말씀드리지만 이것도 원칙입니다. 3절의 '다
스리는 자'를 지금 성경은 '다스리는 자'라고 번역하였지만 이전 성경은 관
원이라고 번역하였고, 이전 성경이 오히려 국가 권세의 집행자로서의 의미

를 더 잘 표현하는 것 같습니다.

> 다스리는 자들은 선한 일에 대하여 두려움이 되지 않고 악한 일에 대하여 되
> 나니 네가 권세를 두려워하지 아니하려느냐 선을 행하라 그리하면 그에게 칭
> 찬을 받으리라 롬 13:3

해석이 어렵지 않습니다. 선한 일을 행하는 자에게는 관원들이 두려울 것
이 없는 반면 악을 행하는 자에게는 두려운 대상이라는 겁니다. 그렇기에 권
세 앞에서 두려움이 없으려면 선을 행하라는 거죠. 그러면 칭찬을 받는다는
겁니다. 다시 말하지만 원칙입니다.

이 본문은 관원의 자세도 내포합니다. 관원은 늘 선과 악을 분별하여 선
을 위하여 권세를 사용하여야 합니다. 더욱이 그리스도인들은 선에 있어서
는 전문가 그룹입니다. 지난번 '선으로 악을 이기라'에서 살펴보았습니다.
'선'이란 히브리어로 '토브'입니다. 하나님이 보시기에 좋은 것, 옳은 것입
니다. 하나님 말씀을 받은 저희는 선에 있어서는 세상 다른 사람들보다 더욱
전문가이어야 합니다.

> 그는 하나님의 사역자가 되어 네게 선을 베푸는 자니라 그러나 네가 악을 행
> 하거든 두려워하라 그가 공연히 칼을 가지지 아니하였으니 곧 하나님의 사역
> 자가 되어 악을 행하는 자에게 진노하심을 따라 보응하는 자니라 롬 13:4

4절에서는 관원들을 아예 하나님의 사역자라고 합니다. 이전 성경의 표현
이 더 강합니다. 하나님의 사자라고 하죠. 국가의 권세가 하나님으로부터 나
온 것처럼 관원들은 하나님의 사역자, 하나님의 사자, 즉 하나님 일꾼이라고

합니다.

특히 국가의 공무원으로 근무하시는 분들이라면 이 말씀을 절대로 특권의
식을 가지고 받으시면 안 됩니다. 매우 엄중한 말씀입니다. 무겁게 받아들여
야 합니다. 성경에서 유대인들을 포로에서 해방시킨 신앙이 없던 고레스 왕
도 하나님의 종이라고 불렸습니다. 공무원은 하나님의 종이라는 겁니다. 그
직책을 무겁게 받아들이고 선을 베풀어야 합니다.

또한 관원이 칼을 갖는 이유는 하나님의 진노를 대신하여 집행하기 위함입
니다. 악을 행하는 것에 두려움을 가져야 한다는 것입니다. 하나님의 진노가
임할 것인데, 지상의 국가에선 관원의 칼로 그 진노가 집행되기 때문입니다.

> 그러므로 복종하지 아니할 수 없으니 진노 때문에 할 것이 아니라 양심을 따
> 라 할 것이라 롬 13:5

5절은 번역에 오해의 소지가 있습니다. 복종하지 않을 수 없는 이유가 진
노 때문에 할 것이 아니라고 번역하여 마치 '진노가 두려워서 복종하지는 말
라'고 오해할 수 있기 때문입니다. 물론 진노보다 양심을 강조하고자 하는
취지를 반영한 것이지만 진노에 대한 앞 절과 모순이 되는 번역이 됩니다.

이것은 영어 표현의 'not only ~ but also' 구문입니다. 진노 때문만 아
니라 양심 때문이라도 복종하라는 겁니다. 왜냐하면 진노 즉 형벌을 두려워
하지 않는 사람도 있기 때문입니다. 하지만 형벌을 두려워하지 않는다 하더
라도 양심에 따라 복종하여야 합니다. 이전에 양심이 무엇인지 말씀드린 적
이 있는데 '양심'은 내 개인적 사상, 감정, 의식을 말하는 것이 아니라 '인간
이라면 누구나 공통적으로 갖고 있는 천부적인 판단력과 행동 기준'입니다.

쉽게 말해 '함께 보는 것', '함께 인식하는 것'입니다. 인간의 기본적 도덕, 윤리이지만 우리 그리스도인에게는 하나님의 명령, 말씀에 복종하는 양심을 의미합니다. 그것 때문이라도 복종하라는 것입니다. 그리고 바울은 납세의무를 언급함으로 결론을 맺습니다.

> 너희가 조세를 바치는 것도 이로 말미암음이라 그들이 하나님의 일꾼이 되어
> 바로 이 일에 항상 힘쓰느니라 모든 자에게 줄 것을 주되 조세를 받을 자에게
> 조세를 바치고 관세를 받을 자에게 관세를 바치고 롬 13:6-7

바울이 여러 국민의 의무 중 납세의무를 강조한 것은 당시 유대인들이 황제 숭배를 조장하는 로마에 세금을 내는 것에 대하여 강한 거부감이 있었기 때문입니다. 유대인 중 세금을 걷는 세리들을 반역자와 매국노로 취급하였습니다. 바울은 국가 권세에 대한 복종이란 측면에서 납세의무를 이행하라고 말하고 있습니다. 예수님도 '가이사의 것은 가이사에게, 하나님의 것은 하나님께'라고 가르치셨습니다.

> 두려워할 자를 두려워하며 존경할 자를 존경하라 롬 13:7

국가와의 관계에서 '하나님의 뜻'에 대한 결론입니다. 관리들 중 누가 그 직분에 어울리는 인격이나 능력, 자질을 갖추었는지 여부와 상관없이 그 자리의 중요성과 권세의 근원이 하나님으로부터 왔음을 깨닫고 두려워하고 존경하라는 것입니다.

여기까지가 원칙입니다. 그런데 참으로 사람이 본성적으로 악한 존재인가 봅니다. 왜냐하면 무겁고 두려운 마음을 가지고 하나님의 대리인으로서 선

을 베풀어야 함에도 그렇게 하지 않는 부류의 관원들일수록 이 말씀을 애용하기 때문입니다. 그래서 오늘 본문이 역사적으로 독재정치, 폭군을 정당화하는 자들에게 무조건적인 순종을 요구하도록 백지위임장을 준 것처럼 잘못 적용되어 왔습니다. 분명히 하나님 말씀의 원칙에 따라 국가는 선을 행하는 자에게는 칭찬을, 악을 행하는 자에게는 벌을 내려야 하는데 현실은 그 반대인 경우가 너무도 많습니다. 나중에는 선과 악이 무엇인지, 양심 즉 기본적인 도덕과 윤리마저 무엇인지 헷갈리게 합니다. 현대에는 더욱 그렇습니다.

이런 현실 속에서 국가와 그리스도인의 관계에서 오늘 본문 말씀의 원칙이 무의미한 것인가요? 그렇지 않습니다. 오늘 본문은 '국가와의 관계에서 하나님의 뜻'입니다. 그런데 그 전에 하나님의 뜻 첫 시작은 '하나님과의 관계에서의 하나님의 뜻'이었습니다. 우리가 오늘 본문에서 자꾸 헷갈려하는 것은 국가와의 관계와 하나님과의 관계 사이의 충돌을 이해하지 못하기 때문입니다. 그리스도인에게 있어서 모든 관계의 기초는 하나님과의 관계입니다. 만일 하나님과의 관계를 해치는 것이라면 그건 하나님의 뜻이 아닌 것입니다. 즉 오늘 본문의 국가와의 관계 역시 하나님과의 관계 안에서 말씀하시는 하나님의 뜻입니다.

그렇다면 정부 시책과 법률이 하나님의 뜻과 반대될 때 어떻게 해야 하나요? 두 가지 방법을 생각해 볼 수 있습니다. 하나는 소극적 방법, 다른 하나는 적극적 방법입니다.

소극적 방법의 구체적인 예를 보겠습니다. 이집트의 바로가 히브리인 산파들에게 갓난 사내아이들을 죽이라고 명했을 때 그들은 순종하기를 거부했습니다. 그 명령이 하나님의 뜻과 반대되기 때문입니다. 느부갓네살 왕이 모든 신하들에게 금신상에 엎드려 절하라는 포고를 내렸을 때 사드락과 메삭과 아벳느고는 순종하기를 거부하였습니다. 또 다리오 왕이 삼십일 동안 자기 외에 어느 신에게나 사람에게 기도해서는 안 된다는 칙령을 내렸을 때 다니엘은 순종하기를 거부하였습니다. 하나님의 뜻을 따른 것입니다. 그리고 이스라엘 공회가 복음을 전파하는 것을 금했을 때 사도들은 순종하기를 거부했습니다. 이것이 하나님의 뜻입니다. 이것은 정부에 대한 저항이 아니라 하나님께 대한 그들의 복종을 보여주는 겁니다.

그런데 여기서 우리가 발견할 수 있는 것은 하나님의 뜻을 따른 사람들은 모두 칼을 들지 않았다는 것입니다. 그저 정부의 시책에 순종하는 것을 거부하고 하나님의 뜻을 따랐을 뿐 칼을 들지는 않았습니다. 어제 살펴본 것과 같이 악을 악으로 갚지 않는 이러한 것들이 소극적 방법입니다.

그러면 적극적 방법은 무엇일까요? 그 단서는 본문 6절, 7절에 있습니다. 세금을 납부하라는 건 단순히 의무를 이행하라는 것에 멈추지 않습니다. 특히 6절을 보면, 세금을 내는 것이 관원들이 하나님의 일꾼이 되어 열심히 일하게 하기 위함이라는 겁니다. 적극적으로 국가의 일에 도움을 주라는 의미입니다. 참여하라는 겁니다. 당시에는 세금으로 국가에 도움을 줄 수밖에 없기에 바울은 세금을 언급했습니다.

만일 오늘날 바울이 로마서가 아니라 '대한민국서'를 쓴다면 오히려 세금 부분은 맨 뒤에 오거나 잊어버리고 기록하지 않을 수도 있었을 것 같습니다. 바울의 '대한민국서', '민주국가서'에는 '그리스도인이여, 투표해라, 제대로 하나님의 뜻에 합치하는 법이 제정되는지 아니면 그 반대인지, 관심을 갖고 정치적 의사를 적극적으로 활발히 표시해라, 하나님의 뜻에 맞는 도덕,

윤리, 정치 철학을 연구하고 이를 현실 정치에 반영될 수 있도록 힘을 써라. 하나님의 뜻에 따라 국가가 운영되도록 그리스도인들이 기도하고 참여하며, 필요하다면 법에서 허용된 집회와 시위, 표현의 자유를 통하여 하나님의 뜻이 정치에 반영되도록 해라. 그리스도인들이 더욱 국가업무에 관여하여라'라고 바울이 기록했을 것 같습니다.

왜냐하면 대한민국 헌법 제1조 1항, 대한민국은 민주공화국이다. 2항, 대한민국의 주권은 국민에게 있고, 모든 권력은 국민으로부터 나온다고 되어 있기 때문입니다. 하나님은 대한민국의 권세를 바로 저와 여러분을 포함한 국민에게 위임하셨기 때문입니다. 그리스도인은 하나님 나라의 백성이면서 또한 이 땅에서 대한민국의 국민입니다. 하나님이 그리스도인인 저와 여러분에게 대한민국을 통치할 권세를 위임하셨습니다. 특히 저희는 선이 무엇인지를 아는 전문가입니다. 헷갈리는 도덕과 윤리 가운데 뚜렷한 양심을 가진 하나님의 뜻을 아는 그리스도인이기 때문입니다.

대한민국이 불안하시고 걱정이 되시나요? 간혹 기독교인 가운데 하나님이 대한민국을 지켜 주시니까 너무 불안해하지 말고 걱정하지 말자고 하며 마치 신앙이 좋은 것처럼 스스로를 위로하면서 사실은 별로 국가의 일에 관심도 없고, 참여도 하지 않으려 하는 분들이 있습니다.

그런데 어쩌면 하나님은 우리에게 이렇게 말씀하실 수도 있다는 것을 생각해 보셨어요? '대한민국? 걱정 없어! 왜냐구? 거긴 나의 자녀들이 열심히 국가를 위해 기도하고 참여하며 나의 뜻에 따라 국가가 운영되도록 애쓰고 입법, 행정, 사법, 각 영역에서 나의 뜻을 너무 잘 알고 순종하려는 나의 자녀들이 있거든. 난 나의 자녀를 믿기에 대한민국을 걱정하지 않는다.' 이 음성이 들리는 그리스도인들이 이 나라에 있는 한, 이 음성이 들리는 젊은이들이 있는 한, 대한민국은 걱정 없는 겁니다.

부디 이 나라에 하나님의 마음을 안심시켜드리는 하나님이 기뻐하시며 자랑하고 싶어 하는 그리스도인들이, 특히 젊은 그리스도인들이 헤아릴 수 없이 일어나기를, 또한 여러분이 국가에 있어서 하나님의 뜻을 이루려고 애쓰는 그리스도인이 되기를 주님의 이름으로 축원합니다.

말씀으로 기도

1. 국가 권세가 하나님으로부터 나옴을 깨닫고, 권세에 복종하라는 원칙에 믿음으로 순종하는 그리스도인이 되기를 기도합시다.
2. 공무원들이 선을 베풀어야 하는 책무를 하나님으로부터 위임받은 자들임을 깨닫고, 두려운 마음과 무거운 책임감으로 그 직분을 감당하기를 기도합시다.
3. 그리스도인이 솔선하여 선을 행하고, 악을 멀리함으로 국가에 선한 영향력을 끼치며 명확한 하나님의 기준과 도덕적 양심을 밝히 드러내기를 기도합시다.
4. 대한민국의 정치, 경제, 문화, 입법, 행정, 사법 각 영역에서 하나님의 뜻이 세워지도록 기도합시다.

율법과 때와의 관계에서

로마서 13:8-14

8 피차 사랑의 빚 외에는 아무에게든지 아무 빚도 지지 말라 남을 사랑하는 자는 율법을 다 이루었느니라 9 간음하지 말라, 살인하지 말라, 도둑질하지 말라, 탐내지 말라 한 것과 그 외에 다른 계명이 있을지라도 네 이웃을 네 자신과 같이 사랑하라 하신 그 말씀 가운데 다 들었느니라 10 사랑은 이웃에게 악을 행하지 아니하나니 그러므로 사랑은 율법의 완성이니라 11 또한 너희가 이 시기를 알거니와 자다가 깰 때가 벌써 되었으니 이는 이제 우리의 구원이 처음 믿을 때보다 가까웠음이라 12 밤이 깊고 낮이 가까웠으니 그러므로 우리가 어둠의 일을 벗고 빛의 갑옷을 입자 13 낮에와 같이 단정히 행하고 방탕하거나 술 취하지 말며 음란하거나 호색하지 말며 다투거나 시기하지 말고 14 오직 주 예수 그리스도로 옷 입고 정욕을 위하여 육신의 일을 도모하지 말라

샬롬! 오늘 로마서 말씀의 항해에 참여하시는 성도님들 모두 이 땅에서 그리스도의 아름다운 신부로 살아가길 주님의 이름으로 축원합니다.

오늘은 우리 그리스도인들의 삶 가운데 놓인 하나님의 뜻으로, 하나님의 율법을 완성하는 일과 지금 우리가 살고 있는 때와 관련하여 말씀을 살펴보겠습니다.

먼저 율법의 완성입니다. 바울은 로마서 7장에서 타락하고 자기중심적인 우리의 본성 때문에 우리 스스로는 율법을 이룰 수 없다고 하였습니다. 하지만 하나님은 자기 아들의 죽음을 통해 우리를 율법의 정죄에서 구해 주셨으며, 또한 내주하시는 성령의 권능에 의해 율법의 속박으로부터 우리를 구해 주셨습니다. 하나님은 육신을 쫓지 않고 그 영을 쫓아 행하는 우리에게 율법을 완성하게 하십니다.

우리가 로마서를 통해 알게 된 것은 하나님이 원하신 것은 율법의 폐기가 아닌 율법의 완성이라는 사실입니다. 예수 그리스도는 그 일을 위해 십자가에서 죽으셨습니다. 그렇다면 예수님을 따르는 그리스도인들은 단순히 정죄함이 없다는 사실만으로 기뻐하고 끝나면 되는가? 그럴 수 없습니다. 예수님의 십자가 사랑으로 율법의 속박에서 해방되어 이제 우린 그리스도의 사랑에 빚진 자가 되었습니다. 이 그리스도 사랑의 빚이 근거가 되어 하나님은 우리가 율법을 완성하기를 원하십니다. 그것이 율법과 그리스도인과의 관계에서의 하나님의 뜻입니다. 로마서 8장에서는 성령을 쫓아 우리가 율법의 요구를 이루게 하신다고 하였는데, 이제 13장에서는 우리의 실천적 측면으로서 실제 삶 속에서 율법을 이루는 것을 말씀하고 계십니다. 어떻게요? 사랑으로 하라고 하십니다.

피차 사랑의 빚 외에는 아무에게든지 아무 빚도 지지 말라 남을 사랑하는 자
는 율법을 다 이루었느니라 롬 13:8

예수 그리스도 십자가 사랑의 빚을 사람들 사이의 사랑의 빚으로 확장함
으로써 율법을 이루어가는 그리스도인의 실천을 바울은 말하고 있습니다.
'사랑의 빚 외에는 아무에게든지 아무 빚도 지지 말라' 어렵게 해석할 필요
가 없습니다. 오직 사랑의 빚만 서로에게 지라고 하십니다.

여러분, 우린 세상에서 홀로 사는 존재가 아닙니다. 태어나면서부터 사랑
의 빚으로 '나'라는 존재가 빚어지게 됩니다. 얼마나 많은 사람으로부터 사
랑에 빚지면서 자라나고 살아가는지 이루 헤아릴 수 없습니다. 부모의 사랑,
형제의 사랑, 친구의 사랑, 부부의 사랑, 직장 동료의 사랑, 일상의 삶 속에
서 수고하시는 주변의 너무 많은 사람들의 사랑의 빚을 지고 살아가고 있습
니다. 서로 간에 말이죠.

그런데 왜 바울은 굳이 '빚'이란 단어를 사용할까요? 우리로 하여금 빚쟁
이에 쫓기는 부담감을 주려고요? 물론 그런 의도도 있을 것 같습니다. 빚을
져본 사람은 알죠. 특히 자신이 감당할 수 없을 정도로 많은 빚에 쫓겨본 사
람들은 그 심정이 어떤 건지 너무 잘 압니다. 밤에 잠을 잘 수도 없고 자나
깨나 빚 갚을 생각에 마음 편할 순간이 없습니다. 그와 같이 우리는 사랑의
빚을 졌기 때문에 그 사랑을 갚을 생각으로 늘 마음이 편하지 않고 부담감
이 있어야 한다는 말씀입니다.

그런데 단순히 그런 의도만 있는 것이 아닙니다. '빚'이란 단어를 쓴 이유
는, '사랑'이 단순히 감정, 느낌, 가슴이 콩닥콩닥하는 그런 것이 아니라는

겁니다. '빚'을 갚을 때 감정과 느낌으로 갚나요? 아니잖아요. 마찬가지입니다. 빚을 갚아야 한다는 생각, 책임감, 그리고 빚을 갚으려는 의지가 있어야 합니다.

사기죄가 어떻게 성립되는지를 알아봅시다. 사기죄는 변제의사와 변제능력이 없이 타인으로부터 경제적 이익을 편취하는 것을 의미합니다. '변제의사' 즉 갚으려는 의지와 생각이 애초부터 없으면 사기가 됩니다. 마찬가지입니다. 사랑에 빚을 진다는 것은 사랑을 갚을 의지와 생각이 중요하다는 말씀입니다. 그것이 없다면 사랑의 사기꾼이 된다는 것입니다.

율법의 완성으로서 남을 사랑한다는 것은 감정적인 사랑이 아니라 의지적 사랑을 의미합니다. 누굴 좋아해서 하는 사랑이 아니라 누구에게 빚을 갚듯이 의지적으로 하는 사랑입니다. 친하고, 좋아하고, 가까운 사이여서 하는 사랑이 아니라 그런 것이 전혀 없어도 사랑을 의지적으로 결단하고 그 결단에 따라 행하는 것, 그것이 빚을 갚는 것이고, 그것이 사랑하는 것입니다.

그리스도인으로서 성령이 내주하는 사람이라면 기본적으로 변제능력 즉 사랑을 할 수 있는 능력이 있습니다. 누군가로부터 사랑을 받아 본 경험이 없어서 사랑할 능력이 없다고 말 할 수 없습니다. 아무리 어릴 때 부모 사랑을 못 받았다고 생각이 되어도, 친구로부터 왕따를 받은 경험이 있어도, 세상적으로 보잘 것 없이 취급받았다 하여도, 그리스도인으로서 성령이 내주한 사람이라면 그런 것들과는 전혀 상관없이 사랑할 능력이 있는 사람입니다. 성령이 곧 사랑의 능력이기 때문입니다.

그리스도인은 세상 속에서 먼저 다른 사람에게 사랑의 빚을 지우는 사람이어야 합니다. 끊임없이, 사랑의 빚을 지도록 해야 합니다. 도저히 좋아할 수 없는 사람에게도 의지적으로 사랑의 빚을 지도록 합니다. 왜냐하면 그것이 우리가 예수로부터 빚진 사랑을 조금이라도 갚는 것이기 때문입니다. 그렇게 시작하여, 세상에 사랑의 빚이 서로서로 얽히고 설켜서 서로서로 다른 사람을 사랑하며 사랑의 빚을 갚아가는 것입니다.

바울은 좀 더 구체적으로 다른 사람을 사랑하는 것이 어떻게 율법을 완성하는가를 설명합니다.

간음하지 말라, 살인하지 말라, 도둑질하지 말라, 탐내지 말라 한 것과 그 외에 다른 계명이 있을지라도 네 이웃을 네 자신과 같이 사랑하라 하신 그 말씀 가운데 다 들었느니라 사랑은 이웃에게 악을 행하지 아니하나니 그러므로 사랑은 율법의 완성이니라 롬 13:9-10
어떤 율법교사가 일어나 예수를 시험하여 이르되 선생님 내가 무엇을 하여야 영생을 얻으리이까 예수께서 이르시되 율법에 무엇이라 기록되었으며 네가 어떻게 읽느냐 대답하여 이르되 네 마음을 다하며 목숨을 다하며 힘을 다하며 뜻을 다하여 주 너의 하나님을 사랑하고 또한 네 이웃을 네 자신 같이 사랑하라 하였나이다 예수께서 이르시되 네 대답이 옳도다 이를 행하라 그러면 살리라 하시니 눅10:25~28

예수님께서 '행하라 그러면 살리라' 라고 하십니다. 율법의 완성은 행함입니다. 하나님 사랑, 이웃 사랑으로 요약되는 율법을 행하라는 말씀입니다. 본문 9절에서 10계명 중 하나님과의 관계를 제외한 인간 사이의 계명을 언급하며, 이 계명들은 '네 이웃을 네 자신 같이 사랑하라' 는 말씀 안에 다 들어있다고 합니다. 그리고 10절에서 '사랑은 이웃에게 악을 행하지 아니하나니' 라고 결론을 맺고 있지요. 그런데요, 한번 생각해 보시기 바랍니다.

분명 사랑하라, 사랑의 빚을 갚아라, 네 이웃을 네 자신과 같이 사랑하라고 긍정명령을 하는 것 같은데, 결론은 '사랑은 이웃에게 악을 행하지 아니하나니' 라고 하여 부정명령, 금지명령을 합니다. 9절에서 바울이 예로 든 십계명을 보면 두 가지가 빠져 있습니다. '부모를 공경하라' 와 '거짓 증거하지 말라' 입니다. 그런데 다른 성경 사본 중 '거짓 증거하지 말라' 는 구절이 본문 9절에 포함된 기록이 있습니다. 그러니까 확실히 바울이 인간관계에 관한 계명 중, 여기서 기록하지 않은 것은 '부모를 공경하라' 는 긍정명령입니다. 무슨 말씀인가 하면 본문 9절에서 바울은 십계명 중 긍정명령을 제외한 부정명령만을 언급하였습니다. 바울은 율법을 완성하는 사랑 즉 의지적 사랑은 금지명령 즉, 하지 말아야 할 것을 지키는 것이 중요하다는 것을 말하고 있습니다.

여러분, 사랑, 율법을 완성하는 사랑, 빚처럼 갚지 않으면 안 되는 사랑, 그 사랑이 무엇인지 너무 복잡하게 생각하지 말라는 말씀입니다. 지금 로마서 본론의 네 번째 주제 '하나님의 뜻' 은 '뜻이 하늘에서 이루어진 것 같이 땅에서도 이루어지길' 간구하는 주님이 가르쳐 준 기도가 허공에서 메아리처럼 없어지는 것이 아니라, 실제 삶에서 이루어지길 원하는 그리스도인들의 행함이라는 것입니다. 그런데 그 행함은 '하는 것' 보다 오히려 '하지 않는 것' 이 중요하다고 하십니다.

여성 인권이 중요해서 인권운동을 '하는 것' 보다 간음을 '하지 않는 것' 이 사랑입니다. 사회 정의를 구현하려고 정의를 외치는 것보다 남을 욕하지 않는 것이 사랑입니다. 평등을 구현한다고 누구에게 무엇을 주는 것보다 남의 것을 빼앗지 말라는 겁니다. 율법을 완성하는 사랑, 빚처럼 갚지 않으면 안되는 사랑, 의지적으로 해야 하는 사랑은 먼저 부정명령을 지키는 것이 중요합니다. 예수님 가르침대로 마음으로도 간음하지 않는 것, 살인하지 않는 것, 미워하고 욕하는 것도 살인이니 그러지 않는 것, 도둑질하지 않는 것, 거짓 증거하지 않는 것, 탐내지 않는 것, 그것이 사랑입니다. 사랑이 무엇인지 모를 것이 전혀 없잖아요. 부디 여러분 모두 이웃에게 악을 행하지 아니함으로 율법을 완성하는 자이길 주님의 이름으로 축원합니다.

　오늘 두 번째 주제로서 지금 우리가 살고 있는 '때'에 관한 하나님의 뜻입니다.

> 또한 너희가 이 시기를 알거니와 자다가 깰 때가 벌써 되었으니 이는 이제 우리의 구원이 처음 믿을 때보다 가까웠음이라 롬 13:11

11절, '이 시기'라고 합니다. 여기서 시기는 헬라어로 '카이로스', 히브리어로 '에트'라는 단어인데요. 하나님과 인간과의 만남의 관점에서의 특별한 시기란 의미로 쓰이는 말입니다. 하나님께서 특별히 정하신 때입니다. 본문을 보시면 아시겠지만 이 시기는 종말의 시기, 예수 재림의 시기를 의미합니다. 그런데 우린 그 정확한 때를 모릅니다. 예수님 조차도 모르신다고 하셨습니다 오직 하나님만 아십니다. 그런데 '너희가 이 시기를 알거니와'라고 하는 것은 이런 뜻입니다. '너희, 즉 그리스도인들은 종말의 때가 있다는 것을 알지 않느냐'라는 말씀입니다.
여러분, 그리스도인으로서 우리가 강조하고 강조해도 부족한 것이 있다면 그것은 종말 의식입니다. 하나님이 정하신 종말의 때, 예수 재림의 때가 반드시 있다는 의식, 그것이야말로 우리 안에 성령이 내주하신다는 증거입니다. 바울이 로마서를 기록한 것은 지금부터 약 2000년 전입니다. 이미 그때 바울은 이 종말 의식을 강조하고 있습니다. 2000년 동안 모든 그리스도인들은 같은 종말 의식을 간직하고 살아왔습니다. 지금 우리도 마찬가지입니다. 예수 재림, 역사의 종말을 그리스도인은 늘 마음 중심에 품고 사는 존재입니다.

'자다가 깰 때가 벌써 되었으니' 종말은 예수님이 십자가에서 죽으심으로 시작되었습니다. 마침내 옛 시대는 지나간 것입니다. 잘 때는 지나갔습니다. 이제는 깨어 일어날 때입니다. '우리의 구원이 처음 믿을 때보다 가까웠음이라', 여기서의 구원은 우리의 미래에 반드시 있을 부활의 때, 영화로움을 입을 때를 의미합니다. 우리가 회심했을 때보다 그 날이 더 가까이 왔습니다. 날마다 그 때는 더 가까워집니다.

> 밤이 깊고 낮이 가까웠으니 그러므로 우리가 어둠의 일을 벗고 빛의 갑옷을
> 입자 롬 13:12

'밤이 깊고 낮이 가까웠으니', 여기서 '깊고'의 원어는 '프로에콥센'이란 단어로서, '전진하다, 앞으로 나아가다'란 뜻입니다. 즉 밤이 상당 부분 진행된 상태임을 의미합니다. 밤이 거의 끝났고 바야흐로 그리스도께서 다시 오시는 때 즉 낮이 가까웠습니다. 지금 우리가 서 있는 시기는 우리가 깨어야 할 때이며, 종말이 처음 믿었을 때보다 가까이 있는 때이고, 밤은 낮에게 거의 자리를 내어 주는 때입니다. 바로 그리스도 초림의 '이미'와 그 분의

재림의 '아직' 사이에 있는 긴장의 시기입니다.

이런 때에 우리 그리스도인을 향한 하나님의 뜻은 무엇입니까? 12절, '우리가 어둠의 일을 벗고 빛의 갑옷을 입자.' 13절, '단정히 행하고' 14절, '주 예수 그리스도로 옷 입고' 라는 말씀을 하고 계십니다.

첫째, '우리가 어둠의 일을 벗고 빛의 갑옷을 입자', 우리는 깨어 일어나야 할 뿐 아니라 또한 옷을 입어야 합니다. 어둠의 일을 벗어버리고, 즉 잠옷을 벗고 그 대신 그리스도의 군사로서 낮에 입는 갑옷을 입어야 한다고 말씀하십니다. 그리스도인의 삶은 잠을 자는 것이 아니라 전쟁을 하는 것이기 때문입니다.

> 낮에와 같이 단정히 행하고 방탕하거나 술 취하지 말며 음란하거나 호색하지
> 말며 다투거나 시기하지 말고 롬 13:13

둘째, 그리스도인은 갑옷을 입고 행하여야 할 전쟁을 수행하는 자들입니다. 13절의 단정히 행하는 것이란 사람들이 어둠이 덮였을 때 하는 일들로부터 돌아서야 한다는 의미입니다. 목적 없이 기분 내키는 대로 방탕하게 살지 말고, 세상 낙에 술 취한 것처럼 살지 말며, 하나님이 싫어하는 성적행위인 음란을 저지르지 말고, 부끄러움을 모르는 파렴치한 짓, 호색을 하지 말며, 난폭하게 다투고 악한 경쟁심으로 살지 말고, 시기, 이기심으로 남의 것을 탐하고 욕하며 비난하지 말라고 말씀하십니다.

> 오직 주 예수 그리스도로 옷 입고 정욕을 위하여 육신의 일을 도모하지 말라
> 롬 13:14

마지막 결론으로 셋째, 오직 주 예수 그리스도로 옷 입고 정욕을 위하여 육신의 일을 도모하지 말라고 하십니다. 도모하지 말라는 것은 우리 그리스도인이 무엇에 몰두하여야 하는지를 말하고 있습니다. 우리 앞에 놓인 선택지는 둘 중 하나입니다. 주 예수 그리스도의 옷인가, 아니면 우리의 타락하고 자기중심적인 옷인가, 둘 중 하나입니다. 주 예수 그리스도로 옷을 입는다는 건 그리스도의 품성을 닮는 것뿐 아니라 예수 그리스도를 꼭 붙잡고 주님이신 그 분 아래 사는 것입니다. 이것은 선택입니다. 무엇을 도모할지, 무엇을 쫓을지의 문제입니다. 어렵습니다. 육신의 본성은 참으로 끈질깁니다.

그러나 성령이 내주하시면, 성령이 도와주시면, 성령이 인도하시면 가능합니다. 그렇다면 성령이 내주하신다는 증거는 무엇입니까? 다시 처음으로 돌아가 바로 종말 신앙입니다. 종말의 때가 정하여 있다는 것을 언제나 인식해야 가능한 것입니다.

그런데 여기서 우리가 놓치지 말아야 할 것이 있습니다. 우리가 정신 차리고 깨어서 단정해야 하는 근본 이유가 단지 마지막 때가 가까이 오기 때문만이 아닙니다. 오히려 우리가 깨어 있어야 하는 이유는 그 때를 알지 못하기 때문입니다. 이건 예수님의 가르침입니다.

그런즉 깨어 있으라 너희는 그 날과 그 때를 알지 못하느니라 마 25:13

그 날과 그 때를 알지 못하기 때문에 깨어 있으라는 것입니다. 우리가 모두 죽는 것은 압니다. 하지만 죽을 일시, 시간을 아는 사람은 없습니다. 지금 당장 죽을 수도 있고, 1시간 후가 될 수도 있고, 아니면, 30년 25일후가 될지 아무도 모릅니다. 오직 하나님의 주권 사항입니다. 종말의 때도 마찬가지 입니다. 종말의 때가 올 것은 알지만, 정확히 그 날과 그 때는 우리에게 알려 주지 않으셨습니다. 왜요? 오늘 하루를 마지막 날이라 생각하고 열심히 예수를 기다리는 신부의 심정으로 살게 하기 위함입니다. 우리가 이 땅에서의 삶이 단정한 삶이 되도록 하기 위함입니다. 우리를 위해 알려주지 않으신 겁니다.

여러분, 오늘이란 시간은 마지막 때로 향하는 날 중의 하루일 뿐 아니라, 마지막날 일 수도 있는 하루입니다. 그 때가 언제 인지 모르기에 늘 오늘이 마지막 날이라는 생각으로 단정하게 살라는 말씀입니다. 이제 곧 부활의 영화로움을 입을 몸을 더럽히지 말라고 하십니다. 이제 곧 있을 결혼식을 앞두고, 식장에 들어가긴 전 신부는 아름답게 화장을 하고 몸과 마음을 단정히 합니다. 결혼식 전에 드레스를 입고서 진흙탕에 몸을 뒹구는 신부는 없을 것입니다. 오늘이 우리의 결혼식일 수도 있습니다. 아니 오늘이 우리의 결혼식입니다. 종말 신앙은 오늘이 결혼식이라는 신앙입니다. 진흙탕에 몸을 뒹구는 사람은 자신이 신부가 아니기 때문입니다. 우리 신랑 예수님과 아무 관련이 없는 사람이기 때문입니다.

여러분은 그리스도인인가요? 내주하시는 성령님이 '오늘 예수님이 오실 수도 있다' 고 경고하고 계신가요? 그 경고가 들린다면 그리스도인이 맞습니다. 그리스도인의 결혼식은 언제나 오늘입니다.

오늘 신랑 되신 예수님과 결혼식을 하는 그리스도인으로서 몸과 마음, 우리의 행실을 단정히 하여 예수님의 신부답게 살아가는 저와 여러분이 되시기를 주님의 이름으로 축원합니다.

말씀으로 기도

1. 예수 그리스도 십자가 사랑의 빚이 근거가 되어 사랑을 의지적으로 결
   단하고 그 결단에 따라 행할 수 있도록 내주하시는 성령님이 도우시길
   기도합시다.

2. 예수님 가르침대로 간음하지 않게 하옵소서, 살인하지 않게 하옵소서,
   욕하지 않게 하옵소서, 도둑질하지 않게 하옵소서, 남을 속여 뺏지 않게
   하옵소서, 거짓 증거하지 않게 하옵소서, 거짓으로 다른 사람을 곤궁에
   빠뜨리지 않게 하옵소서, 탐심을 없애 주옵소서 라고 기도합시다.

3. 그리스도인의 결혼식은 바로 오늘입니다. 방탕하거나 술 취하지 말며,
   음란하거나 호색하지 말며, 다투거나 시기하지 말고, 신랑되신 예수님과
   결혼하는 날을 맞은 신부로서 매일매일을 살게 해 달라고 기도합시다.

연약한 자와의 관계에서

로마서 14:1-23

1 믿음이 연약한 자를 너희가 받되 그의 의견을 비판하지 말라 2 어떤 사람은 모든 것을 먹을 만한 믿음이 있고 믿음이 연약한 자는 채소만 먹느니라 3 먹는 자는 먹지 않는 자를 업신여기지 말고 먹지 않는 자는 먹는 자를 비판하지 말라 이는 하나님이 그를 받으셨음이라 4 남의 하인을 비판하는 너는 누구냐 그가 서 있는 것이나 넘어지는 것이 자기 주인에게 있으매 그가 세움을 받으리니 이는 그를 세우시는 권능이 주께 있음이라 5 어떤 사람은 이 날을 저 날보다 낫게 여기고 어떤 사람은 모든 날을 같게 여기나니 각각 자기 마음으로 확정할지니라 6 날을 중히 여기는 자도 주를 위하여 중히 여기고 먹는 자도 주를 위하여 먹으니 이는 하나님께 감사함이요 먹지 않는 자도 주를 위하여 먹지 아니하며 하나님께 감사하느니라 7 우리 중에 누구든지 자기를 위하여 사는 자가 없고 자기를 위하여 죽는 자도 없도다 8 우리가 살아도 주를 위하여 살고 죽어도 주를 위하여 죽나니 그러므로 사나 죽으나 우리가 주의 것이로다 9 이를 위하여 그리스도께서 죽었다가 다시 살아나셨으니 곧 죽은 자와 산 자의 주가 되려 하심이라 10 네가 어찌하여 네 형제를 비판하느냐 어찌하여 네 형제를 업신여기느냐 우리가 다 하나님의 심판대 앞에 서리라 11 기록되었으되 주께서 이르시되 내가 살았노니 모든 무릎이 내게 꿇을 것이요 모든 혀가 하나님께 자백하

리라 하였느니라 12 이러므로 우리 각 사람이 자기 일을 하나님께 직고하리라 13 그런 즉 우리가 다시는 서로 비판하지 말고 도리어 부딪칠 것이나 거칠 것을 형제 앞에 두지 아니하도록 주의하라 14 내가 주 예수 안에서 알고 확신하노니 무엇이든지 스스로 속된 것이 없으되 다만 속되게 여기는 그 사람에게는 속되니라 15 만일 음식으로 말미암아 네 형제가 근심하게 되면 이는 네가 사랑으로 행하지 아니함이라 그리스도께서 대신하여 죽으신 형제를 네 음식으로 망하게 하지 말라 16 그러므로 너희의 선한 것이 비방을 받지 않게 하라 17 하나님의 나라는 먹는 것과 마시는 것이 아니요 오직 성령 안에 있는 의와 평강과 희락이라 18 이로써 그리스도를 섬기는 자는 하나님을 기쁘시게 하며 사람에게도 칭찬을 받느니라 19 그러므로 우리가 화평의 일과 서로 덕을 세우는 일을 힘쓰나니 20 음식으로 말미암아 하나님의 사업을 무너지게 하지 말라 만물이 다 깨끗하되 거리낌으로 먹는 사람에게는 악한 것이라 21 고기도 먹지 아니하고 포도주도 마시지 아니하고 무엇이든지 네 형제로 거리끼게 하는 일을 아니함이 아름다우니라 22 네게 있는 믿음을 하나님 앞에서 스스로 가지고 있으라 자기가 옳다 하는 바로 자기를 정죄하지 아니하는 자는 복이 있도다 23 의심하고 먹는 자는 정죄되었나니 이는 믿음을 따라 하지 아니하였기 때문이라 믿음을 따라 하지 아니하는 것은 다 죄니라 샬롬! 오늘 로마서 말씀의 항해에 참여하시는 성도님들 모두 연약한 지체를 사랑으로 품고 사는 성숙한 그리스도인으로 살아가길 주님의 이름으로 축원합니다.

오늘은 연약한 자와의 관계에서의 하나님의 뜻에 관하여 살펴보겠습니다. '믿음이 연약한 자'와 '믿음이 강한 자'라고 표현된 로마 교회 내에 있는 두 집단에 관련하여 말하고 있습니다. 여기서의 연약함은 의지의 연약함이나 성품의 연약함이 아니라 '어떤 것들을 해도 괜찮다'는 확신의 연약함입니다. 세상 유혹에 쉽게 정복당하는 연약함이 아니라 '자유하지 못하는 민감한 그리스도인'이라고 보면 적절할 것 같습니다.

로마교회의 상황에서는 연약한 자들이 대부분 유대인 그리스도인들이며, 강한 자들이 이방인 그리스도인인 경우가 대부분이라고 볼 수 있습니다. 음식물의 정결법과 절기들을 여전히 고수하는 유대인 그리스도인들을 연약한 자라고 보고 있습니다. 바울의 입장은 확실합니다. 그런 것들은 본질적이지 않다는 것입니다. 그런데 이 비본질적인 문제로 인하여 로마교회에 엄청난 논쟁이 있었던 것이고, 이런 교회의 갈등은 로마교회 뿐 아니라 현대 교회에서도 언제나 교회의 분쟁과 분열의 단초를 제공하고 있음을 우린 부인할 수 없습니다.

예를 들어 볼까요? 침례 혹은 물을 뿌리는 것만으로 족한가와 같은 세례 양식의 문제, 강대상에 신을 신고 올라가도 되느냐 안 되냐, 주일 저녁 예배를 해야 하나 안 해도 되나, 복음성가를 불러도 되나, 드럼을 쳐도 되나, 좀 더 깊이 들어가 볼까요? 신학적으로 논쟁이 있습니다. 현대에도 기사와 이적이 자주 일어나도록 되어 있는가 아닌가. 천년 왕국이 무엇이고 언제 어떻게 세워질 것인가? 역사와 종말의 관계, 천국과 지옥의 정확한 본질 등 오늘날에도 성경이 침묵하고 있거나 분명히 규정하지 않는 듯한 수많은 문제들이 있습니다.

지금은 아니지만 당시 로마교회에서 정결법과 절기는 지금 현대 교회에서 논쟁이 되는 여러 문제들보다 더 심각하면 했지 결코 가벼운 문제가 아니었습니다. 즉 본문의 연약한 자들의 음식과 절기 등에 대한 고집은 현대 교회의 모든 비본질적인 논쟁과 다툼을 대표하고 있다고 보시면 됩니다. 그리스도인이 술 마셔도 되나요? 라는 것이 간단한 문제가 아니라는 겁니다.

> 믿음이 연약한 자를 너희가 받되 그의 의견을 비판하지 말라 롬 14:1

먼저 바울은 전체 논의를 뒷받침할 수 있는 '받아들임' 이라는 근본 원리를 규정합니다. 1절 전단부, '믿음이 연약한 자를 너희가 받되' 라고 합니다. '믿음이 연약한 자' 란 성경에 기록된 진리, 구원, 죄와 같은 본질적인 부분에서 연약한 것이 아니라, 비본질적인 부분에서 자유하지 못하는 사람을 말합니다. '받아들인다' 는 진정한 사랑을 기초로 따스함과 친절함으로 환영한다는 의미입니다. '프로스람바노' 라는 헬라어로 이는 빌레몬이 오네시모를 환영하는 것, 바울 일행의 배가 파선되었을 때 그들을 환영한 멜리데 사람들, 자기 백성을 하나님 나라에서 맞아들이겠다고 약속하시는 예수님의 말씀에서 동일하게 사용됩니다. 그런데 그냥 받아들이는 것이 아니라, 받아들여 그의 의견을 비판하지 말라고 하십니다. 받아들이고 나서 교회를 토론장으로 만들어서도 안되며 연약한 사람들을 심문하고 심리하는 법정으로 만들어서도 안 된다고 말씀하고 계십니다.

오늘 본문의 구조는 다시 한번 기독교 신학을 정립한 '바울답다' 라는 생각을 하게 합니다. 매우 실천적인 주제임이 틀림없는데, 바울은 신학적 진리 위에 연약한 자와 강한 자의 관계를 올려놓습니다.

첫째 진리, '하나님이 그를 받으셨으므로' 입니다.

> 어떤 사람은 모든 것을 먹을 만한 믿음이 있고 믿음이 연약한 자는 채소만 먹느니라 먹는 자는 먹지 않는 자를 업신여기지 말고 먹지 않는 자는 먹는 자를 비판하지 말라 이는 하나님이 그를 받으셨음이라 롬 14:2-3

바울은 연약한 자와 강한 자의 실례로써 음식물 규정의 문제를 말합니다. '어떤 사람은 모든 것을 먹을 만한 믿음이 있고', 강한 자에게는 그리스도 안에서 누리게 된 자유가 음식에 대한 망설임으로부터 그를 해방시켜 주었습니다. 그러나 '믿음이 연약한 자는 채소만 먹느니라', 연약한 자는 아직 그 자유가 없습니다. 정결하지 않은 고기를 결코 먹지 않기 위해 아예 어떤 고기도 먹지 않습니다. 그런 상황에서 3절, 강한 자는 연약한 자를 업신여기지 말고 연약한 자는 강한 자를 비판하지 말라는 말씀하십니다. 그 이유는 하나님이 그들을 받으셨기 때문입니다.

어떻게 감히 우리가 하나님이 받으신 사람을 거부할 수 있겠습니까? 여러분, 다른 사람에 대한 우리의 태도가 어떠해야 하는가를 결정하는 가장 좋은 기준은 그들에 대한 하나님의 태도가 어떠하신가에 따르는 겁니다. 이 원리는 황금률보다 낫습니다. 다른 사람들이 우리를 대접하기를 원하는 대로 그 사람들을 대접하는 것은 물론 안전합니다. 하지만 하나님이 그들을 대하시는 대로 그들을 대하는 것이 훨씬 더 안전합니다. 왜냐하면 전자는 우리의 타락한 자기중심성에 기초를 두고 있는 반면, 후자는 하나님의 완전하심에 기초를 두고 있기 때문입니다.

교회 안에서 예수 믿는 사람은 모두가 하나님이 받은 사람입니다. 하나님이 받으셨으니, 우리도 서로 간에 환영하여야 하는 것이 당연합니다.

두 번째 진리는, '그리스도께서 죽으시고 주님이 되시기 위해 다시 살아나셨으므로' 입니다.

> 남의 하인을 비판하는 너는 누구냐 그가 서 있는 것이나 넘어지는 것이 자기
> 주인에게 있으매 그가 세움을 받으리니 이는 그를 세우시는 권능이 주께 있음
> 이라 롬 14:4

그리스도를 주님이라 고백한 그리스도인을 비판하는 것은 주인과 하인의 관계에 참견하는 것만큼 부적절한 것입니다. 우리는 다른 그리스도인의 삶에서 그리스도가 차지하는 위치를 빼앗을 권리가 없습니다. 그가 서 있는 것이나 넘어지는 것은 주인에게 달려있지, 우리가 그에 대해 책임이 있는 것이 아니니 상관하지 말라는 말씀입니다. 우리가 그를 인정하든 아니하든 그를 세우시는 권능도 주께 있습니다.

> 어떤 사람은 이 날을 저 날보다 낫게 여기고 어떤 사람은 모든 날을 같게 여기
> 나니 각각 자기 마음으로 확정할지니라 롬 14:5

바울이 두 번째로 실례를 드는 것은 날입니다. 유월절, 안식일 등이죠. 그리스도께서 십자가에서 죽으시고 부활하심으로 구약의 모든 절기는 그리스

도로 인해 완성되었고 절기에서 우린 자유롭습니다. 구약에선 본질적인 것으로 여겨지던 것이 신약의 시대에서는 그림자가 되었습니다. 그런데 5절에서 중요한 말이 나옵니다. '각각 자기 마음으로 확정할지니라' 입니다. 이건 자기 마음대로 분별없이 행동하라는 것도 아니고 전통이란 이름으로 고집하라는 것도 아닙니다. 연약한 자나, 강한 자나, 각자 그 문제를 숙고해 보고 확고한 결정을 하여 그에 따르면 된다는 말씀입니다. 그리고 무엇을 숙고할지 명확하게 제시합니다.

> 날을 중히 여기는 자도 주를 위하여 중히 여기고 먹는 자도 주를 위하여 먹으니 이는 하나님께 감사함이요 먹지 않는 자도 주를 위하여 먹지 아니하며 하나님께 감사하느니라 롬 14:6

'주를 위하여' 입니다. '하나님께 감사함' 입니다. '과연 이것이 주를 위한 것인가? 이것으로 하나님께 감사할 수 있는가?' 이것이 각자 숙고하여야 할 것이며 확정하는 근거가 되도록 하라는 말씀입니다. 이는 주님을 우리 삶에 받아들이는 것이며 모든 상황에도 적용됩니다.

> 우리 중에 누구든지 자기를 위하여 사는 자가 없고 자기를 위하여 죽는 자도 없도다 우리가 살아도 주를 위하여 살고 죽어도 주를 위하여 죽나니 그러므로 사나 죽으나 우리가 주의 것이로다 롬 14:7-8

'살아도, 죽어도' 우리의 모든 것은 주 예수께 속해 있으며 그분의 존귀와 영광을 위해 쓰여져야 합니다. 왜냐하면

이를 위하여 그리스도께서 죽었다가 다시 살아나셨으니 곧 죽은 자와 산 자의
주가 되려 하심이라 롬 14:9

바울은 기독교 공동체인 우리의 상호 관계인 매우 현실적인 문제를 예수님
의 죽으심과 부활 그리고 그에 따른 주권이라고 하는 신학적 차원으로 끌어
올리고 있습니다. 예수님은 죽으셨다가 다시 살아 나사 주님이 되셨고, 예수
님이 우리 주님이시기 때문에 우리는 그분을 위해 살아야만 합니다. 예수님
은 또한 우리 동료 그리스도인들의 주님이시기 때문에 우리는 그들과 주님
의 관계를 존중해야 합니다.

세 번째 진리는 '그가 너희의 형제이기 때문' 입니다.

네가 어찌하여 네 형제를 비판하느냐 어찌하여 네 형제를 업신여기느냐 우리
가 다 하나님의 심판대 앞에 서리라 롬 14:10

동료 그리스도인을 비판하고 업신여기지 말아야 할 근거로서는, 단지 하나
님이 그들을 받으셨기 때문만이 아니라, 단지 그리스도께서 죽었다가 다시
살아나사 우리 모두의 주님이 되셨기 때문만이 아니라, 그들과 우리가 가장
강력한 방식, 곧 가족이라는 끈으로 묶여 있기 때문이라고 말씀하십니다.
끈질긴 의심과 두려움을 지닌 연약한 자들이건, 무모해 보이기까지 한 확신
과 자유를 지닌 강한 자들이건, 그들은 모두 우리의 형제와 자매라는 것입
니다. 늘 이 점을 기억할 때 그들에 대한 우리의 태도는 즉시 덜 비판적이고,
덜 성급하게 되며, 더욱 관대하고 부드럽게 되는 것입니다.

네 번째 진리는 '우리가 모두 하나님의 심판대 앞에 설 것이기 때문' 입니다.

네가 어찌하여 네 형제를 비판하느냐 어찌하여 네 형제를 업신여기느냐 우리
가 다 하나님의 심판대 앞에 서리라 롬 14:10

우리가 형제를 비판하지 않는 것과 하나님의 심판대 앞에 서는 것에는 분명한 연관이 있습니다. 예수님도 말씀하셨죠. 마태복음 7장에서 비판을 받지 아니하려거든 비판하지 말라고요. 그런데 예수님은 어떤 종류의 '비판'을 말씀하시는 걸까요? 만일 이것이 비평을 금하거나 우리의 모든 비판적 기능을 중단하라는 것이라면, 마태복음 7장에서 연이어 말씀하시는 '거짓 선지자들을 삼가라'는 명령과 충돌하게 됩니다. 그렇다면 예수님이 우리에게 금지하신 것은 비판 자체가 아니라 흠을 잡는 것, 그리고 판결을 내리듯 정죄한다는 의미에서의 '비판'인 겁니다.

우리에게는 판사석에 올라가 동료들을 피고석에 세워 판결을 내리고 선고할 수 있는 자격이 없습니다. 하나님만이 재판관이시고 우리는 아니기 때문입니다.

바울은 이것을 더욱 확실히 깨닫게 하기 위해 이사야 45장 23절을 인용합니다.

기록되었으되 주께서 이르시되 내가 살았노니 모든 무릎이 내게 꿇을 것이요
모든 혀가 하나님께 자백하리라 하였느니라 이러므로 우리 각 사람이 자기 일
을 하나님께 직고하리라 롬 14:11-12

'내가 살았노니'는 원어로 '조 에고'이며 현재 시제로 하나님이 언제나 살아계심을 강조하고 있습니다. 그리고 이 표현은 구약에 자주 등장하는 하나님의 자기 맹세의 다른 표현입니다. 즉 '나 여호와가 이르노라 내가 나의 삶

으로 맹세하노니' 라는 구약의 표현인 겁니다. '모든 무릎', '모든 혀'는 전 인류 모두가 하나님의 심판 앞에 있음을 의미합니다.

12절의 '직고하리라'로 번역된 원어는 '말씀을 드릴 것이다'와 '셈을 드릴 것이다'라는 두 가지 의미가 있습니다. 달란트의 비유를 생각하시면 됩니다. 각각 다른 달란트를 받은 종들이 각기 셈을 하여 자신이 한 일을 모두 주인에게 고하는 것처럼 모든 것이 그대로 드러나게 된다는 말씀입니다. 심판자는 오직 하나님이시기에 만일 우리가 서로 비판한다면 하나님의 특권을 빼앗으면서 자신의 심판날을 기다리는 극도로 어리석은 사람이 되는 것입니다. 지금까지는 '받아들임'에 대하여 주로 비판하거나 업신여기지 말 것을 말씀하였습니다. 서로를 인정하고 포용하라는 의미에서의 환영을 말씀하였습니다. 그런데 이제부터는 좀 다른 시각에서 '받아들임'을 살펴봅니다. 주로 강한 자들에게 해당이 됩니다.

> 그런즉 우리가 다시는 서로 비판하지 말고 도리어 부딪칠 것이나 거칠 것을
> 형제 앞에 두지 아니하도록 주의하라 롬 14:13

'부딪칠 것이나 거칠 것을 형제 앞에 두지 않도록 주의하라'고 하십니다. 지금까지는 상대를 어떻게 대할 것인지에 대한 논의하였다면, 이제는 내가 어떻게 행할 것인지의 문제입니다. 형제의 길에 그 형제가 걸려 넘어질 수 있는 장애물이나 덫이 될 수 있는 것을 두지 말라고 하십니다. 여기에도 신학적인 진리가 기초하고 있습니다.

다섯번째 진리는 '그가 그리스도께서 대신 죽으신 형제이기 때문' 입니다.

> 내가 주 예수 안에서 알고 확신하노니 무엇이든지 스스로 속된 것이 없으되

다만 속되게 여기는 그 사람에게는 속되니라 만일 음식으로 말미암아 네 형제가 근심하게 되면 이는 네가 사랑으로 행하지 아니함이라 그리스도께서 대신하여 죽으신 형제를 네 음식으로 망하게 하지 말라 그러므로 너희의 선한 것이 비방을 받지 않게 하라 롬 14:14-16

음식이든 절기든 그것 자체만으로는 속된 것은 없습니다. 그런데 양심이 그것을 속되다고 하면 그때 그것이 그 사람에겐 속된 것이 됩니다. 강한 자들은 모든 음식이 깨끗하다고 확신합니다. 반면 연약한 자들은 그렇지 않다고 생각합니다. 두 양심이 충돌할 때 강한 자들은 그 연약한 자들의 양심을 짓밟아서는 안 된다고 말씀하십니다. 이건 연약한 자를 괴롭히는 것일 뿐 아니라 그를 망하게 하는 것이며, 이는 사랑과는 완전히 상반되는 것입니다. 여기서 '망하다'의 반대말은 '세우다'입니다. 그리스도께서 대신하여 죽으심으로 세운 형제를 강한 자 너희가 뭐라고 그를 다시 넘어지게 하느냐고 묻고 있습니다. 부딪칠 것, 거칠 것을 둠으로 말이죠.

예를 들어볼까요? 지금은 먹을 것도 많고 동물보호가 일반화되어서 개고기를 먹지 않는 분이 많지만 예전부터 기독교인 가운데 신앙 양심으로 안 먹는 분들이 있었습니다. 나무에 매달아 때려서 죽인 것이라 부정한 음식이라는 이유입니다. 요즘도 동물보호 때문이 아니라 그런 양심으로 안 드시는 분들도 계십니다. 우리 중 그런 형제가 있다면, 보신탕을 삼시 세 끼 먹어야 직성이 풀리는 분이라도 그 분 앞에서 보신탕을 먹지 말아야 합니다. 교회에서 단체로 식사하러 가면서 굳이 보신탕집에 가지 말라는 거지요. 자칫 넘어지는 사람이 있을 수 있으면 하지 말라는 겁니다.

여섯번째 진리는 '하나님 나라는 먹고 마시는 것에 있지 않기 때문'입니다.

하나님의 나라는 먹는 것과 마시는 것이 아니요 오직 성령 안에 있는 의와 평
강과 희락이라 이로써 그리스도를 섬기는 자는 하나님을 기쁘시게 하며 사람
에게도 칭찬을 받느니라 롬 14:17–18

'하나님 나라는 오직 성령 안에 있는 의와 평강과 희락이라', 그리스도를
통한 칭의, 하나님과의 평화, 하나님의 영광의 소망 안에서 기뻐하는 것이
하나님 나라입니다. 그래서 먼저 하나님 나라를 구하는 사람, 먹는 것과 마
시는 것을 부차적인 것으로 여기는 사람은 하나님을 기쁘시게 하며 사람에게
도 칭찬을 받으리라고 말씀하십니다. 개고기를 안 먹는 것은 다른 사람 눈치
를 보는 것이 아니라 다른 사람에게도 칭찬을 받을 만한 일이라는 것입니다.

그러므로 우리가 화평의 일과 서로 덕을 세우는 일을 힘쓰나니 롬 14:19

19절의 '화평'은 기독교 공동체에서 경험하게 되는 '샬롬'이며, 샬롬을 위
해서 우리가 노력하여야 할 것이 있으니 서로를 넘어뜨리는 일이 아니라 세
우는 일에 힘쓰라는 말씀입니다.

음식으로 말미암아 하나님의 사업을 무너지게 하지 말라 만물이 다 깨끗하되
거리낌으로 먹는 사람에게는 악한 것이라 고기도 먹지 아니하고 포도주도 마
시지 아니하고 무엇이든지 네 형제로 거리끼게 하는 일을 아니함이 아름다우
니라 롬 14:20–21

20절의 하나님의 사업은 기독교 공동체, 즉 교회를 의미합니다. 음식으로
말미암아 교회를 넘어뜨리게 하지 말라는 얘기입니다. 지금 바울은 강한 자

들에게 묻습니다. '너희 강한 자들은 정말로 음식으로 인하여 네 형제를 근심하게 하고 네 음식으로 영적으로 그에게 해를 끼치며, 먹는 것과 마시는 것을 하나님 나라보다 높이 평가하고 이제 음식으로 인하여 하나님의 사업을 뒤엎을 준비를 하고 있느냐?'고 말입니다. 그렇다면 그건 너무나 당연히 악한 것입니다. 20절의 '거리낌으로 먹는 사람에게는 악한 것이라' 이건 번역상 오해의 소지가 있습니다. 양심의 거리낌으로 먹는 것을 말하는 게 아닙니다. 원어는 '걸려 넘어지게 하면서 먹는 사람'이란 뜻입니다. 이건 악한 것이라고 합니다. 지금까지의 모든 말씀이 관용과 포용이었다면 이 부분만큼은 '악한 것'이라고 말씀하십니다. 그와 반대로 21절, '고기도 먹지 아니하고 포도주도 마시지 아니하고 무엇이든지 네 형제로 거리끼게 하는 일을 아니함' 이 아름다운 일이라는 것입니다.

바울의 결론입니다. 22절은 강한 자에게, 23절은 연약한 자에게 하는 결론입니다.

> 네게 있는 믿음을 하나님 앞에서 스스로 가지고 있으라 자기가 옳다 하는 바로 자기를 정죄하지 아니하는 자는 복이 있도다 의심하고 먹는 자는 정죄되었나니 이는 믿음을 따라 하지 아니하였기 때문이라 믿음을 따라 하지 아니하는 것은 다 죄니라 롬 14:22-23

22절의 '네게 있는 믿음을 하나님 앞에서 스스로 가지고 있으라'는 말씀은 개인적 영역에서 믿음을 비밀로 간직하고 있으라는 것입니다. 자기의 견해를 과시할 필요도, 다른 사람들에게 강요할 필요도 없다는 겁니다. 강한 자는 확실한 증거를 하나님 앞에서 가지고 있으므로 비본질적인 문제로 자신을 정죄하지 않을 것이고 그런 자는 복이 있다고 하십니다. 23절은 연약한 자가 비본질적인 문제로 죄책감을 갖게 된다면, 굳이 죄책감 드는 일을 하지 말라는 말씀입니다. 이것은 오히려 자신의 믿음을 따르지 않는 것이 되기 때문입니다. 바울은 이것을 죄라고 합니다.

여러분, 오늘 말씀은 우리가 신앙생활 가운데 특히 다른 그리스도인과의 관계에서 꼭 명심하여야 할 진리의 말씀입니다. 하나님 나라의 진리 위에 세우신 말씀입니다. 제가 예전에 설교에서 인용한 어느 신학자의 말씀인데요, 오늘 말씀을 너무도 잘 표현한 것 같아 다시 소개 드립니다.
'본질에서는 일치를, 비본질에서는 관용을, 모든 것에서 사랑을.'

진리 위에 우리의 믿음이 굳게 서서 본질에서는 일치하는 그리스도인, 비본질에서는 서로 관용하는 그리스도인, 그 모든 것을 사랑으로 덮는 그리스도인이 되시기를 주님의 이름으로 축원합니다.

말씀으로 기도

1. 연약한 자로 남아 있는 문제가 무엇인지, 비본질적인 문제가 과연 주를 위한 것인지 숙고하여 버릴 것은 버리고, 취할 것은 취하는 그리스도인이 되도록 기도합시다.

2. 내 삶 속에 강한 자로서 연약한 자를 넘어뜨리는 걸림돌로 작용할 것들이 무엇인지 깨닫고 넘어지게 하는 일을 행하지 않는 그리스도인이 되도록 기도합시다.

믿음이 강한 우리는

로마서 15:1-13

1 믿음이 강한 우리는 마땅히 믿음이 약한 자의 약점을 담당하고 자기를 기쁘게 하지 아니할 것이라 2 우리 각 사람이 이웃을 기쁘게 하되 선을 이루고 덕을 세우도록 할지니라 3 그리스도께서도 자기를 기쁘게 하지 아니하셨나니 기록된 바 주를 비방하는 자들의 비방이 내게 미쳤나이다 함과 같으니라 4 무엇이든지 전에 기록된 바는 우리의 교훈을 위하여 기록된 것이니 우리로 하여금 인내로 또는 성경의 위로로 소망을 가지게 함이니라 5 이제 인내와 위로의 하나님이 너희로 그리스도 예수를 본받아 서로 뜻이 같게 하여 주사 6 한마음과 한입으로 하나님 곧 우리 주 예수 그리스도의 아버지께 영광을 돌리게 하려 하노라 7 그러므로 그리스도께서 우리를 받아 하나님께 영광을 돌리심과 같이 너희도 서로 받으라 8 내가 말하노니 그리스도께서 하나님의 진실하심을 위하여 할례의 추종자가 되셨으니 이는 조상들에게 주신 약속들을 견고하게 하시고 9 이방인들도 그 긍휼하심으로 말미암아 하나님께 영광을 돌리게 하려 하심이라 기록된 바 그러므로 내가 열방 중에서 주께 감사하고 주의 이름을 찬송하리로다 함과 같으니라 10 또 이르되 열방들아 주의 백성과 함께 즐거워하라 하였으며 11 또 모든 열방들아 주를 찬양하며 모든 백성들아 그를 찬송하라 하였으며 12 또 이사야가 이르되 이새의 뿌리 곧 열방을 다스리기 위하여 일어나시는 이가 있으리니 열방이 그에게 소망을 두리라 하였느니라 13 소망의 하나님이 모든 기쁨과 평강을 믿음 안에서 너희에게 충만하게 하사 성령의 능력으로 소망이 넘치게 하시기를 원하노라

샬롬! 오늘 로마서 말씀의 항해에 참여하시는 성도님들 모두 성령의 능력으로 소망이 넘치기를 주님의 이름으로 축원합니다.

오늘은 연약한 자와의 관계에서 믿음이 강한 자를 향한 하나님의 뜻에 관하여 살펴보겠습니다. 지난번에는 첫 단계로서 형제 사이에 서로 비판하지 말고 업신여기지 않는 '받아들임'과 관련하여 말씀하였고, 그 다음 단계로 강한 자가 연약한 자의 걸림돌이 되어 넘어지게 하지 말라는 말씀까지 하였습니다. 오늘은 또 그 다음 단계입니다. 이제는 포용하고 서로를 존중하며 받아들이는 정도도 아니고 형제로 하여금 거리끼게 하는 일을 하지 않는 정도도 아닙니다. 그보다 훨씬 차원이 높고 도저히 불가능할 정도로 어려운 미션을 하나님은 교회 공동체에 요구하고 계십니다.

> 믿음이 강한 우리는 마땅히 믿음이 약한 자의 약점을 담당하고 자기를 기쁘게 하지 아니할 것이라 우리 각 사람이 이웃을 기쁘게 하되 선을 이루고 덕을 세우도록 할지니라 롬 15:1-2

바울은 처음으로 '믿음이 강한 우리'라고 합니다. 이미 본 14장 말씀에서는 연약한 자라는 이름은 명확히 나옵니다. 반면 연약한 자와 대비되는 자로서 강한 자가 있음은 간접적으로 비추기만 하였습니다. 직접적으로 강한 자라는 표현은 14장에선 안 나옵니다. 그런데 오늘 15장 1절에서 명확히 그 이름을 드러내고 있습니다. '믿음이 강한 우리'라고요. 15장에서 요구하는 것이 매우 무거운 것이기에 지금까지 살살 끌고 오다가, 즉 지금까지 첫 단계인 포용과 두 번째 단계인 거칠 것을 두지 않는 단계를 따라오게 하다가 마지막 단계를 요구하며 선언하고 있습니다. 여기까지 온 너희는 '믿음이 강한 자'라고요.

도대체 감당할 것이 무엇이기에 '믿음이 강한 우리'라고 명확히 밝히는 걸까요? 첫째, '믿음이 약한 자의 약점을 담당하라'입니다. 믿음이 약한 자는 초신자를 의미하는 것이 아닙니다. 신앙생활을 몇 년 하였는가로 판단되는 것이 아닙니다. 믿음이 강한 자는 믿음이 연약한 자에 대한 포용과 배려가 많은 자, 즉 성숙한 그리스도인의 모습을 보이는 자입니다. 성경을 얼마나 많이 암송하였는지, 기도를 하루에 몇 시간을 하였는지가 아니라, 사람들과 얼마나 성숙한 관계를 유지하는지의 문제입니다. 형제를 포용하고 걸림돌이 되지 않는 사람이 믿음이 강한 자인 것처럼 그 반대로 먹는 문제, 절기 문제로 대표되는 여러 가지 비본질적인 일로 형제를 포용하지 못하고 걸림돌이 되어 미성숙한 인간관계를 맺는 사람이 믿음이 약한 자입니다. 믿음이 강한 자가 많아 굳건히 세운 교회는 성도 간의 교제가 즐겁고 화평을 누리고 건강한 교회가 됩니다. 하지만 믿음이 약한 자가 많은 교회는 분쟁이 잦고 성도 간에 서로 너무 힘들어 합니다. 믿음이 연약한 사람들은 사람들에게 상처를 주게 됩니다. 주변 사람들로 하여금 대하기 어렵게 합니다. 더욱이 믿음이 연약한 자가 그룹의 핵심이 되면 교회 안에 패거리가 생기고 분열이 시작됩니다. 참으로 교회를 어렵게 하는 사람이 믿음이 연약한 자입니다. 타인을 비난하고 정죄하며 교회를 힘들게 합니다.

그런데 그 연약한 자의 모든 약점과 단점을 '믿음이 강한 자'가 담당하라고 하십니다. 그것도 '마땅히' 말입니다. '마땅히 ~ 담당하다'가 어떤 뉘앙스로 쓰인 것인지는 원어의 뜻을 헤아리면 알게 됩니다. '마땅히 ~ 하다'란 헬라어는 '오페일로멘'으로 '돈과 같은 것을 빚지다'라는 뜻입니다. 또 '담당'에 해당하는 헬라어 '바스타제인'은 '부담하다', '견디다', '참다'란 뜻입니다. 즉 믿음이 연약한 자가 다른 사람이나 교회 공동체에 주는 상처와 어려움 등을 마치 믿음이 강한 자가 빚진 것처럼 부담하고 참는 것입니다. 그들의 잘못을 내가 잘못한 것으로 여기며 함께 짊어지고 가는 것입니다. 그것을 빚진 자가 빚을 갚듯이 하는 것이니 반드시 해야 합니다. '마땅히' 말이죠. 하나님께서 너무 우리를 몰아붙이시는 것 같습니다.

둘째, '자기를 기쁘게 하지 않도록 하라'고 말씀하십니다. 우리는 솔직히, 정말 솔직히 모두 본능적으로 이기적입니다. 그런데 이번엔 나 자신에게 기쁨이 되는 것들을 포기하라고 하십니다. 오히려 2절 전단부에 '이웃의 기쁨이 되도록 하라'고 하십니다. 연약한 형제를 기쁘게 하기 위해 자신의 기쁨조차 희생하라고 말씀하고 계십니다.

> 나와 같이 모든 일에 모든 사람을 기쁘게 하여 자신의 유익을 구하지 아니하고 많은 사람의 유익을 구하여 그들로 구원을 받게 하라 고전 10:33

고린도전서 말씀도 이와 같은 취지입니다. 참으로 실천하기 어려운 일입니다.

셋째, 그런데 이웃을 기쁘게 한다는 것이 소위 성경에서 말하는 '하나님을 기쁘시게 하는 것'과 대조되는 의미에서의 '사람을 기쁘게 하는 것'이 아님을 분명히 하기 위해서 바울은 '선을 이루고 덕을 세우도록 기쁘게 한다'고 말합니다. 연약한 자의 물질적, 감정적 필요를 채워 그 사람을 기쁘게 하는 것이 아니라 영적으로 연약한 자에게 유익이 되라는 것이죠. 여기서 '덕을 세우다'는 건물을 세운다는 의미인데 건물을 짓듯이 연약한 성도의 성숙을 돕고 이루어 가는 것을 의미합니다.

하나님은 참으로 어려운 것을 '믿음이 강한 우리'라고 칭하여지는 자에게 요구하십니다. 빚진 자가 마땅히 빚을 갚듯이 연약한 자의 약점, 말이 좋아 약점이라고 했지, 그들이 어지럽히는 교회의 갈등, 성도 간의 상처, 어려움 등을 내가 한 것인 양 감당하라는 말씀입니다. 게다가 기쁨도 양보해야 합니다. 교회가 얼마나 기쁨이 넘쳐야 합니까? 그런데 믿음이 강한 우리는 교회에 가서 나의 기쁨이 없더라도 연약한 자들이 성숙하도록 영적 유익을 주고 곁에서 돌보아야 합니다. 연약한 자가 아무리 상처 주는 말을 하고 힘들게 해도 그 곁을 떠나지도 못합니다. 성숙의 지지대가 되어 주어야 하니까요.

솔직히 저도 자신이 없습니다. 앞서 본 1, 2 단계도 솔직히 벅찬데, 오늘 3 단계는 거의 불가능해 보입니다. 그런데 하나님 말씀이잖아요. 이런 불가능해 보이는 것을 실천하라는 근거가 있겠죠.

> 그리스도께서도 자기를 기쁘게 하지 아니하셨나니 기록된 바 주를 비방하는
> 자들의 비방이 내게 미쳤나이다 함과 같으니라 롬 15:3

그리스도께서도 자기를 기쁘게 하지 아니하셨기 때문입니다. 여러분, '그리스도께서 자기를 기쁘게 하지 아니하셨다'라는 이 간단한 문구에서 그리스도의 성육신과 이 땅에서의 공생애 전체가 어떤 것이었는지, 확 와 닿지 않으세요?

> 그는 근본 하나님의 본체시나 하나님과 동등됨을 취할 것으로 여기지 아니하
> 시고 오히려 자기를 비워 종의 형체를 가지사 사람들과 같이 되셨고 사람의
> 모양으로 나타나사 자기를 낮추시고 죽기까지 복종하셨으니 곧 십자가에 죽
> 으심이라 빌 2:6–8

예수님은 자기를 기쁘시게 하는 대신 성부 하나님과 인간들을 섬기기 위해 자신을 주셨습니다. 바울은 그리스도의 성육신이나 공생애 중 어느 사건을 언급하지 않고 시편 69편을 인용합니다. '기록된 바 주를 비방하는 자들의 비방이 내게 미쳤나이다 함과 같으니라'. 여기서 '주'는 하나님이고, '내'는 그리스도를 칭합니다. 예수님이 자신을 기쁘게 하기를 거부하는 한 예로서 그리스도는 하나님을 비방하는 자, 즉 하나님을 대적하는 자들의 모든 비방을 홀로 모두 담당하셨다는 말씀입니다.

바울은 믿음이 강한 우리가 마땅히 연약한 자의 약점을 담당하고 자기를 기쁘게 하지 아니할 근거로서 예수님이 그리하셨다고 말합니다. 주님이 하셨으니 우리도 해야 한다는 겁니다. 머리로는 알겠는데 이게 말이 쉽지 정말로 실천하기 어렵습니다. 그런데 실천하기 힘든 문제를 앞에 둔 우리에게 바울은 성경으로 그것이 가능하다고 합니다. 해답을 알려주려는 것입니다.

> 무엇이든지 전에 기록된 바는 우리의 교훈을 위하여 기록된 것이니 우리로 하여금 인내로 또는 성경의 위로로 소망을 가지게 함이니라 롬 15:4

'무엇이든지 전에 기록된 바는'이라고 합니다. 성경의 원독자는 기록 당시의 사람들입니다. 하지만 또한 현재를 사는 '우리의 교훈을 위해 기록된 것'입니다. 성경은 지금의 우리에게 말씀하시고 있습니다. 성경의 무엇이든지 말입니다.

성경의 목적은 우리를 교훈하기 위한 것입니다. 성경을 통해 계속하여 예수님을 배우라고 합니다. 믿음이 강한 우리가 성경을 통해 예수님을 배우고 닮아가는 과정에서 매일 조금씩 더 형제의 약점을 담당해 나갈 수 있게 될 것입니다. 또한 그런 우리에게 성경을 통해 위로도 주시고 더욱 인내할 수 있도록 도와주십니다. 성경이 우리를 교훈할 때 내주하시는 성령님이 예수를 더욱 알고 닮도록 도와주시고 성령님이 인내할 힘도 주시며 위로도 하시기 때문입니다. 공생애 기간 동안 성령님이 예수님과 함께 하신 것처럼 말이죠.

여러분, 말씀을 가까이 하셔야 합니다. 말씀 안에 예수 그리스도의 교훈이 있고, 예수 그리스도의 인내가 있으며, 예수 그리스도의 위로가 있습니다. 단 하루라도 성경 말씀을 받지 않으면 참으로 그 하루 동안 그리스도인답게 살기 어렵습니다. 더군다나 지금 3단계는 우리 힘과 의지만으로는 할 수 없습니다. 하나님 말씀을 통해서 성령의 도우심으로 아주 조금이라도 예수님을 닮아 갈 수 있습니다.

그럼 인내와 위로에서 그칠까요? 아닙니다. '믿음이 강한 우리'에게 하나님은 소망을 주십니다. 그 소망이 무엇인가요?

> 이제 인내와 위로의 하나님이 너희로 그리스도 예수를 본받아 서로 뜻이 같게
> 하여 주사 한 마음과 한 입으로 하나님 곧 우리 주 예수 그리스도의 아버지께
> 영광을 돌리게 하려 하노라 롬 15:5-6

교회 안에서 믿음이 강한 자의 소망은 예수 본받는 우리 모두가 서로 뜻이 하나가 되어 하나님께 한 마음, 한 입으로 영광을 올려드리는 겁니다. 그리고 이것은 예수님의 소망이기도 하였습니다. 예수님은 우리가 하나되기를 소망하셨습니다. 예수님의 공생애 중 마지막 기도문 가운데 그 소망이 담겨 있습니다.

아버지여, 아버지께서 내 안에, 내가 아버지 안에 있는 것 같이 그들도 다 하나

가 되어 우리 안에 있게 하사 세상으로 아버지께서 나를 보내신 것을 믿게 하

옵소서 내게 주신 영광을 내가 그들에게 주었사오니 이는 우리가 하나가 된

것 같이 그들도 하나가 되게 하려 함이니이다 요 17:21-22

이 기도가 끝나고 예수님께서 잡히십니다. 예수님은 하나님께서 예수님께 주신 모든 사람들이 하나되기를 소망하십니다. 예수님의 소망은 단지 개개의 교회에 머무는 것이 아닙니다. 전 세계가 하나되어 하나님을 찬양하는 것입니다. 그러면 그 예수님의 소망을 따라가 볼까요?

내가 말하노니 그리스도께서 하나님의 진실하심을 위하여 할례의 추종자가

되셨으니 이는 조상들에게 주신 약속들을 견고하게 하시고 롬 15:8

유대인들에게는 하나님 언약의 신실함을 위해 율법을 완성하셨습니다.

이방인들도 그 긍휼하심으로 말미암아 하나님께 영광을 돌리게 하려 하심이

라 기록된 바 그러므로 내가 열방 중에서 주께 감사하고 주의 이름을 찬송하

리로다 함과 같으니라 롬 15:9

이방인에게도 그리스도의 긍휼하심으로 하나님께 영광을 돌리게 하는 것이 예수님의 소망입니다. 시편 18편 49절을 인용합니다. '그러므로 내가 열방 중에서 주께 감사하고 주의 이름을 찬송하리로다' 여기서 '내'는 이스라엘을 뜻합니다. 즉 유대인이 이방인과 함께 감사 찬송을 드리는 것입니다.

또 이르되 열방들아 주의 백성과 함께 즐거워하라 하였으며 또 모든 열방들아

주를 찬양하며 모든 백성들아 그를 찬송하라 하였으며 롬 15:10-11

예수님의 소망은 열방들이 주의 백성의 즐거움에 참여하는 겁니다. 그래서 모든 열방과 모든 백성이 하나님을 찬양, 찬송하는 겁니다. 이것이 예수님의 소망입니다. 그리고 주님의 소망은 우리의 소망이어야 합니다. 이 소망의 첫 걸음은 우리가 섬기는 교회 공동체에서 형제를 받아들이고, 걸림돌을 두지 않으며, 연약한 자의 약점을 담당하며 자기를 기쁘게 하지 않는 것에서 시작됩니다. 예수님의 소망을 품었기에 아무리 불가능해 보이더라도 포기할 수 없는 것입니다.

또 이사야가 이르되 이새의 뿌리 곧 열방을 다스리기 위하여 일어나시는 이가 있으리니 열방이 그에게 소망을 두리라 하였느니라 사 11:12

이새의 뿌리, 곧 예수 그리스도에게 열방이 소망을 두는 겁니다. 우리가 서 있는 여기부터 시작해서 열방까지 예수의 소망을 품는 겁니다. 성도님들이 섬기시는 각 교회에서 '믿음이 강한 우리'가 연약한 자의 약점을 담당할 때 우리 마음은 이미 열방을 품고 있는 것입니다.

소망의 하나님이 모든 기쁨과 평강을 믿음 안에서 너희에게 충만하게 하사 성령의 능력으로 소망이 넘치게 하시기를 원하노라 롬 15:13

15장 13절은 연약한 자와의 관계에서의 하나님의 뜻을 말씀하는 14장부터의 결론이면서 로마서 전체의 결론입니다. 더 나아가 바울의 축도라 할 수 있습니다. 본절은 해석보다 암송이 더 필요할 것 같은 하나님의 말씀입니다.

여기까지가 로마서의 본론이었습니다. 본론을 마치며 로마서 말씀의 큰 그림을 다시 한번 더 보여드리겠습니다.

1장 1절부터 17절까지가 서론이었습니다. 본론은 크게 네 가지 주제로 나누었습니다. 하나님의 진노와 심판, 하나님의 은혜와 사랑, 이스라엘과 이방인을 향한 하나님의 계획, 하나님의 뜻을 분별하는 생활입니다. 서론과 본론이 오늘로 모두 끝났습니다. 어떠셨나요? 로마서의 매력에 푹 빠지셨나요? 성경의 보석이라 일컬어지는 로마서의 본론까지 무사히 마치도록 인도하신 하나님을 찬양합니다.

말씀으로 기도

1. 우리가 섬기는 교회 공동체에서 믿음이 연약한 형제를 받아들이고, 걸림돌을 두지 말고, 연약한 자의 약점을 담당하며 자신을 기쁘게 하지 않도록 해달라고 기도합시다.
2. 모두가 하나 되어 하나님을 찬송하며 예수님의 소망을 이루는 그리스도인이 되기를 기도합시다.

바울의 항해

롬15:14-16:27

바울의 사역

로마서 15:14-21

14 내 형제들아 너희가 스스로 선함이 가득하고 모든 지식이 차서 능히 서로 권하는 자임을 나도 확신하노라 15 그러나 내가 너희로 다시 생각나게 하려고 하나님께서 내게 주신 은혜로 말미암아 더욱 담대히 대략 너희에게 썼노니 16 이 은혜는 곧 나로 이방인을 위하여 그리스도 예수의 일꾼이 되어 하나님의 복음의 제사장 직분을 하게 하사 이방인을 제물로 드리는 것이 성령 안에서 거룩하게 되어 받으실 만하게 하려 하심이라 17 그러므로 내가 그리스도 예수 안에서 하나님의 일에 대하여 자랑하는 것이 있거니와 18 그리스도께서 이방인들을 순종하게 하기 위하여 나를 통하여 역사하신 것 외에는 내가 감히 말하지 아니하노라 그 일은 말과 행위로 19 표적과 기사의 능력으로 성령의 능력으로 이루어졌으며 그리하여 내가 예루살렘으로부터 두루 행하여 일루리곤까지 그리스도의 복음을 편만하게 전하였노라 20 또 내가 그리스도의 이름을 부르는 곳에는 복음을 전하지 않기를 힘썼노니 이는 남의 터 위에 건축하지 아니하려 함이라 21 기록된 바 주의 소식을 받지 못한 자들이 볼 것이요 듣지 못한 자들이 깨달으리라 함과 같으니라

샬롬! 오늘 로마서 말씀의 항해에 참여하시는 성도님들 모두 하나님이 주신 은사를 통해 복음을 증거하는 인생 되길 주님의 이름으로 축원합니다.

이제 로마서의 서론과 본론을 모두 마쳤습니다. 참으로 위대한 기독교 교리와 실천적 내용을 풍성하게 담은 편지였습니다. 그런데 바울은 지금까지의 자신의 편지로 인해 로마 교회 수신자들이 마음에 상처를 받지는 않았을까 하는 생각을 갖는 것 같습니다. 자신이 설립하지도 않았고 아직 한 번도 방문하지 않은 교회에 편지를 보낸 것이 혹여 주제넘은 건 아닌지? 편지에서 그들의 신앙을 불완전하고 미성숙한 것으로 간주하는 듯한 인상을 주지는 않았는지? 그래서 바울은 로마서 나머지 부분에서 그들을 진정시키고 격려하는 듯한, 그리고 매우 인격적으로 다정하고 솔직하게 말합니다. 자신 사역의 과거, 현재와 미래에 대해 흉금을 털어놓고 또 겸손히 기도를 요청하며 많은 인사말을 보냅니다.

바울의 개인적인 이야기로 보일 수 있어도 성령의 감동으로 기록하여 성경에 담긴 것은 모두 하나님의 말씀입니다. 그리스도인이라면 공적인 영역이나 사적인 영역이나 할 것 없이 주님이 주권자이신 것과 같습니다. 편지 결론 부분을 통하여도 하나님은 우리에게 뚜렷한 메시지를 던져 주십니다. 바울은 로마서의 모든 본론을 마치고 형제들에 대한 확신을 표현합니다.

> 내 형제들아 너희가 스스로 선함이 가득하고 모든 지식이 차서 능히 서로 권하는 자임을 나도 확신하노라 롬 15:14

로마 교인들의 특성들, 즉 친절함, 관용이라고 해석되는 '선함'이 가득하고, 해박한 지식 그리고 서로 권고하는 그 장점을 바울은 잘 알고 있다고 합니다. 그런데 이렇게 로마 교인들이 훌륭함에도 불구하고 왜 바울이 이 편지를 쓸 필요가 있었는지에 관해 바울은 15절에서 그 이유를 말합니다.

> 그러나 내가 너희로 다시 생각나게 하려고 하나님께서 내게 주신 은혜로 말미암아 더욱 담대히 대략 너희에게 썼노니 롬 15:15

'내가 너희로 다시 생각나게 하려고' 이 편지를 썼다고 합니다. '생각나게'는 현재형을 사용함으로써 로마교회 성도들이 이미 알고 있던 진리를 다시 생생하게 마음에 늘 되새기게끔 하기 위해서 이 편지를 쓴다는 거죠.

여러분, '생각나게'의 현재형은 당시 로마교인들 뿐 아니라 우리에게도 해당됩니다. 사실 주일 설교 말씀 한 번으로 일주일 동안 복음의 진리를 내 마음속에 생각나게 하기란 쉽지 않죠. 솔직히 최대 수요일까지 기억하고 보통은 하루정도 기억하죠. 더 솔직히 말하자면 교회를 나설 때, 벌써 말씀을 잊어버리기 일쑤입니다. 그래서 매일 성경을 읽는 것이 중요하고 사실 혼자 읽을 때보다는 설교자가 성령의 감동으로 말씀을 풀어가며 전달한 것을 가지고 매일 되새기는 것이 좋은 방법입니다. 매일 새벽예배를 드리는 것을 권합니다.

바울이 이 편지를 쓰는 또 하나의 이유를 말합니다. 그건 바울 자신의 사역과 관련되어 있습니다. 15절, '내가 ~ 하나님께서 내게 주신 은혜로 말미암아'라고 하며, 이어서 16절, '이 은혜는 곧 나로 이방인을 위하여 그리스도 예수의 일꾼이 되어'라고 합니다. 바울은 자신을 자랑하려고 이 편지를 쓰는 것이 아님을 분명히 합니다. 바울이 자랑하려고 하는 것은 '은혜'입니다. 바울은 죄인의 괴수였던 자신 같은 사람을 다메섹 도상에서 예수님이 만나

주신 것만으로도 몸 둘 바를 모를 정도인데, 거기에다 그리스도 예수의 일꾼으로 사용해 주시니 그 은혜가 너무도 크고 놀라워 이를 말하지 않을 수 없습니다.

여기서 '일꾼'으로 번역된 원어는 공적인 일을 행하는 자를 뜻하는 것으로 성직자, 공직자, 장관 등에 사용되는 단어입니다. 영어로는 minister로 번역하죠. 얼마나 감격스러울까요, 생각해보세요. 예수님의 일을 행하는 자인 겁니다. 하나님께서 하나님 나라의 장관으로 삼아 일을 시키시는 것입니다. 여러분, 정말 하나님이 살아 계신 것을 믿으시나요? 지금도 예수님께서 우리와 함께 하심을 믿으시나요? 믿으신다면, 하나님께서 우릴 구원해주신 것도 감사해서 어쩔 줄 모르겠는데, 특별히 택하셔서 하나님의 일을 하라고 맡기신다면 그 감격이 말로 표현이 될까요?

솔직히 스스로에게 답해보세요. 판검사, 국가의 장관, 대통령이 되는 것이 더 감격스러운지, 하나님의 일꾼이 되는 것이 더 감격스러운 것인지 말이죠. 차원이 다릅니다. 하나님의 일꾼은 하고 싶다고, 인간적인 능력이 있다고, 똑똑하다고 하는 것이 아닙니다. 은혜로 택함을 받습니다. 그것도 만유의 주이시며, 천지를 창조하신 창조주 하나님, 십자가에서 우릴 위해 죽으시고 부활하신 주님의 일꾼으로 말이죠. 바울만요? 아니요. 그리스도인들은 모두 성령을 받은 사람입니다. 예수님께서 왜 성령을 주신다고 하셨죠? 땅끝까지 복음을 전하는 그 일을 감당하는 일꾼이기에 주신 것입니다. 성령이 내주하신다면 우리 모두는 하나님의 일꾼입니다.

바울은 이제부터 나오는 일곱 절을 통해 자신의 사역, 즉 예수의 일꾼이 무엇인지 말씀합니다. 여러분, 우리는 예수의 일꾼입니다. 물론 사도 바울과 같은 사도는 아닙니다. 그렇기에 다른 점도 있을 것입니다. 하지만, 예수의 일꾼으로서 복음을 전하라는 예수님의 마지막 명령을 수행하는 것은 동일합니다. 바울 사역의 본질을 통해 저와 여러분이 이 땅에서의 궁극적인 목적인 예수의 일꾼으로서의 목적을 깨닫게 되길 주님의 이름으로 축원합니다. 바울 사역의 본질은 세가지입니다.

첫째, 바울의 사역은 제사장적 사역입니다.

이 은혜는 곧 나로 이방인을 위하여 그리스도 예수의 일꾼이 되어 하나님의 복음의 제사장 직분을 하게 하사 이방인을 제물로 드리는 것이 성령 안에서 거룩하게 되어 받으실 만하게 하려 하심이라 롬 15:16

바울은 16절의 용어 자체에서 자신의 사역이 제사장적 사역임을 보여줍니다. 아까 본 '일꾼' 이라는 단어는 '레이투르고스' 라는 단어로서 성경에서는 오로지 종교적인 의식에 대해서만 사용합니다. 제사장, 성직자이죠. '제사장 직분을 하다' 라는 '히에루르게오' 라는 동사는 특별히 성전의 희생 제사와 관련된 제사장 일에 사용됩니다. '제물, 거룩하게 되다' 라는 단어도 모두 희생 제물과 관련되어 쓰이는 단어입니다.

나 여호와가 말하노라 이스라엘 자손이 예물을 깨끗한 그릇에 담아 여호와의 집에 드림 같이 그들이 너희 모든 형제를 뭇 나라에서 나의 성산 예루살렘으로 말과 수레와 교자와 노새와 낙타에 태워다가 여호와께 예물로 드릴 것이요 사 66:20

이사야의 예언이 성취되는 겁니다. 이방인들이 산 제물이 되는 겁니다. 바울은 그 제사의 제사장입니다. 하나님과 원수되었던 이방인 사이에서 드려지는 화목제의 제사장 말이죠. 바울이 말하는 이 원리는 우리에게도 적용됩니다. 모든 복음 전도자는 제사장입니다. 우리가 전도한 자들을 하나님께 드리기 때문입니다.

그런데 이방인을 향한 전도와 제사를 연합하는 바울의 표현은 참으로 놀랍습니다. 우리가 하나님의 거룩하신 이름에 영광을 돌리며 하나님께 예배할 때, 우리는 하나님의 이름을 세상에 선포하지 않을 수 없게 됩니다. 그리고 우리의 증거와 전도를 통해 사람들이 그리스도께 나아올 때, 우리는 그들을 하나님께 드립니다. 더 나아가 전도된 그들이 하나님을 예배하는 일에 함께 참여하며 마침내 그들 역시 나가서 증거하게 됩니다. 예배는 증거와 전도로 이어지며, 증거와 전도는 또 다시 예배로 이어집니다. 예배와 전도가 계속 선 순환하며 하나님 나라가 확장되는 것입니다. 이 거룩한 제사의 제사장으로서 일꾼된 것에 바울은 감사할 수밖에 없습니다.

> 그러므로 내가 그리스도 예수 안에서 하나님의 일에 대하여 자랑하는 것이 있거니와 롬 15:17

그러므로 바울이 자랑하는 것은 바로 그 하나님의 일을 자랑하는 것입니다. 성도 여러분, 그럼 우리는 어떤가요? 마찬가지입니다.

> 그러나 너희는 택하신 족속이요 왕 같은 제사장들이요 거룩한 나라요 그의 소유가 된 백성이니 이는 너희를 어두운 데서 불러 내어 그의 기이한 빛에 들어

가게 하신 이의 아름다운 덕을 선포하게 하려 하심이라 벧전 2:9

우리에게도 왕 같은 제사장이라고 하나님이 말씀하십니다. 무엇을 위하여 인가요? 베드로전서 2장 9절 끝부분, 예수 그리스도의 아름다운 덕 즉 복음을 선포하게 하기 위한 예수의 일꾼으로 삼기 위함입니다. 예수의 일꾼, 제사장으로 삼으신 그 은혜에 감격하며 충성하는 여러분이 되시기를 주님의 이름으로 축원합니다.

둘째, 바울의 사역은 능력 있는 사역이었습니다.

> 그리스도께서 이방인들을 순종하게 하기 위하여 나를 통하여 역사하신 것 외
> 에는 내가 감히 말하지 아니하노라 그 일은 말과 행위로 표적과 기사의 능력
> 으로 성령의 능력으로 이루어졌으며 롬 15:18-19

19절에서 '능력'이 반복됩니다. 바울은 자신의 사역이 능력 있는 것이었음을 말하고 있습니다. 이에 대해 바울은 다섯 가지 특징을 언급합니다. 첫째, 18절에서 바울은 사역의 목적을 '이방인들을 순종케 하는 것'이라 합니다. 로마서 1장 5절에서는 '모든 이방인 중에서 믿어 순종하게'라고 합니다. 로마서 16장 26절도 '믿어 순종하게 하려'라고 합니다. 바울은 '순종'을 강조합니다. 믿음의 필수불가결한 결과가 '순종'이기 때문입니다.

한번 생각해 보시기 바랍니다, 바울이 왜 그렇게 서신서를 많이 썼을까요? 자신이 전도하여 믿음을 가진 성도들에게 말이죠. 다 믿는 자가 수신자입니다. 그런데 왜 편지를 쓰나요? 그건 계속하여 순종이란 믿음의 열매를 맺게

하기 위함입니다. 지금 로마 교인들도 마찬가지입니다. 그래서 순종을 강조하는 것입니다.

여러분, 전도로 모든 것이 끝나는 것이 아닙니다. 전도되어 교회를 출석하여도 믿음생활을 시작한 그들로 하여금 순종하는 그리스도인으로 성장할 수 있도록 전도자는 계속 그들을 도와주어야 합니다. 곁에서 지지대가 되어주어야 합니다. 그들이 또 한 명의 전도자로 설 때까지 말입니다.

둘째, 바울은 자신의 공적에 대해 자세히 말하기를 거부합니다. 18절에서 그가 말할 것이라고는 '그리스도께서~나를 통하여 역사하신 것' 뿐이라고 합니다. 바울 자신이 그리스도와 함께 일한다고 생각하는 것 자체가 불편합니다. 어디 감히 그리스도와 동역자, 파트너가 된다는 말인가라는 겸손입니다. 바울은 그저 통로와 도구가 되는 편에 섭니다.

여러분, 전도는 예수 그리스도의 일입니다. 우리에게 성령이 임하면 땅 끝까지 복음을 전하라는 것은 성령으로 임하시는 예수 그리스도께서 그 일을 하신다는 말씀입니다. 어떻게요? 우리와 함께 일하시는 것이 아니라 우리를 통해서 일하시는 것이라고 표현하는 것이 훨씬 더 정확합니다. 하나님 나라의 일은 하나님이 하십니다. 우리와 '함께' 라기 보다는 우리를 '통하여' 말이죠.

셋째, 말과 행동으로 하십니다. 우리를 통해 그리스도는 어떻게 일하실까요? 예수님의 공생애는 이를 잘 보여줍니다. 사도행전 1장 1절에 예수님의 공생애를 한마디로 이렇게 표현합니다.

데오빌로여 내가 먼저 쓴 글에는 무릇 예수께서 행하시며 가르치시기를 시작하심부터 행 1:1

사도행전의 저자는 누가입니다. 누가는 누가복음의 저자이기도 하지요. 사도행전 1장 1절에서 '내가 먼저 쓴 글'은 누가복음을 말하는 것이고, 거기에 기록된 예수님의 공생애는 행하시며 가르치신 것이라고 소개합니다. 마찬가지로 바울과 우리를 통하여 예수 그리스도는 말하시고 행하심으로 일하십니다. 단지 기적을 행하시는 것이 아닙니다. 예수님은 어린아이를 안으셨고 나병환자를 안아 주셨으며 환자의 머리에 손을 얹으셨습니다. 교회 역시 구제하고 봉사함으로 행합니다. 하나님 나라의 복음을 말하는 것과 함께 행합니다.

여러분, 우린 말만 하는 웅변가가 아닙니다. 복음 선포 없이 행함만 하는 구호단체도 아닙니다. 교회는 예수 그리스도가 지금도 이 땅에서 말씀하시고 행동하시는 통로입니다.

넷째로, 바울을 통한 그리스도의 사역은 '표적과 기사의 능력'에 의해 행해진 것입니다. 하나님이 오늘날에도 표적과 기사를 행하시는지에 대한 논쟁은 어리석은 것입니다. 우주의 창조주이신 하나님을 제한하는 것도 어리석은 겁니다. 그런데 사도들의 표적과 기사는 모두가 복음 전도와 관련하여서만 있었습니다. 즉 무분별하게 표적과 기사를 좇는 것도 어리석은 것입니다. 사도들에게 나타난 표적과 기사는 복음이 하나님 말씀임을 확인시켜주는 증거입니다.

가장 놀라운 기적은 내가 구원받았다는 사실, 내가 은혜 받았다는 사실입니다. 그리고 전도를 하면 그 상대를 통해 또 다시 하나님께서 행하시는 구원의 기적을 볼 수 있습니다. 표적과 기사의 능력은 다름 아닌 복음전도가 하나님 일임을 알려주는 싸인이며, 그 싸인이 바로 저와 여러분, 즉 전도의 열매들입니다.

다섯째, 바울의 사역은 '성령의 능력'으로 된 것입니다. 여러분, 우린 성령의 능력을 구합니다. 그런데 솔직히 성령의 능력을 마치 요술방망이나 램프의 요정 지니처럼 구하는 경우가 많습니다. 창조주 하나님의 능력을, 우리의 아버지 되시는 그 분의 사랑을 요술방망이 또는 램프요정과 같이 저급하게 취급하여서는 안됩니다.

성령의 능력은 어떤 경우에 가장 필요하고 가장 강력하게 나타날까요? 전쟁할 때입니다. 마귀와 전쟁을 벌일 때입니다. 전도는 전쟁입니다. 여러분, 우리가 전혀 밖에 나가지 않은 채 하루 종일 조용히 혼자 방에서 찬양을 부르고 기도만 24시간 365일 하면 마귀는 우릴 거들떠도 안 봅니다. 전혀 신경도 안 씁니다. 그런데 밖에 나가서 말과 행동으로 즉 그리스도의 통로로 사용되는 순간 마귀는 비상벨을 울리고 덤벼듭니다. 전도는 치열한 영적 전쟁입니다. 당연히 성령의 능력이 필요하고 어느 때보다 강한 능력으로 성령님이 일하십니다.

전도를 전혀 하지 않으면서 성령의 능력을 달라고 하면 하나님이 물으십니다. 왜? 뭐하려고? 그 때, 우리의 대답이 더 이상 '돈 벌려고요, 시험 잘 보려고요, 건강해지려고요' 등을 반복하며 하나님을 슬프게 하지 않았으면 좋겠습니다. 전도하면 우리가 구하기도 전에 성령의 능력을 충만히 부어 주십니다.

지금까지 바울의 사역은 제사장적 사역이고 능력 있는 사역임을 보았습니다. 그리고 마지막 세 번째, 바울의 사역은 개척자적 사역입니다. 19절 후단부터 22절까지입니다.

> 그리하여 내가 예루살렘으로부터 두루 행하여 일루리곤까지 그리스도의 복
> 음을 편만하게 전하였노라 롬 15:19

19절 후단에서 '그리하여 내가 예루살렘으로부터 두루 행하여 일루리곤까지 그리스도의 복음을 편만하게 전하였노라' 고 합니다. 이 말은 지금 세 번의 전도 여행을 포함하여 십 년 동안의 바울의 사역 성과를 간략히 요약한 내용입니다. 예루살렘으로부터 북쪽으로 수리아 안디옥에 이르며 소아시아 지역을 거쳐 더 북쪽과 서쪽으로 가고 에게해를 지나 마게도냐까지, 거기에서 남쪽으로 아가야에 이르고 동쪽으로 다시 에게해를 지나 안디옥과 수리아로 가는 참으로 광범위한 지역을 전도하였습니다.

그런데, '편만하게 전하였노라' 고 합니다. 이 말은 다 마쳤다는 의미입니다. 좀 이해가 어렵습니다. 바울이 모든 마을, 모든 사람들에게 복음 전하는 것을 다 마쳤다고 생각할 수 없기 때문입니다. 바울의 선교 전략을 알아야 이 말이 이해가 됩니다. 바울의 전략은 인구가 많고 정치, 경제, 문화 등 영향력 있는 도시들을 복음화해서 거기서 교회를 설립하고, 그 교회 성도들이 인근의 마을들에 복음을 전파하여 그것이 사방으로 뻗어가도록 하는 것이었습니다. 그러므로 그리스도의 복음을 마쳤다는 그의 주장은 길을 뚫는 일, 개척자적으로 복음을 전파하는 일을 마쳤다는 주장입니다. 바울은 자신의 사명이 그와 같은 개척자적 사명임을 알고 있었습니다. 개척자는 무턱대고 덤벼드는 사람이 아닙니다. 사전에 정보를 취합하고 매우 정교하고 치밀하게 전략을 짭니다. 물론 복음전도의 전략도 예수 그리스도께서 짜십니다.

우리의 이성과 지성과 감성이라는 통로를 통해서 말이죠.

우리의 전도도 마찬가지입니다. 한 사람을 전도할 때도 그 사람의 취미가 무엇인지, 내성적인지, 외향적인지 알아야 합니다. 그런데 이것은 세상에서 말하는 어떤 계획적인 접근, 계산적인 접근이 아닙니다. 그 사람을 사랑하면 알게 되는 것들입니다. 사랑하기에 전도하는 것입니다. 바울의 일관된 개척 정신은 20절에 잘 나타납니다.

> 또 내가 그리스도의 이름을 부르는 곳에는 복음을 전하지 않기를 힘썼노니 이는 남의 터 위에 건축하지 아니하려 함이라 롬 15:20

바울은 12장에서 은사에 대한 말씀을 하면서 예수님께서 각자에게 서로 다른 은사를 주신다는 점을 밝혔습니다. 사도 바울의 부르심과 은사는 이방인 세계에 복음을 심는 것입니다. 그 다음에는 다른 사람들, 특히 그 지역에 사는 성도들에게 목양과 지역 전도를 맡겼습니다. 그래서 바울은 이미 그리스도의 이름을 부르는 곳, 즉 이미 복음이 전해진 곳은 전도 여행지에서 제외하였습니다. 자신의 은사를 발휘할 곳이 아니니까요.

> 나는 심었고 아볼로는 물을 주었으되 오직 하나님께서 자라나게 하셨나니 고전 3:6

> 내게 주신 하나님의 은혜를 따라 내가 지혜로운 건축자와 같이 터를 닦아 두매 다른 이가 그 위에 세우나 고전 3:10

바울은 각자의 은사와 역할을 정확히 알았고 그에 따라 사역을 하였습니다.

바울은 이사야 52장 15절 말씀을 인용하며 자신의 이방인 사역의 정당성을 말합니다.

> 기록된 바 주의 소식을 받지 못한 자들이 볼 것이요 듣지 못한 자들이 깨달으리라 함과 같으니라 롬 15:21

이사야 선지자는 이방인들이 주의 소식을 보고 깨달으리라고 예언하였고, 바울은 자신의 개척자적인 사역이 그 예언의 성취임을 알았습니다.

여러분, 우리는 전도에 있어서 하나님이 주신 각자의 은사와 하나님의 전략에 따라야 합니다. 모두가 다 아프리카 오지에 가는 것이 아닙니다. 모두가 다 노방전도를 하는 것이 아닙니다. 각자의 은사가 무언가요? 각자 지금 하고 있는 일, 지금의 위치가 은사일 가능성이 높습니다.

말을 잘하는 특별한 은사가 있나요? 글을 쓰는 것, 돈을 잘 버는 것, 살림을 잘 하는 것, 또 정치, 경제, 문화, 교육, 어떤 영역에서의 은사가 있나요? 그곳에서 복음의 개척자가 되시면 됩니다. 요즈음처럼 복잡하고 전문화된 시대에는 더욱 전략이 필요합니다. 서로 협력하고 네트워크하며 각종 후원과 참여로도 얼마든지 전도에 동참할 수 있습니다. 우리가 관심이 없어서 그렇지 관심만 있다면 자신의 위치에서 얼마든지 복음을 전하는 일을 할 수 있습니다. 사회적 지위, 경제적 차이, 나이, 성별을 막론하고 누구나 할 수 있고, 해야 합니다. 하나님의 은혜를 받은 예수님의 일꾼이고 제사장임을 감격하며 찬양하는 그리스도인이라면 말입니다.

부디 여러분 모두 '오직 성령이 너희에게 임하시면 너희가 권능을 받고 예루살렘과 온 유대와 사마리아와 땅 끝까지 이르러 내 증인이 되리라' 하신 예수님의 증인으로서 마지막 날까지 날마다 예수의 일꾼으로 사는 인생되기를 주님의 이름으로 축원합니다.

말씀으로 기도

1. 나의 신앙을 점검하며 연약한 자의 신앙생활을 순종하는 수준까지 성장할 수 있도록 돕는 역할을 감당하도록 기도합시다.

2. 나의 은사와 직업 등을 총망라하려 하나님이 세우시는 전도 전략에 적극 참여하는 주님의 충성된 일꾼 되게 해 달라고 기도합시다.

바울의 여행 계획 그리고 기도

로마서 15:22-33

22 그러므로 또한 내가 너희에게 가려 하던 것이 여러 번 막혔더니 23 이제는 이 지방에 일할 곳이 없고 또 여러 해 전부터 언제든지 서바나로 갈 때에 너희에게 가기를 바라고 있었으니 24 이는 지나가는 길에 너희를 보고 먼저 너희와 사귐으로 얼마간 기쁨을 가진 후에 너희가 그리로 보내주기를 바람이라 25 그러나 이제는 내가 성도를 섬기는 일로 예루살렘에 가노니 26 이는 마게도냐와 아가야 사람들이 예루살렘 성도 중 가난한 자들을 위하여 기쁘게 얼마를 연보하였음이라 27 저희가 기뻐서 하였거니와 또한 저희는 그들에게 빚진 자니 만일 이방인들이 그들의 영적인 것을 나눠 가졌으면 육적인 것으로 그들을 섬기는 것이 마땅하니라 28 그러므로 내가 이 일을 마치고 이 열매를 그들에게 확증한 후에 너희에게 들렀다가 서바나로 가리라 29 내가 너희에게 나아갈 때에 그리스도의 충만한 복을 가지고 갈 줄을 아노라 30 형제들아 내가 우리 주 예수 그리스도와 성령의 사랑으로 말미암아 너희를 권하노니 너희 기도에 나와 힘을 같이하여 나를 위하여 하나님께 빌어 31 나로 유대에서 순종하지 아니하는 자들로부터 건짐을 받게 하고 또 예루살렘에 대하여 내가 섬기는 일을 성도들이 받을 만하게 하고 32 나로 하나님의 뜻을 따라 기쁨으로 너희에게 나아가 너희와 함께 편히 쉬게 하라 33 평강의 하나님께서 너희 모든 사람과 함께 계실지어다 아멘

샬롬! 오늘 로마서 말씀의 항해에 참여하시는 성도님들 모두 그리스도 안에서 평안하시길 주님의 이름으로 축원합니다.

지난번 항해에서 우리는 예수의 일꾼으로서 바울의 사역에 대하여 배웠습니다. 그것은 제사장적 사역이며 능력 있는 사역이고 개척자적인 사역이었습니다. 마찬가지로 우리에게 예수의 일꾼으로서의 사역이 은혜로 주어졌으며 복음전도가 우리의 사명임을 깨달았습니다. 이제 바울은 로마 교인들에게 예루살렘, 로마, 서바나로 가는 자신의 여행 계획을 털어 놓습니다. 그리고 바울은 이를 위해 로마 교인들에게 기도를 부탁합니다.

여러분, 바울의 편지는 로마서 항해에 참여하는 하나님 백성에게 보내시는 하나님의 편지입니다. 부디 하나님의 편지를 아멘으로 받고 순종하는 여러분이 되시기를 주님의 이름으로 축원합니다.

먼저 바울의 로마 방문 계획입니다. 22절에서 로마로 가는 것이 지금까지는 막혔다고 합니다. 그런데 이제 오랫동안 고대하였던 방문이 이루어질 때가 무르익은 듯합니다.

> 이제는 이 지방에 일할 곳이 없고 또 여러 해 전부터 언제든지 서바나로 갈 때
> 에 너희에게 가기를 바라고 있었으니 롬 15:23

23절을 보면 '이제는 이 지방에 일할 곳이 없다'고 합니다. 동부 지중해 지역에서의 바울의 선교 사역은 완수되었다고 합니다. 지금까지 로마에 가지 못한 이유가 이 지방의 일이 끝나지 않았기 때문이었던 거죠. 이 지방에서 바울의 사역이 완수된 것은 지난번에 본 15장 19절, '예루살렘으로부터 두루 행하여 일루리곤까지 그리스도의 복음을 편만하게 전하였노라'라는

말씀에서 이미 확인하였습니다.

> 이는 지나가는 길에 너희를 보고 먼저 너희와 사귐으로 얼마간 기쁨을 가진
> 후에 너희가 그리로 보내주기를 바람이라 롬 15:24

그런데 23절 후단과 24절을 보면 바울은 로마 방문을 서바나로 가는 디딤돌로 생각하고 있음을 알 수 있습니다. '지나가는 길에' 라고 하니까요. 지난번에 본 15장 20절, 남의 터 위에 건축하지 아니한다는 바울의 선교 전략에 따라 이미 교회가 설립된 로마에서는 오랫동안 머물 생각이 없습니다. 그렇다고 하여 바울의 로마교회 방문이 아무런 목적이 없는 것은 아닙니다. 바울은 시간을 쪼개어가며 생명을 다 바쳐 복음을 전하는 사람인데 아무 목적 없이 방문할 리가 없죠. 방문의 목적은 교제입니다. 이 교제로 기쁨을 충전하는 겁니다. 사역에서 중요한 것은 사역 자체를 수행하는 것만큼이나 충전도 중요합니다.

방문의 또 다른 목적은 로마교회가 바울을 서바나로 보내주기를 원해서입니다. 여기서 '보내다' 의 원어는 '프로펨포' 로서, '어떤 사람의 여행에 음식, 돈, 동행 및 여행 수단을 준비하는 일을 도와주는 것' 이란 의미입니다. 여러분, 전도와 교회를 세우는 일, 즉 하나님 나라를 확장하는 일은 하나님 일이고 하나님이 하십니다. 어떻게요? 예수의 일꾼을 통하여 하십니다. 천사들을 보내서 하시는 것이 아니고 이 땅에 있는 하나님의 백성을 통하여 하십니다. 모든 예수의 일꾼은 자신의 은사에 따라 그 일을 감당한다고 이미 말씀드렸습니다. 그리고 각자 맡은 일은 하나님이 보실 때 모두 귀한 사역입니다. 누구는 현장에서 직접 말과 행동으로 전도하고 누구는 뒤에서 기도와

물질로 돕습니다. 모두가 똑같이 귀한 겁니다. 특히 물질로 후원하는 것은 참으로 귀하고 중요한 사역입니다.

예전에 어떤 분의 철없는 말을 들은 적이 있는데요, 돈으로 후원하는 것이 가장 쉽다고요. 천만에요. 어쩌면 그것이 가장 어려울 수 있습니다. 인간은 누구나 이기적인 부패한 본성이 있거든요. 복음전도와 교회를 세우기 위해 자신의 지갑을 서슴없이 연다는 것은 그 본성을 뿌리쳐 이기고 돌아선다는 것을 의미합니다. 정말 어려운 일이죠. 어쩌면 진정 은혜를 경험한 자, 진정 회개하고 돌아선 자만이 가능합니다. 그래서 요한 웨슬리도 '지갑이 회개하여야 진정한 회개'라고 말한 적이 있습니다.

바울은 로마교회의 후원으로 서바나에 가려는 계획을 밝힙니다. 복음전도 사역에 함께 동참할 것을 제안하는 거죠. 그리고 나서 바울은 자신의 예루살렘 방문 계획을 로마교회 성도에게 말합니다. 어찌 보면 좀 뜬금없을 수 있습니다. 로마교회 성도와 무관한 일일 수 있으니까요. 바울이 자신의 예루살렘 방문 계획을 로마교회 성도들에게 알리는 까닭은 그들로 하여금 형제들 간에 서로 돕는 것의 중요성을 깨닫게 하려 함입니다.

바울의 예루살렘 방문 계획입니다.

그러나 이제는 내가 성도를 섬기는 일로 예루살렘에 가노니 롬 15:25

여기서 '가노니'는 현재 시제를 쓰면서 출발이 임박했음을 말하고 있습니다. 성도를 섬기는 일이란 바울이 유대인 그리스도인 공동체인 예루살렘 교회의 성도를 섬기기 위해서라는 의미입니다. 그 섬기는 일이 26절입니다.

> 이는 마게도냐와 아가야 사람들이 예루살렘 성도 중 가난한 자들을 위하여 기
> 쁘게 얼마를 연보하였음이라 롬 15:26

마게도냐와 아가야 사람들 즉 각각 헬라의 북쪽과 남쪽에 있는 교회들이 기쁘게 연보하였습니다. 예루살렘 성도 중 가난한 자들을 위해서 말이죠. 예루살렘 교회 성도가 가난해진 이유에 대하여는 가뭄 등 영향도 있지만 기본적으로 유대 공동체에서 이들이 따돌림을 받게 되었기 때문입니다. 친족 공동체에서도 경제 공동체에서도 그들은 추방되어서 생계의 터전이 없어지는 성도가 늘어나게 된 겁니다.

'기쁘게' 원어의 뜻은 만족하게 라는 뜻 외에도 열정적이고 적극적인 의지를 나타내는 말입니다. 연보를 하였다에서 하였다는 동사는 '스스로 ~ 행하다' 란 뜻입니다. 누가 시켜서 하는 것이 아니라 스스로 하였습니다. 또 '연보' 라고 번역된 원어는 '코이노니아' 입니다. 이건 교제란 뜻이며 형제 화합의 증거란 의미입니다. 기독교 공동체 내에서의 연보 즉 헌금과 후원은 서로 하나라는 표시이고 교제의 표시입니다.

여러분, 헌금은 기쁘고 자발적으로 하는 것입니다. 그리고 헌금은 단순히 교회 재정을 충당하는 것이 아니라 성도 간의 교제의 일부분입니다. 모든 것이 감사에서 시작됩니다. 하나님께 감사하여 기쁘고 자발적으로 헌금하는 것이고, 하나님께 감사한 마음을 나누는 것이 성도 간의 교제입니다.

소아시아 교회들이 넉넉해서 연보를 한 것일까요? 고린도후서에 의하면 마게도냐 지역의 교회들은 극한 가난 가운데에서도 풍성한 연보를 하였다고 합니다. 더구나 그들은 그 지역 유대인들로부터 적지 않은 박해까지 받았습니다. 그런데 어떻게, 무슨 이유로 그들은 유대인 기독교 공동체에 기쁘게

연보를 할 수 있었을까요? 그 이유가 27절입니다.

> 저희가 기뻐서 하였거니와 또한 저희는 그들에게 빚진 자니 만일 이방인들이
> 그들의 영적인 것을 나눠 가졌으면 육적인 것으로 그들을 섬기는 것이 마땅하
> 니라 롬 15:27

로마서 11장 이스라엘에 관한 하나님의 계획에서 자세히 다루었지요. 이방인들의 구원은 이스라엘의 범죄를 통해서였습니다. 또 이방인들은 교만하지 않도록 조심하라고 하였습니다. 자신들이 받을 자격이 없는 엄청난 복을 유대인들로부터 유업으로 물려받았음을 기억해야 하는 겁니다. 참감람나무에 접붙인 돌감람나무 가지임을 깨달은 이방인 교회는 빚진 자이며, 영적인 것을 나눠 받았으므로 육적인 물질로 섬기는 것이 마땅하다고 말씀합니다. 바울의 예루살렘 방문 계획을 로마교회에 알리는 이 대목을 보면서 '바울이 참 집요한 분이구나' 라는 생각이 들었습니다. 로마서를 쓴 목적은 '이방인 그리스도인과 유대인 그리스도인의 화합을 위해서' 라고 하였습니다. 또 로마서의 정점에서 이스라엘과 유대인을 향한 하나님의 계획을 설파하였습니다. 그리고 이제 마지막 인사를 하는 순간에도 이방인 교회가 예루살렘 유대인 교회를 돕는 일을 소개합니다. 유대인과 이방인 사이에 놓인 두껍고 높은 벽을 허물 수 있다면 세상에서 허물지 못할 벽이 없고, 하나님과 인간 사이를 화목케 하신 그리스도 십자가의 능력으로 인간 사이의 모든 벽이 허물어져 함께 하나님을 찬양하는 하나님 나라를 바울은 바라보고 있습니다.

27절에서 중요한 키워드는 '빚진 자' 입니다. 로마서에서 여러 번 나온 말입니다. 우리 모두는 예수 그리스도의 사랑에 빚을 진 자이기에 그 빚을 전

도로도 갚고 형제를 돕는 것으로도 갚는 것입니다. 피차 사랑의 빚 외에는 지지 말라고 한 것처럼 교회는 하나이며, 형제 간에 서로 사랑의 빚을 지고 갚아갑니다. 그 모든 빚은 예수 그리스도로 인하여 진 것입니다. 교회가 구제와 봉사를 하는 것은 그 사랑의 빚 때문입니다. 성도가 서로 돕고 함께 교회 공동체를 세우기 위해 기쁘게 연보 하는 것도 예수 사랑이 감사하여 겸손하게 그 사랑의 빚을 갚는 것입니다. 여러분, 그리스도인의 헌금과 후원에는 반드시 세 요소가 있습니다. 감사함과 기쁨과 겸손함입니다. 우리 모두의 봉헌에 언제나 감사함과 가쁨과 겸손함이 있기를 주님의 이름으로 축원합니다.

> 그러므로 내가 이 일을 마치고 이 열매를 그들에게 확증한 후에 너희에게 들렀다가 서바나로 가리라 롬 15:28

바울은 28절에서 다시 로마에 들렀다가 서바나로 갈 것을 말합니다. 예루살렘에서 공식적으로 헌금을 넘겨준 후에 말입니다. 바울이 서바나까지 실제로 갔는지에 대해서는 성경에 아무런 기록이 없습니다. 여러 학설과 추측이 있는데요, 굳이 성경에 나오지 않은 것까지 우리가 알 필요는 없겠죠. 이제 바울은 로마교인들에게 자신의 계획을 말하고 나서 이를 위해 기도해 줄 것을 간절히 요청합니다. 바울은 로마서 첫 부분인 1장 9절과 10절에서 자신이 로마 성도들을 위해 쉬지 않고 기도한다는 것을 분명히 말했습니다. 그리고 이제 로마서를 마치면서는 로마 성도들에게 자신을 위해서 기도해 줄 것을 요청합니다.

> 형제들아 내가 우리 주 예수 그리스도와 성령의 사랑으로 말미암아 너희를 권

하노니 너희 기도에 나와 힘을 같이하여 나를 위하여 하나님께 빌어 롬 15:30

여기서 '권하노니'는 너무 점잖게 번역되었습니다. 원뜻은 '간청하다', '강권하다'란 의미입니다. 왜 이토록 강권할까요? 바울은 너무도 잘 압니다. 기도가 '힘'이라는 것을 잘 압니다. 기도하는 것이 곧 힘을 같이하는 것임을 너무 잘 압니다. 합심하여 중보기도하는 것이 훨씬 효과적이라는 것을 바울은 전도여행 가운데 늘 경험하였습니다. 여기서 '힘을 같이하여'의 원어의 뜻은 '함께 투쟁, 함께 싸우는 것'을 의미합니다.

여러분, 우린 그리스도 안에서 모두 형제, 자매입니다. 우린 함께 기도해야 합니다. 기도를 요청해야 합니다. 우리 모두 같은 주님으로 말미암아, 또 한 성령의 열매인 공통적인 사랑으로 말미암아 기도해 줄 것을 형제, 자매에게 요청하고 호소할 수 있습니다. 기도는 힘입니다. 힘을 합쳐야 싸움에서 이깁니다. 기도 요청하는 것을 쑥스러워하지 마시길 바랍니다. 서로 간에 기도를 요청하고, 서로 함께 기도해야 싸움에서 이기는 것입니다.
예수님이 약속하셨습니다.

진실로 다시 너희에게 이르노니 너희 중의 두 사람이 땅에서 합심하여 무엇이든지 구하면 하늘에 계신 내 아버지께서 그들을 위하여 이루게 하시리라 마 18:19

예수님이 '진실로'라 하시면서 이 약속을 보증하십니다. 여러분, 나 혼자 기도해서 해결될 수 있다고 생각하는 것 자체가 일종의 교만입니다. 합심하여 기도해야 합니다. 누군가가 기도 요청을 하면 꼭 하셔야 합니다. 짧게라도 기도해야 합니다. 예수 그리스도와 성령의 사랑으로 기도 요청을 하였는데, 그 요청에 기도하겠다고 해 놓고 하지 않으면, 이는 거짓말을 하는 것이고, 예수 그리스도를 무시하는 것이며, 성령의 사랑을 훼손하는 것입니다. 그럼 바울의 기도제목이 무엇일까요?

> 나로 유대에서 순종하지 아니하는 자들로부터 건짐을 받게 하고 또 예루살렘
> 에 대하여 내가 섬기는 일을 성도들이 받을 만하게 하고 롬 15:31

먼저는 불신자들의 반대에 관한 것입니다. 바울은 예루살렘의 유대인들 중에 그의 적이 많이 있다는 사실을 알고 있습니다. 사도행전에서 바울은 당시 심정을 '나는 주 예수의 이름을 위하여 결박 받을 뿐 아니라 예루살렘에서 죽을 것도 각오하였노라'고 하였습니다. 바울의 기도 요청은 솔직하고 다급한 것입니다. 로마 성도들이 힘을 합하여 그가 대적들로부터 건짐을 받도록 기도를 요청합니다.

두 번째 기도 요청은 '예루살렘에 대하여 내가 섬기는 일을 성도들이 받을 만하게 될 것'을 기도해 달라고 합니다. 사실 유대 그리스도인 지도자들로서는 바울이 가져온 헌금을 받는다는 것은, 오직 믿음으로 구원을 받는다는 바울의 복음과 유대 율법과 전통을 무시하는 듯한 바울의 처신을 찬성하는 것처럼 보일 수도 있습니다. 그런데 만일 그런 이유로 헌금을 거부한다면, 유대 그리스도인들과 이방인 그리스도인들 간에 돌이킬 수 없을 만큼 틈이 벌어질 수 있습니다. 예루살렘 교회가 헌금을 받는 것은 교회가 하나 되는, 그래서 이방인과 유대인의 마음이 하나가 되는 매우 중요한 일입니다. 로마서의 주제이기도 합니다. 기도가 절실히 필요한 문제입니다.

마귀는 호시탐탐 우리 마음속에서 서로를 정죄하도록 합니다. 교회가 분열되게 합니다. 하나님께 간절히 우리 마음을 지키고, 교회가 하나 되게 해 달라고 기도해야 합니다. 이 기도를 해야 한국교회가 삽니다.

그리고 바울은 그의 로마 방문에 대해서도 기도를 부탁합니다. 앞의 두 기도와 불가분적으로 연결된 겁니다. 바울이 무사히 맡겨진 사명을 성공하여야 그가 로마에 가는 일이 가능하기 때문이죠.

> 나로 하나님의 뜻을 따라 기쁨으로 너희에게 나아가 너희와 함께 편히 쉬게 하라 롬 15:32

바울은 하나님의 뜻을 따라 로마 성도들에게 갈 수 있기를 기도합니다. 32절이 31절 기도제목의 결과로서의 기도이므로, '하나님의 뜻을 따라' 는 31절, 32절 모두의 기도 제목을 수식하고 있다고 보아도 좋습니다. 여기서 우리는 기도의 목적을 발견합니다. 여러분, 기도의 목적은 절대로 하나님의 뜻을 우리의 뜻에 굴복시키는 것이 아닙니다. 오히려 우리의 뜻을 하나님의 뜻에 맞추는 거죠.

> 그를 향하여 우리가 가진 바 담대함이 이것이니 그의 뜻대로 무엇을 구하면 들으심이라 요일 5:14

기도가 응답될 것이라는 약속은 우리가 '그의 뜻대로' 구한다는 것을 전제로 하고 있습니다. 그런데 우리 한번 생각해 봐요. 하나님의 뜻대로 구한다는 것이 무엇을 의미하는 것인지 이해가 되시나요? 어렵지 않으세요? 오늘 하나님의 뜻대로라는 우리의 기도를 좀 정리하고 넘어가기를 원합니다.

'하나님의 뜻대로', '하나님의 원대로'의 기도에서 늘 대표적으로 떠오르는 장면이 예수님의 겟세마네 기도입니다. 예수님이 뭐라고 하시나요, '내 원대로 마옵시고 아버지의 원대로 되기를 원한다'고 하시죠. 참으로 백퍼센트 사람으로 오신 예수님의 인성을 보여주시죠. 그리고 예수님의 철저한 순종을 보여주십니다.

예수님께서 인간적으로 원하시는 것과 하나님이 원하시는 것이 지금 충돌되는 것처럼 보입니다. 그럼 예수님은 하나님이 원하시는 것을 모르실까요? 아니죠. 아십니다. 이미 변화산에서 어떻게 죽으실지 다 들었죠. 아시니까 땀방울이 핏방울이 되도록 피할 수 있거든 피하게 해 달라고 기도하는 거잖아요.

첫 번째, '하나님의 뜻대로'는 하나님의 뜻을 알면서도 그것과 다른 나의 뜻이 있을 때 드리는 기도입니다. 그럼에도 하나님의 뜻대로 즉 순종을 표하는 기도이죠. 하나님이 기뻐하시는 기도입니다. 능력 있는 기도입니다. 희생과 순종을 감수하겠다는 기도이고 그 순종이 가능하도록 성령이 능력으로 임하기 때문입니다. 사실 이런 기도를 우리가 드릴 경우는 많지 않습니다. 왜냐하면 예수님처럼 하나님의 뜻을 백퍼센트 알기가 어렵기 때문입니다.

두 번째, '하나님의 뜻대로'는 하나님의 뜻을 잘 모를 때 드리는 기도입니다. 나의 뜻은 스스로 압니다. 내가 원하는 것이 있기 때문이죠. 가끔 내가 정말 원하는 것을 잘 모를 때도 있지만 여기서 중요한 건 하나님의 뜻을 정확히 잘 모르겠다는 겁니다. 아마도 우리 대부분의 기도가 이런 것입니다. 지금 바울의 기도도 여기 해당합니다. 성경에 계시되어 있지도 않습니다. 바울은 지금 예루살렘에 가고 거기서 로마를 거쳐 서바나로 가려고 합니다. 자신의 뜻은 확실히 알죠. 그런데 그것이 하나님의 뜻인지는 정확히는 모릅니다. 사실 오늘 본문 바울의 기도는 절반은 이뤄지고, 절반은 이뤄지지 않습니다. 바울은 예루살렘에서 재판받고 투옥되고 채찍질을 당하고 죽을 뻔하였습니다. 결코 무사했다고 할 수 없습니다. 그런 의미로는 절반은 이뤄지지 않았습니다. 하지만 어쨌든 살아났으니 절반은 이뤄진 겁니다. 로마행도 그때 가지 못했으니 절반은 이뤄지지 않았는데 후일 죄수로 가니 절반은 이뤄진 겁니다. 서바나 행도 그것이 하나님의 뜻인지 모릅니다.

우리 대부분의 기도가 이와 같죠. 직업, 배우자를 정하는 것 등 인생에서 무엇을 선택하고 결정할 때 하나님의 뜻을 모릅니다. 성경에 안 나옵니다. 대부분 애매합니다. 그 때는 오늘 바울처럼 기도 끝에 반드시 '하나님의 뜻대로'를 붙이는 것이 좋습니다. 그래야 안전합니다. 제가 자주 표현하는 말로 '공을 하나님께 넘겨드리고, 책임을 하나님께 넘겨드리는 겁니다'. 하나님이 '난 모른다'고 하실 정도로 쩨쩨하시지 않습니다. '하나님의 뜻대로'라고 기도하는 것은 우리의 책임 회피가 아니라 인생의 모든 주권이 하나님께 있음을 고백하는 것입니다. 하나님은 그 고백에 응답하시기를 좋아하십니다. '맞아! 넌 내 것이니 내가 원하는 대로 하는 것이 가장 좋아! 믿어주니 기특하구나'라고 하나님이 기뻐하십니다.

우리의 뜻과 소원을 어린 아이처럼 '솔직히' 하나님께 말씀드리고, '겸손히' 이것이 하나님의 뜻인지 모르겠으니 '믿음으로' 하나님의 뜻대로 라고 기도하는 겁니다. 기도의 세 요소입니다. '솔직히, 겸손히, 믿음으로' 입니다. 그렇게 기도했으면 담대히 앞으로 전진하는 겁니다. 바울처럼 말이죠. 그리고 '하나님의 뜻대로' 세 번째가 있습니다. 이건 하나님의 뜻을 물을 필요조차 없는 경우입니다. 성경에 계시되고 명확한 것입니다. 첫 번째와 두 번째의 하나님의 뜻을 하나님의 특별한 뜻이라고 한다면, 이는 하나님의 일반적인 뜻이라고 할 수 있습니다. 예를 들어 '그리스도를 닮아가야 한다', '하나님을 사랑하고 이웃을 사랑하라', '땅 끝까지 복음을 전하라' 와 같은 일반적인 하나님의 뜻입니다. 이에 대해서는 하나님의 뜻이 나를 통해 이루어지게 해달라고, 성령으로 도와 달라고 결신과 헌신의 기도를 하는 겁니다. 그렇다고 간절함이 없는 기도일까요? 아닙니다. 하나님의 뜻을 담기에 내 그릇이 질그릇처럼 연약하기에 더욱 간절히 기도하여야 합니다. 그 기도 가운데 성령 하나님이 우리 그릇을 강하게 만드십니다.

여러분, 말씀을 마치며 바울의 여행 계획 위에 여러분의 남은 인생의 여행 계획을 덧칠해 보시기 바랍니다. 우리 혼자서는 하나님이 보내시는 예수의 일꾼으로서의 여행을 못합니다. 함께 여행을 해야 합니다. 서로 도움도 주고 도움도 받으며, 또 서로 중보기도하며 여행을 합시다. 우리가 어디로 가야할지 하나님의 뜻을 모를 땐, 서로 기도해 줍시다. 우리가 원하는 곳이 아니어도 좋으니 하나님의 뜻대로 우리의 전도 여행을 이어가게 해 달라고 함께 기도합시다.

그리스도 안에서 형제, 자매와 함께 떠나는 여행, 행선지를 온전히 아버지께 맡겨드리는 여행, 그 여행 끝에는 영원한 새 하늘과 새 땅이 기다리고 있습니다.

평강의 하나님께서 너희 모든 사람과 함께 계실지어다 아멘 롬 15:33

얼마나 멋진 인생인가요? 우리의 멋진 인생, 그것을 위해 예수님은 십자가에서 죽으시고 부활하셨습니다. 부디 여러분, 인생이란 여행 가운데 하나님께서 함께 하심으로 언제나 샬롬, 평강을 누리길 주님의 이름으로 축원합니다.

말씀으로 기도

1. 감사와 기쁨, 그리고 겸손으로 교회를 섬기며 서로 돕는 그리스도인이 되기를 기도합시다.
2. 우리가 드리는 기도가 하나님의 뜻대로 이루어지기를 기도하며, 우리의 뜻과 원함이 아닌 솔직하고 겸손하게 믿음의 기도를 드릴 수 있도록 기도합시다.

하나님의 지혜

로마서16:1-27

1 내가 겐그레아 교회의 일꾼으로 있는 우리 자매 뵈뵈를 너희에게 추천하노니 2 너희는 주 안에서 성도들의 합당한 예절로 그를 영접하고 무엇이든지 그에게 소용되는 바를 도와 줄지니 이는 그가 여러 사람과 나의 보호자가 되었음이라 3 너희는 그리스도 예수 안에서 나의 동역자들인 브리스가와 아굴라에게 문안하라 4 그들은 내 목숨을 위하여 자기들의 목까지도 내놓았나니 나뿐 아니라 이방인의 모든 교회도 그들에게 감사하느니라 5 또 저의 집에 있는 교회에도 문안하라 내가 사랑하는 에배네도에게 문안하라 그는 아시아에서 그리스도께 처음 맺은 열매니라 6 너희를 위하여 많이 수고한 마리아에게 문안하라 7 내 친척이요 나와 함께 갇혔던 안드로니고와 유니아에게 문안하라 그들은 사도들에게 존중히 여겨지고 또한 나보다 먼저 그리스도 안에 있는 자라 8 또 주 안에서 내 사랑하는 암블리아에게 문안하라 9 그리스도 안에서 우리의 동역자인 우르바노와 나의 사랑하는 스다구에게 문안하라 10 그리스도 안에서 인정함을 받은 아벨레에게 문안하라 아리스도불로의 권속에게 문안하라 11 내 친척 헤로디온에게 문안하라 나깃수의 가족 중 주 안에 있는 자들에게 문안하라 12 주 안에서 수고한 드루배나와 드루보사에게 문안하라 주 안에서 많이 수고하고 사랑하는 버시에게 문안하라 13 주 안에서 택하심을 입은 루포와 그의 어머니에게 문안하라 그의 어머니는 곧 내 어머니니라 14 아순그리도와 블레곤과 허메와 바드로바와 허마와 및 그들과 함께 있는 형제들에게 문안하라 15

빌롤로고와 율리아와 또 네레오와 그의 자매와 올름바와 그들과 함께 있는 모든 성도에게 문안하라 16 너희가 거룩하게 입맞춤으로 서로 문안하라 그리스도의 모든 교회가 다 너희에게 문안하느니라 17 형제들아 내가 너희를 권하노니 너희가 배운 교훈을 거슬러 분쟁을 일으키거나 거치게 하는 자들을 살피고 그들에게서 떠나라 18 이같은 자들은 우리 주 그리스도를 섬기지 아니하고 다만 자기들의 배만 섬기나니 교활한 말과 아첨하는 말로 순진한 자들의 마음을 미혹하느니라 19 너희의 순종함이 모든 사람에게 들리는지라 그러므로 내가 너희로 말미암아 기뻐하노니 너희가 선한 데 지혜롭고 악한 데 미련하기를 원하노라 20 평강의 하나님께서 속히 사탄을 너희 발 아래에서 상하게 하시리라 우리 주 예수의 은혜가 너희에게 있을지어다 21 나의 동역자 디모데와 나의 친척 누기오와 야손과 소시바더가 너희에게 문안하느니라 22 이 편지를 기록하는 나 더디오도 주 안에서 너희에게 문안하노라 23 나와 온 교회를 돌보아 주는 가이오도 너희에게 문안하고 이 성의 재무관 에라스도와 형제 구아도도 너희에게 문안하느니라 24 (없음) 25 나의 복음과 예수 그리스도를 전파함은 영세 전부터 감추어졌다가 26 이제는 나타내신 바 되었으며 영원하신 하나님의 명을 따라 선지자들의 글로 말미암아 모든 민족이 믿어 순종하게 하시려고 알게 하신 바 그 신비의 계시를 따라 된 것이니 이 복음으로 너희를 능히 견고하게 하실 27 지혜로우신 하나님께 예수 그리스도로 말미암아 영광이 세세무궁하도록 있을지어다 아멘 샬롬! 오늘 로마서 말씀의 마지막 항해에 참여하시는 모든 성도님들을 주님의 이름으로 축복합니다.

로마서 마지막 장인 16장은 크게 세 부분으로 나눠 볼 수 있습니다. 인사와 권면과 찬양입니다. 먼저 인사입니다. 인사도 세 부분으로 나눕니다. 1절과 2절은 추천사입니다. 뵈뵈라는 인물을 추천하지요. 3절부터 16절까지가 바울의 인사입니다. 21절부터 23절까지는 지금 바울과 함께 있는 동역자들이 로마교회에 인사합니다. 인사 부분에는 많은 사람들의 이름이 나옵니다. 우선 바울이 추천하는 뵈뵈입니다.

> 내가 겐그레아 교회의 일꾼으로 있는 우리 자매 뵈뵈를 너희에게 추천하노니
> 너희는 주 안에서 성도들의 합당한 예절로 그를 영접하고 무엇이든지 그에게
> 소용되는 바를 도와줄지니 이는 그가 여러 사람과 나의 보호자가 되었음이라
> 롬 16:1-2

아마 뵈뵈는 바울의 이 편지를 로마에 가지고 가는 임무를 맡았을 것입니다. 그녀는 겐그레아 교회의 일꾼이라고 합니다. 일꾼이라고 칭할 정도로 열심히 교회를 섬기는 자매입니다. 지금도 그렇지만 당시 교회에서 여성의 역할은 대단히 중요한 비중을 차지하고 있었습니다. 기록에 의하면 당시에도 심방을 하고 가난한 이들에게 식량을 나눠주고, 아이들을 돌봐 주는 등 교회에서 여성들의 헌신이 필요한 부분이 참으로 많았다고 합니다. 거기에 더해 뵈뵈를 여러 사람들과 바울의 보호자라고 합니다. 이는 재정적 후원자라는 것을 의미합니다. 말 그대로 물심양면으로 교회를 세우는 일에 충성된 일꾼입니다. 바울은 그녀를 로마로 보내면서 로마 교인들에게 그녀를 환영하

고 필요한 것을 도와줄 것을 요청하고 있습니다.

그리고 바울은 3절부터 16절까지, 로마교인 가운데 스물여섯 명에게 문안합니다. 그 중 스물 네 명의 이름을 거명하며, 개인적인 감사의 말을 덧붙입니다. 그냥 이름만 나열하는 것이 아니고 그들과의 특별함까지 언급합니다. 아시아에서 복음의 첫 열매인 에배네도에게, 로마 성도들을 위해 많이 수고하는 마리아에게, 바울의 친척으로서 함께 투옥된 바 있었으며 또한 사도들에게 좋은 평판을 받고 바울보다 먼저 그리스도인이 된 안드로니고와 유니아에게, 주 안에서 사랑하는 암블리아, 동역자인 우르바노, 바울과 각별한 사이인 스다구 등 말이죠. 바울의 인사는 형식적인 것이 아니라 애정과 관심, 진정성을 듬뿍 담은 인사임을 알 수 있습니다.

그런데 의구심이 듭니다. 어떻게 로마교회에 한 번도 방문하지 않은 바울이 로마교회 성도들을 이렇게나 많이 알고 있었는가 하고 말입니다. 브리스가와 아굴라가 좋은 예가 될 것입니다.

> 너희는 그리스도 예수 안에서 나의 동역자들인 브리스가와 아굴라에게 문안
> 하라 그들은 내 목숨을 위하여 자기들의 목까지도 내놓았나니 나뿐 아니라 이
> 방인의 모든 교회도 그들에게 감사하느니라 롬 16:3-4

브리스가와 아굴라를 보기 전에 먼저 3절부터 16절까지 바울의 인사로 사용되는 동사, '문안하라' 라는 단어를 보겠습니다. 우리말로 번역된 것을 보면 바울이 인사하면서 오히려 상대에게 문안하라고 하니 좀 뉘앙스가 이상합니다. 지금 바울은 로마교회 전체에게 편지를 쓰는 중인데, 개별적으로 몇몇 사람들에게도 안부를 전해달라고 부탁하는 것입니다. 예를 들어 우리가

친구끼리 전화하면서 그 친구와 함께 하는 다른 친구에게도 '안부 좀 전해 줘'라고 하는 것과 같은 거죠.

브리스가와 아굴라 부부입니다. 브리스가가 부인입니다. 당시로서는 이례적으로 부인의 이름을 앞에 둡니다. 바울은 흔히 상상하듯 남성 우월주의자가 아니었습니다. 교회에서 브리스가의 역할이 아굴라보다 중한 위치를 차지하기에 부인의 이름을 먼저 기록합니다. 브리스가는 주후 49년 글라우디오 황제가 유대인들을 로마에서 축출할 때, 이탈리아에서 고린도로 갔는데, 거기서 바울을 만나게 됩니다. 또 그 부부는 바울이 에베소로 갈 때 함께 갑니다. 이 부부는 바울로부터 복음을 배웠고 신학적 지식도 뛰어났습니다. 사도행전을 보면 아볼로에게 복음을 더 정확하게 가르쳐 준 사람이 이 부부입니다.

이 부부는 주후 54년에 글라우디오 황제가 죽은 후 다시 로마로 돌아가서 자신의 집에 교회를 세웁니다. 이처럼 로마교회에는 로마를 떠나 소아시아 지방에 흩어졌다가 바울을 만나 복음을 들은 사람들이 많이 있었습니다. 글라우디오 황제의 유대인 축출은 로마서 설교 첫 날, 로마서의 기록배경을 설명하면서 이미 말씀드린 바가 있습니다.

바울의 인사에 등장하는 여러 인물을 보면서 우리는 로마 교회 성도의 다양성을 알 수 있습니다. 인종, 계층, 성별 면에서 참으로 다양합니다. 인종적으론 유대인과 이방인이 함께하는 교회입니다. 계층적으로 보면 노예, 권력자가 함께 하는 교회입니다. 암블리아, 우르바노, 허메 등은 노예들에게 붙이는 이름입니다. 또 10절의 아리스도불로는 헤롯대왕의 손자이자 글라우디오 황제의 친구입니다. 나깃수는 로마에서 영향력이 큰 세도가입니다. 또한 바울의 인사를 받는 스물여섯 명 중 아홉 명이 여성입니다. 브리스가는 함께 생업을 하고 말씀도 가르치던 동역자이고 유니아는 유명한 선교사이며, 뵈뵈는 아까 살펴본 바와 같이 중요한 교회의 일꾼이자 후원자입니다.

　여러분, 인종, 사회적 지위, 계층, 경제적 차이 등은 교회가 하나 되는데에 전혀 문제가 될 수 없습니다. 아니 오히려 교회 구성원이 다양하면 다양할수록 교회다운 것입니다. 교회는 세상의 동호회가 아니며 이익집단도 아닙니다. 오직 예수 그리스도를 주님으로 둔 사람이면 누구나 교회의 일원입니다. 교회 안에서도 특정 부류로 나뉘어 교제하면 절대 안 됩니다. 우린 모두가 한 우리에 모인 예수님의 양들입니다. 예수님이 불러 모으셨는데 양들이 서로 나뉘어 봐야 어차피 양입니다.

　그리고 현재 바울과 고린도에서 함께 동역하고 있는 사람들도 편지 말미에 로마 교인들에게 인사합니다.

> 나의 동역자 디모데와 나의 친척 누기오와 야손과 소시바더가 너희에게 문안하느니라 이 편지를 기록하는 나 더디오도 주 안에서 너희에게 문안하노라 나와 온 교회를 돌보아 주는 가이오도 너희에게 문안하고 이 성의 재무관 에라스도와 형제 구아도도 너희에게 문안하느니라 롬 16:21-23

　디모데는 바울이 믿음 안에서 자신의 아들이라고 여긴 사람입니다. 더디오는 지금 바울이 불러주는 로마서를 쓰고 있는 사람입니다. 앞에서 본 바울이 인사하는 로마 교회 성도들은 바울과 함께 동역했던 자들이고, 지금 인사하는 사람들은 현재 동역하는 사람들입니다. 바울은 언제나 혼자가 아니었습니다.

여러분, 교회는 함께 동역하는 것입니다. 각자의 은사를 가지고 함께 예수 그리스도의 몸된 교회의 지체가 되어 서로를 위로하고 격려하며, 상처를 보듬어 주고 서로를 존귀히 여기며 함께 하는 것입니다. 단 한 사람도 예외가 없습니다. 이름이 세상에 드러나지 않고 유명해지지 않아도 좋습니다. 모두가 그리스도의 몸입니다. 오늘 본문에 나온 사람들 이름을 혹시 세계사 교과서에서 보신 분 계신가요? 성경에 나온 하나님의 자녀로서 세상 역사책에 이름을 남긴 사람은 없습니다. 하물며 바울도 저는 교회에 와서야 처음 들은 이름입니다. 여러분, 너무 역사에 길이 이름을 남기려고 유명해지려고 하지 마시기 바랍니다.

하나님이 보시는 건 세상의 역사책에 적힌 이름이 아니라 그 분 손에 들려진 생명책에 기록된 이름입니다. 예수의 피로 기록된 이름 말이지요. 오늘 본문의 이름들은 세상 역사에선 그저 지나가는 행인이지만, 하나님 나라에선 천하보다 귀한 이름입니다. 여러분의 이름이 그렇습니다. 할렐루야!
이렇게 인사를 하였으면 이제 편지를 마쳐야 할 텐데, 바울은 마지막까지 로마교회 성도들에게 권면을 합니다. 로마서 결론 부분에서 그저께는 전도, 어제는 헌금과 기도가 주제라면, 오늘은 특히 이 바울의 권면이 중요합니다. 바로 거짓교사와 이단에 대한 문제입니다.

거짓교사와 이단에 대한 바울의 권면 첫째는 그들의 특징에 관한 것입니다. 17절, '너희가 배운 교훈을 거슬러 분쟁을 일으키거나 거치게 하는 자들' 입니다. 그들은 그리스도께서 가르쳐 주신 하나님 나라와 복음의 진리에 반하고 불화를 일으키며, 올가미를 걸고 함정에 빠뜨리는 자들입니다.
또 18절, '우리 주 그리스도를 섬기지 아니하고 다만 자기들의 배만 섬기나니 교활한 말과 아첨하는 말로 순진한 자들의 마음을 미혹하느니라', 거짓교사, 이단은 입으로는 예수를 말하는 것 같은데 실상은 자신들의 배만 두드리려고 하는 자들입니다. 교활한 말, 아첨하는 말, 순진한 자들을 미혹하는 말과 행동은 마치 창세기에서 하와를 유혹하는 뱀과 같습니다. 아니 뱀이 맞습니다. 그들의 배후에는 뱀, 즉 마귀가 있습니다.

이단에 관한 바울의 권면 둘째는 이들 거짓교사와 이단에 대한 우리의 대처 방법입니다. 먼저 '살피고'입니다. 이 단어는 군사 용어입니다. '보초, 정탐꾼, 정찰병'이란 단어에서 유래합니다. 적군인지 여부를 파악해야 하는 거죠. 어떻게 파악할까요? 본문에 따르면 세가지입니다.

먼저 성경적인지를 살펴야 합니다. 17절에 '너희가 배운 교훈'이 나옵니다. 그래서 가장 안전한 것이 성경에 기초한 신앙입니다. 그들의 말이 성경에 부합하는지 살펴보고, 모르겠으면 일단 피하는 것이 좋습니다. 목사가 마치 성경을 다 아는 것처럼 말하면 피하십시오. 성경을 다 안다고 자신할수록 이단일 가능성이 높습니다. 이단들은 성경의 말씀을 이상하게 꼬아서 잘 갖다 붙입니다. 특정 구절이 마치 성경 전체의 진리인 양 말하기도 합니다. 성경을 읽고 묵상할 때 가능한 문맥상에서 그 구절이 갖는 의미를 파악하는 것이 중요합니다. 사실 저도 평신도일 때 이 부분이 어려웠습니다. 어려우시면 목회자에게 물어보시기 바랍니다. 목사라도 즉답을 못할 수 있습니다. 연구해 보고 알려준다고 하면 우리 목사님 성경을 너무 모른다고 탓하지 마시고, '적어도 이단은 아니구나' 하고 안심하셔도 됩니다.

살피는 것의 두 번째는 18절과 같이 주 예수 그리스도를 섬기는 것인지, 아니면 목사 개인이나 교주를 섬기게 하는 것인지를 살펴야 합니다. 우리 교회에만 진리가 있다, 우리 목사님 설교만이 진리이다, 기존의 목사들은 다 틀렸다고 하면 이단입니다. 물론 특정 목사나 특정 교회가 위험하다고 조심하라고 할 수도 있고 어떤 목사의 설교가 성경에 비추어 어긋나는 부분이 있다고 목사가 말할 수 있습니다. 왜냐하면 목사들이 그렇게 서로의 설교를 분석, 비판하면서 교회 전체의 단상 위의 설교가 건강하게 발전하니까요. 그런데 그런 것이 아니라 전체 목사와 교회를 싸잡아 다 틀렸다고 하면서 자신만이 특별하다고 하면, 그건 이단일 가능성이 높습니다.

담임목회자는 교주가 아닙니다. 오히려 교회의 모든 문제에 책임을 지는 위치입니다. 교회에 문제가 생기면, 결국 모든 비난은 담임목회자가 받습니다. 목사는 존경을 받는 직책이라기보다 책임을 지는 직책입니다. 그래서 성도님들로부터 존경보다 긍휼함을 받는 목사가 행복할 수 있습니다. 이단의 추종자들은 교주를 존경을 넘어 경외심과 두려움으로 대하지요. 목사는 성도들을 긍휼히 여기며 성도들도 목사를 긍휼히 여기고, 서로 긍휼히 여기는 교회가 하나님의 마음을 품은 교회인 것입니다. 교회의 모든 영광과 존경은 오직 하나님, 우리 주님만 받으셔야 합니다.

살피는 것의 세 번째는 19절, '선한 데 지혜롭고 악한 데 미련하길'이라고 합니다. 선을 인식하고 따르며, 악에 대하여는 뒷걸음질 치라는 것입니다. 맹목적인 순종이 아니라 분별력 있는 순종이 필요합니다. 이단은 무조건적인 순종을 요구합니다. 목사님 말이면 마치 하나님 말인 것처럼 무조건 순종하라고 하지요. 분명히 선한 것과는 거리가 있고 비이성적이며 내가 감당하기 너무 어려운 일, 예를 들어 직장도 그만두고, 가족을 버리고 교회에서 먹고 자고 하라는 등 하면 이단입니다. 그런 이상한 것들을 목사가 확실히 하나님의 음성을 들었다고 하면서, 하나님 말씀이라고 하면서 밀어붙이면 이단일 가능성이 매우 높습니다. 살피고 다음은 '피하라' 입니다.

성도 여러분, 이단, 거짓교사를 만나면 말도 섞지 마시기 바랍니다. 이단은 회개하여 돌이키게 할 죄가 아니라 피하여야 할 악입니다. 논쟁을 하면 상대방은 더 좋아합니다. 미혹할 수 있는 기회가 생긴 셈이니까요. 이상하다 싶으면 피해야지, '아! 내가 저 사람으로 하여금 진리를 깨닫게 하여 회개시켜야지' 라고 하지 말아야 합니다. 그런 수준이 아닙니다. 이상하리만큼 이단에 빠지면 빠져나오질 못합니다. 교회에 이단이 들어오면, 사랑으로 덮고 동정하며 인내할 문제가 아닙니다. 과감하게 교회에서 제하여야 합니다. 외부에서 하는 성경공부, 세미나, 이런 것을 조심하셔야 합니다.

이단에 대한 바울의 권면 세 번째, 거짓교사와 이단의 문제는 결국 하나님께서 사탄을 최종적으로 다루시는 문제입니다.

> 평강의 하나님께서 속히 사탄을 너희 발 아래에서 상하게 하시리라 롬 16:20

바울은 거짓교사, 이단의 배후가 사탄임을 명백히 밝힙니다. '상하게 하시리라' 라고 번역된 원어의 본래 뜻은 '산산이 부수다', '분쇄하다' 입니다. 영어 성경은 'will crush' 라고 하죠. 평강의 하나님께서 하십니다. '평강' 이란 말과 어울리지 않다고 생각하실 수도 있는데, '샬롬' 은 전쟁이나 분쟁이 없는 조용한 상태를 의미하는 단어가 아닙니다. '샬롬' 은 악이 없는 상태를 말합니다. 성경적 의미에서 평강, 평화는 악이 없어져 하나님의 의로우심이 왜곡됨 없이 온전히 현실에서 이루어지는 상태입니다. 따라서 평강의 하나님은 악이 넘치고 모순된 현실 속에서 가만히 계시는 분이 아니라 이를 제거함으로써 완전한 상태로 만드시는 분입니다.

여러분, 바울의 로마서에서의 마지막 권면은 거짓교사, 이단을 살피고 피하라는 것입니다. 정말로 주의하여야 합니다. 차라리 절이나 무당은 간판이라도 다릅니다. 그런데 밖에 십자가를 걸어 놓고 그 안에서 이단 노릇하는 것은 참으로 분별하기 어렵습니다. 정말로 은혜가 필요합니다.

이제 로마서 마지막, 바울은 하나님께 찬양을 드립니다. 25절부터 27절까지입니다. 원어 성경에서도 25절부터 27절까지는 한 문장입니다. 바울의 이 찬양은 로마서의 결론입니다. 하나님과 복음에 대한 진리를 담고 있지요. 네 부분으로 구성되는데 참고로 헬라어 원어와 한글 성경은 어순이 다릅니다. 예를 들어 원어는 26절 후단 '복음으로 너희를 견고케 하실'이 맨 앞에 나옵니다.

> 나의 복음과 예수 그리스도를 전파함은 영세 전부터 감추어졌다가 이제는 나타내신 바 되었으며 영원하신 하나님의 명을 따라 선지자들의 글로 말미암아 모든 민족이 믿어 순종하게 하시려고 알게 하신 바 그 신비의 계시를 따라 된 것이니 이 복음으로 너희를 능히 견고하게 하실 지혜로우신 하나님께 예수 그리스도로 말미암아 영광이 세세무궁하도록 있을지어다 아멘 롬 16:25-27

첫째, '하나님의 능력'입니다. 능히 우리를 견고하게 하시는 하나님의 능력입니다. 로마서를 시작하면서, 1장 16절에서는 '이 복음은 모든 믿는 자에게 구원을 주시는 하나님의 능력'이라고 하였습니다. 또한 '복음은 우리를 견고케 하시는 하나님의 능력'이기도 합니다. 우리를 구원하시고, 끝까지 우리를 견고케 하시는 하나님의 능력을 찬양합니다.

둘째, '하나님의 복음'입니다. 헬라어 원문을 보면 세 개의 절이 나란히 나옵니다. '나의 복음을 따라', '예수 그리스도를 전파함을 따라', '신비의 계시를 따라'입니다. 그리고 이 신비는 '영세 전부터 감추어졌다가 이제 나타나신 바' 된 진리입니다. 바울은 이제 '하나님의 복음'을 '나의 복음'이라고 합니다. 감추어졌던 신비가 나에게 나타나셨습니다. 예수 그리스도가 '나에게' 나타나신 것입니다. 그 예수 그리스도를 전파함은 나에게 나타나신 예수 그리스도를 전하는 것입니다. '나에게 보여주신 나의 복음'을 전합니다. 이제 더 이상 감추어지지 않고, 이제 더 이상 남의 복음이 아니고, 하나님의 복음이 '나의 복음'이라 하시는 하나님을 찬양합니다.

셋째, '하나님 명령'입니다. '영원하신 하나님의 명을 따라 선지자들의 글로 말미암아 모든 민족이 믿어 순종하게 하시려고 알게 하신 바'라고 합니다. 열방의 복음화입니다. 감추어졌던 신비가 '나에게' 나타났고, 이제 하나님의 명령에 따라 널리 알려지는 겁니다. 내가 무엇이기에 구원만으로도 벅찬데 열방의 복음화를 명하십니다. 감추시고 나타내신 그 신비를 나로 하여금 모든 민족에게 알리라 명령하시는 하나님을 찬양합니다.

넷째, '하나님의 지혜'입니다. 하나님의 지혜는, 지혜와 지식의 모든 보화가 감추어져 있는 그리스도 안에서 나타나는 지혜입니다(골2:3). 사람들에게는 거리끼고 미련해 보이는 십자가 안에 나타나는 지혜입니다(고전1:23). 이 세상의 지혜가 아니라 전도의 미련한 것으로 믿는 자들을 구원하시기로 한 지혜입니다(고전1:21). 교회로 말미암아 하늘에 있는 통치자들과 권세들에게 알게 하려는 지혜입니다(엡3:10). 결론적으로 하늘에 있는 것이나 땅에 있는 것이 다 그리스도 안에서 통일되게 하려 하시는 하나님의 지혜입니다 (엡1:10). 하나님의 사랑이 하나님의 지혜입니다. 지혜로우신 하나님을 예수 그리스도로 말미암아 찬양, 찬양합니다. 할렐루야!

이제 로마서를 모두 마쳤습니다. 하나님의 능력 안에서 견고해지는 교회, 하나님의 복음, 올바른 십자가 복음이 선포되는 교회, 그리고 그 복음을 전하라는 하나님의 명령을 수행하는 교회, 사랑과 지혜가 풍성하신 하나님께 영광과 찬양을 끊임없이 올려드리는 교회가 되길 주님의 이름으로 축원합니다.

말씀으로 기도

1. 그리스도인들에게 영적 분별력을 허락하셔서 거짓교사와 이단으로부터 늘 깨어있으며, 과감하고 지혜롭게 이단을 피하고 끊어내기를 기도합시다.
2. 우리가 섬기는 교회가 하나님의 능력 안에서 견고해지는 교회, 올바른 십자가 복음이 선포되는 교회, 그리고 그 복음을 전하라는 하나님의 명령을 수행하는 교회, 사랑과 지혜가 풍성하신 하나님께 영광과 찬양을 끊임없이 올려드리는 교회, 예배가 살아있는 교회 되게 해 달라고 기도합시다.
3. 모든 열방의 교회가 마지막 날까지 그리스도 안에서 굳건히 하나님 나라의 일을 감당하게 해 달라고 기도합시다.